VERLAG
MARTIN
VELBINGER
Bahnhofstr. 1o6 – 8o32 Gräfelfing/München

Dieses vorliegende Buch erscheint als BAND 24 einer Reihe unkonventioneller Reiseführer im VERLAG MARTIN VELBINGER:

SÜDOST - EUROPA
- Bd. o4 Griechenland/Gesamt
- Bd. 3o Griechenland/Kykladen
- Bd. 32 Griechenland/Dodekanes
- Bd. 33 Nordöstl. Ägäis
- Bd. 21 Kreta
- Bd. 35 Ungarn
- Bd. 41 Österreich/Ost
- Bd. 42 Österreich/West
- Bd. 16 Jugoslawien/Gesamt
- Bd. 34 Jugoslawien/Inseln-Küste

SÜD - EUROPA
- Bd. 11 Toscana/Elba
- Bd. 15 Golf von Neapel/Cilento
- Bd. 12 Süditalien
- Bd. 14 Sardinien
- Bd. 23 Sizilien/Eolische Inseln
- Bd. o6 Südfrankreich
- Bd. 46 Côte d'Azur/Provence
- Bd. 13 Korsika

SÜDWEST - EUROPA
- Bd. o5 Portugal/Azoren/Madeira
- Bd. 48 Andalusien

WEST - EUROPA
- Bd. 25 Bretagne/Normandie/Kanalinseln
- Bd. 26 Franz. Atlantikküste/Loire
- Bd. 24 Irland
- Bd. 17 Schottland
- Bd. 27 Südengland/Wales

NORD - EUROPA
- Bd. 18 Schweden
- Bd. 19 Norwegen/Süd-Mitte
- Bd. 28 Skandinavien/Nord
- Bd. 29 Finnland
- Bd. 5o Dänemark

STÄDTEFÜHRER
- Bd. o7 Paris
- Bd. 1o Wien

AMERIKA
- Bd. o8 Bahamas/Florida
- Bd. o2 Südl. Karibik
- Bd. o3 Mexico
- Bd. 36 Chile/Argentinien/Uruguay
- Bd. 37 Venezuela/Guyanas
- Bd. 38 Kolumbien/Ecuador
- Bd. 39 Brasilien/Paraguay
- Bd. 40 Peru/Bolivien

NAHER OSTEN/AFRIKA
- Bd. 45 Israel
- Bd. 44 Togo
- Bd. 43 Kenya
- Bd. 51 Marokko

Weitere Titel in Vorbereitung. Bitte Anfrage an den Verlag.

Buchkonzept: Martin Velbinger
Cover: Bettina von Hacke, Martin Velbinger
Karten: Herbert A. Spiegl (HSP), Martin Velbinger (MVE)
Layout: Klaus Hulha

ISBN: 3-88316-026-1

ALLE ANGEGEBENEN PREISE sind Ca.-Preise, auch wenn sie nicht als solche bezeichnet sind. Für die Richtigkeit und Vollständigkeit aller Angaben, insbesondere der Abfahrtszeiten und Preise kann keine Gewähr übernommen werden.

© Copyright 1990 by Verlag Martin Velbinger, Gräfelfing/München. Alle Rechte vorbehalten, auch die der auszugsweisen Veröffentlichung, Übersetzung, Entnahme von Abbildungen etc. Die Wiedergabe von Gebrauchsnamen, Warenbezeichnungen, Handelsnamen u.ä. ohne besondere Kennzeichnung in diesem Buch berechtigen nicht zu der Annahme, daß diese im Sinne der Warenzeichen- und Markenschutzgesetzgebung als frei zu betrachten wären und daher von jedermann benutzt werden dürfen.

DRUCK: Ebner Ulm
COVER-LITHOS: Ebner Ulm
SATZ: Verlag Martin Velbinger, Gräfelfing/München
PRINTED IN WEST GERMANY   **2. AUFLAGE 1990**

Franz Rappel

IRLAND

VERLAG MARTIN VELBINGER

Erhältlich im Buchhandel oder gegen Voreinsendung von DM 32,-- auf das Postgirokonto München, Konto-Nr. 2o 65 6o-8o8, BLZ 7oo 1oo 8o oder gegen Verrechnungsscheck im Brief.

VERLAG MARTIN VELBINGER, Bahnhofstr. 1o6, 8o32 Gräfelfing/München

INHALT:

Anreise
Übersicht.....................................13

1.) Anreise per Auto
- Ab Region Hamburg/Kiel/Bremen...........16
- Ab Region Ruhrgebiet.........................17
- Ab restl. BRD/Österreich/Schweiz.........17
- Irland-Direktfähre.............................17
- Kanalfähren....................................19
- Tip Kanalüberquerung 22
- England-Durchquerung 23

2.) Anreise per Flugzeug
- Linienflüge......................................25
- IT-Flüge...27
- Sonderflüge und Kombis......................27

3.) Anreise per Bahn............................28

4.) Anreise per Bus............................29

Transport in Irland
1.) Mit dem Auto...............31
2.) Fly & Drive.................32
3.) Taxis........................34
4.) Fahrrad......................34
5.) Öffentl. Verkehrsmittel....36
6.) Trampen....................39
7.) Fähren......................39

Urlaub im Hausboot
- Einführung 41
- Die Gewässer 42
- Preise und Buchen 46

Urlaub im Zigeunerwagen 51

Allgemeine Tips
Strom.....55/ Masse und Gewichte.....55/ Uhrzeit.....55/ Botschaften.....55/ Klima und Reisezeiten.....56/ Geld.....57/ Telefon.....57/ Gesundheit.....58/ Feste und Feiertage.....58/ Literatur.....135

INHALT:

Unterkunft
Übersicht .... .59
Hotels .... .60
Bed&Breakfast .... .63
Billig-Herbergen .... .66
Ferienhäuser .... .69
Camping .... .70

Essen und Trinken
Tourist-Menu .... .73
Die Mahlzeiten .... .73
Restaurants .... .74
Spezialitäten .... .76
Getränke .... .77
Pubs .... .80

Sport
Windsurfen .... .83
Segeln .... .84
Surfen .... .86
Reiten .... .86
Diving .... .87
Tennis .... .88
Jagen .... .88
Angeln .... .88
Drachenfliegen .... .92
Canoing .... .92
Golf .... .93
Bergwandern .... .93
Wandern .... .94
Wasserski .... .95
Baden .... .95
Spectator Sports .... .96

Sprache 102

Folkmusic
Geschichte 105
Die großen Stars 106
Instrumente 110
Schallplatten 110
Folk-Festivals 111
Zeitschriften 113

Natur/Kultur/Umwelt
Archäologie/Architektur/
Kunst 114
Irische Literatur 122
Malerei 124
Musik 124
Tierwelt 125
Pflanzenwuchs 126

Andenken .... .99

Geschichte 127

Der HAUPTTEIL dieses Bandes, also die Beschreibungen zu den einzelnen Regionen Irlands ist im Uhrzeigersinn aufgebaut:

Beginn in DUBLIN, der Hauptstadt der Republik Irland. Dann einmal rum. Zu Beginn jedes Kapitels Schnellfinder und Übersichtskarte mit Seitenverweisen zur Region und für Anschlußregionen. INDEX siehe S. 4oo

Dublin 137

Transport 140	Blessington Seen.......171
Hotels 142	Ashford................171
Camping 147	Grafschaft Kildare 172
Restaurants 147	
Pubs 150	
Museen 152	
Shopping 155	
Vororte von Dublin 157	
Verbindungen 158	

Umgebung von Dublin

Boyne Valley 163
Wicklow Mountains 167
    Wandern.................167
    Enniskerry..............168
    Glendalough............168
    Glenmalure Valley......170
    Walkers Triangle.......170

Der Südwesten

Cork City 176	Trips in die Umgebung..185
Verbindungen...........177	Kinsale 186
Unterkunft..............179	Die Südküste 191
Essen/Pubs..............181	Skibbereen...................191
Shopping...............183	Baltimore....................195
Entertainment..........184	Sherkin Island...............196

INHALT:

Cape Clear Island 197
Hare Island 199
Unbewohnte Inseln.........199
Mizen-Halbinsel.............200
Sheepshead-Halbinsel......202
Bantry 202
Glengarriff...................203
Trips ab Glengarrif 205
Ring of Beara................206
Killarney 211
Trips ab Killarney...........215
Bergwandern in der Um-
gebung von Killarney 220
Ring of Kerry 224
Valencia Island 228
Skellig Rocks................229
Waterville 231
Cahirdaniel..................232
Kenmare 233

Dingle-Halbinsel

Tralee 238
Dingle Town 241
West-Dingle 244
Blasket Island 245
Die Nordküste 246
Nord Kerry 247

Limerick und Umgebung

Limerick 250
Ausflüge in die Umgebung.255
Mittelalterliche Bankette 257

Grafschaft Clare

Ennis 264
Loophead 267
Kilkee 267
Cliffs of Moher.............268
Liscannor 269
Doolin 270
The Burren.................273
Fanore 274
Ballyvaughan................276
Kinvarra.....................276

Aran Islands

Einführung 279
Verbindungen 280
Inishmore 281
Inishmaan 283
Inisheer 283

Westprovinzen Galway und Mayo

Einführung...................287
Galway City 288
Galway - Westport.........295
Bergwandern in
Connemara...................297
Galway-Clifden-Westport .298
    Hauptroute 299
    Oughterard 299
    Küstenroute 301
    Carna....................302
    Cashel...................303
    Roundstone 303
    Clifden..................304
    Touren ab Clifden 307
    Letterfrack..............309
    Rinvyle-Halbinsel.....310
Galway -Cong - Westport
    Direktroute 312
    Cong....................313
    Östl. von Connemara .315
Westport 316
Trips ab Westport...........322
Achill Island 324
Achill Sound..................325
Dugort.......................326
Dooagh.......................327
Keel..........................327
Nord-Mayo 328

Sligo und Umgebung

Einführung...................333
Sligo.........................334
Umgebung von Sligo.......337
    Lough Gill...............338
    Knocknarea 339

INHALT:

Der Donegal

Einführung...................343
Donegal Town...............346
Trips in die Umgebung.....348
Südwesthalbinsel 349
    Killybegs 350
    Slieve League..........351
    Glencolumbkille.......353
    Ardara...................337
Der Nordwesten............356
    Dungloe.................356
    Aranmore Island......358
Nordwestküste 360
    Horn Head 360
    Insel Inishbofin........360
    Tory Island............361
Das Hinterland 362
Letterkenny 363
Halbinsel Rosguill 365
Fanad Halbinsel.............366
Inishowen Halbinsel........368

Lakeland

Einführung...................371
County Monaghan 373
County Cavan 373
Cuonty Longford 373
County Roscommon........374
County Westmeath..........374
County Offaly 375
County Laois 376
County North Tipperary ...376

Der Südosten

Einführung...................379
Ankunft in Rosslare 381
Cashel 383
Umgebung von Cashel.....384
Kilkenny 386
Waterford....................391
Umgebung von Waterford. 394
Wexford.....................396

Handwerkszeug

★ **KARTEN:** gut die "Michelin/ Irland", dürfte derzeit eine der besten Übersichtskarten zu Irland sein. - Die RV "Großbritannien" (1 : 800.000) enthält neben Irland zugleich England/Wales und ist daher nützlich für die Anreise via Großbritannien, schöne Strecken sind grün nachgezeichnet. Wegen ihrem gröberen Maßstab reicht sie für detaillierte Unternehmungen vor Ort und in Irland jedoch nicht aus.

Von der Irischen Fremdenverkehrszentrale gibts eine Irland- Gratiskarte, die allerdings in der Kartographie äußerst unübersichtlich gestaltet ist. Immerhin: sie ist gratis, und als Plus gibts auf der Rückseite rund 1o Pläne von irischen Städten sowie die Adressen der regionalen Tourist Büros.

Wer in Irland für separate Regionen Detailkarten braucht: "Bartholomew - Quarter Inch- Travelmaps" Insgesamt 5 Karten zu Irland:

  Karte Nr. 4: Cork- Killarney (Südwest- Irland)
  Karte Nr. 5: Galway - Mayo (West- Irland, Schnitt unten bei Limerick, oben bei
       Sligo)
  Karte Nr. 3: Wexford - Tipperary (Ostirland, Schnitt unten Waterford, oben: Wicklow)
  Karte Nr. 2: Dublin - Roscommon (Ostirland und nördl. an Karte 3 anschließend)
  Karte Nr. 1: Antrim - Donegal (deckt Irland/Donegal plus Nordirland ab)

Für denjenigen, der Südwest- Irland intensiver bereist: in jedem Fall nützlich die Karte Nr. 4! Ob man für eine Gesamt- Irlandreise unbedingt die Karten Nr. 2 und 3 braucht, sei jedem selber überlassen...

Noch detaillierter sind die Ordnance Survey- Karten (1 : 63,36o). Ist dann auch das Non- Plus- Ultra an Detailgetreue. Nützlich beispielsweise für Wanderungen in einem der schönsten Wandergebiete Irlands, im Killarney District (siehe gleichnamige OS- Karte).

Wer Bootstrips auf dem River Shannon plant: excellent der "Shell Guide to the Shannon". Eine überdimensionale Broschüre, Abmessung fast 3o x 3o cm mit hartem Karton und Spiralbindung. Aber es gibt nichts besseres, -

Handwerkszeug

ergänzend vielleicht die "Quarter Inch" oder die "OS" siehe oben!

★ TOURIST - INFORMATION: die Irische Fremdenverkehrszentrale leistet insgesamt sehr gute Infoarbeit.

Adresse: Untermainanlage 7, 6ooo Frankfurt, Tel. 069/ 23 64 92.

Unbedingt besorgen:

* Die "Grünen Seiten", gratis. Neben Kurzüberblick der Anreisemöglichkeiten enthält der Prospekt eine Auflistung praktisch aller Irland-Reiseveranstalter. Wer clever ist, kann sich hier viel Geld sparen. Alle Details siehe Kapitel "Anreise".

* "Autofähren Großbritannien und Irland", jährlich auf dem aktuellesten Stand, sämtliche Fährlinien übersichtlich nach Preis und Ziel.

* Je nach speziellem Interesse gibts umfangreiches Infomaterial (Hotellisten, Restaurantlisten, Landhausferien, Sporturlaub etc.). Wichtig bei Anfragen: exakt die speziellen Wünsche durchgeben!

Es lohnt sich sehr, dieses Material anzufordern und die Preise zu vergleichen. VORTEIL des eigenen Vergleiches: man kann sich nicht nur die preisgünstigste und bequemste Anreise raussuchen, sondern auch das beste Angebot vor Ort.

Verständlicherweise kennt sich nicht jedes Reisebüro in allen Möglichkeiten voll aus. Es soll auch Veranstalter geben, die am liebsten genau die Sachen anbieten, wo sie die dicksten Provisionen bekommen.

Kompliziertere Anfragen erledigt man am besten direkt per Telefon. Die im Tourist Büro Frankfurt beschäftigten Damen sind in der Regel sehr sachkompetent. Vor allem erledigen sich telef. Anfragen auch viel schneller, als wenn die Damen kompliziert per Brief antworten müssen.

★ Regionale TOURIST- OFFICES in fast jedem Dorf unübersehbar ausgeschildert. Vermitteln Privat- und Hotelzimmer, Infos zu Veranstaltungen, Broschüren mit Wanderrouten etc., Auskünfte über Transport, sowie Verkauf von Karten und Büchern.

Ganzjährig geöffnet sind:

Athlone: 17 Church Street
Tel.o9o2/72866

Cork: Grand Parade
Tel.o21/23251

DUBLIN: 14 O`Connor Street
Tel. o1/747733
Zweigstellen am Airport
und im Trinity College

Dundalk: Market Square
Tel.o42/35484

Dun Laoghaire: St. Michael´s
Wharf. Tel.o1/8o6984

Galway City: Eyre Square
Tel.o91/63o81
(dort auch Infos zu den
Aran- Inseln)

Killarney: Town Hall
Tel.o64/31633

Letterkenny: Derry Road
Tel.o74/2116o

Limerick City: Michael
Street Tel.o61/47522

Mullingar: Dublin Road
Tel.o44/4865o

Handwerkszeug

Shannon Airport:
Tel. 061/61664

Skibbereen: Town Hall
Tel. 028/21766

Sligo Town: Temple Street,
5 Minuten ab vom Centre
Tel. 071/612o1

Tralee: Aras Siamsa
Godfrey Place
Tel. 066/21288

Waterford: 41 The Quay
Tel. 051/75788

Westport: The Mall
Tel. 098/25711

Wexford: Crescent Quay
Tel. 053/23111

Weitere 5o saisonal geöffnete Touristbüros komplett in einer Liste vom Irischen Fremdenverkehrsbüro Frankfurt.

Öffnungszeiten in der Regel Mo - Fr: 9 - 18 Uhr, Sa bis 13 Uhr, kann aber regional variieren. Die Touristbüros der Airports Shannon und Dublin sind während der Saison länger geöffnet, abhängig von eintreffenden Irlandflügen.

Wer über BTX- Anschluß verfügt: das Irische Fremdenverkehrsbüro ist über den Anschluß * 22 o81# erreichbar.

Eine feine Sache: in Ruhe kann man am heimischen Bildschirm in den Angeboten "blättern" und per Tastendruck dann die gratis-Prospekte der einzelnen Reiseveranstalter vom Fremdenverkehrsbüro anfordern.

SPEZIALTARIFE: bis Ende Mai erhebliche Ermäßigungen bis ca. 3o % bei Unterkunft, Autovermietern, Museen etc. Spezielle Liste vom Fremdenverkehrsamt anfordern!

★ UNTERKUNFT: sofern man nicht mit Zelt oder Wohnmobil nach Irland fährt: Die Hotels und Pensionen in Irland sind reichlich teuer!

Es gibt vielfältige Abhilfe: z.B. per Veranstalter pauschal einen Flug plus Hotelcoupons (bzw. Pensionscoupon, Ferienhäuser, Cottage etc.) buchen. Kommt u.U. kaum teurer, oder gar billiger als die auf eigene Faust organisierten "Bed & Breakfast" (siehe unten!). Zumal man per Flug die teuren Fährkosten Überland spart!

Retourflug plus 1 Woche Cottage ab ca. 9oo DM! Kombis, z.B. 1 Woche Cottage (inkl. Fahrrad für die nähere Umgebung) plus z.B. 1 Woche Hausboot sind ebenso möglich wie Kombis mit Mietwagen, Pferdekutsche etc. Details siehe "Grüne Seiten"

★ BED AND BREAKFAST: der preiswerte Irlandurlaub für Leute, die auf eigene Faust rüberfahren. Gibts in jedem noch so abgelegenen Nest. Vielfach sind das Privathäuser, deren Besitzer sich durch die Vermietung von 2, 3 Zimmern noch "etwas dazuverdienen" wollen. (DZ ca. 55 DM).

Da es an die 2.5oo B & B´s in Irland gibt, haben wir bewußt auf die Auflistung verzichtet. Eine Komplettliste gibts als TI- Broschüre "Farmhouses, Town and Country Homes".

Würden wir einzelne herausgreifen, wären diese permanent am überquellen. Vermittlung der B&B über die örtlichen TI, Details S. 63.

ANREISE

Die Anreise nach IRLAND ist keinesfalls eine Geheimwissenschaft oder gar ein "Tarifdschungel" (wie es auf den ersten Blick vielleicht erscheinen mag): vielmehr ——— reduziert sie sich recht simpel auf folgende Punkte:

★ <u>Überland</u> sind je nach Route und Heimatort 1 bis 2 Fährüberfahrten nötig. An Kilometern ca. 1.ooo bis 1.5oo pro Richtung. Oder aber kürzere Straßenkilometer - dafür dann aber längere Fährüberfahrt.

★ <u>Dies bedeutet in der Regel:</u> nicht unter 1 1/2 Tagen pro Richtung realisierbar. Retour sind also ca. 4 Tage vom Urlaub weg.

Wer also nur <u>2 Wochen oder weniger Urlaub</u> hat, ist mit der <u>Anreise per Flug</u> in vielen Fällen besser bedient: Flugzeit ca. 2 Std.! Man spart sich nicht nur wertvolle Urlaubstage:

Zudem gibts bei den diversen Irland-Veranstaltern äußerst günstige Angebote im Sektor Retourflug + Mietwagen vor Ort, die preislich u.U. nur relativ gering über den Anreisekosten per eigenem Auto liegen können (bezogen auf HS, wo die Fährpreise für den eigenen Wagen teurer sind). Alle Details siehe Seite .... 27.

★ <u>Wer länger als 2 Wochen Zeit hat</u>- (bzw. die Chance hat, sich die PKW- Kosten inkl. Sprit und Fährpassage zu teilen) reist per eigenem Fahrzeug in der Regel billiger. Gilt insbesondere auch für die Vor- und Nachsaison, wo einige Fähren zum Teil erhebliche Verbilligungen anbieten.

Die Anreise per eigenem Fahrzeug bringt zudem den Vorteil, daß man gegenüber dem Direktflug unterwegs Zwischenstops an lohnenden Punkten einlegen kann:

bei der <u>Anreise via England:</u> z.B. London,

Kent, Wales oder das landschaftlich sehr lohnende Cornwall (südlichste Spitze Englands).

Bei der Anreise via Frankreich: z.b. in jedem Fall Paris, wofür man jedoch (ähnlich wie für London) zumindest 1 oder 2 Tage Zeit haben sollte, und insbesondere die Bretagne/Normandie.

Alle Details zur Anreise mit dem eigenen Auto, beste Routen und Tips für Stops unterwegs siehe Infos ab dieser Seite.

KOMBI´S: wer sich den Anreisestress per Auto ersparen möchte und mehr als 2 Wochen in Irland vorhat (beispielsweise 2 Wochen Irland per Auto erkunden und weitere 2 Wochen per Kabinenkreuzer auf dem Shannon) reist u.U. ebenfalls günstiger per Flug und Pauschalangebot:

Die Verlängerungswoche fürs Auto ab ca. 4oo DM, für Farmhäuser ab ca. 32o DM pro Person und Woche inkl. Frühstück, - einen Kabinenkreuzer auf dem Shannon bekommt man inkl. Retourflug bereits ab ca. 1ooo DM für ein 2-Bett Boot und Woche.

Dies sind Preise, die sich in der Regel nicht bei der Anreise auf eigene Faust und mit eigenem PKW realisieren lassen. Alle Details siehe S...27

Anreise per ZUG ist teurer als der Flug (sofern man nicht unter 26 ist und auf Interrail, "Transalpino" oder sonstige preisgünstige Tickets zurückgreifen kann). Details siehe Seite 28

Anreise per BUS ist preisgünstiger als das Normalticket mit dem Zug, aber auch stressiger, wenn man ca. 3o - 35 Std. in der Kiste eingequetscht nach Irland fährt. Im Zug kann man sich zumindest noch die Beine vertreten. Alle Details siehe Seite............................29

Das eigene **AUTO** bringt bei der Anreise und dann vor Ort auf Irland die größte Flexibilität. Billig ist das Vergnügen allerdings nicht wegen der Fähren:

Je nach Heimatort und Anreiseroute muß man in der Hochsaison (Juli/August) retour mit mindestens 6oo DM, in der Regel aber 7oo - 9oo DM rechnen. (Preise inkl. der Spritkosten für An- und Rückreise, PKW-Transport auf den Fähren und 1 Person). Wenn man zu mehreren fährt und sich die Fahrtkosten teilen kann, wird´s billiger. Zudem gibts in der Vor- und Nachsaison Ermäßigungen.

Wer clever ist, kann sich hier viel Geld sparen! Zunächst besorgt man sich die Gratis-Broschüre:

"Autofähren Großbritannien und Irland"

von der Irischen Fremdenverkehrszentrale 6ooo Frankfurt/M, Untermain-anlage 7 (Tel.: o69) - 23 64 92. Enthält alle Autofährverbindungen zwischen Kontinent und Großbritannien sowie Irland, inklusive Preisen und Abfahrtszeiten. Erscheint jedes Jahr neu mit den aktuellen Daten und ist derzeit das beste und detaillierteste, was es an Gesamtübersicht zu den Fährverbindungen gibt.

Was man weiterhin braucht: **Taschenrechner** und eine **Übersichts-Landkarte**, um die günstigste Anreiseroute durchzukalkulieren.

Vorweg: Die prinzipiell günstigste Anreiseroute gibt es nicht, auch wenn das gelegentlich immer wieder einige Leute behaupten. Kann sein, daß hier ein Reisebüro Sachen empfiehlt, - weil es keine günstigeren kennt. Oder aber für bestimmte Fähren Spezialrabatte erhält, die es dann entsprechend verstärkt anbietet!

Nicht nur die preiswertesten Fährkombinationen zählen, - insbesondere auch Kriterien des Anreisekomforts. Was nutzt es einem, wenn man zwar an einen besonders preiswerten Fährkombi kommt, dafür dann aber rauf bis nach Schottland muß, was retour ca. 1.5oo extra-km bedeutet (zuzügl. entsprechender Sprit-Extrakosten).

Andererseits: wenn man genügend Urlaubs-Zeit hat, kommt man mit diesem Fährkombitarif ohne Aufpreis noch zum Vergnügen, Schottland anzuschnuppern.

Weitere Kriterien: Größe des eigenen Fahrzeuges und Anzahl der mit-reisenden Passagiere, da auf den einzelnen Fährlinien demgemäß unter-schiedlich rabattiert wird. - Spritverbrauch des Fahrzeuges und Bequem-lichkeit in der Anreise. Sowie unterschiedliche Saisonpreise auf den einzel-nen Fährverbindungen.

Es lohnt sich daher in jedem Fall, für die eigenen Bedürfnisse die gün-stigste Anreise durchzukalkulieren. Rein preislich sind sicher ein bis zwei blaue DM-Scheinchen drin, die man sich einsparen kann.

Im Prinzip gibt es 3 Anreisewege nach IRLAND (vergl. Karte/Vorseite!):

A) via England: die billigste Anreise, aber 2 Fährüberfahrten und ent-sprechend Kilometer durch England (beim Plus: LONDON etc.)

B) via Frankreich: Direktfähre nach Irland: bequem und unter Umstän-den (Saison, Anzahl der Passagiere) ähnlich günstig wenn nicht gar billiger als der stressige Trip via England.

C) via Dänemark: vorwiegend nur für Norddeutsche interessant

Wir haben im Folgenden die sowohl preislich, aber auch von der Route interessantesten Verbindungen zusammengestellt, - gegliedert nach Aus-gangspunkt und Heimatort. Im Anschluß Adressen, wie man an besonders günstige Tickets kommt.

1.) ab Region Hamburg/Kiel/Bremen/:

ESBJERG - NEWCASTLE: preislich zwar nicht die billigste Verbindung, aber für Leute die in o.g. Region wohnen die an Kilometern kürzeste: die Anreise zur irischen Insel reduziert sich auf ca. 55o km, davon ist fast die gesamte Strecke bis Esbjerg Autobahn und gebührenfrei. Dann eine 21 - stündige Überfahrt mit der DFDS.

Preise: je nach Saison ca. 24o DM/Person einfach, in der billigsten Kabine. Der PKW je nach Größe und Anzahl der begleitenden Personen wird billig, wenn viele Leute im Auto sitzen bzw. teuer, wenn nur 1 oder 2 Leute fahren.

Ab Newcastle dann gut ausgebaute Straße bis Carlisle, danach schlängelige aber landschaftlich lohnende Landstraße bis STRANRAER bzw. CAIRNRYAN, insgesamt ca. 25o km. Ab Stranraer/bzw. Cairnryan häufige Fährverbindung rüber nach Larne/Nordirland.

Preise: billiger ist die P&O European Ferries Fähre ab Cairnryan, pro Person ca. 15o DM hin und zurück. Der PKW zwar ca. 37o bis 69o DM je nach Saison. Alle Details im P&O European Ferries Prospekt, Bezugsadresse siehe unser Adressen-Infokasten!

Insgesamt als Strecke realisierbar in 2 Tagen, beim Plus, daß man noch Schottland anschnuppern kann (alle Details siehe unser Schottland-Band!) Auch preislich liegt man, wenn man zu mehreren fährt, gar nicht so schlecht, im Vergleich zur an Kilometern wesentlich längeren Alternativroute/Raum Hamburg via Kanalfähren und England.

Unterm Strich ist die Strecke via Esbjerg ein Tip für Leute, die über genügend Zeit verfügen, oben in Schottland noch ein paar Urlaubstage anzuhängen.

Tip: ab Newcastle/England die E 31 rauf nach Edinburgh, ca. 2oo km und ohne Frage schönste und lohnendste Stadt Schottlands. Viel Flair und jede Menge an gemütlichen Pubs. Am nächsten Tag dann rauf in die schottischen Highlands über die A 9 Pitlochry - Inverness (25o km): 1 Tag mit seitlichen Abstechern zu einsamen Lochs (Hochlandseen). Von Inverness dann am folgenden Tag via Loch Ness - Loch Lochry nach Oban (Abstecher zu vorgelagerten Inseln). Nächster Tag bis Cairnryan für die Irlandfähre.

Insgesamt ein Abstecher von 4 Tagen, der relativ viel von den großartigen Landschaften Schottlands bringt. Wer 1 Woche investiert, sollte unbedingt noch die der schottischen Westküste vorgelagerten Inseln wie Mull oder Skye einbauen, alle Details im Velbinger-Schottland-Führer!

Wer via Esbjerg nach Irland fährt, landet in Nordirland und günstiger Ausgangspunkt für DONEGAL/Irische Republik. Runter in den Süden Irlands nochmals ca. 25o - 3oo km, aber jede Menge interessanter Sachen entlang der Westküste. Retour am besten via Englandfähren: als gesamter Rundtrip ca. 4 - 6 Wochen einkalkulieren!

Die preisgünstigste ROUTE ab Norddeutschland (auch Berlin) nach Irland geht via Hoek van Holland nach Harwich/England. Und zwar mit einem sogenannten "Durchbuchungstarif" auf den Kanal + Irlandfähren (Details siehe Seite 22. Zeitbedarf ca. 2 Tage pro Richtung.

STRECKE: ab Hamburg/Bremen ca. 5oo km via fast durchgehender Autobahn durch Holland bis Hoek van Holland. In England weitere ca. 5oo km bis Fishguard bzw. Holyhead, den Fährhäfen für Irland. - Ebenfalls als Durchgangstarif im Angebot: Hoek van Holland - Harwich + Cairnryan/Schottland - Larne/Nordirland. Details siehe S. 23.

Prinzipiell auch möglich per verbilligtem "Durchgangstarif": Calais/Dünkirchen oder Bologne nach Dover/Folkestone. Allerdings Km-längere Anreise ab Norddeutschland.

Die DIREKTFÄHRE: Hamburg - Harwich/England bringt relativ wenig: Überfahrt ca. 2o Std. Per Straße nach Ostende/Calais ist man schneller und billiger. Abprüfen: nicht bei jedem Anbieter gibts hier den vergünstigten "Durchgangstarif" nach Irland.

2.) Region Ruhrgebiet:

Günstigste und schnellste Verbindung ist hier ohne Frage die Strecke via Kanalfähren und England. Realisierbar im Optimalfall in 1 Tag/Nacht bis Irland. Durchgehende Autobahn bis Ostende (ca. 26o km), oder weiter per gut ausgebauter Landstraße zu den weiteren Fährhäfen Dünkirchen, Calais, Boulogne.

Auch für Leute im Bereich Hannover, Osnabrück, Münster etc., also im weiteren "Einzugsbereich" die schnellste und billigste Verbindung nach Irland. Alle Details siehe "Kanalfähren"!

3.) Restliches Deutschland/ Österreich/ Schweiz:

ist hier Entscheidungsfrage: schneller und billiger sind die Verbindungen via England (beim Plus, daß man einen Stop in London einschalten kann),

- bequemer dagegen ist die Direktfähre nach Irland ab Frankreich (Le Havre, Cherbourg bzw. Roscoff). Daß sie in der Hochsaison oft langfristig ausgebucht ist, spricht für sie. Alle Details zu beiden Anreisevarianten und Routen siehe folgendes Kapitel:

A) IRLAND - DIREKTFÄHRE

Irish Ferries: Fahrzeit ab Le Havre oder Cherbourg/ Frankreich ca. 17 - 22 Std. bis Cork oder Rosslare/Irland. Die Preise bei der Mitnahme eines PKWs kalkulieren sich nach Anzahl der mitfahrenden Passagiere aber auch nach Saison.

PREISE: beispielsweise in der Vor- und Nachsaison für 1 PKW plus 4 Leute ca. 67o DM einfach (wenn diese sich die Kosten teilen also pro Person ca. 17o DM inkl. des Fahrzeuges!). Selbst in der äußersten Hochsaison und wenn nur 2 Leute fahren: ca. 57o DM (= ca. 285 DM pro Person inkl. PKW). Die 4-Bett Kabine kostet ca. 2o DM/

Person. Alle Preise einfach. Es gibt günstige APEX-Tarife (hin und rück), die bis zu 3o % günstiger sind, allerdings keine Umbuchungsmöglichkeit und mindestens 21 Tage vor dem Termin zu buchen und zu bezahlen.

ANREISE: superbequem, bis Le Havre gibts durchgehende Autobahn, sofern man aus der Region Frankfurt oder südlich kommt. Wer sich die Autobahngebühren von ca. 5o DM ab franz. Grenze sparen will, hat bis Paris weitgehend schnurgerade Landstraßen. Lohnender Stop in Paris für 1 - 2 Tage. An Bord dann Kino, Disco und andere Sachen, die die Zeit vertreiben. Zudem viel Relaxing an Bord, und ein Teil der Strecke vergeht nachts in der Kabine, - statt daß man sich mit 2 Fährüberfahrten und waagrechter Durchquerung durch England auf Autobahnen und Landstraßen durchstresst.

Die Strecke Cherbourg - Rosslare (ebenfalls mit der "Irish Ferries") verkürzt die Schiffsreise der Direktfähre auf ca. 17 Std. nach Irland. Preislich ist kein Unterschied zwischen Abfahrten ab Le Havre oder Cherbourg, dafür die Strecke zwischen beiden Orten schneller per Straße als per Schiff.

Strecke Roscoff/Bretagne nach Cork/Irland mit der Brittany Ferry: Überfahrt ca. 15 Std. und preislich über der "Irish Ferries", - dafür aber rund 7 Std. gegenüber der Le Havre-Irland Direktfähre eingespart, somit zeitlich gleichschnell und beim Plus, daß man noch einen der schönsten Teile der Bretagne mit einbauen kann.

ANREISE via Bretagne gehört zu einer der schönsten Strecken nach Irland. St. Malo mit seinen riesigen Stadtmauern direkt am Meer und excellenten Restaurants, großartige Küstenlandschaften bis Roscoff mit gemütlichen Fischernestern und viel Flair.

Alle Details Band Bretagne/Normandie (Band 25) mit jeder Menge Tips zu Essen, Sight Seeing, Baden, insbesondere aber auch Unterkunft. Schon 1 oder 2 Tips aus dem Sektor zu preiswerter "Unterkunft" können schon wieder den Preis des Bandes einsparen.

Das Buch behandelt zugleich auch detailliert die Normandie, also den Bereich u.a. zwischen Le Havre und Cherbourg. Rund 5oo Seiten kompakter Information im Stil der Velbinger Reiseführer!

TIP: wer auf der Anreise Paris einbaut: alle Details in unserem Band 7, der die Stadt in allen 24 Arrondissements beschreibt und insbesondere jede Menge Tips zu Essen, Unterkunft und anderen Sachen bringt, die nicht unbedingt in sonstigen Reiseführern stehen.

Wer Paris ausklammert, um schnell zur Fähre zu kommen: gut ausgebaute und beschilderte Ringstraße um Paris rum ("Peripherique") - wer Paris einbaut: nach Möglichkeit die Anreise zeitlich so legen, daß man nicht in den Morgenstunden oder nach Büroschluß "reinsticht": Brutalverkehr, kann bis zu 1 1/2 Std. ab Ringstraße bis ins Innere

Deutschland/Schweiz/Österreich sich einen Paris-Stadtplan zulegen, wo die "Portes" (Ausfahrten) von der Ringstraße namentlich eingetragen sind.

Lohnend ebenfalls, die Anreise in die Bretagne via Loire-Schlösser auszudehnen. Zeitbedarf plus ca. 2 - 4 Tage je nach Programm. Details siehe Band 26 unserer Verlagsreihe.

In jedem Fall - sowohl für die "Irish Ferries" und die "Brittany-Ferry"- unbedingt für Termine in der Hochsaison langfristig vorreservieren!! Adressen siehe unser Kasten "Fährschiff-Adressen"!

B) KANALFÄHREN:
(Kontinent - England - Irland)

Preislich liegt man via England in der Regel billiger als per Direktfähre (Irish Ferries) und Frankreich.

Zeitlich liegt man rein rechnerisch ebenfalls schneller, wenn man simpel die Fährüberfahrten plus England-Durchquerung mit dem Taschenrechner zusammenaddiert, in der Realität ist jedoch die Anreise via England keine echte Zeitersparnis gegenüber der Frankreich-Direktfähre:

Zeitvergleich: Direktfähre Frankreich - Irland ca. 22 Std.
Dagegen Kanalüberquerung (ca. 1 1/4 Std. - 4 Std.) plus quer durch England ca. 7 Std. - plus Fähre Wales - Irland (ab Fishguard, Holyhead ca. 3 - 4 Std.) = zusammen ca. 11 - 15 Std.

Dies allerdings nur rein rechnerisch, denn zu den oben genannten Zeiten via England kommen nochmal ca. 1 Std. pro Fährüberfahrt fürs Einchecken. (Anmerkung: Wer nicht 1 Std. vor Abfahrt des Schiffes im Hafen eintrifft, verliert den Anspruch auf seine Reservierung, bzw. kann nicht mehr rechtzeitig den Papier- und Zollkram für die Einschiffung erledigen). Hinzu kommt die entsprechende Zeit fürs Rausrangieren aus dem Schiffsbauch, eventuelle Staus auf den engl. Autobahnen etc... Womit man bereits bei ca. 13- 18 Std. liegt!

Auch ist nicht garantiert, daß die Fähre sofort losfährt, wenn man mit dem PKW England/Wales durchquert hat und im Fährhafen ankommt. Ab Fishguard/Wales z.B. nur ca. 3 mal/Tag, ab Holyhead/Wales ca. 4 mal/Tag nach Irland, - also nochmal ein paar Stunden dazuaddieren, - bzw. auf einem Nonstop Trip entsprechende zusätzliche Sicherheitsreserve einkalkulieren.

Unterm Strich ist man also in etwa genauso lang unterwegs wie mit der Irland-Direktfähre.

Die Anreise via England empfiehlt sich daher vor allem für Leute, die noch ein bißchen England anschnuppern wollen (z.B. London als lohnender Zwischenstop), - und die über genügend zusätzliche Urlaubszeit verfügen, um diese Abstecher einzubauen. Oder aber schlichtweg für Leute, die sich Geld sparen wollen.

20   Anreise Auto

Unter Umständen ebenfalls keine schlechte Idee: hinwärts via England inkl. entsprechender Abstecher und Stops, - retour via Direktfähre...

Einen weiteren Vorteil hat die Strecke via England: wer Seegang-empfindlich ist, für den reduziert sich die Strecke übers Meer bei Wahl der Optimalroute auf ca. 5 Std.

Fährtickets via England:

Zwar kann man sich prinzipiell die Kanalüberquerung und die anschließende Überquerung nach Irland als 2 separate Tickets kaufen.

Auch wenn es hier auf einigen Strecken Spezialtarife gibt (z.B. verbilligte Nachtüberfahrten im Liegesitz über den Kanal, vergünstigte Saisontarife etc.), - liegt man jedoch in jedem Fall mit einem sogenannten "DURCH-GANGS-" oder "LANDBRIDGE- TARIF" billiger:

Diese Tickets enthalten als Komplettangebot eine Kanalüberfahrt plus eine Überfahrt nach Irland. (z.B. der "Landbridgetarif" von Sealink, die dichte Verbindungen über den Kanal unterhalten, - zusammen mit "B+I", führend in den Direktverbindungen zwischen Wales und Irland). Dabei kann man fast alle Strecken benutzen, die die Reedereien des jeweiligen "Durchgangstickets" unterhalten.

Durchgangstickets gibts von folgenden Reedereien:

1.)   SEALINK/ B+I: der Tarif nennt sich dort "Landbridge Ireland"

2.)   P & O European Ferries: nennt sich dort "Durchbuchungsrabatt"

3.)   Irland-Spezialreisebüros bieten andere Reedereien in Kombination an, mit denen sie spezielle Durchgangstarife ausgehandelt haben.

★ **SEALINK/ B+I**: Wer in Norddeutschland wohnt, kann ohne Aufpreis die Sealink-Kanalfähre von Hoek van Holland (nahe Amsterdam) nach Harwich/ England benutzen, die die Anreise an Km verkürzt. Ansonsten gilt der Tarif für alle Sealink-Fähren ab Calais/Bologne nach Dover und Folkestone.

PREISE: einfach in der Vor- und Nachsaison für 1 PKW inkl. 2 Personen ca. 33o DM, - in der HS für 1 PKW inkl. 4 Personen ca. 54o-6oo DM. Preise jeweils einfach.

★ **P & O European Ferries/B+I:** hier gibt es den Durchbuchungstarif, der preislich etwa wie der "Landbridge" liegt. Mit P & O geht es über den Atlantik (z.B. von Oostende nach Dover oder Zeebrügge - Dover) und mit B+I ab Holyhead nach Dublin bzw. Pembroke - Rosslare.

Eine Möglichkeit für Leute mit Zeit, die noch etwas von Schottland sehen wollen: P & O bedient auch die Strecke Cairnyarn/Schottland nach Larne/ Nordirland. Aber: wer diese Möglichkeit nutzt, muß ab Kanalüberquerung runde 7oo bis 8oo km rauf nach Schottland, was zeitlich nicht unter 1o Std. abläuft und zusätzliche Spritkosten verursacht.

Insgesamt ist der P & O European Ferries-Tarif via Cairnryan/Schottland heißer Tip für Leute, die über genügend Urlaubszeit verfügen, so daß sie noch Schottland anhängen können.

Für die Schnellanreise nach Irland eignet er sich kaum. Denn der Trip via Autobahn rauf nach Schottland bringt kaum Landschaftserlebnis, dafür aber Stress. - Wer jedoch Zeit hat, Abstecher einzubauen, kann mit diesem Tarif noch jede Menge an England- und Schottlandabstecher einbauen!! Details für Schottland-Abstecher siehe unser Band 17 ("Schottland")!

IRLAND-SPEZIALBÜROS: bieten zum Teil äußerst günstige Kombis (auch mit anderen Reedereien) an, mit denen sie Spezialtarife ausgehandelt haben. Anruf lohnt sich, hier kann man unter Umständen sehr interessante Urlaubstips bekommen.

Vom Irischen Fremdenverkehrsamt gibt es eine sehr hilfreiche Broschüre: "**Die grünen Seiten, Urlaubsangebote deutscher Reiseveranstalter**".

Hier findet man eine Auflistung aller deutschen Veranstalter, die Irland im Angebot haben. Hinweise auf Gruppen-, Studien- und Busreisen. Listen über Hotels, Pensionen, Ferienhäuser usw. Ein unersetzlicher Ratgeber für die Planung einer Irlandreise.

Neben Veranstaltern für Aktiv-Urlaub (Reiten, Zigeunerwagen, Kabinenkreuzer etc.) gibt es auch Reisebüros die sich auf die günstige Anreise mit Fähren spezialisiert haben und durch Spezialtarife besonders günstige Konditionen anbieten können.

BUCHUNG: ist für die regulären Tarife der Fährprospekte sowohl zu Hause im heimischen Reisebüro, - wie auch vor Ort im Fährhafen der betreffenden Reederei und bei gleichen Preisen möglich. Gilt jedoch nicht für Spezialtarife von Reisebüros, die ein spezielles touristisches Angebot beinhalten.

Wer vorbucht, hat den Vorteil, daß der Platz für den PKW auf der betreffenden Fähre garantiert ist. Muß dann aber auch gemäß der Bestimmungen der Reederei 1 - 1 1/2 Std. vor Abfahrt sich im Hafen melden; ansonsten Gefahr, daß man die Reservierung verliert.

Rechtzeitige Umbuchung von reservierten Terminen im Rahmen der Ticketgültigkeit jederzeit möglich. Speziell bei P & O European Ferries und Sealink: wenn das Ticket verloren geht, vernichtet oder gestohlen wird: kein Anspruch auf Transport! - Bei der Sealink: wer bei vorgebuchtem Ticket mit Reservierung nicht pünktlich am Schalter erscheint zahlt Versäumnisgebühr zwischen 15 - 25 % des Ticketpreises!

Man sollte sich von diesen Bedingungen nicht abschrecken lassen, sondern entsprechende Zusatz-Zeitreserven zum Fährhafen einplanen.

22   Anreise Auto

ADRESSEN FÄHRVERBINDUNGEN NACH IRLAND:

Irish Ferries:
(Direktverbindung nach Irland ab
Frankreich)
Generalagentur: Karl Geuther GmbH &
Co. Martinistr. 58 - 28oo Bremen 1
Tel.: (o421) - 149 7o + 149 81

Brittany Ferries:
(Direktverbindung nach Irland ab
Roscoff/Bretagne- Frankreich)
Generalagentur BRD/Berlin: Seetours
International GmbH & Co. KG
Seilerstraße 23 - 6ooo Frankfurt 1
Tel.: (o69) - 133 32 19

Sealink:
(Durchgangstarife via England)
Deutschlandvertretung:
Oststr. 122, - 4ooo Düsseldorf 1
Tel.: (o211) - 361 3o21

Olau Line:
Deutschlandvertretung:
Olau-Line (U.K.) Ltd. & Co.,
Mattentwiete 8, D-2ooo Hamburg 11
Tel.: (o4o) 36 o1 442-6, Telex 2 15 185

P & O European Ferries:
(Durchgangstarife via England)
Deutschlandvertretung:
Graf Adolfstr. 41 - 4ooo Düsseldorf 1
Tel.: (o211) - 38 7o 6o
Schweiz/Österreich:
Gottfried Keller-Str. 7
CH 8o32 Zürich
Tel.: (o1) - 69 47 77

B&I: Adresse und Tel. siehe Sealink

DFDS Seaways:
Deutschlandvertretung:
DFDS GmbH, Jessenstr. 4, D-2ooo
Hamburg 5o

North Sea Ferries:
Reederei:
North Sea Ferries, Beneluxhaven,
Europort
Postanschrift:
Postfach 1123, 318o AC Rozenburg ZH,
Niederlande
Tel.: (oo 31 18 19) 5 55 55, Telex (nur
Passage) (oo44) 2 9 571

TIP KANALÜBERQUERUNG:

Insgesamt 13 Möglichkeiten. Da sämtliche Überfahrten - ganz unabhängig von der Überfahrt-Dauer - bei jeweils selber Company im Rahmen eines Durchgangstarifes gleich teuer sind, sind vor allem die Strecken "Hoek van Holland - Harwich" und "Zeebrügge - Felixstowe" interessant.

Beide Zielhäfen liegen nördlich von London, - man kann bequem England durchqueren, ohne den Millionenkessel zu tangieren, was entsprechend Zeit spart.Die Fahrzeit beider obengenannten Fähren beträgt zwischen 5 und 8 Stunden, je nachdem ob tagsüber oder nachts - ideal, um nach der langen Fahrerei auszuschlafen, bevor's weiter quer durch England geht.

Die Hoek van Holland - Fähre kann man dabei im Rahmen eines Sealink-Durchgangstarifes benutzen, - die Zeebrügge-Fähre im Rahmen des P & O European Ferries Durchgangstarifes.

Gegenrechnung: Die kürzesten Kanalüberquerungen (Bereich Calais/-Bologne nach Dover/Folkestone) dauern lediglich 1 1/2 Std., der Transfer über die Irische See nur 3 1/2 Std. - beide zu kurz für ein erholsames Nickerchen, so daß die Anreise kaum Non-Stop zu schaffen ist.

TIP: nicht unbedingt muß ein sogenannter "Sondertarif" eines Reisebüros für Durchgangsbuchung billiger sein, als wenn man die Sache regulär bei der Fähre kauft. Daher unbedingt vor Kauf mit den Originalpreisen der Reederei vergleichen!

Beispiel die auch ansonsten sehr interessante Verbindung: **Rotterdam bzw. Zeebrügge - Hull** (mit North Sea Ferries) plus **Holyhead - Irland** (B+I-Verbindung über die Irische See). Bringt als Vorteil die schnelle und bequeme Anreise nach Rotterdam über durchgehende Autobahn, die im Gegensatz zu Frankreich zudem nichts kostet.

Täglich 18 Uhr <u>ab Rotterdam</u> Nachtüberfahrt rüber nach <u>Hull</u>, welches man am nächsten Morgen gegen 8 Uhr erreicht. Kostet pro Person in der Hauptsaison ca. 145 DM, inkl. im Preis ist ein Abendessen und ein großes Frühstücksbuffet! Der PKW in der HS ca. 2oo DM (in der Vor- und Nachsaison nur ca. 16o DM). Achtung: dieser Preis gilt auch für Wohnmobile, sofern nicht höher als 2,4o m! (Kostet bei anderen England - Irland Verbindungen erheblich mehr!!)

<u>Ab Hull</u> dann lediglich ca. 3oo km bis <u>Holyhead</u> (davon 2oo km Autobahn) und mit der B+I Fähre in 3 1/2 Std. nach Dun Loaghaire (knapp südl. von Dublin). Preis für den PKW inkl. 4 Personen in der Hauptsaison 54o - 6oo DM.

Alle Preisangaben basieren auf regulär gekauften Einzeltickets, kein Durchgangstarif. Abklären, ob hier Spezialreisebüros günstigere Sonderkonditionen anbieten können.

Es gibt hier aber auch die Möglichkeit mit nur 5 DM Aufschlag zum normalen <u>North Sea Ferries</u> Tarif ab Cairnryan/Schottland nach Nordirland überzusetzen. Kostenpunkt in der Hauptsaison für PKW mit 2 Pers. in der billigsten Kabine (einfach): ca. 6oo DM.

<u>Unterm Strich</u> ist die o.g. Verbindung via Hull interessant, da man relativ bequem und schnell nach Irland kommt: 1 Tag bis Rotterdam, inklusive eventuellen Abstechern in Holland. Nachtüberfahrt und bereits gegen Mittag in Holyhead und mit der Mittagsfähre rüber nach Irland bzw rauf nach Schottland und die Fähre nach Larne/Nordirland nehmen.

Durchbuchungstarif "P&O" plus "B+I": gilt auch auf der Strecke Cherbourg/Frankreich - Portsmouth bzw. Weymouth ohne Aufpreis. Überfahrtsdauer ca. 4 1/2 - 8 1/2 Std. Interessant für Leute, die bei der Anreise genügend Zeit haben und auf der Hinreise noch Paris plus Normandie einbauen wollen. Ebenfalls ohne Aufpreis kann die Strecke Dieppe/Frankreich - Newhaven/England benutzt werden, Überfahrt ca. 4 Std.

ENGLAND-DURCHQUERUNG:

a) <u>ab Fährhäfen Dover/Folkestone</u>: zunächst Landstraße und dann die Südumgehungsautobahn um London. Kann in diesem Bereich und während der Stunden des Berufsverkehrs sehr zeitaufwendig werden. Gute Englandkarte zudem sehr sinnvoll bei der Vielzahl an Abzweigungen.

Die Autobahn geht durch, über Bristol, Cardiff bis über Swansea / Wales hinaus. Die letzten rund 1oo km per Landstraße. Insgesamt ab Dover bis Fishguard ca. 56o km, für die man rund 7 Std. Zeit einkalkulieren sollte plus Sicherheitsreserve.

Die Alternativstrecke Dover - Holyhead ist an Km in etwa gleichlang,

24 Anreise Auto

tangiert jedoch voll die Großstädte London und Birmingham, die trotz Autobahnring entsprechend dicken Verkehr haben. Im Minimum mit mindestens 8 Std. rechnen, sofern man die Strecke nicht nachts fährt.

b) <u>ab Fährhäfen Felixstowe/Harwich</u>: ca. 5oo km, egal ob Fishguard oder Holyhead. Keine durchgehende Autobahn, daher ist eine gute England-Karte nötig. An Fahrzeit mit mindestens 8 Std. plus Sicherheitsreserve.

Wer etwas Zeit hat, kann sich schöne Landstraßenrouten legen, - beispielsweise via Cambridge - Stratford on Avon - Oxford, - aber auch im landschaftlich ungemein lohnenden Wales auf Nebenstrecken.

Viele Tips und Infos hierzu auch in unserem Band 27 <u>SÜD-ENGLAND/WALES</u>, vom gleichen Autor wie der vorliegende Irland-Führer.

<u>Im Vergleich a) und b)</u> dürfte als <u>SCHNELLVERBINDUNG</u> die Strecke Dover/Folkestone - Fishguard am günstigsten liegen, - landschaftlich aber die Strecke Felixstowe/Harwich - Fishguard am meisten bringen.

c) <u>ab Fährhafen Hull</u>: Schnellverbindung nach Holyhead, ca. 3oo km, davon ca. 2oo km Autobahn. Ca. 4 Std. plus Sicherheitsreserve.

d) <u>ab Fährhafen Newcastle</u>: ca. 25o km bis Stranraer/Cairnryan, davon knapp 1oo km Autobahn bis Carlisle. Wegen der anschließenden und sehr schlängeligen Landstraße bis Stranraer/Cairnryan insgesamt mindestens 5 - 6 Std.einkalkulieren.

FÄHRPROSPEKT - KNOW HOW:

<u>FÄHRPREISE:</u> In der Regel kennzeichnen die Fährprospekte mit Farben die gültigen Saisonpreise. Die selben Farben finden sich dann in einem Kalender, so daß man leicht den jeweilig gültigen Preis findet.

<u>SAISON:</u> die Hochsaison liegt bei allen Reedereien etwa von Anfang Juli bis Ende August, kann aber von Reederei zu Reederei geringfügig variieren. Beispielsweise hat die eine Reederei schon Hochsaisonpreise, während die Konkurrenz noch nach dem billigeren Vorsaisontarif berechnet. Wer clever ist, kann sich hier einiges an Geld sparen!

<u>PREISKALKULATION:</u> die einen Verbindungen kalkulieren die Personenüberfahrt und den PKW-Transport separat, - die anderen berechnen nach PKW und gestaffelt nach Anzahl der mitfahrenden Personen. Unter Umständen ist ein regulär gekauftes Ticket bei 4 Leuten mit PKW (beispielsweise in der Vorsaison bei Irish Ferries) billiger, als ein Durchgangstarif via England.

<u>WOHNMOBILE:</u> erfahren bei einigen Connections keinen Aufpreis gegenüber dem normalen PKW (z.B. bei "North Sea Ferries" von Rotterdam nach Hull/England, wenn die Höhe von 2,4o m nicht überschritten wird). Eine zunächst teurere Verbindung kann

daher für den Wohnmobilfahrer unterm Strich billiger sein als die Konkurrenz. Prospekte abprüfen und Spezialreisebüros kontaktieren.

STORNOGEBÜHREN: können saftig sein, wenn man ein Ticket gekauft hat, es nachträglich aber zurückgeben möchte. Gilt auch, wenn man das Ticket verliert. Teils knallharte Bedingungen, - vor Buchung sollte man die Bedingungen abprüfen. Siehe auch unser Kapitel "BUCHUNGEN".

RESERVIERUNGEN: Zur Beruhigung, ein Ticket mit o.K.-Reservierung kann man im Rahmen der Ticketgültigkeit (1/2- Jahr bis 1 Jahr) jederzeit terminlich umbuchen. Wer also die Fähre versäumt, lässt sich umgehend auf den nächsten Abfahrttermin einbuchen (bzw. wenn voll: auf die Warteliste)!

Die o.K.-Reservierung im Schiffsticket besagt lediglich, daß man einen festen Platz auf der entsprechenden Fähre eingeräumt bekommen hat. Wer nicht rechtzeitig vor Abfahrt (je nach Reederei: 1 bis 1 1/2 Std. vor Abfahrt des Schiffes) sich im Hafen bei der Reederei meldet, verliert lediglich den Reservierungs-Anspruch an diesen Termin.

DURCHGANGSTARIFE: sind nicht nur frei im Termin, sondern auch nachträglich (im Rahmen der Durchgangstarif-Bedingungen) auf andere Strecken des jeweiligen Anbieters umbuchbar.

Flug Spart erheblich an Zeit in der Anreise: Flugzeit ab Deutschland ca. 2 Std., und schon ist man auf der "grünen Insel". Um preiswert rüber zu kommen gibt's folgende Möglichkeiten:

1.) LINIENFLÜGE: den Normaltarif kann man vergessen, interessanter sind da schon die sogenannten "FLIEG & SPAR"-Tarife bei Lufthansa und Aer Lingus. Kostenpunkt bei Lufthansa retour ca. 785 DM (z.B. ab München, Stuttgart), ca. 710 DM (ab Hamburg). In der Vor- und Nachsaison billiger (ca. 575 bzw. 600 DM).

Bei Air Lingus ab ca. 500 bzw. 600 DM (von Düsseldorf) bis zu ca. 710 DM (ab Hamburg). Ab München, Stuttgart, Nürnberg ca. 785 DM. Für Jugendliche und Studenten ab Düsseldorf, Frankfurt und Hamburg 444 DM retour.

Bedingungen: Gültigkeit max. 3 Monate, Hin- und Rückflug muß vorab fixiert werden, zwischen Hin und Rückflug muß ein Samstag liegen. Eine Änderung des Flugtermins ist vor Antritt der Reise für 100 DM (Kinder 50 DM) Gebühr möglich, nach Reiseantritt geht nichts mehr mit Umändern.

Bei Aer Lingus können auch Fahrräder ohne Aufpreis mitgenommen werden, sofern das Gesamtgepäck nicht 20 kg übersteigt! Zudem kostet der Anschlußflug Dublin - Shannon oder Dublin - Cork lediglich 4 DM! Bedingung ist, daß man mit Aer Lingus von/nach Deutschland fliegt. (Vorab prüfen, wie es mit den Anschlüssen steht!)

26 Anreise Auto

> Die Lufthansa hat dafür mehr Abflughäfen in Deutschland, die analog zur Entfernung entsprechend teuer werden. Wer sparen will, nimmt sich einen preisgünstigen Abflug ab Düsseldorf oder Frankfurt und zur Anreise bis Airport ein "Rail-&Fly"-Ticket der Deutschen Bundesbahn für ca. 1oo DM einfach. Oder greift gleich preiswerter auf eines der IT-Angebote oder Sonderflüge zurück, Details siehe dort!

Unterm Strich lohnt sich FLIEG & SPAR bei einem Aufenthalt von mehr als 4 Wochen, ansonsten ist der IT-TARIF günstiger.

JUGEND-, STUDENTEN-TARIF: Bedingungen: Jugendliche unter 22, Studenten unter 26 Jahren. Interessant bei der "Aer Lingus", da sie dort Anwendung auf den sowieso günstigen "Flieg & Spar" finden und ab Düsseldorf bzw. Frankfurt ca. 55o DM kosten. Preise entsprechen den Super-flieg&spar-Tarifen. Allerdings limitiertes Angebot an Sitzplätzen in den Maschinen und nur für bestimmte Flüge/Tage.

Amsterdam - Belfast: kostet mit der KLM retour im günstigsten Fall ca. 46o DM für Jedermann, Bedingung: 14 Tage vorausbuchen, keine Änderung der Termine möglich. Allerdings hier nur sehr limitiertes Angebot an Plätzen und die Bedingung, daß der Aufenthalt eine Samstag auf Sonntag Übernachtung mit einschließt. Als Verbindung interessant für Leute aus dem norddeutschen Raum ("Rail&Fly"-Zugticket Deutschland bis Amsterdam retour ca. 15o DM).

Abgesehen davon landet man im nördlichsten Teil der irischen Insel. Als Verbindung daher für Leute, die vor allem den Südwesten geplant haben, weniger interessant.

Midweek Special: bei der "Aer Lingus" ab Amsterdam nach Dublin und Cork, ca. 41o DM.
Bedingungen: zwar keine Altersbeschränkung, aber nur gültig auf Abflügen Montag mit Donnerstag, wobei man hinwärts z.B. nach Dublin und zurück ab Cork fliegen kann. Mindestaufenthalt in Irland 1 Woche, maximal 1 Monat. Achtung: es gibt für dieses Ticketangebot nur eine beschränkte Anzahl an Plätzen in der Maschine. Daher unbedingt mindestens 14 Tage vorher bei der Aer Lingus oder im Reisebüro reservieren lassen!

Als Ticket interessant für Leute, die im Norddeutschen Raum oder Ruhrgebiet wohnen ("Rail & Fly"-Zugticket ca. 15o DM retour nach Amsterdam).

Kontaktadressen:

AER LINGUS: Berliner Allee 38, 4ooo Düsseldorf 1, Tel.: (o211) - 8o2 31 und An der Hauptwache 7/8, 6ooo Frankfurt/M., Tel.: (o69) - 29 2o 54.
LUFTHANSA: in allen deutschen Großstädten, bzw. über lizensierte Reisebüros.

2.) IT - FLÜGE: eine der preisgünstigsten Flugverbindungen nach Irland. Bedingung: Retourflug auf Linienmaschine (wobei auch Zwischenstops je nach Angebot möglich sind) zuzüglich einer touristischen Leistung in Irland:

Das kann Flug + Mietwagen sein, - oder Flug + Kabinenkreuzer - oder Flug + Pferdewagen/Fahrrad etc. etc.

Die Vorteile liegen auf der Hand: gemäß der IT-Bestimmungen ist einmal der Linienflug erheblich verbilligt, - zum anderen kommt man sehr preisgünstig an einen Mietwagen, Kabinenkreuzer etc. Beispielsweise Retourflug plus 1 Woche Mietwagen ab ca. 615 DM!! (Aufpreis für die Folgewoche ab ca. 32o DM!).

IT-Pauschalangebote gibt's ab allen wichtigen deutschen Airports. Dies spart Anreise-Zeit und Kosten. Preisbeispiel: Flug nach Dublin für 2 Personen plus Leihwagen (7 Tage) ab Hamburg ca. 8oo DM, ab Düsseldorf ca. 7oo DM. Nähere Information in der Broschüre Ireland Freedrive in jedem Reisebüro.

Verkauft werden die IT-Flüge von Reiseveranstaltern und Reisebüros. Unabdingliches Handwerkszeug ist hier die Broschüre **"Europas grüne Ferienseiten"** des Irischen Fremdenverkehrsamtes (Untermainanlage 7, 6ooo Frankfurt) die praktisch alle Irland-Reiseveranstalter auflistet, sauber gegliedert nach Angebot und Preisübersicht!

Nicht ohne Grund kommen rund 5o % aller Irlandbesucher per Flug & Pauschalangebot. Schneller und bequemer kommt man nicht nach Irland. Und wer beispielsweise per eigenem Auto (Fähren, Benzin etc.) rüberfährt und dann vor Ort sich separat Hotels anmietet, - zahlt oft mehr, als wenn er beispielsweise "IT: Flug & Hotel" nimmt...

Extraspecial: der billige IT-Tarif ist beispielsweise auch in Kombination "Flug & Privatquartier" möglich. Der Käufer einer derartigen IT-Pauschalreise bekommt Gutscheine fürs Privatquartier; inwieweit er dann diese Gutscheine im Privatquartier "abschläft", kann ihn natürlich niemand zwingen... Im Angebot z.B. bei "Gaeltachtreisen", Moers, Tel.: (o2151) - 4o9 o42.

3.) SONDERFLÜGE: die Sache läuft ähnlich wie die IT-Tickets, nur diesmal mit Chartergesellschaften wie Condor, Hapag Lloyd und DLT.

Abflüge ab allen wichtigen Airports Deutschlands. Man ist jedoch auf feste Abflugtermine fixiert, Zwischenstop (da Chartermaschine) nicht möglich.

Auch hier: Flug plus touristische Leistung, - inkl. Sachen wie "Flug & Privatquartier". In der Regel sind Angebote, die per "Sonderflug" laufen, nochmals eine Spur billiger als IT-Flüge, haben aber härtere Stornobedingungen. Infos und Anbieter ebenfalls in den "Grünen Seiten" der Irischen Fremdenverkehrszentrale zusammengefasst.

4.) KOMBIS: individuell durchrechnen, kann sich als Alternative lohnen. Denkbar beispielsweise ein günstiger <u>BRD - London Flug</u>. Kostet retour selbst mit Lufthansa und "Super Flieg & Spar" ab München nur ca. 47o DM, - bzw. bei verschiedenen anderen Veranstaltern im Dreh ab 4oo DM (z.b. "London Flugreisen", Tel.: München 23 11 19o). Andere deutsche Städte: siehe Billigflugbüros und Zeitungsanzeigen.

Vorteil: man kann noch ein/zwei Tage in London einbauen. Weiter per Flug London - Dublin, der derzeit bei ca. 2oo-3oo DM retour liegt (in London gekauft!), aber diese günstigen Flüge haben viele Auflagen und sind oft Monate im voraus ausgebucht.

> *Unterm Strich ist das FLUGZEUG nicht nur das schnellste und bequemste Anreisemittel - sondern oft auch das billigste, wenn man bestimmte Urlaubsaktivitäten auf der Insel vorhat (beispielsweise Boot mieten auf dem Shannon etc. Details siehe "Grüne Seiten").*

Bahn

Wer die <u>Schallmauer von 26 JAHREN</u> überschritten hat und aus dem Interrail- und twentours-Alter draußen ist, kann sich den Gedanken abschminken, auf Gleißen nach Irland zu rattern: Wohl die teuerste Anreise-Möglichkeit, die normale Rückfahrkarte München-Dublin kostet satte 914 DM.

Abgesehen davon ist die Bahnfahrt mit viel Rumrennerei und "die Hände voll Gepäck" verbunden: vom Zielbahnhof/Kanalfähre rüber zum Fähranleger laufen. In London dann Bahnhofswechsel per U-Bahn.

Auch von der <u>Fahrzeit</u> ist der Zug kaum attraktiv: München - London ca. 14 Std. bei retour ca. 45o DM (der preiswerte Charter oder die Lufthansa macht das für ca. 47o DM retour und zwar in 1 1/2 Std. pro Richtung!!)

Dann nochmals ca. 6 - 7 Std. Zugfahrt ab London zum Fähranleger/Irische See und 3 1/2 Std. per Fähre rüber. Insgesamt also ca. 1 1/2 Tage Fahrerei...

> **Jugendliche unter 26 Jahren:**
> haben folgende Möglichkeiten: <u>TWEN TOURS TICKETS</u>. Kostenpunkt z.B. ab München ca. 575 DM (ab Frankfurt ca. 5oo DM, Hamburg ca. 56o DM) retour bis Dublin. Da ist man mit einem preisgünstigen Jugendtarif per Flug bequemer und billiger in Irland.
>
> <u>INTERRAIL- TICKET:</u> kostet ca. 45o DM und berechtigt, einen Monat lang sämtliche Schienenwege in 21 Ländern Europas (und Marokkos) zu benutzen. Somit besteht auch freie Fahrt auf den Gleisen Irlands. Der Haken ist allerdings, daß der Zug in Irland nicht unbedingt das beste Transportmittel sind. (Siehe auch "Transport in Irland")

> Denn die meisten Eisenbahnlinien gehen sternförmig von Dublin aus, so daß man z.B. nicht entlang der Westküste fahren kann, wo mit die schönsten Bereiche der Grünen Insel liegen.
>
> Weiteres Handicap: Interrail kostet im Heimatland extra 5o % des regulären Bahntarifes. Interrail lohnt sich daher nur für Leute, die grenznah zu Belgien/Frankreich/Holland wohnen, wobei man das Tarifangebot "Interrail + Schiff" nimmt (5oo DM, gilt für die Fährlinien:
> - Liverpool/Holyhead - Dublin
> - Fishguard - Rosslare
> - Le Havre/Cherbourg - Cork/Rosslare

Geht immer via England. Mit den Buslinien der "Deutschen Touring" nach London, - dort ab Victoria Coach Station Anschluß nach Irland mit der Company "Supabus".

> Adresse: Deutsche Touring GmbH, Europabus, Arnulfstr. 3, 8ooo München 2, Tel.: (o89) 59 18 24/25.

Abfahrt in Deutschland desto früher, je weiter die Entfernung nach London (München 8 Uhr, Frankfurt 15 Uhr, Köln 18 Uhr). Dann wird die Nacht durchgefahren, die Busse kommen in London immer am nächsten Morgen an. Einen halben Tag in der Millionenstadt rumbummeln, bis wieder eine Nacht durchgefahren wird. Oder - was mehr Streß bedeutet - Direktanschluß schon eine Stunde später und Ankunft abends in Dublin. Dort kann's Juli und August für Rucksackler aber schwierig werden, am Abend noch eine Unterkunft zu finden.

Die Busse sind top-modern und komfortabel, so daß ein Nickerchen in den Sitzen eigentlich kein Problem ist. Sie fahren samt Inhalt auf die Fähre: im Gegensatz zu den Zügen wenig Lauferei.

NACH LONDON werden die einzelnen Linien zwei- bis viermal pro Woche abgefahren, so daß die meisten deutschen Großstädte flotten Anschluß haben.

> Preisbeispiele retour nach London, ab München ca. 24o DM, ab Frankfurt ca. 185 DM, ab Köln ca. 17o DM. Preise jeweils für Erwachsene; Studenten und Jugendliche bis 26 Jahre erhalten 1o % Ermäßigung.

VON LONDON NACH IRLAND täglich ein bis zweimal mit unterschiedlichen Zielorten. Es gibt zwei verschiedene Companies: zum einen "Supabus", eine Zusammenarbeit der beiden halbstaatlichen Gesellschaften "National Express" (engl.) und "Bus Eireann" (irisch) und außerdem "Slatteries", eine private englische Firma. Beide haben bequeme, moderne Busse mit Liegesitzen.

30   Anreise Bus

Von den Preisen her sind die beiden etwa gleich, wichtig sind beide Adressen, da in der HS einzelne Busse oft ausgebucht sind. In den meisten Fällen Nachtfahrten, so daß man eine Übernachtung einspart. Das Return-Ticket ist drei Monate gültig.

Wer mit der Fähre in Dover bzw. Folkestone ankommt: die Züge nach London haben unterschiedliche Zielahnhöfe, darauf achten, daß man auch da landet, wo man hin will.

Adressen: "Supabus", Tickets an jedem Schalter von offiziellen Bushaltestellen. Abfahrt der Busse am Victoria Bus Station, ca. 3oo m hinter Victoria Coach Station.

"Slatteries": 43, North Wharf Rd., Paddington W2 (Tel.: o17o/64 94o und 162, Kentish Town Rd., NW 5 (Tel.: o148/51 438).

Bei beiden Gesellschaften besteht die Möglichkeit der Fährüberfahrt Holyhead - Dun Laoghaire oder Fishguard - Rosslare, bitte vorab klären, daß man im richtigen Bus sitzt.

1. Nach <u>Dublin</u> ca. 12 Stunden, - kostet ca. 6o DM one way und 1oo DM return.

2. Wer den Norden der Republik (<u>Connemara</u> und/oder <u>Donegal)</u> auf dem Reiseprogramm stehen hat, zahlt ca. 1oo/145 DM bis Sligo.

3. Wer den <u>Südwesten</u> mit seiner subtropischen Vegetation ansteuert: Durchgangsverbindung bis Cork, nach Tralee als Tor zur Dingle-Halbinsel oder bis zur Touristen-Hochburg Killarney (Startpunkt für die Panorama-Straße "Ring of Kerry"). Die Preise liegen einheitlich bei ca. 9o DM single und ca. 135 DM return.

Transport in IRLAND

Mit dem Auto

Leute mit eigenem Pkw sammeln oft Kilometer: dreimal kreuz und quer durch die Insel, dann nochmal die Küste lang bis es wieder zurück geht. Die Dimensionen in Irland sind sehr klein, daher besser ab und zu irgendwo etliche Tage bleiben.

An den LINKSVERKEHR gewöhnt man sich schnell, - eventuell schon in Deutschland einen rechten Außenspiegel anbringen. An unbeschilderten Kreuzungen gilt "Rechts vor Links". Im Kreisverkehr haben - im Gegensatz zu den Vorschriften bei uns - die Autos im Rondell Vorfahrt. Es herrscht ANSCHNALLPFLICHT, Kinder unter zwölf müssen auf den Rücksitz.

PROMILLE-GRENZE: entspricht mit o,8 dem internationalen Standard. Vorsicht also beim Guinness-Tanken.

HÖCHSTGESCHWINDIGKEITEN: In geschlossenen Ortschaften 5o km/h, auf den Landstraßen rund 9o km/h.

PARKEN: Problematisch nur in den Großstädten. Zwei gelbe Linien am Fahrbahnrand bedeuten Halteverbot, - eine gelbe Linie heißt Parkverbot (anhalten bis maximal 15 Minuten erlaubt).

Die Strafmandate werden zwar in Deutschland nicht abkassiert, weil der irische Gesetzesarm nicht so weit reicht, trotzdem sollte man sich schon aus reiner Höflichkeit an die Vorschriften halten.

BESCHILDERUNG: Auf den Nebenstrecken katastrophal, die Schilder sind meistens verdreht oder fehlen ganz. Daher sorgfältig nach einer detaillierten Karte fahren. Entfernungsangaben in Meilen (1 Meile = 1,6 km), wenn nicht hinter der Zahl das Kürzel "KM" angegeben ist.

Die ORTSNAMEN stehen sowohl in Gälisch als auch in Englisch auf den Schildern. Schwierig wird's mit der Orientierung in Gaeltacht- Regionen, wo nur noch die gälische Bezeichnung aufgedruckt ist. Oft hilft da nur fragen.

32 Transport in Irland

SPRIT: Tankstellen genügend vorhanden - die Preise ein gutes Drittel höher als bei uns. Benzinarten: entweder Super oder "Regular" (Normal, bleifrei:"unleaded"). Bleifreies Super setzt sich erst langsam durch.

UNFÄLLE: Bei Personenschäden sowieso die Polizei verständigen (Notruf: 999). Bei kleinen Sachschäden eventuell privat regeln und die nötigen Daten selbst aufnehmen. Auch in Irland besteht Haftpflichtversicherung.

PANNEN: Sich am besten schon vorab einen Auslandsschutzbrief besorgen, - die Automobile Association (AA) leistet kostenlosen Pannendienst für Leute mit dem ADAC-Schutzbrief.

Werkstätten: immer wieder hört man unschöne Dinge, daß sich die Werkstattbesitzer an ahnungslosen Touristen sanieren. Die Reparaturkosten sind ohnehin teuer genug hier in Irland! Wichtig: sicherheitshalber immer an eine AA-Werkstatt wenden, die mit dem Automobilverband assoziiert ist und mit einem gelben Schild mit zwei schwarzen A's darin eingezeichnet sind. Meistens reelle Leute, außerdem hat man im Falle eines Falles eine Beschwerde-Instanz.

Die 25% Steuer auf die Ersatzteile müssen von Touristen nicht bezahlt werden. Den Mechaniker darauf aufmerksam machen, wenn er mit der Rechtslage nicht vertraut ist.

DIEBSTAHL: Auf dem Land kaum Gefahren - Vorsicht aber in den größeren Städten, wo sich die Autoknackerei zu einer beliebten Sportart entwickelt hat. Dazu unsere Präventiv-Tips im Dublin-Kapitel, Seite 141.

② Fly & Drive:

Ungemein preisgünstig, wer einen Irland Urlaub von 1 - 3 Wochen vor hat. Je nach Anbieter zahlt man für den Retourflug inkl. Mietwagen ca. 8oo bis 1.ooo DM, die Verlängerungswoche ab 8o DM.

Die Sache ist persönliches Rechenexempel: wer mit eigenem Auto ab BRD (Schweiz/Österreich) fährt, zahlt allein für die Fähren, Sprit (eventuell auch Autobahngebühren, Übernachtung etc.) in etwa ähnliche Beträge. Zudem spart man sich in An-Rückreise runde 4 Urlaubstage per Flugzeug und schont das eigene Fahrzeug um runde 4.ooo km.

"Fly & Drive" ist die bequemste Form einer Irlandreise per Auto: statt rund 1 1/2 bis 2 Tage pro Richtung am Steuer - geht's bequem in ca. 2 Std. per Flugzeug rüber auf die grüne Insel. Am Airport übernimmt man dann den Mietwagen.

Die einzelnen Anbieter in den "Grünen Seiten" des Irischen Fremdenverkehrsbüros. TIP: unbedingt komplett durchchecken! Was auf den ersten Blick "glänzt" als besonders billig, muß letztlich nicht d e r Tip sein.

KRITERIEN:

* Versicherungsumfang des Fahrzeuges? Aufpreise? Sonstige Extras wie Steuer im Preisangebot inkl.?

* Wird das Fahrzeug mit unbegrenzten Kilometern angeboten, oder kommen saftige Aufpreise durch Kilometergeld?

* Welches Automodell? Kompakte Kleinwagen sind für die teils engen und kurvigen irischen Landstraßen kein Nachteil, - eher ein Vorteil!

* Anzahl der buchenden Personen, um in den Genuß "Fly & Drive" zu kommen. Einige Veranstalter haben günstige Preise bereits ab 2 buchenden Personen, - bei anderen wird das Angebot erst interessant, wenn sich Gruppen von 8 oder mehr Leuten bilden...

* Zu welcher Saison gilt das Angebot? Einige Anbieter ködern mit supergünstigen Preisen, die sich bei näherer Überprüfung jedoch als unattraktive Vorsaisontarife entpuppen, und zu den interessanten Terminen wird's saftig teuer, - andere Veranstalter staffeln fair.

* Teils gibt's das Angebot "Fly & Drive", zwar teurer, aber inkl. mit Zusatzangebot von Hotel- oder Bed & Breakfast- Coupons. Andere Variante: Retourflug plus 1 oder 2 Wochen Mietwagen und zusätzlich 1 Woche Kabinenkreuzer (Pferdefuhrwerk etc.)

Speziell letzter Punkt kann preislich sehr interessant werden. Unterm Strich wird man einen vor Ort in Irland angemieteten Mietwagen (bzw. Hotelunterkunft, Wohnboot etc.) kaum zu den Preisen bekommen, wie per Pauschalangebot siehe oben!

Mietwagen in Irland angemietet: Kostet je nach Vermieter und Fahrzeugtyp ca. 7oo DM/Woche. Regionale Kleinvermieter sind günstiger, ca. 6oo DM/ Woche. Vermittlung u.a. über die regionalen Tourist Büros.

TIP allenfalls der "SUPER SAVER" bzw. "HOLIDAY TARIF" von international Vermietern wie Avis und Hertz: man bucht und reserviert bereits in Deutschland (Schweiz, Österreich) bei der örtlichen Vertretung. Das Fahrzeug steht dann vor Ort in Irland bereit, Preisersparnis ca. 5o % gegenüber dem regulären Tarif, der in Irland zu zahlen wäre!

Generelle Tips für Mietwagen:

Fahrzeug-Check: bei Fahrzeugübernahme vom Vermieter sollte man das Fahrzeug auf eventuelle Beschädigungen (Lack, Dellen, Felgen etc.) überprüfen und diese in das Übergabepapier eintragen lassen.

Auch überprüft man Blinker, Bremsen, Scheibenwischer etc., solang man noch beim Vermieter ist: dieser kann dann Defekte noch schnell richten. - Wenn's unterwegs eine Reifenpanne gibt, übernimmt die Kosten fürs Reifenflicken in der Regel der Vermieter (Quittung mitbringen). Natürlich nur dann, wenn nicht der Mieter an der Reifenpanne schuld war (Indiz z.B. eine verbeulte Reifenfelge).

Tankfüllung im Anzeigeinstrument überprüfen und ins Übergabepapier eintragen lassen. Übernimmt man den Tank beispielsweise halbvoll, wird das Auto auch halbvoll zurückgegeben. Abweichender Tankstand bei Rückgabe wird gutgeschrieben bzw. berechnet.

Transport in Irland

> Haftpflicht, Teilkasko oder Vollkasko: persönliche Entscheidungsfrage, Versicherungsbedingungen studieren, was einem der Aufpreis bringt. Zugleich lohnt es, die einzelnen Anbieter miteinander zu vergleichen: es gibt hier Preisunterschiede.
>
> Vollkasko: viele Vermieter stellen es den Kunden frei, ob sie den Versicherungsbetrag berappen wollen oder lieber das Risiko tragen (meist 1ooo DM Kaution hinterlegen) - nachfragen)!
>
> MINDESTALTER: Schwankt zwischen 18 und 25 Jahren, im Schnitt ab 21. Der Fahrer muß bereits ein Jahr in Besitz des Führerscheines sein.
>
> Fahrzeuge: in der Regel kleine Fahrzeuge wie Ford Fiesta, Opel Corsa, Kadett oder Fiat Uno. Ist bei den teils engen und kurvenreichen Straßen Irlands nur von Vorteil!

Die Mietautos haben natürlich RECHTSSTEUERUNG, der Gangknüppel muß mit der linken Hand betätigt werden. Am Anfang ungewohnt, am besten dreht man auf Nebenstraßen erst mal ein paar Runden zum Einüben.

③ Taxis

Eigentliche Taxis (mit Taxi-Schild) gibt's nur in den vier größten Orten: Dublin, Cork, Limerick, Galway. Die Kisten werden vom Straßenrand aus herbeigewunken.

Preise einheitlich im Stadtbezirk: Grundgebühr ca. 2,5o DM + 1,3o DM pro Kilometer. Jeder zusätzliche Passagier schlägt mit 7o Pfennigen zu Buche. Ein ordentliches Taxameter ist per Gesetz vorgeschrieben. Für längere Überlandfahrten vorher den Fahrpreis aushandeln.

IN DEN ÜBRIGEN ORTEN: Beförderung im Privat-Kfz von irgendwelchen Leuten, die sich nebenher ein paar Mark verdienen wollen. Folglich kein Taxi-Schild, - geordert wird per Telefon. Meist weiß der Hotelier oder die B&B-Dame die Nummer. Oft hängt sie auch im Telefonhäuschen. Da die Wagen kein Taxameter haben, muß der Tarif unbedingt vorher ausgehandelt werden.

④ Fahrrad

Irland wird in Fahrradfahrer-Reisen immer beliebter: in Leserbriefen hören wir immer wieder den Rat, sich wegen der Steigungen und dem oft kräftigen Seitenwinden nicht allzu viele Kilometer vorzunehmen.

Ein unvergeßliches Erlebnis, gemächlich auf dem Rad durch die grüne Landschaft zu ziehen. Torfgeruch in den Dörfern, irgendwo liegt eine Kuh auf der Fahrbahn.

Vorteilhaft ist ebenfalls, daß die Distanzen relativ klein sind. Dublin-Galway beispielsweise 22o km, - in drei Tagen läßt sich die Insel bequem durchqueren. Auch wer keine "Gewalt-Touren" im Sinn hat, sollte sich vielleicht ab und zu für einen Tag ein Fahrrad mieten, um Trips in die jeweilige Umgebung zu machen (meist miese Verbindungen mit öffentlichen Verkehrsmitteln).

FAHRRAD MIETEN: Die Firma "Raleigh Rent-A-Bike" unterhält ein dichtes Netz von Verleihstationen. Die Räder sind gut in Schuß und werden jedes Jahr gegen neue ausgetauscht.

PREISE: ca. 12 DM pro Tag, ca. 6o DM pro Woche. Tandems kosten das doppelte.

Adressen der Vermieter in diesem Buch oder beim jeweiligen Tourist Office, - Juli und August nach Möglichkeit vor 1o Uhr vormittag den Blechesel abholen, da in der Hochsaison bei schönem Wetter der Andrang sehr groß ist. Wer zu spät kommt, geht leer aus.

Es muß eine Kaution von rund 1oo DM zurückgelegt werden: auch hier mehrere Leserbriefe von Leuten, die nachher mit der Verleihstation Schwierigkeiten bekamen. Nummer Sicher: bei Übernahme kurzer Check der Reifenprofile und Bremsen, kurze Probefahrt (mit Gepäck!)

FAHRRAD VON DEUTSCHLAND mit rübernehmen: nicht nur eine finanzielle Frage, - wer zu Hause ein gutes Mountain-Bike oder ein 1o-Gang- Rad stehen hat, wird den Komfort in Irland nicht missen wollen. Die Mieträder sind 3- oder 5-Gang-Ausführungen, solide Modelle. Lohnt sich auf alle Fälle ab 2-3 Wochen Urlaubszeit.

1.) Anreise per Flugzeug: Innerhalb des 2o kg-Freigepäcks werden die Räder gratis befördert. Normalerweise ist das Personal auch bei kleineren Überschreitungen dieser Grenze sehr kulant, - zur Sicherheit aber andere schwere Stücke ins Handgepäck, das nicht gewogen wird.

2-3 Stunden vor Abflug am Airport eintreffen, da die Maschinen maximal nur zwei Räder befördern können. Wichtig: aus dem Reifen etwas Luft rauslassen, damit er beim geringen Außendruck nicht platzt. Preislich ist diese Variante oft billiger als der Zug, wo man für's Rad extra zahlen muß. Bei Charterflügen werden jedoch keine Räder transportiert.

2.) Anreise per Zug: Sehr billig, liegt zwischen 1o und 2o DM. Unbedingt eine Reisegepäckversicherung abschließen, da immer wieder mal das Rad nicht ankommt oder beim Verladen beschädigt wird. Im Reisebüro für ca. 4o DM/Monat.

Vom Verfahren her am einfachsten, das Fahrrad vorauszuschicken und dann am Zielbahnhof in Irland abholen. Dazu am Bahnhof in Deutschland eine Woche vorher aufgeben (das Passagier-Ticket muß dabei vorgelegt werden).

Noch ein Tip: insbesondere teure Räder baut man besser auseinander und umwickelt das Gestänge zum Schutz mit Zeitungspapier.

3.) Anreise per Bus: Fahrräder werden nicht transportiert.

4.) Anreise per Auto: Die bequemste und preisgünstigste Variante: das Rad auf den Dachständer schnallen, da für Überhöhen keine zusätzlichen Gebühren verlangt werden. Es ist nur die normale Fährpassage fällig, die billiger ist als Zug und Eisenbahn.

Ersatzteile von Zuhause mitbringen:

* Speichen, (hier oft schwer zu kriegen!)

* Flickzeug

* Schrauben für die Schutzbleche - lösen sich häufig durch die Holperei auf den schlechten Pisten.

* Schlauch und Mantel

* ein gutes Schloß für die größeren Städte wie Dublin, Cork oder Limerick.

* Öl und Vaseline zum Abdichten, durch den salzigen Regen an der Küste setzt sich schnell Rost an, was auch für verchromte Schrauben gilt. Abdichten vor allem im Bereich des Sattels, damit das Salzwasser nicht ins innere des Gestänges rinnt und das Tretlager angreift. Sollte man jeden zweiten Tag machen.

TRANSPORT DER RÄDER: Wer weniger interessante Regionen mit öffentlichen Verkehrsmitteln durchfahren möchte, kann das Rad mit Zügen und Bussen befördern lassen. Kostet 1/4 der jeweiligen Einfach-Fahrkarte.

LITERATUR: "Irland per Rad", erschienen im Verlag Wolfgang Ketteler. Kostet ca. 2o DM. Beschreibt insg. 81 Routen, die im Baukasten-System beliebig kombinierbar sind. Insbesondere die Neuauflage wurde stark verbessert, so daß wir viele Komplimente über das Buch gehört haben.

Gut ausgearbeitete Routenvorschläge in der Umgebung touristisch interessanter Städte in den betreffenden TI-Offices. Gut ausgearbeitet mit Entfernungsangaben.

Öffentliche Verkehrsmittel

Die staatliche **Transportgesellschaft** (Eisenbahn und die meisten Buslinien) hält folgende Angebote bereit:

1.) Rambler Ticket:

Netzkarte für alle Bus und Zug-Linien innerhalb der Republik - keine Altersbeschränkung. Gibt's an allen größeren Bahnhöfen und Bus-Terminals, oder in Deutschland bei CIE Tours, Alexanderstraße 2o, 4ooo Düsseldorf 1.

Transport in Irland 37

PREISE für das Ramblerticket:

8 Tage Bahn oder Bus ca. 15o DM	15 Tage Bahn oder Bus ca. 23o DM
8 Tage Bahn und Bus ca. 19o DM	15 Tage Bahn und Bus ca. 28o DM

Bedeutet: beim 8-Tage-Ticket erfolgt Transport an acht Tagen innerhalb eines Zeitraums von 15 Tagen bzw. 15 Tage innerhalb von 31 Tagen beim 15-Tage-Ticket. Es muß also nicht jeden Tag benutzt werden.

Kinder unter 16 J.: 5o %. Geringfügige Ermäßigung für Gruppen ab 6 und für Familien. Keine weitere Ermäßigung für Studenten und Schüler.

Lohnt sich nicht für Studenten, die mit dem Travelsave Stamp mit verbilligten Einfach-Fahrkarten reisen. Außerdem ist nur das billigere Bus-Rambler-Ticket zu empfehlen, da sämtliche Ortschaften mit Schienen-Anschluß auch mit Bussen zu erreichen sind. Wer nur einen Teil der Insel (z.b. den irischen Südosten) bereist, kann die Netzkarte nicht voll ausnutzen.

IRISH HOSTEL HOLIDAYS beinhalten ein Rambler Ticket für Bahn + Bus sowie Übernachtungsgutscheine für die AnOige-und private Budget-Hostels: nach unserer Rechnung nicht zu empfehlen, da die Sache wegen der unnötigen Eisenbahn-Netzkarte zu teuer wird. Außerdem fixiert man sich zu sehr auf Reiseziele, wo Budget-Hostels stehen, da die Bons nicht für die übrigen Privat-Hostels gelten.

2.) Travelsave Stamp:

Erwerben können die Marke Studenten und Schüler mit einem Internationalen Studentenausweis (rechtzeitig im Uni-Sekretariat bestellen). Kostet ca. 2o DM bei den unten aufgeführten Adressen.

Die Travelsave-Marke berechtigt zu Ermäßigung zwischen 1o und 5o% auf Zug- und Bustickets, auf die CIE-Fähre Galway/Aran Inseln und auf B&I-Fähren England/Irland - aber immer nur auf das one-way-Ticket.

Letzteres bringt für Touristen vom Kontinent nichts, da die Ermäßigung geringer ist als der Betrag, der durch den verbilligten Durchgangstarif für Leute mit Pkw eingespart wird. Ausnahme: Tramper, die sich die Stamp am besten schon in London (bei Victoria Travel, 52 Grosvenor Gardens, Nähe Victoria Station) besorgen. Lohnt sich auf jeden Fall eher als das Rambler-Ticket.

TRAVEL SHOPS: WICHTIG: die Stamp gibt's auch beim TI in Rosslare

Dublin: USIT Head Office, Aston Quay, nahe der O'Connell Bridge, Dublin 2, Tel.: (o1/79 88 33

Waterford: USIT, 33 O` Connell Street, Waterford Tel.: (o51) 72 6o1

Belfast: Student Travel, Fountain Centre, Tel.: o232/32 4o 73

Limerick: Central Buildings, O'Connell Street, Tel.: (o61) 45 o64

Cork: 1o Market Parade, Tel.: (o21) 27 o9 oo

Züge

Nicht unbedingt das optimale Transportmittel: angefahren werden nur die größeren Städte, die schönsten Westküsten-Regionen werden allenfalls peripher tangiert.

Außerdem geht die Schienenführung strahlenförmig von Dublin aus, rüber nach Westen. Der Weg von einer Ortschaft in die nächste führt meistens via der Hauptstadt.

Der Kauf einer INTERRAIL-NETZKARTE ist daher allenfalls in Verbindung mit der Anreise zu überlegen, wenn überhaupt, siehe Seite 28.

Seit die Preise für Bustickets in den letzten Jahren ins Rutschen gekommen sind, sind sie fast halb so teuer wie die Züge. Dafür aber doppelt so schnell, was bei den kurzen Entfernungen in Irland aber kaum zu Tragen kommt.

FAHRPLÄNE: an allen Bahnhöfen gibt's für ein paar Pfennige ein Faltblatt mit sämtlichen Linien, sehr übersichtlich. Das detaillierte Kursbuch kostet ca.3 DM und ist eigentlich nicht erforderlich.

DIE PREISE sind bei beiden leider nicht abgedruckt (siehe bei den einzelnen Städten jeweils im Verbindungs-Kapitel dieses Buches).

Fliegen

Bei den kurzen Distanzen völlig uninteressant. Ausnahme: Wer mit Flieg & Spartarif in Dublin gelandet ist, kann für ein paar Mark die Anschlußflüge nach Cork und Shannon buchen. Dauern nur eine Dreiviertelstunde. Bzw. wer mit der Air Lingus anreist, zahlt nur 5 DM!

Neben den internationalen Flughäfen Dublin, Cork und Shannon gibt's noch ein paar kleinere, regionale Airports.

Busse

Weitverzweigtes Netz - praktisch alle Ortschaften erreichbar. Grundsätzlich gibt's zwei Arten: die staatliche Company "Bus Eireann" und die PRIVAT-BUSSE.

BUS EIREANN:

Bestreiten den Löwenanteil am öffentlichen Transport. Wer den eigenen Wagen nicht dabei hat, kommt um die staatlichen Busse nicht rum. Die Ausstattung der Kisten ist sehr gut. Die Expreßbusse fahren nur die grösseren Städte an und machen kaum Zwischenstops. Sie sind nicht teurer als die Provinzbusse, wo an jeder Straßenecke die Bremse getreten wird.

Der nördliche Donegal wird nicht von Bus Eireann, sondern von der halbprivaten Lough-Swilly-Company versorgt. Details über deren Konditionen auf Seite 343.

FAHRPLÄNE: Unverzichtbar für jede vernünftige Reiseplanung ist der "Provincial and Expressway Bus Timetable", der jede kleinste Mini-Verbindung auflistet. Sehr übersichtlich gemacht, für 5 DM an jedem Busterminal.

Die PREISE sind in den letzten Jahren wegen der Konkurrenz der Privat-Busse stark gesunken, - die Travelsave Stamp und die für einen Monat gültigen Returntickets (ca. 2o% teurer als ein Single!) machen die Sache zusätzlich humaner.

PRIVAT-BUSSE:

Begann Mitte der achtziger Jahre mit viel Elan, die Tickets waren oft nur halb so teuer wie die der staatlichen.

Heute läßt sich sagen, daß die Lorbeeren verfrüht waren: Bus Eireann hat den Ball aufgefangen und durch Stillegung unrentabler Linien ihre Tarife drastisch gesenkt.

Die Privatbusse sind im Schnitt vielleicht 1o-2o% billiger als Bus Eireann. Großer Nachteil: fahren nicht ab den Busterminals, so daß bei jeder Linie extra recherchiert werden muß. Außerdem ist das Netz sehr dünn.

Eine attraktive Anbindung durch Privatbusse hat lediglich Dublin (siehe dort im Verbindungskapitel).

Trampen

Irland gehört zu den durchschnittlichen Tramp-Ländern, - die Zeiten, wo fast jedes Auto anhielt, sind leider vorbei, seit der Touristenstrom immer mehr anschwillt. Die Wartezeiten am Straßenrand dürften den unsrigen in Deutschland entsprechen.

Wer weit weg von Bussen und größeren Städten zu noch entlegeneren Regionen möchte, klagt am besten im nächsten Pub über sein Problem. Oft kennt irgendwer irgendwen, der am nächsten Tag dorthin zur Arbeit oder zum Einkaufen fährt.

MÄDCHEN: keine Garantie für Anmache wie in den Südländern, ganz gefahrlos ist die Sache aber nirgendwo.

Fähren

Zu kleineren Inseln oft noch mit dem Postboot oder im umfunktionierten Fischkutter, wo man zwischen modrigen Kisten auf den Deckplanken sitzt. Maximal dürfen dabei 12

40   Transport in Irland

Personen transportiert werden, meist werden die Kähne aber weit überladen und bis zu vierzig Leuten an Bord genommen. Es ist schwer, dazu Stellung zu nehmen, größere Unfälle hat's bisher noch nicht gegeben.

Wichtig: Bord Failte propagiert nur solche Linien, die mit Personenfähren betrieben werden, die internationalen Standards genügen. Die Überfahrten in romantischen Kutter- Nußschalen sind daher auf keinen Landkarten verzeichnet, die TI-Offices geben keinerlei Infos darüber. Daher sich im Pub vor Ort umhören und die Hinweise in diesem Führer beachten.

Urlaub im Hausboot

Auf den irischen Fluß-/Seen-Systemen werden Kabinenkreuzer ("Cabin Cruisers") vermietet. Im Hausboot gemächlich über's Wasser tuckern, gelegentlich irgendwo festmachen. Der Clou bei der Sache: es werden weder ein Bootsführerschein noch irgend welche Vorkenntnisse verlangt,- nach kurzer Einweisung geht's los.

AUSSTATTUNG: Zur Standardausrüstung gehört auf den Booten mit 2 - 8 Betten einmal das Bettzeug, dann eine Kombüse (mit Gaskocher, Geschirr und Bestecken), ein Kühlschrank, Duschen und WC sowie ein kleines Beiboot (für 80 DM extra mit Außenbord-Motor oder Segeln) zum Fischen und um an kleineren Inseln anzulegen. Die besseren Boote verfügen außerdem über eine Heizung.

Auf dem Boot gibt's Stromanschluß: wer's sich an Bord gemütlich machen will, eventuell ein Radio oder einen TV-Portable mitnehmen. Zu empfehlen sind außerdem Angelruten und Fahrräder (für Landausflüge). Bei der Buchung nachfragen - kann auch vom Vermieter gegen Aufpreis besorgt werden. Ein weiteres Zubehör-Teil ist das Surf-Brett, das mehrere Vermieter anbieten.

KLEIDUNG: Sich unbedingt "wetterfest" machen! Im einzelnen: Wind- und Regenjacke, sowie dicke Pullis für die kühlen Abende, - Tennisschuhe mit weichen Gummi-Sohlen, die auch auf den feuchten Bootsplanken rutschfest sind, außerdem Gummistiefel zum Angeln und Schuhwerk für Landgänge in Pubs etc. Weiterhin: Badezeug und nach Möglichkeit ein Sonnenhut, da bei offenem Verdeck gefahren wird.

ÜBERNACHTET wird "on board", die Kojen sind schnell hergerichtet. Die Basisausrüstung an Wolldecken und Laken werden vom Vermieter gestellt. Wer besondere Bedürfnisse hat, z.B. Überlänge, spezielles Kopfkissen etc., sollte dies ins Reisegepäck stecken, damit die Nächte kuschelig werden...

Selbst im irischen "Sommer" kann eine Bordheizung sehr nützlich sein! Alles in allem viel Atmosphäre, wenn die Wellen gegen die Bordwand schlagen, irgendwo raschelt der Wind im Schilf...

Wichtig: man darf nur an den vorgegebenen Anlegestellen übernachten. Eine Verankerung auf der freien Wasserfläche ist zu unsicher, wenn der Wind dreht. Infos, wo man anlegen kann, entnimmt man dem Kartenmaterial, das einem vom Vermieter bei Bootsübergabe überreicht wird.

Sämtliche Dörfer an den Flüssen und Seen haben **ANLEGESTEL-LEN**, - weitere wurden an stilleren Buchten eingerichtet. Den Kahn erstmal ordentlich vertäuen, den Wassertank auffüllen und den Abfall in die entsprechenden Container schmeißen. Am Anlegesteg meist viel Betrieb, insbesondere in der Hochsaison, und der Entschluß für einen gemeinsamen Kneipenbummel ist schnell gefaßt. Abends sitzt man oft bis weit nach Mitternacht beisammen.

Der **PROVIANT** kann an fast jeder Anlegestelle aufgestockt werden. In den Shops sich vorab mit Dosen, frischen Steaks und Getränken jeweils für einen Tag Reserve eindecken, falls man einen einsamen Anlegeplatz irgendwo in einer stillen Bucht findet. Dasselbe gilt für das Nutzwasser: ist zum Abwaschen, Duschen etc. o.k.,- aber besser nicht trinken, ohne es vorher abzukochen.

FISCHEN: Das Abendessen holt man sich am besten per Angelrute aus dem Wasser. Viele Touristen mieten sich ausschließlich zum Fischen das Boot. Es gibt zwar keine Lachse, dafür aber ordentliche Hechte und andere Nicht -Salmoniden.

Die **BOOTE** unterscheiden sich in Aufbau und Einrichtung, in den Prospekten der einzelnen Anbieter Fotos und Grundriß. Es gibt schnittige Sachen, selbst für 2 Personen: vorn die Doppelkoje, anschließend Wohnraum mit Kochbereich, hinten der mit Verdeck überdachte Führerstand. Klein und kompakt, Geschwindigkeit 1o km/h. Für ein Pärchen sicher genau das Richtige, da man kuschelig eng zusammen lebt! Zudem auch die billigste Variante.

Wer in der Gruppe reist, nimmt besser eine Nummer größer, also bei 4 Personen ein 6-Kojen Boot etc. Die Bootstypen variieren hier von schnittigen 4 - 6 Kojenbooten, hin zu langgestreckten 8 Betten-Booten, die eher Kahn-Charakter haben. Führerstand ist in der Regel in der Mitte, Kojen vorn und hinten aufs Schiff verteilt. Geschwindigkeit 12 km/h, allerdings auch in der Miete rund 3o-6o % teurer und doppelter Spritverbrauch wie das 2- Personenboot. Details siehe separates Kapitel!

Die einzelnen Gewässer
Es gibt 3 Regionen für Bootsferien in Irland (siehe Karte).

1.) Der Shannon
Das klassische Revier für Irland-Bootsferien, - oft als "Wassertummelplatz Europas" bezeichnet. Hier operiert ein Dutzend Companies mit über 5oo (!) Booten. Insgesamt 33o km lang, davon sind gute 225 km schiffbar. Lough Derg und Lough Ree sind die beiden Hauptseen im Land-Wasser-Gewirr des Shannon.

Der **"Shell Guide to the Shannon"** (ca. 3o DM) enthält detaillierte Navigationskarten, Infos zu den einzelnen Anlege-Stellen ("jetties"), sowie die Vorlage zum Führen eines Logbuches. Ist mit Abstand der beste Führer zum Shannon! Reichliches Karten-

> material inkl. Skizzen für Problembereiche, Entfernungstabellen, Tankstellen und sonstige Checklisten. Unbedingt zu empfehlen, gibt's in den regionalen Tourist Büros und bei den einzelnen Bootsverleihern.

Die <u>Beliebtheit des Shannon</u> hat seinen Preis: fürs Boot zahlt man hier im Schnitt 2o % mehr als für die Region des River Erne in Nordirland.

Die Landschaft an den Ufern: Wiesen, Weiden und Äcker, ziemlich flach. Dafür aber mehr als 8o größere Inseln. Ein paar davon sind bewohnt: den Anker werfen und mit dem Beiboot landen.

Insgesamt etwa <u>2oo Jetties</u>, wo man anlegen kann. Jedes noch so kleine Nest am Ufer hat seinen Bootssteg. In den Städten und Dörfern steigt abends viel Entertainment, vor allem "sing-alongs" in den Pubs.

<u>Nachteil gegenüber dem River Erne</u>: Im Sommer ist der Shannon stark überlaufen, an den beliebtesten Anlegeplätzen herrscht großer Andrang mit oft langen Wartezeiten; das gesamte Shannon-Revier ist zu 6o % in deutscher Hand.

<u>Vorteil des Shannons</u>: Erheblich größere Wasserfläche, mehr Plätze zum Landen. Was Spaß macht: der Wechsel zwischen engen Flußläufen, dann wieder weite Seenflächen, sowie die Abwechslung abends an den Jetties in den Pubs.

REGIONEN für BOOTSFERIEN

Shannon - Lough Erne und Grand Canal

✱ Airport

Den Fluß in einem Stück zu durchfahren dauert etwa 24 Stunden. Für einen gemütlichen, einwöchigen Boots-Urlaub genügt die Hälfte des weitverzweigten Gewässer- Systems.

DIE VERLEIHER:

Sie sitzen mehr oder weniger konzentriert an drei Stellen im 33o km langen Flußsystem:

1.) **KILLALOE**: Ganz im Süden und in rund 1/2 Std. schnell vom Shannon-Airport aus zu erreichen. Jedoch für Anfänger nicht zu empfehlen, da sich nördlich der große See Lough Derg anschließt, - kann bei windreichen Tagen nicht oder nur schwer durchfahren werden (hohe Wellen). Wer Pech hat, hängt lang im Hafen fest.

Killaloe wird gerne von einigen Pauschalveranstaltern propagiert, da die Transferzeiten ab Shannon Airport (nahe Limerick) die kürzesten sind, und dem Veranstalter mit nur rund 25 km ab Airport die geringsten Transfer-Unkosten entstehen.

Derg Marina, der Vermieter in Killaloe, ist etwas teurer als sonst üblich, hat aber die modernsten Boote mit viel Platz und einer vorteilhaften Raumaufteilung.

2.) Im **MITTELSTÜCK**, die Ortschaften von Portumna, Banager, Athlone: hat den Vorteil, daß man sich aufs Boot einstimmen kann, ohne gleich aufs offene Gewässer rausfahren zu müssen.

Wer POTUMNA als Einstieg wählt (etwas mehr als 1 Std.Transferzeit ab Shannon Airport) hat Ri. Nord zunächst runde 35 Flußkilometer vor sich bis Athlone. Eine friedliche Hügel-Wiesenlandschaft, enger Fluß. Markierungen beachten, um nicht auf Untiefen oder Felsen zu laufen! Insgesamt relativ problemlos, eine Reihe von Ortschaften mit Pubs.

BANAGER als Einstieg liegt im Mittelbereich dieser Flußkilometer. Es ist zudem ist es der kürzeste West-Einstieg in den Grand Canal. Nachteil jedoch: es liegt genau in der Mitte zwischen den beiden Airports Dublin und Shannon. Somit die längsten Transferzeiten, wer das Boot pauschal mit Flug ab Deutschland bucht.

ATHLONE als Einstieg bringt Transferzeiten ab Dublin Airport von etwas mehr als 1 Std., da gut ausgebaute Straße Nr. 4. Man hat die Wahl Ri. Süd via Flußlauf zum Lough Derg - oder Ri. Nord Lough Ree ins enge Fluß-Seen System des Oberlaufes des Shannon. Die schönere Strecke dürfte Ri. Nord in den Oberlauf des Shannon sein!

3.) **CARRICK-ON-SHANNON**: Wohl der schönste Bereich des Shannon wegen seinem weit verzweigten Seen/Flußnetz! Im Ort eine Vielzahl an Vermietern, - auch im Pauschalangebot deutscher Veranstalter für Flug & Boot!

Transferzeit ab Dublin Airport (ca. 8o km) rund 2 Std. Fahrt. Wer sich für den Shannon entscheidet: dieser Bereich ist unser Tip!

Die Region kann sich in seinen landschaftlichen Schönheiten durchaus mit der Region Lough Erne (siehe Folgekapitel!) messen, ist jedoch im Sommer dichter frequentiert, was auch mehr Abwechslung in den Pubs bringt.

2.) Lough Erne

"Insider-Tip", weit weniger bekannt als der Shannon und deshalb weniger Betrieb sowie niedrigere Preise für die Boote. Wunderschöne Landschaft mit Insel-Gewirr und "rolling hills" an den Ufern.

Insgesamt gibt's rund 1oo Boote von 7 kleineren Companies, die in der "Erne Charter Association" zusammengeschlossen sind. Der weitaus größte Teil des schiffbaren 8o km langen Fluß-/Seen-Systems liegt in Nordirland im County Fermanagh: erstreckt sich zwischen den Orten Belturbet und Belleek. Keinerlei Grenzformalitäten.

Die berüchtigten nordirischen "troubles" finden in den großen Ballungszentren statt (v.a. Belfast und Londonderry), - der Landstrich um den River Erne ist so friedlich wie jede Region in der südlichen Republik.

LANDSCHAFT: Unzählige Inselchen (über 2oo), die früher alle bewohnt waren und daher leicht zugänglich sind. Die meisten haben eigene Jetty, während man zu den Shannon-Inseln meist nur mit dem Beiboot gelangt. Einsame Lagerfeuer-Romantik in der windstillen Bucht an einer Insel, während der Kahn auf den Wellen ächzt und knarzt.

Der Seegrund zwischen den Inseln ist in der Regel so tief, daß man ungestört in dem Land-Wasser-Wirrwarr rumtuckern kann. Dies im Gegensatz zum Shannon, wo man auf den Seen teilweise Limits im Uferbereich hat wegen ungenügender Wassertiefe.

Auch gibt's auf dem Erne weniger Betrieb,- im Gegensatz zum Shannon, wo sich zur Hochsaison praktisch immer ein paar andere Boote in Sichtweite befinden.

FISCHEN: exzellent und besser als auf dem Shannon.

ENTERTAINMENT: In den Pubs am Ufer des Lough Erne steigen nur selten Musik-Sessions (Broschüre:"What's on in Fermanagh"), außerdem weniger Sightseeing.

VERMIETER:

Beim Britischen Fremdenverkehrsbüro in Frankfurt den betreffenden Prospekt "Holidays A Float" anfordern und die betreffenden Firmen kontakten.

46 Transport in Irland

Ein einziger Vermieter sitzt in Südirland (Belturbet), alle übrigen in Nordirland. Angeblich soll's mit der Company in Belturbet schon öfters Probleme und Beschwerden gegeben haben. Der RIVER ERNE ist teilweise auch im Programm der Spezialveranstalter (Flug bzw. Fähre & Boot).

> *UNTER'M STRICH: Wer "action" sucht, fährt besser mit den Companies auf dem SHANNON. Im Detail: schnelle Bekanntschaften mit anderen Bootsfahrern, wo man oft bis Mitternacht beim Bier beisammen sitzt. Musiksessions in den Pubs, sowie weitläufigeres Fluß- und Seensystem auf dem Shannon.*
>
> *Der ERNE dagegen bietet die schöne Landschaften, Ruhe und Entspannung. Robinson-Abenteuer auf den Inseln, die Angelschnur auswerfen und sich auf den Bootsplanken flach legen...*

3.) Grand Canal u. River Barrow

Der vor der Jh.-Wende angelegte Kanal, der Dublin mit dem River Shannon verbindet, gilt unter Hausbootfans als heißer Irlandtip! Auf 13o km Länge rund 25 Schleusen und viel Nostalgieflair!

Im Klartext bedeutet dies: viel Relaxing und Schleusenbedienerei, was Zeit braucht. Schöne Landschaften mit welligen Hügeln, interessante Vogelwelt und knorrige Bäume mit ihren Ästen direkt über'm Kanal.

Der einzige Vermieter im Kanalbereich, "CELTIC CANAL CRUISERS" hat seinen Sitz in Tullamore. Adresse und Preise stehen auf dem selben Info-Blatt vom Irischen Fremdenverkehrsbüro Frankfurt, das die Vermieter auf dem Shannon auflistet.

Ansonsten auf Vermieter in Banagher/River Shannon zurückgreifen.

Preise:

Es gibt 3 Möglichkeiten:

1.) direkt beim Vermieter buchen, hierzu Liste von der Irischen Fremdenverkehrszentrale besorgen mit Preisen. Anreise ist eigenes Problem, Preise gelten lediglich fürs Boot.

2.) über einen deutschen Reiseveranstalter, der lediglich das Boot vermittelt. (Infoliste vom Irischen Fremdenverkehrsamt).

3.) über einen deutschen Pauschalveranstalter, der Flug + Boot als Paket anbietet und zudem auch allen Brief und Buchungskram erledigt. Der Großteil der Irlandfahrer, die sich ein Boot nehmen, wählt diesen Weg, weil er der bequemste ist und unter bestimmten Bedingungen auch der billigste.

1.) direkt beim Vermieter:

Grob über den Daumen kostet ein 4-Bett Boot in der absoluten Hochsaison ca. 1.3oo DM pro Woche und Boot, sofern man es sich direkt ab Vermieter besorgt.

Sofern sich 4 Leute ins Boot teilen, ergibt dies pro Person etwas mehr als 3oo DM pro Woche. Wer einkalkuliert, daß Unterkunftskosten (Hotel bzw. B & B) gespart werden und wegen der Kombüse Restaurantkosten entfallen: fast geschenkt! Auch noch erschwinglich, wenn man sich zu zweit das 4-Bettboot nimmt: pro Person ca. 65o DM.

Für ein 2- Bett Boot sind in der absoluten Hochsaison ca. 9oo DM zu zahlen. In der Nebensaison kosten die Kabinenkreuzer bis zu 4o % weniger - das Vierer Boot zum Beispiel im Schnitt ca. 8oo DM etwa in den Monaten März, April und Oktober.

HANDELN lohnt sich unbedingt in der Nebensaison, in den Monaten Juli und August jedoch völlig aussichtslos, Vor allem lassen sich die Vermieter auch breitschlagen, daß sie ihre Boote nur für ein paar Tage abgeben.

In der Nebensaison (außerhalb der Monate Juli bis August) würde ich daher überhaupt nicht reservieren und mir vor Ort den Bootsverleiher aussuchen, der am meisten über Rabatte mit sich reden läßt.

2.) über Reiseveranstalter:

Die Preise liegen hier ähnlich wie 1), - obwohl (und dies zunächst paradoxerweise) sich der Veranstalter für die Vermittlung etwas verdient. Dies hat folgenden Grund:

Die Bootsvermieter mit ihren in der Anschaffung nicht gerade billigen Booten, - können diese weitgehend nur in den wenigen Hochsaisonmonaten JUNI - JULI - AUGUST vermieten: Die Monate in denen rund 9o % der Irlandtouristen das Land besuchen.

Den Rest des Jahres liegt ein Großteil der Boote unvermietet am Steg. Für die irischen Bootsvermieter ist es nun elementar, ihre Boote während der o.g. Monate möglichst nahtlos und komplett zu vermieten, da in diesen Monaten das Geschäft gemacht wird.

Um hier kein Risiko einzugehen, vermieten die Bootsbesitzer während dieser Monate ihrer Boote kontingentweise komplett über längeren Zeitraum an Reiseveranstalter in Deutschland (Österreich, Schweiz). Zwar werden die Boote zu einem etwas günstigeren Preis an den Reiseveranstalter abgegeben, dafür hat der Bootsvermieter aber die Garantie, daß seine Boote während der Hauptsaison durchgehend vermietet sind.

Hieraus ergibt sich folgendes: unbedingt für die Hochsaison langfristig vorab reservieren und buchen! Wer kurzfristig in der HS an ein Boot will, hat in der Regel keine Chance vor Ort in Irland (siehe oben!), - kann eventuell aber mit einem Reiseveranstalter, der seine Boote nicht losbekommen hat (z.B. weil jemand abgesprungen ist), einen Spezialpreis aushandeln (last minute-Preis)!

48 Transport in Irland

Gleichzeitig gilt: in der Zwischen- und Vorsaison (siehe unsere Saison-tabelle!) hat man eventuell Chance, vor Ort in Irland und in Verhandlung direkt mit dem Vermieter einen günstigeren als den regulären Preis fürs Boot auszuhandeln... Abgesehen davon, daß zu dieser Zeit die Boote erheblich billiger sind und weniger Rummel auf den Shannon herrscht.

3.) über Pauschalveranstalter:

"Grüne Seiten" vom Irischen Fremdenverkehrsamt besorgen. Enthält alle Pauschalveranstalter mit Adresse und Preisangabe.

Die Sache läuft hier ähnlich wie 2): der Reiseveranstalter übernimmt von den Bootsvermietern ein gewisses Kontingent an Booten. Gleichzeitig erhält er von den Airlines günstigere Tarife und bietet RETOUR-FLUG & BOOT dem Kunden als Paket an.

Diese Pauschal-Pakete können je nach Veranstalter äußerst günstig sein; es lohnt sich sehr, die einzelnen Angebote detailliert miteinander zu vergleichen! Wer clever ist, kommt auf diesem Wege unter Umständen am billigsten an sein Kajütboot und gleichzeitig zur bequemsten Irland-Anreise:

Wer beispielsweise 2 - 3 Wochen Irland vorhat, zu zweit reist*, würde bei der Anreise mit eigenem Auto in der Hochsaison ca. 6oo - 8oo DM/Person für die Anreise zahlen (teure HS-Tarife auf den Fähren, Sprit etc.).

> * persönlichen Fall durchrechnen! Klar: bei einem Irlandtrip per Studentenauto, z.B. alter Käfer, vollbesetzt mit 5 Leuten, die sich die Anreisekosten (Sprit, Fähren etc.) teilen, sieht der Fall anders aus...

Ein Retourflug dagegen für ca. 8oo DM/Person. Als Pauschalpaket FLUG & BOOT im Angebot ab ca. 1.ooo DM/Person 1 Woche. Das Kajütboot somit für ca. 2oo DM/Person- und Woche in der HS.

Die Verlängerungswoche wird in der Regel dann pro Boot berechnet und liegt in der HS meist ebenfalls günstiger als 1) oder 2).

Ganz abgesehen von der erheblich höheren Bequemlichkeit der Anreise in ca. 2 Std. per Flug statt 1 1/2 bis 2 Tagen pro Richtung mit dem Auto! Derartige Pakete gibt's auch in der HS günstig als KOMBI: z.B. Retour-flug plus 1 Woche Kajütboot + 1 Woche Mietwagen.

Beste Reisezeit:

Wer´s einrichten kann, sollte Saison B) nehmen. Die Preise liegen hier bis zu 4o % günstiger als in der HS, zudem weniger Rummel und durchs maritime Klima Irlands einigermaßen passable Temperaturen.

Wer mit eigenem Auto anreist: die Vorsaison hat zugleich den Vorteil erheblich günstiger Tarife auf den Fähren!

Die Vermieter teilen in 3 Saisons ein:

* **Saison A** (vor 11.4. und nach 26.9.) bringt die mit Abstand billigsten Preise fürs Boot, leider aber nicht das optimalste Irland-Wetter.

* **Saison B** (11.4. - 15.5. und 12. - 26. 9.): Zwar keine Garantie für gutes Wetter, so doch durch das maritime Klima Irlands einigermaßen warme Luft-Temperaturen und günstige Bootspreise. Auch hält sich der Rummel an den Anlegestegen noch in Grenzen. Die Chancen für regenfreie Tage stehen hier besser als in Saison A. Zudem günstige Preise.

* **Saison C** ist die Hauptsaison zwischen 16.5. und 11.9. Die Zeit des größten Rummels, insbesondere am Shannon. Engpässe nicht nur an den Anlegestegen, sondern auch in der Frage, kurzfristig an ein Boot zu kommen.

BUCHEN: für die HS, insbesondere Mitte Juni bis Ende August ist langfristige Vorreservierung praktisch Pflicht, wer auf Nr. sicher gehen will. In der übrigen Zeit ist praktisch immer etwas frei.

MINDESTALTER ist 21 Jahre. Ein **BOOTSFÜHRERSCHEIN** ist nicht erforderlich, - bei Übernahme fährt der Besitzer mit raus und erklärt kurz die wichtigsten Handgriffe vom Steuern und Wenden der Boote bis zum Seemannsknoten, um den Kahn an der Anlegestelle zu vertauen.

VERSICHERUNG: Die Boote sind voll versichert. Eine Selbstbeteiligung zwischen 15o und 5oo DM muß bei Übergabe als Kaution hinterlegt werden. Wird wieder ausbezahlt, wenn keine Schäden entstehen.

SPRITVERBRAUCH: kann auch ein Argument in der Preiskalkulation sein. Die 2-Bett-Boote verbrauchen ca. 4 - 5 Liter Diesel pro Stunde. Der Liter derzeit ca. 1 DM.

FAHRGESCHWINDIGKEIT: die Motoren sind gedrosselt, das Boot fährt ca. 1o km/h. Sich lieber nicht zuviel vornehmen: Je 2 -3 Stunden am Vormittag und Nachmittag reichen aus, - dazwischen irgendwo relaxen! Sofern die Sonne scheint, selbige auf den Bauch oder sonstwo hin (aber bitte irische Sittengesetze beachten!!), Kneipenbesuch einschieben, oder einen kleinen Landtrip per mitgeführtem Rad, welches man vom Bootsvermieter gegen Aufpreis bekommt, keine schlechte Idee!

Wer sich hier hetzt, also ein zu großes Fahrpensum vornimmt, ist selber schuld. Der Spaß bei Bootsferien liegt nicht im Abkurbeln langer Strecken, sondern im relaxten Leben an Bord! Die Zeit Zeit sein lassen, und mal das Gegenteil von dem machen, was in Deutschland abläuft. Eine positive Langeweile (Buch schmökern, Angel auswerfen etc.), - eine "Langeweile", die für die Psyche ungemein gut tut, - auch wenn's in Schnüren regnet...

TRANSFER: wer pauschal bucht, also Flug & Boot, hat den Transfer im Preis inklusiv. In der Regel sind die Flüge so abgestimmt, daß man am Nachmittag den Bootshafen erreicht, betreffend Shannon.

Für den Erne entsprechend längere Transferzeiten. Da die Mietpreise hier auch in der HS billiger liegen, kein Beinbruch. Im Gegenteil: erstes Anschnuppern von Irland on the road. Nächster Schritt:

Klamotten an Bord unterbringen, Einweisung ins Boot durch den Vermieter und Probefahrt. Am Nachmittag erstes Anschnuppern und Ausprobieren des Bootes, in der Regel sucht man sich einen kuscheligen Übernachtungsplatz fernab der hektischen Marina.

SICHERHEIT: prinzipiell sind Kajütbootferien auf den Flüssen und Seensystemen Irlands ungefährlich. Trotzdem sollte man sich an die Sicherheitsbestimmungen gemäß Bootseinweisung halten:

Sprich: größere Wasserflächen sicherheitshalber im Bootskonvoi durchfahren. Die durch Bojen markierten Wasserwege sind unbedingt einzuhalten. Andernfalls sitzt das Boot in Untiefen oder auf Riffs fest: der anschließende Ärger nach Pseudoexperimenten steht in keiner Relation zum "trouble", das Boot wieder klar zu bekommen!

Es darf auf den Flüssen/Seen nicht blind drauflosgefahren werden, Navigationskarten mit detaillierte Angaben, werden vom Vermieter gestellt.

Die zahlreichen Inseln können wegen Untiefen meist nicht direkt angesteuert werden: den Anker auswerfen und mit dem Beiboot das Reststück rudern. Sehr wichtig: nach dem Ankerwerfen noch eine halbe Stunde an Bord bleiben, um sicher zu gehen, daß die Verankerung genügend fest sitzt. Erst dann ins Beiboot.

Bei Sturm Schwimmwesten anlegen und die nächst beste Anlegestelle ansteuern, liegt als sinnvolle Sicherheitsbestimmung ebenfalls auf der Hand!

Urlaub im Zigeunerwagen

Eine heiße Sache: Von zwei Verleihstationen werden knallig-bunt bemalte Zigeunerwagen ("<u>horse drawn caravans</u>") vermietet. Oben auf dem Kutscher-Bock durch die grüne Landschaft, das Geklapper der Hufe, ab und zu einen Stop einlegen, um sich kräftig durchzuräkeln. Abends im Camp unvergeßliche Lagerfeuer-Romantik.

<u>AUSSTATTUNG</u> der Wagen: 4 m lang und 2,5 m breit, konzipiert für maximal 4 Personen (wird etwas eng, gemütlicher zu zweit). Als Wohneinheit ein tonnenförmiger Aufsatz, - vorne dran der Kutscher-Bock, wo man mit den Zügeln in der Hand sitzt.

Bettzeug, Gasbeleuchtung, Wassertank, Kocher, Geschirr usw. gehören zum Standard-Inventar. Wer sich ein zusätzliches Reitpferd mieten möchte: ca. 25o-35o DM/Woche. Eine schöne Sache ist es auch, sich ein Fahrrad zu mieten und am Wagen festzuzurren, um abends von der Basis aus kleinere Trips zu machen.

<u>ÜBERNACHTEN</u>: auf vorgegebenen Basen, wo das Pferd Futter erhält und auf einer Weide auslaufen kann. Viel Atmosphäre: die Wagen zu einer Wagenburg aufstellen, in der alles um's Lagerfeuer sitzt. Oft wird durchgemacht bis weit nach Mitternacht. Oder ins Dorf laufen und im nächsten Pub die Staubkehle anfeuchten.

Alle Basen sind mit Toiletten ausgerüstet, die meisten haben zusätzlich Duschen. Geschlafen wird im Wagen, wo in zwei Minuten die Sitzbänke in Betten umfunktioniert sind.

<u>DIE PFERDE</u> sind gutmütige Ackergäule, die es auf eine Tagesleistung von maximal 15 km bringen. Am ersten Tag erfolgt genaue Einweisung bezüglich Pflege und Halftern des Tieres und wie man es am Morgen mit einem Eimer Hafer auf der Weide einfängt. Irgendwelche Kenntnisse über den Umgang mit Pferden sind nicht erforderlich.

<u>ZEIT</u>: im Normalfall wird für eine Woche vermietet. Außerhalb der Hochsaison ist bei etwas Verhandlungsgeschick der Wagen auch für zwei, drei Tage zu haben.

<u>PREISE</u>: in der Hochsaison je nach Vermieter zwischen 75o und 12oo DM

52 Transport in Irland

pro Woche, hinzu kommen je 15 DM pro Übernachtung und ca. 5o DM für die Versicherung. Wenn man einkalkuliert, daß Hotelkosten und Restaurantkosten (Ausstattung mit einem Gasherd) gespart werden, und daß sich die Summe unter maximal vier Leuten aufteilt, ist die Sache keineswegs zu teuer.

KLEIDUNG: feste, robuste Klamotten, am besten sind Pullover und Jeans. Gummistiefel nicht vergessen, da es auf den Basen oft sehr matschig ist, wenn die Grasnarbe von den Pferden zertreten ist. Bei schlechtem Wetter kann es auf dem Bock sehr luftig sein, daher unbedingt einen Anorak einpacken.

PAUSCHAL-ARRANGEMENTS: Viele deutsche Reiseveranstalter haben Rundum-Sorglos-Pakete ausgearbeitet, die für einen Gesamtpreis Anreise, Transfer und Miete des Zigeunerwagen umfassen. Adressen in den "Grünen Seiten" beim TI.

Alles in allem kommt man aber besser weg, wenn man auf eigene Faust getrennt bucht. Juli und August schon im Frühjahr die Vermieter anschreiben, - in der übrigen Zeit keine Probleme, etwas zu kriegen.

ROUTEN: Man bewegt sich nicht völlig frei, sondern ist an die vom Verleiher ausgearbeiteten Routen gebunden, die keine extremen Steigungen enthalten und angeben, wo's Übernachtungsplätze gibt. Eine detaillierte Landkarte wird ausgehändigt.

Einen Tag pro Woche sollte man dem Pferd Ruhe gönnen: irgendwo das Camp aufschlagen und mal einen kompletten Nachmittag bleiben, während das Tier auf der Weide Auslauf hat.

VERLEIHER: zwei Verleiher mit je 3o - 4o Zigeunerwagen, die bezüglich Sauberkeit und Service zufriedenstellen und bei Bord Failte registriert sind. Die Adressen und aktuellen Tarife sind auf dem Information Sheet No. 14 abgedruckt (anfordern beim Irischen Verkehrsamt in Frankfurt).

1.) Mr. David Slattery: 1 Russell Street, Tralee, County Kerry:

Mit ca. 72o DM/Woche in der Hochsaison der auf jeden Fall günstigere. Wer nur übers Wochenende mietet (Freitag mittag bis Montag morgen): knapp 3oo DM.

Völlig frei kombinierbare Routen, allerdings landschaftlich nicht so überragend (grünes Weideland, die grandiose Dingle-Halbinsel ist zu weit entfernt).

2.) Mr. Dieter Clissmann: Carrigmore Farm, Wicklow:

Mit ca. 12oo DM pro Woche um einiges teurer als Slattery, dafür aber sehr guter Service. Die Basen sind tiptop sauber.

Die Routen sind völlig frei kombinierbar und führen quer durch die Wicklow Mountains südlich von Dublin. Wunderschöne Landschaft: entweder runter an den langgezogenen Sandstrand (bei heißem Wetter) oder nach Glendalough mitten in die windzerzausten Berge.

EINREISE

Personalausweis/Reisepaß genügt für die EINREISE,- ein Visum ist für EG-Mitglieder sowie für Österreicher oder Schweizer nicht erforderlich. Soweit Kinder unter 16 Jahren nicht im Paß der Eltern eingetragen sind: Kinderausweis nötig!

MIT EIGENEM PKW: zusätzlich Führerschein und Kfz-Schein.
Die grüne Versicherungskarte ist zwar nicht Pflicht, Mitnahme aber ratsam. Da viele Iren in eigenständiger Gesetzes-Handhabung ihren Rostkübel ohne jegliche Versicherung über den Asphalt jagen, schließt man besser eine kurzfristige Zusatzversicherung ab für den Fall, daß der Unfallgegner pleite ist.

TIERE: zur Prophylaxe gegen die Einschleppung der Tollwut ist die Mitnahme von Haustieren generell verboten. Saftige Strafen für den Versuch, etwa den Lieblingsschoßhund in der Handtasche oder den Elefanten im Kofferraum einzuschmuggeln...

ZOLLBESTIMMUNGEN:
3oo Zigaretten oder 15o Zigarillos oder 75 Zigarren oder 4oo Gramm Tabak.
1 1/2 Liter Spirituosen über 22 %, 3 Liter Spirituosen unter 22% oder 3 Liter Sekt oder medizinischer Wein; 3 Liter Tafelwein.
75 ccm Parfüm; 3/8 Liter Toilettenwasser. Andere Waren im Wert von 5oo DM.
Verboten ist die Einfuhr von Drogen, Gold, Waffen (auch Schnappmesser), Pflanzen, Geflügel, Fleisch oder Molkereiprodukten.

Allgemeine Tips

✦ STROM
Einheitlich 22o Volt, - aber leider passen unsere Stecker nicht in die irischen Steckdosen. In den Unterkünften gehört ein für den Rasierapparat passender Stecker zum Standard-Inventar. Wer aber auf Haar-Föhn oder den Cassettenrecorder nicht verzichten möchte, besorgt sich besser schon in Deutschland einen entsprechenden Adapter.

✦ MASSE UND GEWICHTE
Metrische Maße wie bei uns sind zwar eingeführt, setzen sich aber erst langsam durch:

Längenmaße:			Hohlmaße:		
1 inch	=	2,52 cm	1 pint	=	o,57 Liter
1 foot	=	3o,48 cm	1 quart	=	1,14 Liter
1 yard	=	91,44 cm	1 gallon	=	4,55 Liter
1 mile	=	1,61 km			
Gewichte:			Flächenmaße:		
1 ounce	=	28,35 g	1 square yard	=	0,84 m2
1 pound	=	453,6 g	1 acre	=	0,4o ha
1 stone	=	6,35 g	1 square mile	=	2,59 km2

✦ UHRZEIT

Die Zeiger um eine Stunde zurückstellen! Ausnahme: Vom letzten September-Sonntag bis zum letzten Oktober-Sonntag laufen die Uhren gleich, da die Iren einen Monat länger Sommerzeit haben.

ZEITANGABEN: Der Zusatz a.m. bedeutet von Mitternacht bis 12 Uhr mittags, der Zusatz p.m. die Zeit nach 12 Uhr. Beispielsweise 1o a.m. ist 1o Uhr, 1o p.m. ist 22 Uhr.

✦ BOTSCHAFTEN
Botschaft der Bundesrepublik Deutschland, 43 Ailesbury Road, Dublin 4, Tel.: o1/69 3o 11

Österreichische Botschaft, Ailesbury Court, 91 Ailesbury Road, Dublin 4, Tel.: o1/69 45 77

Schweizer Botschaft, 6 Ailesbury Road, Dublin 4, Tel.: o1/69 25 15

Botschaften der Republik Irland:

- in der Bundesrepublik Deutschland:
  Godesberger Allee 119, 53oo Bonn 2, Tel.: o228/ 376.937
- in Österreich:
  Hilton-Hotel, 16.Stock, P.O. Box 139, 1o3o Wien, Tel.: o222/754.246
- in der Schweiz:
  Eigerstr.71, 3oo7 Bern, Tel.: o31/462.353

KLIMA und Reisezeiten

Die permanenten Atlantikwinde und der Golfstrom, der an der Westküste vorbeizieht, sorgen für ein sehr ausgeglichenes Klima: milde Winter und kühle Sommer. Das Thermometer überschreitet kaum die 24° C-Marke, Schneefälle gelten hier auch im Winter als seltene Naturschauspiele. Regen gehört zu Irland wie die Sonne zu den Bahamas, - ständig auf Wolkenschauer gefaßt sein.

APRIL und MAI liegt eine saftig-grüne Frühjahrsstimmung über der Insel, die meisten Sonnen- und die wenigsten Regentage. Irland gehört den Iren, es sind praktisch keine Touristen hier.

JUNI ist meiner Meinung nach der schönste Monat für den Irland-Trip: warmes Frühsommer-Klima mit wenig Regen, erst ganz allmählich trudeln die Touristen ein. Unvergeßliche Abendspaziergänge an den noch leeren Stränden, mit lauer Brise vom Meer her, bis die Sonne so gegen 23 Uhr wegtaucht.

JULI und AUGUST ist Hochsaison, weite Teile der Insel haben die Touristen fest in der Hand. Viele Hotels sind ausgebucht, die Restaurants und Kneipen voll. Andererseits ist in dieser Zeit aber das weitaus meiste an folkloristischem Entertainment geboten. Klima: die beiden wärmsten Monate, aber auch häufige Niederschläge.

SEPTEMBER und OKTOBER wird's wieder ruhig, die Touristen ziehen ab. Die Saison ist vorbei, viele B&B-Häuser nehmen ihr Schild wieder ab. Fast ein bißchen Kehraus-Stimmung. Die Herbste sind recht trocken, überall blüht das Heidekraut und über der Landschaft ziehen sanfte Nebelschleier.

NOVEMBER bis FEBRUAR sind nicht zu empfehlen. Es liegt zwar kaum Schnee, der permanente Regen kann aber ganz schön nerven. Die Temperaturen gehen nur selten unter den Gefrierpunkt.

✱ GELD

Die irische **Währung** heißt offiziell "Punt" (Abkürzung: IR £), in der Umgangssprache ist die Bezeichnung "Pound" üblich. Es ist unterteilt in 1oo Pence ("p").

Der <u>Wechselkurs</u> schwankt je nach Währungsmarkt. Als Faustregel liegt das Punt zwischen 2,75 und 3,25 DM beziehungsweise 19 -25 ÖS bzw. 2,45 und 2, 5 SFR.

Banken geben einen etwas besseren Kurs als Hotels und Wechselstuben, der Kurs ist auch geringfügig besser bei Euro- und Reiseschecks als bei Bargeld.

Da das Punt in Deutschland teurer ist als in Irland, lieber erst auf der Fähre oder am Airport umtauschen.

Es darf unbegrenzt irische Währung eingeführt werden, die Ausfuhr ist auf 1oo Punt begrenzt.

<u>Öffnungszeiten</u> der Banken: Mo-Fr von 1o -12.3o und von 13.3o -15 Uhr, - an einem Tag der Woche verlängerte Öffnungszeit bis 17 Uhr (von Ort zu Ort verschieden). Samstag und Sonntag geschlossen.

Die **Wechselstuben** in größeren Souvenir-Geschäften und in den TI-Offices in den Städten: Mo-Fr. von 9-17 Uhr, Sa. von 9-12 Uhr. An der Rezeption der teureren Hotels wird meist auch am Wochenende gewechselt, wenn Not am Mann ist.

Die **Preislage** in Irland etwas über dem Level in Mitteleuropa, gilt insbesondere für Lebensmittel.

✱ TELEFON

Nicht von der Post aus, das Telefon ist in der Hand der unabhängigen Telecom-Gesellschaft.

Telefonieren <u>nach Deutschland</u>:
1649 + Städte-Vorwahl ohne Null + Rufnummer
Die meisten Telefonzellen funktionieren bei Ferngesprächen ins Ausland erst bei Einwurf von vier 5o-Pence-Münzen.

<u>NOTRUF</u>: 999 - für Polizei, Feuer, Krankenwagen

<u>VERMITTLUNG:</u> 1o - heißt "operator".

★GESUNDHEIT

Die ärztliche Versorgung entspricht unseren Standards.
Zahnärzte tragen das Praxisschild "Dentist", Allgemein-
mediziner "Surgery".

Apotheken laufen unter der Bezeichnung "chemist" oder "pharmacy":
geöffnet Fr - Sa 9-18 oder 19 Uhr, So 11-13 Uhr, Nachtdienst nur in
größeren Städten.

DEUTSCHE, die bei einer gesetzlichen Krankenkasse versichert sind
(AOK), besorgen sich schon vor Abfahrt das "Formblatt E 111". Privat-
versicherte checken vorher, ob ihre Versicherung auch Krankheitsfälle in
Irland deckt. Wenn nicht, dann im Reisebüro eine befristete Reise-
Krankenversicherung abschließen.

ÖSTERREICHER und SCHWEIZER müssen ebenfalls eine befristete
Reisekrankenversicherung abschließen.

NOTRUF: 999 (kostenlos in jeder Telefonzelle)

★ FESTE UND FEIERTAGE

Irisches Prinzip: zunächst mal keine Chance ungenutzt lassen, aus der sich
ein Grund ergeben könnte, ein paar Gläser über den Durst zu trinken.

Die TI-Broschüre "CALENDER OF EVENTS" (gratis) enthält einen
kompletten Veranstaltungskalender. Die wichtigsten Feste sind außerdem
in diesem Buch beschrieben. Heißer Tip sind die großen Musik-Festivals,
siehe Folkmusic-Kapitel.

Weihnachten: Wie bei uns mit Lichterbaum und viel Gefühlsromantik.
Aber: am Heiligen Abend läßt man sich im nächsten Pub vollaufen,
bevor's in die Messe geht. Die Bescherung erfolgt erst am nächsten
Morgen.

Silvester: Wird ebenfalls in der nächsten Kneipe gefeiert. Knallfrösche und
Feuerwerkskörper sind verboten.

St.Patricks Day (17.März): Nationalfeiertag, wo es eine komplette Woche
hoch hergeht. Folkloregruppen, Musik und Umzüge in allen größeren
Orten.

Bank Holyday: Insgesamt drei gesetzliche Feiertage, die jeweils auf einen
Montag fallen. Es wird nicht gearbeitet, alle Geschäfte geschlossen.

Schulferien: Mitte Juni bis Anfang September.

Unterkunft

*Wenn ein Schild mit nebenstehendem Zeichen (auffallende, grüne Farbe) außen angebracht ist, bedeutet das: die Unterkunft wird regelmäßig von **Bord Failte** überprüft und genügt gewissen Mindeststandards bezüglich Sauberkeit, Ausstattung und Service.*

Der in den diversen Broschüren veröffentlichte Preis ist verbindlich und darf nicht erhöht werden.

"APPROVED" sind sämtliche Hotels;- B&B-Häuser und Campingplätze nur auf Wunsch des Besitzers. "Tester" von Bord Failte quartieren sich stichprobenartig wie normale Touristen ein. Wird ein bestimmtes Qualitätslevel unterschritten, fliegt das betreffende Haus aus der Organisation raus. Dasselbe passiert, wenn sich Beschwerden von Touristen häufen.

Bord Failte vermittelt und promotet nur solche Unterkünfte, die von ihm überprüft sind. Nur sie tauchen in den verschiedenen Unterkunftslisten auf. Als Gegenleistung muß vom Besitzer des Hotels bzw. B&B-Hauses eine bestimmte Mitgliedsgebühr bezahlt werden.

Bei Unterkünften ohne dem Shamrock-Zeichen kauft man die Katze gewissermaßen im Sack. Es gibt außerdem keine Anlaufstelle für Beschwerden. Trotzdem: Abgesehen von ein paar Ausnahmen haben wir auch mit solchen Häusern positive Erfahrungen gemacht. Sicherheitshalber das Zimmer aber vorher anschauen.

BUCHEN: Am besten beim TI, das die Sache für eine Gebühr von 1,5o DM (Telefonkosten) übernimmt. Wegen der Knappheit der Zimmer in der Hochsaison die Ankunft rechtzeitig legen, bevor das Tourist Office dichtmacht: dort die entsprechenden Wünsche bezüglich Preis, Lage etc. äußern und sich das passende vermitteln lassen. Oder auf eine der Empfehlungen in diesem Buch zurückgreifen.

BOOK-A-BED-AHEAD: System, bei dem ein Zimmer für einen späteren Zeitpunkt an einem anderen Ort gebucht wird. Zum Beispiel: In Dublin sich bereits ein B&B-Haus in Cork sichern, wenn die Ankunft dort voraussichtlich erst spät in der Nacht erfolgt. Die Buchung kann auch mehrere Tage im voraus erfolgen und läuft wie die normale Zimmervermittlung mündlich übers Tourist Office. Zur Sicherheit wird eine Voranzahlung kassiert.

✦ HOTEL oder BED & BREAKFAST?

Je nach Klasse gibts bei Hotels eine weite Preisstreuung zwischen 80 und

500 DM für ein Doppel, B&B kostet im Schnitt ca. 55-60 DM pro Nacht für zwei Personen.

Prinzipiell müssen für ein Hotelzimmer derselben Qualität wie ein B&B-Zimmer dreißig Mark mehr hingeblättert werden.

Vorteile der Hotels: vor allen Dingen "mehr Raum". Mehrere Gemeinschaftsräume (Bar, Lobby, Lounges etc.), wo man sich bewegen kann, während man bei B&B auf das eigene Zimmer beschränkt bleibt, sobald die Tür hinter einem zuklappt. In Hotels fühle ich mich immer als Kunde, der bezahlt hat, in B&B-Häusern hingegen mehr als Gast, der Rücksicht zu nehmen hat. Trotz der irischen Gastfreundschaft entsteht oft ein gewisses "Fremdkörpergefühl"; die Hotels wirken da anonymer.

Bei B&B wird erwartet, daß man tagsüber aus dem Haus ist, vor allem bei schlechtem Wetter, wenn man sich in Bars und Restaurants rumdrückt, während der Hotelkunde in der Lobby gemütlich seinen Kaffee zieht.

Mein persönlicher Tip: Für eine Übernachtung tut's B&B jederzeit, wer länger bleiben möchte und sich's leisten kann, sucht sich besser ein Hotel.

✦ BED & BREAKFAST oder BILLIG - HERBERGE?

Das Doppel bei B&B macht ca. 55 DM, - zwei Personen in Billigherbergen zahlen zusammen ca. 20 DM. Da das Frühstück pro Mann 7 DM wert ist, liegt der effektive Differenzbetrag bei etwa 20 DM.

Vorteile von B&B: Natürlich mehr KOMFORT, - man schenkt sich die Nacht im Hostel mit Schlafsack und Schnarch-Konzert, morgens wird das Frühstück serviert. Vielen geht in Herbergen auch die fehlende Privatsphäre auf die Nerven, wo man kein Zimmer hat, um mal allein zu sein. Pärchen sind nachts getrennt. Ältere Leute fühlen sich oft unwohl, mit lauter Jugendlichen zusammen zu sein.

Vorteile der Hostels: KONTAKTE. Man sitzt abends ums knisternde Kaminfeuer, und schnell ist der Entschluß für einen gemeinsamen Kneipenbummel gefaßt. Außerdem mehr Bewegungsraum, man ist nicht aufs eigene Zimmer fixiert, sondern hat einen Aufenthaltsraum.

Alles zu haben vom feudalen Schloßhotel bis zum Familienhotel, wo noch die Oma mit anfaßt, wenn Arbeit ansteht. In den letzten zehn Jahren hat sich die Lage drastisch gebessert, so daß heute auch internationale Ansprüche voll befriedigt werden.

Insgesamt rund 8oo Hotels - komplett aufgeführt in einer TI-Broschüre. Mit Angaben über den Preis, ob mit Bad/WC, Frühstück etc.

Grundsätzlich beachten:

* Ist der Anteil für die Bedienung (Service Charge) bereits eingerechnet? Beträgt in der Regel 1o %.

* Ist zum Zimmer das Frühstück dabei? Wenn ja, "Irish" oder "Continental Breakfast"? Für das irische Frühstück ist pro Person ein Wert von 1o-17 DM, für ein kontinentales 7 -1o DM zu veranschlagen.

* Wie sieht's mit Preisnachlässen aus? Für Kinder sind 25 -5o % üblich. Viele Hotels geben außerhalb der Saison bis zu 2o % Nachlaß.

* "Inclusive Rates": Die meisten Hotels haben günstige Pauschalpreise für drei Tage bzw. eine Woche Halbpension. Wer so ein Angebot wahrnimmt, spart schnell mal einen Hunderter.

* Wie sieht's mit Preisunterschieden aus bei Zimmern mit verschiedener Lage (etwa Blick auf einen See oder auf den Hinterhof)? Schwankt zwischen unerheblich und enorm. Unbedingt fragen! Die Preisangaben in diesem Buch beziehen sich auf ein Doppelzimmer zur Hochsaison, inclusive Frühstück und Service Charge. Daß sie nur unverbindlich sind und nach oben oder unten mal einen Zehner abweichen können, versteht sich von selbst.

Klassifizierung: Sämtliche Hotels werden regelmäßig zwangsweise von Bord Failte überprüft, entsprechen sie nicht gewissen Mindeststandards, dürfen sie sich nicht länger als Hotel bezeichnen. Schmuddelige Absteigen, die man vor dem Einziehen erst mal eine Stunde scheuern muß, habe ich in Irland nirgendwo gesehen.

A+ - Luxusklasse, die internationalem Niveau entspricht. Air-conditioned. Über 35o DM.

A - Komfortable Hotels für hohe Ansprüche; Zimmer mit eigenem Bad. Über 2oo DM.

B+ - Für mittlere Ansprüche, - es gibt Zimmer mit eigenem Bad. Über 15o DM.

B - Kleine, gemütliche Hotels mit Gemeinschaftsduschen und Bädern; nur begrenzte Küche. Um 1oo DM.

C - Sehr kleine, einfache Hotels: Etagenbäder, fließendes Warmwasser, Heizung. Pensionen und B&B- Häuser sind oft besser. Über 65 DM.

✦ TOP HOTELS

Bei den Top Hotels gibt's zwei Klassen: die einen im funktionalen Glasbeton-Stil mit erstrangigen Facilities wie Sauna, Swimmingpool,

62   Unterkunft

Tennisanlagen usw., - auf der anderen Seite jahrhundertealte Feudalbauten mit weniger Facilities, aber dem entsprechenden "feeling". Bei den Hotelbeschreibungen in diesem Buch haben wir letztere bevorzugt.

Noch ein Tip: Das Top-Hotel in Irland ist Ashford Castle in Cong/Co. Mayo (beschrieben auf Seite 312). Das Doppelzimmer ca. 45o DM, Dinner je Person ca. 8o DM. Vielleicht etwas für die Flitterwochen oder bloß für einen Spleen.

✦ COUNTRY HOUSES

Sind eine elitäre Sache, stattliche Herrensitze oder wuchtige Schlösser in einem verträumten Parkgelände. Zufahrt durch ein großes, schmiedeeisernes Tor.

Meist nur ein Dutzend Zimmer, individuelle Atmosphäre und hervorragende Küche: ideal, um ein paar Tage abzuschalten. Unbedingt vorausbuchen (allerspätestens bei Ankunft in Irland, besser schon zu Hause): komplette Liste der dreißig besten Häuser in der TI-Broschüre "Irish Country Houses and Restaurants", mit detaillierter Beschreibung und Foto.

Kosten: das Doppel kommt im Schnitt auf 2oo DM pro Nacht, Dinner für zwei Personen kostet einen knappen Hunderter. Um die Sache stilecht durchzuziehen (guter Wein zum Essen, abends ein guter Cognac usw.) zusammen mit rund 35o DM pro Tag rechnen .

Viele machen normal Urlaub und schieben nur zwei, drei Tage "Country House" ein.

✦ SPORT HOTELS

Sie haben sich auf Angler, Reiter oder Golfer spezialisiert. Die entsprechenden Anlagen gehören zum Hotelgrundstück, der Inhaber ist mit von der Zunft und steht mit Infos zur Seite.

Vorteil: Man trifft sich mit Gleichgesinnten, abends in der Bar gemütlicher Plausch über den "tollen Hecht", den man heute aus dem Wasser gezogen hat oder den Superschlag auf dem Golfplatz. Manchmal auch Angebot von Kursen für Anfänger. Genauere Infos und Adressen gibt's bei der irischen Fremdenverkehrszentrale in Frankfurt.

✦ STRANDHOTELS

Die Strandhotels in den Seebädern sind gottseidank nicht im Costa-Brava-Stil gebaut, sondern passen sich in die Landschaft ein.

✦ GUESTHOUSES

Mitteldinger zwischen Hotels und Privatzimmern, die die Vor- und Nachteile etwas kompensieren. Die Preislage bewegt sich zwischen 5o und 1oo DM, je nach Komfort.

Klassifizierung: Entsprechend dem gebotenen Service A, B oder C. Nur in der A-Kategorie haben die Zimmer eigene Duschen.

Die Pensionen haben als Minimum zehn Zimmer und sind oft ziemlich hotel-like geführt (mit eigenen Restaurants, Rezeption, Aufenthaltsraum). An die Gäste darf Wein und Bier verkauft werden, härtere Sachen nicht. Man kann sich mehrere Tage aufhalten, ohne sich "überflüssig" zu fühlen wie im B&B-Haus.

BED AND BREAKFAST

Praktisch in jedem noch so entlegenen Winkel zu finden. Meist handelt es sich um Privathäuser, die im Sommer etliche Zimmer freimachen, um sich ein paar Mark zu verdienen. Man erkennt sie am ausgehängten Schild B&B.

Preise liegen bei 55 DM für ein Doppelzimmer mit Frühstück. Das geht bei einer längeren Reise ganz schön ins Geld: für einen zweiwöchigen Trip pro Person ca. 37o DM bloß für die Unterkunft. Allerdings muß das opulente Frühstück einkalkuliert werden, das in keinem Restaurant unter 1o DM zu haben ist und den Magen bis zum Dinner ruhigstellt.

Für zwei Personen betragen die reinen Übernachtungskosten somit rund 35 DM. Zum Vergleich: Zwei Personen zahlen in einer Jugendherberge zusammen rund zwanzig Mark. Der Differenzbetrag macht also ganze fünfzehn Märker aus. Eine komplette Liste enthält die TI-Broschüre "Guest Accomodation": Angabe von Adresse und Telefonnummer, kurze Beschreibung, Preis, Entfernung vom Stadtzentrum, Dinner usw.

Nur etwa die Hälfte der B&B-Häuser ist bei Bord Failte registriert und kann über das TI gebucht werden. Sie werden regelmäßig auf Sauberkeit hin überprüft und enthalten als Minimalausstattung: Waschbecken mit fließend Warm-/Kaltwasser, zwei Handtücher plus Seife, Schrank, Nachttisch und frisches Bettzeug. Zimmer mit eigenen WC/Dusche: haben wir bei unseren früheren Irland-Fahrten auf dem B&B-Sektor kaum gesehen, wird aber in den letzten Jahren immer öfters angeboten (Bord Failte gewährt B&B-Besitzern steuerliche Zuschüsse für den Ausbau der Zimmer). Die Preise liegen nur etwa 1o DM höher fürs Doppelzimmer - schon bei der Buchung im TI danach verlangen.

Beschwerden: Bitte nur bei wirklichen Mängeln, damit sich die Deutschen in Irland nicht ebenso beliebt machen wie in Österreich. Dann erst mal freundlich mit der Hausbesitzerin verhandeln, meist kommt man mit etwas Charme schneller auf einen grünen Zweig als mit Drohungen und Gebrüll. Erst als letzte Möglichkeit beim Tourist Office vorsprechen: häufen sich die Klagen, wird das Haus aus der Mitgliederliste gestrichen. Bei nichtregistrierten Häusern besteht keine Beschwerdemöglichkeit.

64   Unterkunft

✦ B&B IM STADTKERN

Die B&B-Häuser innerhalb der Stadt sind meist uralte Massivbauten, die
kürzlich renoviert wurden und so Komfort mit Lärmschutz optimal verbinden. Weiterer Pluspunkt: Restaurants und Kneipen liegen in bequemer
Gehweite, man kann den Wagen stehen lassen und beruhigt seine Bierchen
ziehen.

Allerdings nur geringes Angebot, die meisten Häuser sind nicht bei Bord
Failte registriert - Juli und August rechtzeitig buchen (vielleicht schon am
Abend zuvor per Telefon). Wer sich dabei an die Empfehlungen in diesem
Buch hält (in den Stadt-Beschreibungen/ Abschnitt "Unterkünfte") , dürfte
im allgemeinen gut fahren.

✦ B&B AM STADTRAND

Die Häuser außerhalb der Stadt liegen meist an den großen Ausfallstraßen ,
in den großen Touristenzentren wie etwa Killarney ziehen sie sich kilo-
meterlang an beiden Straßenseiten hin. Zum Großteil moderne Fertig-
häuser: unangenehm, wenn ein schwerer Laster vorbeidonnert, wackelt
die ganze Bude. Die Entfernung zum Centre beträgt im Schnitt zwei, drei
Kilometer.

Tip: Wer spät abends noch ein Quartier sucht, fährt die Ausfahrtsstraßen
ab und klingelt an jeder Tür. Es findet sich fast immer was.

✦ BUCHEN

Außerhalb der Saison nicht nötig, es sind praktisch immer Betten frei.
Problematischer wird's Juli und August: wer die Ankunft nicht auf den
Nachmittag legen kann, bucht schon gegen Mittag von der Ortschaft aus,
wo er sich gerade aufhält (selber per Telefon oder über's TI durch das
Book- a-bed- ahead-System).

✦ ZIMMERSUCHE

Wir haben in den Unterkunfts-Kapiteln in diesem Buch jeweils die ver-
schiedenen Stadtteile beschrieben, in denen sich die meisten B&B-
Pensionen befinden.
Anhand der Vor- und Nachteile seine Entscheidung treffen und bei der
Buchung im TI-Office nach einer Unterkunft im entsprechenden Bereich
verlangen, - viel besser, als wenn man das TI-Personal nach eigenem
Gutdünken was raussuchen läßt.

✦ EINZELZIMMER

Sie sind in der Hauptsaison schwer zu finden: Alleinreisende sehen sich
lieber rechtzeitig am frühen Nachmittag um.

Tip: Nicht beim TI buchen, sondern persönlich vorsprechen. Dann werden
oft Doppelzimmer als Einzelzimmer vergeben.

Das Zimmer muß bis spätestens 12 Uhr geräumt sein. Wer für längere Zeit gebucht hat, darf sich (anders als in England) auch tagsüber im Zimmer aufhalten.

Die Sitte, daß dem Gast vor dem Schlafengehen noch eine Kanne Tee mit ein paar Plätzchen serviert wird, stirbt langsam aber sicher aus. Sollte man vor der Abreise lobend erwähnen, wenn's noch praktiziert wird.

Gerne sind die B&B-Leute behilflich, für Restaurants etc. zu buchen, wenn das Englisch fürs Telefonieren nicht ausreicht. Außerdem sich Tips für günstige Shops oder schöne Ausflüge geben lassen.

✦ B&B & ESSEN

Viele B&B-Häuser bieten Dinner an, kostet für drei bis vier Gänge im Schnitt 25 DM. Sehr zu empfehlen, schmeckt wie bei Muttern und ist um ein Drittel billiger als ein vergleichbares Essen im Restaurant. Da vom Gesetz her kein Alkohol serviert werden darf, besorgt man sich am besten vorher im Supermarkt eine Pulle Wein (was die Sache noch billiger macht).

Wichtig: Bereits am frühen Nachmittag Bescheid sagen und eventuell Sonderwünsche anbringen.

✦ B&B AUF FARMHÖFEN

Eine schöne Sache. Morgens kräht der Hahn und draußen das Geklapper auf dem Hof, bis zum Frühstück die frische Kuhmilch serviert wird. Sehr nett auch für mehrtägige Aufenthalte: wer will, kann mal einen Tag auf der Farm mithelfen. Besonders beliebt ist diese Art von Urlaub bei Familien mit Kindern.

Es ist auch durchaus üblich, nur für eine einzige Nacht auf einem Farmhaus abzusteigen, wenn jemand Ruhe und Entspannung sucht und keinen Wert auf Kneipentouren etc. legt.

Da die meisten Farmhöfe weitab von der Stadt liegen, sollte man einen eigenen Pkw haben. Die Preise entsprechen denen von den normalen B&B-Häusern (ca. 6o DM fürs Doppel pro Nacht).

Heißer Tip sind die Dinner: ein Steak vom kürzlich geschlachteten Schwein, dazu Gemüse frisch vom Garten. Anschließend ein Verdauungsspaziergang durch das Farmgelände.

Wir haben in diesem Buch kaum solche Häuser beschrieben: Wer Interesse hat, besorgt sich die Broschüre "Irish Farmholidays Association", das die meisten Höfe detailliert und mit einem kleinem Foto beschreibt. Gibt's in jedem größeren TI-Office.

Die schönsten Farmhöfe befinden sich im Südwesten Irlands (Grafschaften Cork und Kerry), Buchung erfolgt wie bei den normalen B&B-Häusern über das Tourist Office.

BILLIG-HERBERGEN

D i e Unterkunfts-Möglichkeit für Rucksackler. Das durchschnittliche Alter der Gäste liegt zwischen 18 und 3o. Insgesamt über hundert Herbergen, die wie ein Netz sämtliche touristisch interessanten Regionen überziehen.

Es gibt zwei Arten: die offiziellen Jugendherbergen (AN-OIGE HOSTEL) mit strengen Reglementierungen wie Sperrstunde etc. und die wesentlich laxer geführten PRIVAT- HOSTELS, die keiner Organisation unterstehen.

Abgesehen von etlichen Ausnahmen sind alle ganzjährig geöffnet. Keine Altersbeschränkung. Unterbringung erfolgt in Schlafsälen für im Schnitt zehn Personen - streng nach Männlein und Weiblein getrennt. Pärchen können ja ab und zu auf B&B ausweichen, um ihre zwischenmenschlichen Kontakte zu pflegen.

Weiterhin gehört zum Standard eine Küche (für Selbstverpfleger) und ein Aufenthaltsraum, wo man abends gemütlich zusammensitzt. Mahlzeiten werden in der Regel nicht angeboten.

Wie überall sind auch hier in Irland die Herbergen optimal, wenn jemand Kontakte zu anderen Travellern sucht.

Preise: pro Mann und Nase runde zwölf Mark je Übernachtung. Zum Vergleich: eine B&B-Unterkunft kostet etwa 3o DM pro Mann. Vom Differenzbetrag (18 DM) ist das Frühstück abzuziehen, das im Restaurant mindestens 1o DM kostet. Bleiben acht Mark übrig, was sich bei einem Durchschnitts-Urlaub von drei Wochen auf ganze 17o DM summiert.

Preislich sind die Herbergen also gar nicht mal so toll, wie's auf den ersten Blick aussieht. Aber: Wer die Möglichkeit zur Selbstverpflegung ausnützt, die die Küche bietet, spart locker ein paar Hunderter an Restaurant-Kosten. Wenn jemand jedoch keine Lust zum Kochen hat, lohnen sich - rein preislich gesehen - die Billig-Herbergen nur wenig.

Unbedingt mitbringen: einen Schlafsack, Handtücher und ein Feuerzeug zum Anstecken der Gasherde. Geschirr und Töpfe werden gestellt.

✦ ANOIGE-HOSTELS

Jugendherberge = Tugendherberge. Die Traveller werden oft mit einem Schwulst von Reglementierungen gegängelt, die mehr für Kinder als für Erwachsene zugeschnitten sind.

Der Konkurrenzdruck durch die Privatherbergen hat das irische Jugendherbergswerk während der letzten Jahre zunehmend in Bedrängnis gebracht. Viele Hostels wurden bereits geschlossen. Langfristig werden die offiziellen Jugendherbergen wohl den kompletten Rucksackler-Markt verlieren und sich rückbesinnen müssen auf ihre primäre Zielsetzung als Hort für Schulklassen und Pfadfindergruppen.

Zum Teil versucht man durch Lockerung der Hausordnung zu parieren. Wichtigste Neuerung: die Schließung tagsüber wurde abgeschafft, es werden zwar noch die Schlafsäle abgesperrt, der Gemeinschaftsraum steht aber den ganzen Tag über offen. Es bleibt jedoch bei der Sperrstunde am Abend um 23.3o. Wenn sich die Stimmung im Pub dem Finale nähert heißt es aufbrechen.

Am Morgen nach dem Aufstehen werden einem Besen und Putzlumpen in die Hand gedrückt, um beim Saubermachen mitanzufassen.

Sehr unterschiedlich ist der Komfort, - schwankt zwischen sehr gut und katastrophal. Besonders auf dem flachen Land viele primitive Baracken, wo der Wind durchs Zimmer pfeift und Regenwasser durch's Dach träufelt. Die Stadt-Hostels sind o.k.

Ein anderes Kapitel sind die Schulgruppen, die sich in den Ferien einquartieren und durch Blinde-Kuh-Spielen im Aufenthaltsraum für Gemütlichkeit sorgen. Bei Hostels, wo regelmäßig Gruppen Ferien machen, haben wir dies im Text angegeben: eventuell vorher kurz anrufen und "im Ernstfall" umdisponieren.

Die Lage ist bei vielen Häusern ein weiteres Handicap: meist kilometerweit von der nächsten größeren Ortschaft, keine Busverbindung und ab von jeder Kneipenszene. Andererseits aber nicht genügend abgelegen, um das bekannte "Robinsonfeeling" aufkommen zu lassen.

Unbedingt nötig ist ein Jugendherbergs-Ausweis, den jedes größere AnOige-Hostel in Irland ausstellt (einfach an der Rezeption fragen). Kostenpunkt rund 15 Mark. Ein Paßbild ist nur erforderlich, wenn man das Papier auch noch in anderen Ländern braucht (etwa Interrailer oder für den Trip nach Schottland). Wem die Investition zu hoch ist: für vier Mark mehr pro Nacht kann man nach der Neuregelung auch ohne Ausweis übernachten.

Preise gestaffelt nach Qualitätsstandard zwischen 9 und 13 DM. Hinzu kommt das Geld für den Ausweis.

Insgesamt gibt's in Irland 57 Jugendherbergen, weitere neun in Nordirland. Sind alle detailliert beschrieben im AnOige-Handbook (für 3 DM an der Rezeption jedes Hostels): Telefonnummer, Anzahl der Betten, der nächste Shop, günstigste Busline usw.

✦ PRIVAT-HOSTELS

Eine Art Jugendherberge auf privater Basis, der Gewinn fließt in die Tasche des Eigentümers. Wie bei AnOige erfolgt die Unterbringung in Schlafsälen, wobei jeder seinen Schlafsack mitbringen muß. Außerdem eine Küche für Selbstverpfleger und ein Aufenthaltsraum.

68 Unterkunft

Großer Pluspunkt: die zum Teil lächerlichen Reglementierungen fallen weg. So sind die Schlafsäle den ganzen Tag über geöffnet, abends gibt es keine Sperrstunde (schön für Kneipen-Liebhaber). Außerdem sind sie meist zentral gelegen und nicht wie die offiziellen Jugendherbergen irgendwo in der Wildnis plaziert. Einen Mitglieder-Ausweis gibt es nicht.

Uns haben die Privat-Herbergen fast durchweg besser gefallen als die AnOige-Hostels, die meisten Eigentümer zeigen viel Engagement und die Atmosphäre ist oft bombig.

Die Nachteile gegenüber AnOige: da es keine Sperrstunde gibt, platzen oft mitten in der Nacht Leute in die Schlafsäle und stolpern auf der Suche nach ihrem Bett über Gepäckstücke und abgestellte Rucksäcke. Wer sich gründlich ausschlafen möchte (gilt vor allem für müde Radfahrer und Wanderer), fährt mit den offiziellen Jugendherbergen besser. Die Preise liegen bei durchschnittlich 12 DM und sind eine Idee höher als bei den offiziellen Jugendherbergen

Die Privat-Hostels sind das reinste Konglomerat, das sich nur schwer unter einen Hut bringen läßt. Die Betreiber reichen von Alternativen, die sich nebenbei ein paar Mark verdienen bis hin zu cleveren Geschäftsleuten, die das ganze als "business" aufziehen.

Oft ungeheuer viel Einsatz vom Warden, der sich um jedes Wehwehchen seiner Gäste kümmert, manchmal aber auch die Einstellung "Tramper brauchen nur eine Pritsche und ein Dach über'm Kopf, wobei sich bei zehn Mark pro Nacht eine hübsche Summe verdienen läßt". Die Bewegung begann Mitte der achtziger Jahre, zur Zeit schießen die Hostels wie Pilze aus dem Boden. Jedes Jahr kommen etwa zwanzig neue hinzu.

Von der Organisation her lassen sich die Privat-Hostels in DREI GRUPPEN einteilen:

1.) Die ursprüngliche Organisation heißt IHO (= Independent Hostel Owners): über achtzig Mitglieder, und jedes Jahr kommen neue hinzu. Mittlerweile überspannt ein engmaschiges Netz von IHO-Herbergen ganz Irland.

   Sie geben jedes Jahr ein Faltblatt mit einer Liste sämtlicher IHO-Hostels heraus, die von den einzelnen Herbergen für ein paar Pfennig ausgehändigt werden. Unentbehrlich für die Reiseplanung. Die IHO-Herbergen sind ungerechtfertigterweise von Bord Failte nicht anerkannt, - in den Tourist Offices werden keinerlei Infos darüber gegeben.

2.) Die Budget-Hostels haben knapp zwanzig Mitglieder, die sich 1986 von IHO abgespalten haben. Geführt von professionellen Geschäftsleuten: meist große Hostels mit viel Komfort, wobei es an der Atmosphäre oft fehlt. Budget-Hostels sind beim TI anerkannt - dort läßt sich die Mitglieder-Liste geben lassen.

   Rückblickend läßt sich sagen, daß sich die Abspaltung für die Budget-Leute nicht gelohnt hat, die meisten Rucksackler reisen nach der IHO-Liste, ohne von Budget überhaupt Notiz zu nehmen.

3.) Daneben gibt es Hostels, die keiner Organisation angehören: Adressen in diesem Buch, oder man stolpert aus Zufall hinein. Ihre Zahl dürfte ungefähr bei 2o-3o liegen. Der Grund für die Nichtmitgliedschaft kann zweierlei sein: entweder durch Ausschluß von der IHO-Gruppe wegen zu vieler Beschwerden über Sauberkeit etc., oder wenn die Eröffnung an einem Ort erfolgt, wo der Hosteller-Markt bereits gesättigt ist und IHO keine neuen Mitglieder mehr aufnimmt.

FERIENHÄUSER

Werden auch in Irland immer beliebter: in den gemieteten vier Wänden in den Tag hineinleben, auf dem Herd dampft das Mittagessen, im Laden Klatsch mit den Dorfbewohnern und abends im Pub Kneipen-Philosophie zwischen Bierdunst und Zigarettenrauch.

Zur Standard-Ausrüstung eines Ferienhauses gehören die voll ausgerüstete Küche, ein Wohnzimmer (oft mit offenem Kamin) und zwei Schlafzimmer. Sie sind konzipiert für 2 -8 Personen. Man versorgt sich selbst: Gemüse und Fleisch im Dorf kaufen und den Herd anschmeißen. Brennmaterial (Gas oder Torf) wird gestellt.

Die Preise schwanken stark, je nach Lage und Saison zwischen 25o und 8oo Mark pro Woche (für vier Personen). Alles in allem in den Monaten April, Mai, Juni und September um ein Drittel billiger als Juli und August.

Im Vergleich zu B&B sind die Ferienhäuser kaum teurer, wenn man die Kochgelegenheit wahrnimmt und so Restaurant-Kosten einspart.

Die Vermietung erfolgt wochenweise, in der Regel von Samstag bis Samstag. Wer sich erst in Irland spontan entschließt, findet außerhalb der Monate Juli und August auch für zwei, drei Tage etwas: sich vor Ort umhören, wo was leersteht.

Wegen der großen Nachfrage rechtzeitig buchen (für Juli und August so früh wie möglich): dazu sich bei der irischen Fremdenverkehrszentrale in Frankfurt die entsprechende Selfcatering-Broschüre besorgen. Enthält eine komplette Liste mit Fotos, Preisangaben und Adressen der Vermieter.

Es kann sich auch lohnen, im Reisebüro nach Prospekten zu fragen. Manchmal bessere Preise als direkt beim Besitzer.

Wer ein Appartement in DUBLIN sucht, fordert ein entsprechendes Verzeichnis an beim: "Dublin Tourist Office, 14 Upper O'Connell St., Dublin 1".

Zu überlegen sind diverse Kombinations-Möglichkeiten: etwa für eine Woche eine Hütte mieten und sich beim Fischen und in der Kneipe entspannen, während man sich in der zweiten Woche einen Leihwagen nimmt und rumtourt. Oder zwei Wochen im Cottage: für die erste sich in einer Hütte im Südwesten einquartieren, in der zweiten weiter oben im Nordwesten. Mit dem Auto jeweils die interessantesten Punkte in der Umgebung erkunden.

Die meisten Ferienhäuser gibt es im mittleren und nördlichen Westen. Besser aber, sich im Lakeland, also im Herzen der Insel einzumieten: alle interessanten Punkte an den Küsten sind weniger als zwei Autostunden entfernt. Außerdem ist dieses Gebiet nicht so überlaufen und ideal zum Fischen.

Noch ein Tip: viele Bauern vermieten ihre alten Katen, nachdem sie ein neues Haus gebaut haben. Oder sie errichten eigens Ferienhäuser auf ihrem Grundstück. Man wohnt mitten im Dorf und mischt sich unter die Einheimischen, der Nachbar läßt sich gern auf ein Bier einladen.

Ganz anders, wenn man sich bei den großen Tourismus-Gesellschaften einmietet: deren Häuser sind nicht nur teurer, sondern zu isolierten Ferien-camps zusammengefaßt (jeweils ein Dutzend Cottages), mit Kontakten zu den Locals läuft meist nicht viel.

Es gibt die verschiedensten Arten von Selfcatering-Unterkünften, von Appartements bis zu kompletten Bungalows. Ein heißer Tip sind die soge-nannten Cottages: strohgedeckte Katen mit klobigen Holzmöbeln, während im Kamin das Torffeuer kokelt. Über die knarzende Holztreppe geht's in die Schlafzimmer im Obergeschoß.

Am etabliertesten ist hierfür die Firma "Rent-an-Irish-Cottage", leider sind deren Häuser als Feriencamps angelegt.

CAMPING

Pro-Argumente sind die Lagerfeuer-Romantik und frische Luft, rein preislich rentiert sich Campen nicht, da die Platzgebühren fast so hoch sind wie der Preis für diverse Billig-Herbergen. Dort sind Pärchen allerdings getrennt untergebracht, was im Zelt natürlich nicht der Fall ist.

Preise: Liegen für ein Zelt plus Auto plus zwei Personen zwischen 15 und 2o Mark je Übernachtung. Bis zum nächsten Morgen gegen 12 Uhr muß der Platz geräumt sein.

Insgesamt gibt's rund hundert Plätze, die von Bord Failte empfohlen wer-den. Mindeststandard: Toiletten, fließendes Warmwasser, Abfalltonnen, Sauberkeit, in den meisten Fällen zusätzlich noch Duschen, Wasch-maschinen und Trockner. Sind alle aufgelistet in der Broschüre "Caravan & Camping Parks" (kostet zwei Mark).

Daneben noch jede Menge von Primitiv-Plätzen, wo ein Farmer im Sommer ein Stück Wiese an Camper vermietet. Vorher abchecken, ob Duschen und Toiletten vorhanden sind - sonst besser gleich wildcampen. Für Rucksackler: Bei den meisten Privat-Hostels kann für rund sieben Mark im Garten gezeltet werden, wobei die Facilities im Haus mitbenutzt werden dürfen.

Für eine Irland-feste Ausrüstung ist erforderlich:

1.) Moskito-Netz wegen der unzähligen Mücken, vielleicht zusätzlich ein entsprechendes Spray, das die Plagegeister vom Leib hält.

2.) Doppelwandiges Zelt (regelmäßig Regengüsse).

3.) Mit Fiber gefüllte Schlafsäcke trocknen schneller als Daunen schlafsäcke; außerdem sind sie wärmer.

4.) Gaskocher: Die Kartuschen für das Fabrikat der Firma GAZ sind überall erhältlich, - bei anderen Modellen sich schon zuhause ein decken, da die in Irland üblichen Gasflaschen nicht passen.

5.) Spirituskocher: Spiritus heißt "methylated spirit" und gibt's nur in Apotheken.

✱ VERMIETER VON CAMPINGAUSRÜSTUNG

Für Leute, die sich kurzfristig für's Zelten entscheiden, - etwa für abgelegene Trekking-Touren oder weil sie in einer unerwarteten Schönwetter-Periode das "Dach überm Kopf" aus Plastik der stickigen Hotelbude vorziehen.

County Cork:
Tent Shop
Rutland Street (off
South Tee
Tel.: o21/965582

County Limerick:
O'Meara Holidays
Ennis Road
Limerick
Tel.: o61/54177

County Kerry:
Landers Leisure Lands
Courthouse Lane
Tralee
Tel.: o66/24378

County Mayo:
Conlon Camping
Castlebar
Tel.: o94/22561

County Dublin:
O'Meara Holidays
16o A Crumlin Road
Dublin 12
Tel.: o1/758794

County Wicklow:
Charles Camping
Blessington
Tel.: o1/93244o

✱ WILDCAMPEN

Irland gehört zu den letzten europäischen Ländern, wo man so mir-nichts-dir-nichts "die Plastik-Mütze" aufschlagen kann, ohne sich bei irgendwelchen Behörden unbeliebt zu machen. Ausnahme: Das Schild "Temporary Dwelling Prohibited" bedeutet, daß Wildcampen hier verboten ist.

72 Unterkunft

Daß man bei privatem Farmland dem Besitzer vorher zublinzelt und um Erlaubnis bittet, gehört sowieso zu den Grundregeln des Camper-Knigge. Oft sehen es die Leute nicht gerne, wenn Feuer gemacht wird (auf jeden Fall vorher fragen).

Bleibt nur noch zu hoffen, daß nicht Camping-Wildsäue durch weggeworfene Dosen und Plastikbeutel ihre Reiseroute markieren.

Auf folgende zwei Punkte unbedingt achten, es hat schon mehrfach tödliche Unfälle gegeben:

* Nicht zu nah am Klippenrand zelten. Mit der Romantik ist's schnell vorbei, wenn eine kräftige Windboe das Zelt samt Inhalt über die Steilküste bläst. Eine nicht zu unterschätzende Gefahrenquelle.

* Viehweiden besser meiden. Es ist schon wiederholt vorgekommen, daß eine wildgewordene Bullenherde über die Lagerstätte weggetrampelt ist.

Ein letzter Tip: Das Quartier nicht zu nah an Flüssen, Seen oder in engen Talsohlen aufschlagen - Myriaden von Mücken halten einen dort die ganze Nacht über in Bewegung. Lieber sich einen freistehenden Erdhügel suchen, wo ein leichter Luftzug die Viecher vertreibt.

Essen und Trinken

Einfache Küche ohne viel Schnickschnack: mit Gewürzen und extravaganten Saucen wird sparsam umgegangen. Grund hierfür sind die Hungersnöte im letzten Jahrhundert, wo man die Gerichte mehr auf Kalorienreichtum als auf Gaumenkitzelei trimmte.

In den letzten Jahren aber Anstrengungen, das Level zu heben. Immer mehr Spitzenrestaurants mit französisch angehauchter Küche schießen aus dem Boden. Meeresfrüchte kommen stark in Mode.

Gutes Essen ist in Irland SEHR TEUER, unter zwanzig Mark ist nur schwer was anständiges zu bekommen. Die Restaurant-Kosten reißen große Löcher in die Reisekasse, wenn man dem Land auch kulinarisch etwas abgewinnen möchte.

✯ TOURIST MENU

Wo der links abgebildete Koch von der ausgehängten Speisekarte oder von einem Aufkleber an der Tür grinst, werden dreigängige Menüs zum Sonderpreis von 16 bzw. 23 DM angeboten.

Normalerweise würden sie bis zu 3o % mehr kosten. Gibt's sowohl für Lunch als auch für Dinner - guter Spar-Tip. Beim TI sich die Gratis-Broschüre mit der Liste mehrerer hundert Restaurants besorgen, die das Tourist-Menü anbieten. Sie werden laufend stichprobenweise von Bord Failte überprüft, damit auch die Qualität stimmt.

✯ DIE MAHLZEITEN

Das Frühstück ist ein Relikt aus der englischen Besatzungszeit; es ist bei B&B und den meisten Hotels mit der Unterkunft inclusive. Im Restaurant liegt der Preis bei mindestens zehn Mark. Zeit: etwa von 8 -1o Uhr.

```
1.Gang: Fruchtsaft
2.Gang: Porridge, ein gezuckerter Haferbrei. Als Alternative Cornflakes oder Müsli.
3.Gang: gegrillter Schinken mit Spiegeleiern ("Bacon and eggs"), dazu Schweins-
        bratwürstchen und eine gebratene Tomate.
4.Gang: Toast oder "Brown Bread" mit Orangenmarmelade.
Dazu Kaffee (meistens übler Pulverkaffee) oder eine Kanne Tee.
```

Zum Lunch haben dann meist nur noch kleinere Sachen wie Tee mit ein paar Sandwiches oder eine Suppe im Magen Platz. Läuft als "Pub Grub" für rund fünf Mark als Imbiß in vielen Pubs.

Ein volles **Mittags-Menü** besteht aus drei Gängen (Suppe + Hauptgericht mit Salaten + Dessert und Kaffee): in den Hotels für 15 -2o DM. Sehr gute Preis-Leistungs-Relation, - als Dinner kostet dasselbe Essen im selben Restaurant 2o -3o % mehr. Speiselokale haben mittags in der Regel geschlossen (Zeit: 12- 14 Uhr).

Tea Time: Tee mit Keksen oder Scones - am besten in einem Hotel oder im Coffee Shop. Zeit: Nicht so pünktlich wie in England, wo der Maurer Punkt 17 Uhr die Kelle fallen läßt und die Teetasse zückt. Wird irgendwann am Nachmittag zwischen 16 und 18 Uhr eingeschoben.

Abendessen ist in Irland die Hauptmahlzeit, wo mehrgängige Menüs vernichtet werden. Es gibt zwei Möglichkeiten:

Der High Tea besteht aus Suppe mit Hauptgericht, anschließend werden Tee und Berge von Scones verdrückt. Kommt langsam aus der Mode: wird nur noch von etlichen Hotels zwischen 17 und 19 Uhr angeboten (evtl. im TI fragen). Der Preis liegt bei 2o -25 DM.

Zum "Groß-Ausgehen" genehmigt man sich ein Dinner (die Preisangaben bei den Restaurant-Beschreibungen in diesem Buch beziehen sich auf ein durchschnittliches Dinner ohne Getränke) in einem Restaurant oder einem Hotel. Das ganze beginnt mit einem Aperitif und endet mit einem Kaffee, dazwischen drei oder vier Gänge (Hauptgang Meeresfrüchte oder Steaks). Dazu eine Flasche Wein. Kostet je nach Klasse zwischen 25 und 4o Mark. Zeit: von 19.3o bis 21 Uhr, in den Städten bis 23 Uhr.

Die besseren RESTAURANTS sind normalerweise nur für Dinner geöffnet, wofür im Schnitt 3o - 4o DM hingelegt werden müssen. Dazu kommen oft noch 1o % für die Bedienung (vorher sich auf der Speisekarte vergewissern, ob inklusive oder nicht).

Die meisten Restaurants haben nur Wein-Lizenz, dürfen also kein Bier ausschenken. Es ist auch durchaus üblich, zum Essen reines Wasser zu trinken.

Zwei Alternativen: Entweder man bestellt à la carte irgend ein Gericht auf der Speisekarte oder nimmt das Table d`hôte Menue.

* table d'hôte: Festes Menü in drei bis fünf Gängen (bei jedem mehrere Gerichte zur Auswahl). Nachteile: Man muß das komplette Menü nehmen und beschränkte Auswahlmöglichkeit. Vorteil: Das Menü ist um etliches billiger, als wenn man ein gleichwertiges frei aus der Speisekarte zusammensucht.

Essen + Trinken 75

* à la carte: Man läßt sich die Speisekarte geben und wählt selbst aus. Zu empfehlen, wer nur ein Hauptgericht möchte und nicht ein voll ständiges Dinner.

Im Sommer zur Touristen-Saison auf jeden Fall buchen (kurzer Anruf am Nachmittag). Übernimmt gerne die B&B-Dame.

Ein unvergeßliches Irland-Erlebnis sind die mittelalterlichen Bankette in der Gegend von Limerick: Gegessen wird nach alter Sitte mit Dolch und Fingern, während ein Minnesänger alte Volksweisen trällert. Gleich zu Beginn des Urlaubs buchen, kostet etwa 8o DM. Details Seite 257.

Adresse für Topclass-Dinner in genehmer Atmosphäre sind die Landhäuser, - oft herrliche Wildgerichte. Man speist in kleiner Runde zwischen bombastischer Antik-Möblierung mit Kronleuchtern und Silberbesteck.

Preislage: 4o - 65 DM für ein komplettes Menü.

Die Häuser liegen meist abseits der Ortschaften in einem Parkgelände, daher ist ein eigener Wagen erforderlich. Eine vollständige Liste enthält die TI-Broschüre "Irish Country Houses", die wichtigsten sind außerdem in diesem Führer beschrieben.

Heißer Tip sind die Dinner in den B&B-HÄUSERN: vier Gänge für rund 25 DM. Unverfälschte, irische Küche mit viel Liebe zubereitet - nicht zu vergleichen mit der Massenkost in vielen Restaurants.

Da die Häuser keine Lizenz zum Weinausschank haben, besorgt man sich vorher im Supermarkt die Pulle Rebensaft (macht die Sache doppelt billig). Wichtig: Bereits am frühen Nachmittag buchen, damit die Zutaten noch besorgt werden können.

Reine Speiselokale gibt's nur in den Städten, - in den kleineren Ortschaften springen die Hotels ein. Hier kommt fast durchweg mehr für's Geld auf den Teller als in den Restaurants, außerdem sind sie auch mittags und sonntags geöffnet. Die Hotels sind auch für Bier und Schnaps lizenziert.

IMBISSBUDEN im Stil der "etwas anderen Restaurants" gibt's in jedem noch so kleinen Nest: Hamburger, Grillhühnchen, Pommes, o.k. für den Snack zwischendurch - wer sich ausschließlich von den Klopsen ernährt, fährt teurer, als wenn er abends in einem durchschnittlichen Restaurant ißt.

PUB GRUB: Kleinere Lunch-Gerichte in den Pubs (von 12 -14 oder 15 Uhr), etwa Suppen, Salate oder belegte Brötchen. Preislage zwischen fünf und zehn Mark. Für das, was geboten wird, nicht überaus billig.

Manche Pubs servieren abends BARMEALS: die adäquateste Möglichkeit, für im Schnitt zehn Mark was Ordentliches auf den Teller zu bekommen. Serviert werden Sachen wie Gammon Steak oder panierter Fisch mit

Pommes und Gemüse; Zeit ab etwa 19 Uhr bis 21 Uhr. Barmeals sind vor allem auf dem Land üblich, in den größeren Städten nur selten. Siehe Empfehlungen in den Restaurant-Kapiteln in diesem Buch.

Eine Mischung aus Grill-Bar und Café sind die COFFEE SHOPS, wo Hausfrauen beim Einkaufen oder Schüler kurz Rast machen und sich einen Bissen zwischen die Zähne schieben. Meist windige Plastik- Möblierung.

PICKNICKS im Freien: Käse, Brot aus der Bäckerei und ein kühles Bier einpacken und raus in einen der Waldparks oder an eine einsame Meeresbucht, überall gibt's Picknickplätze mit klobigen Holztischen, auf denen das Moos wuchert. Im B&B-Haus oder TI fragen.

★ SPEZIALITÄTEN

IRISH STEW ist das irische Allerweltsgericht: Eintopf aus Hammelfleisch und Gemüse. Gibt's in allen Variationen. Er steht bei irischen Familien regelmäßig auf dem Speisezettel, viele Restaurants halten den herzhaften Mampf leider nicht für salonfähig.

BROWN BREAD: Durch Zugabe von Soda locker gemachtes Vollkornbrot, das von den meisten Restaurantbesitzern selbst gebacken wird. Wird langsam vom Weißbrot amerikanischer Prägung verdrängt.

MEERESFRÜCHTE sind erst in letzter Zeit auf dem Vormarsch, - Fisch galt früher als Fastenmahlzeit und Arme-Leute-Essen. In den touristischen Hauptgebieten heute viele Fischrestaurants, wo nach französischen Rezepten gekocht wird.

LACHS ("salmon") steht dabei an erster Stelle - von Januar bis Juli frisch von der Angel. Kommt meist geräuchert oder als herzhaftes Lachssteak auf den Teller.

Fast noch schmackhafter ist die MEERFORELLE ("sea trout").

GARNELEN ("prawns") sind am saftigsten von März bis September. Sie werden zum Großteil vor der Küste Dublins gefangen.

Eine exzellente Vorspeise sind die AUSTERN ("oysters"): mit Zitrone beträufeln und ausschlürfen. Frisch nur von September bis März, die übrige Zeit Importe. Die besten Austern kommen aus der Bucht von Galway.

Billiger und auch gut: die JAKOBSMUSCHELN ("scallops").

HUMMER ("lobster") gilt als Krönung der irischen Küche, kostet zwischen vierzig und fünfzig Mark. Vielleicht, um für den Abschluß des Urlaubs noch einen draufzumachen.

FLEISCH: Hauptsächlich vom Rind, Lamm oder Hammel, Schweinefleisch allenfalls als Kottelets ("chops"). Deftige STEAKS stehen in jedem besseren Restaurant auf der Speisekarte, sehr teuer, aber auch sehr gut das RUMPSTEAK ("sirloin steak"), etwa 3o DM.

Tip für die schmalere Brieftasche ist das GAMMON STEAK, gegrillter Schinken für rund zehn Mark. Schmeckt recht herzhaft.

Weiterer Spartip: CHICKEN CURRIE, ein scharfes Hühnerfrikassee mit reichlich Reis. In jedem Billig-Restaurant, kostet 7 -1o DM.

Mit GEMÜSE und SALATEN wird sparsam umgegangen, die wichtigste Rolle spielt immer noch die Kartoffel. Ein Relikt aus der Hungerkatastrophe im vorigen Jahrhundert.

SCHINKEN: Am saftigsten, wenn er aus der Gegend von Limerick kommt ("Limerick ham").

SUPPEN: Meist eine dickflüssige Mampfe als "Magen-Füller", etwa die bekannte Gemüsesuppe mit Fleischstückchen.

Zum Tee werden überall die SCONES serviert: kleine Kuchen mit Rosinen. Durchschneiden und mit Butter und Marmelade beschmieren.

Noch was zur BUTTER: schmeckt in Irland recht eigenwillig, da sie gesalzen ist. Man gewöhnt sich aber schnell dran.

CARAGEEN: Ein Kuriosum, das vor allem an der Westküste als Nachspeise gegessen wird. Dabei wird Seetang (!) gesammelt und mit Milch zu einer joghurtartigen Masse verkocht.

✦ GETRÄNKE

Um's Trinken machen die Iren wesentlich mehr Tamtam als um's Essen. Es gibt nicht weniger als 3 Nationalgetränke: Tee, Guinness und Whiskey.

TEA

Wird praktisch zu jeder Tageszeit getrunken, - am Nachmittag gegen vier stehen für die bekannte "Tea-Time" sowieso die Räder still. Meist wird er mit einem Schuß Milch getrunken (Kuhmilch, Kondensmilch wäre ein Fauxpas).

Übrigens: der Tee hat nur mit dem weichen, irischen Wasser seinen typisch aromatischen Geschmack. Wir haben einen ganzen Karton mit nach Hause genommen, wo sich das Zeug als ungenießbar entpuppte.

GUINNESS

Ein Produktname und ein Stück nationales Kulturgut zugleich: das herbe, cremige Dunkelbier mit der Schaumkappe. Wird lauwarm getrunken und wirkt recht heimtückisch.

78   Essen + Trinken

Guinness ist mit Abstand der Star unter Irlands Bieren, außerdem Export in 12o Länder, insgesamt werden pro Tag rund fünf Millionen Gläser getrunken. Die Hauptniederlassung ist in Dublin (dort ein interessantes Museum: Seite 152).

Der Penny-Test: Bei einem optimal gezapften Guinness sollte eine Pennymünze auf der Schaumkrone liegenbleiben. War früher auch der Fall, bei den heutigen Braurezepten funktioniert der Test normalerweise nicht mehr.

1760 übernimmt Arthur Guinness eine Provinz-Brauerei in Dublin und kreiert sein Dunkelbier. Als Hauptzutaten Gerstenmalz und Hefe, das genaue Rezept ist top-secret.

Heute herrscht der Guinness-Clan in der siebten Generation über das Gerstensaft-Imperium. Seine Geschichte ist die Geschichte von Skandalen, Suiziden und dunklen Machenschaften: Geld allein macht eben nicht glücklich, Guinness auch nicht immer.

Das Unternehmen investiert astronomische Summen in gigantische Werbeprojekte, um dem schleichenden Trend, weg vom Guinness und hin zum süffigeren Lager-Bier, eine Kehrtwende zu geben.

Der bekannteste Werbe-Gag ist das "Guinness-Buch der Rekorde".

Neben Guinness gibt es natürlich noch weitere Biersorten. Bier wird getrunken als "pint" (0,57 l) oder als "half pint". Der Preis liegt recht einheitlich bei vier Mark für's Pint, egal, ob in der Kneipe oder im Supermarkt.

Lager: Helles Bier, schmeckt ähnlich wie unser Export und hat bei jüngeren Leuten das Guinness bereits von Platz eins auf der Beliebtheitsskala verdrängt. Die wichtigsten Labels sind Smith wick und Harp, wobei sich Harp ebenfalls im Besitz des Guinness-Clans befindet.

Ale: Etwa vergleichbar mit unserem Hellen, hat weniger Alkohol als die übrigen Sorten (Autofahrer!).

Porter: Dunkelbier wie das Guinness, schmeckt aber etwas weicher und leichter.

Stout: Schweres, bitteres Dunkelbier, das fast ausschließlich durch das Guinness repräsentiert wird. Zwei kleinere Konkurrenz-Brauereien sind Beamish und Murph's, die aber nur in SW-Irland größere Marktanteile haben.

WHISKEY

Im Gegensatz zum schottischen Whisky mit dem Suffix-ey und mit milderem Geschmack, in dem das Aroma des Torffeuers liegt .
Es gibt 15 verschiedene Labels, das in Schottland übliche "blenden" (verschneiden) verschiedener Sorten macht man in Irland nicht.

HERSTELLUNG: Gerste läßt man ankeimen und trocknet und mahlt sie anschliessend. Der Malzschrot wird mit unvermälzter, zerriebener Gerste gemischt und weiches, irisches Wasser zugegeben. Zur abtropfenden Würze gibt man Hefe und läßt sie eine Zeitlang gären.

Anschließend wird dreimal destilliert (in Schottland nur zweimal) und der Roh-Whiskey anschließend mindestens sieben Jahre in Eichenfässern gelagert (Schottland: drei Jahre). Nach streng geheimen Mischungsverhältnissen wird zum Schluß Whiskey mit unterschiedlichem Alter und Herkunft in die Flaschen abgefüllt.

Whiskey trinkt man in Irland pur oder mit Wasser, normalerweise keine Eiswürfel. Für das Mixen mit Cola ist den Iren ihr Lebenswasser viel zu schade.

Preise: Ein 4 cl-Glas kostet im Pub über drei Mark. Sich ein paar Flaschen mit nach Deutschland zu nehmen, rentiert sich nicht: wegen der hohen Besteuerung ist die Pulle in Irland teurer als dieselbe Sorte bei uns.

Der Verspätung eines amerikanischen Flugzeuges kurz nach dem Krieg verdanken wir den Irish Coffee: um die auf dem Shannon Airport wartenden Touristen bei Laune zu halten, improvisierte ein Barkeeper und mixte ein Getränk zusammen, das in kurzer Zeit seinen Siegeszug um die ganze Welt antrat.

Irish Coffee besteht aus schwarzem Kaffee mit einem Schuß Whiskey und zwei Teelöffel braunem Rohrzucker, obendrauf eine steife Sahnehaube. Der Kaffee wird möglichst heiß durch den Sahnedeckel hindurch geschlürft. Wird für rund 6 DM in vielen Pubs und Hotels angeboten.

LIKÖRE: Am beliebtesten der "Irish Mist", hergestellt auf einer Whiskey-Basis mit Honig und Kräutern. "Irish Cream" besteht aus Whiskey, Schokolade und Sahne. Schmeckt sehr cremig, vergleichbar mit dem bei uns bekannten Alexander-Cocktail.

Als typischer "Weiber-Schnaps" gilt in Irland der GIN, ein Wacholderschnaps, der meist mit Tonicwasser getrunken wird. Auch SHERRY und WODKA laufen hier viel durch die Kehlen.

CIDER ist ein schwach alkoholischer Apfelmost. Guter Durstlöscher.

Ein besonderer Saft ist der POTHEEN (sprich: Putschien): schwarz im Keller mit der Privat-Destille gebrannter Whiskey, nach jahrhundertealten Rezepten. Schmeckt wegen der kurzen Lagerungszeit viel aufdringlicher als der legale Whiskey.

Dem Potheen werden alle möglichen Heilwirkungen zugeschrieben, - als Rheumamittel ebenso zu gebrauchen wie als Hustensaft und Party-Getränk. Schwarzbrennerei ist in den entlegeneren Gebieten an der West-küste noch groß in Mode. Wer sich eine Pulle kaufen möchte, fragt in kleineren Dörfern im Pub oder im B&B-Haus herum (ist ein exklusives Mitbringsel).

80 Essen + Trinken

WEIN wird praktisch nur in besseren Restaurants zum Essen gereicht, meistens Rotwein aus Frankreich oder Deutschland. Sorten mit irischem Label werden aus ausländischen Trauben gekeltert: von der Qualität her nichts Aufregendes.

PUBS

Beste Gelegenheit für Kontakte, - in manchen Ortschaften steht an jeder Straßenecke eine Kneipe. Kleiner Schwatz an der Theke, irgendwer schmeißt eine Runde Guinness. Am beliebtesten bei Touristen sind die "Singing Pubs", wo Musik gemacht wird.

Die wichtigsten Getränke sind Whiskey und Bier. Dabei werden oft "Runden" ausgegeben. Eine heimtückische Sache, sowohl für den Geldbeutel als auch für's körperliche Wohlbefinden. Daß man sich nicht nur beim Trinken, sondern auch beim Bezahlen beteiligt, ist eine Selbstverständlichkeit.

Öffnungszeiten: Montag bis Samstag von 1o.3o bis 23.3o (Oktober bis März nur bis 23 Uhr).
Öffnungszeiten am Sonntag: 12.3o -14 Uhr und von 16 bis 22 Uhr.

Die Sperrzeiten werden strikt eingehalten. Kurz bevor die Rollgitter vor der Theke runtergehen, fordert der Barmann mit einem "last order, please" zum letzten Bestellen auf. Ganz anders auf abgelegenen Inseln, wo's keine Polizeistation gibt und die Kneipe irgendwann gegen Morgengrauen dichtgemacht wird.

Keine Bedienung, die Getränke holt man sich selbst an der Theke ab. Vordrängeln erlaubt: jeder Ire hat Verständnis, wenn jemand Durst hat.

Trinkgeld ist nicht üblich. An der Theke stehen Sammelbüchsen wohltätiger Vereine für überflüssiges Kleingeld. Wer sich speziell beim Barmann für guten Service revanchieren möchte, spendiert ihm einen Drink. Wird in der Regel nicht ausgeschlagen.

Die meisten Pubs bestehen aus zwei separaten Räumen: vorne die "Public Bar" für "heavy drinking": ein Schwung Männer klebt an der Theke, durch die rauchige Luft flitzen die Darts-Pfeile und der Stein-Fußboden ist mit Zigarrettenkippen garniert.

Wesentlich gesitteter geht es in der hinteren "Lounge Bar" zu: Männer und Frauen bunt gemischt beim lockeren Smalltalk und meist ansprechenderes Interieur.

Dorfkneipen in abgelegenen Nestern an der Westküste, befinden sich wie seit Jahrhunderten in Hinterzimmern von Tante-Emma-Läden. Meist spartanisch eingerichtet, zur Toilette geht's über den Hof.

In vielen Pubs gibt's während der Mittagszeit kleine Gerichte, um die Zeit zwischen opulentem Breakfast und dem Dinner zu überbrücken, die sog. PUB GRUBS: Sandwiches, Suppen, Teigpasteten usw., oft auch abends sog. Barmeals.

Frauen werden in den Kneipen längst nicht mehr schief angesehen. Früher mußten sie mit den Snugs vorlieb nehmen (kleine Separées links und rechts von der Theke).

SINGING PUBS

Unter "singing pubs" versteht man Kneipen, in denen Musik gemacht wird. Viele davon sind in diesem Buch beschrieben. Außerdem Aushänge in den Fenstern der Kneipen sowie Anzeigen in der Tageszeitung beachten. Infos in den "What's on"- Broschüren, die die lokalen Verkehrsämter rausgeben.

BALLADSINGING: Es werden Folklieder mit modernen Instrumenten, meist von einer Band, gespielt. Dabei sollte möglichst wenig Konzert-Atmosphäre entstehen - im Klartext: mehr Kneipen-Stimmung mit Stimmengewirr, rauchiger Luft und viel Guinness und nicht lange Reihen von Zuhörern.

TRADITIONAL MUSIC: Traditionelle Instrumente wie Dudelsack, Blechpfeife oder Akkordeon. Weniger Gesang, viele Stücke werden rein Instrumental gespielt. Die Musikanten sollten nicht auf einer Bühne stehen, sondern mitten unter den Leuten sitzen.

SESSIONS: Nichts Organisiertes, - irgendjemand bringt seine Klampfe mit, setzt sich unter die Gäste und macht Musik. Die Spontan-Sessions sind das Schönste an irischer Folkmusic, viele Kneipen haben sich dafür etabliert (die wichtigsten sind in diesem Buch beschrieben). Das Mekka für Spontan-Sessions ist das kleine Dorf Doolin (siehe Seite 27o).

SINGALONGS: Hier sind die Zuhörer eingeladen, selbst ans Mikrophon zu gehen und ein Lied anzustimmen. Meist viel Atmosphäre und rauschender Beifall. Die Musik ist weniger auf Folk ausgerichtet, sehr oft Country &Western-Musik.

ANDERE MUSIKRICHTUNGEN: Besonders außerhalb der Touristensaison spielen oft moderne Bands in den Kneipen, das Repertoire geht von Simon and Garfunkel über die Beatles bis zu Rockmusik.

Hierbei auch unsere Infos "MUSIKSZENE" beachten, die wir oft im Anschluß an das Kneipen-Kapitel aufgeführt haben. Lokal-Matadore und Nachwuchskünstler, schwerpunktmäßig auf den Sektor Folk, die in den Pubs der jeweiligen Region spielen. Dazu ein bißchen rumfragen oder im Veranstaltungskalender der jeweils mitangegebenen Regionalzeitung nachschlagen, wo die Leute/Bands auftreten.

82 Essen + Trinken

Die Tips haben wir erarbeitet zusammen mit Mitgliedern des irischen Kulturvereins (CCE), bei denen wir uns herzlich bedanken möchten. Zum Teil haben auch etablierte Pop-Stars des Irish Folk wie etwa Dolores Keane, Chieftain-Mitglied Matt Molloy oder die Clannad-Gruppe mitgeholfen, die Spreu vom Weizen zu trennen. Auch diesen Leuten ein herzliches Dankeschön.

SPORT

Irland ist ein lohnendes Ziel für <u>Aktiv-Urlaub</u>, vom Angeln über's Golfspielen bis zum Drachenfliegen ist alles drin. Besonders hinweisen möchten wir nochmal auf das Kapitel "Yacht Charter" im Abschnitt "Segeln": auch für blutige Anfänger ein Abenteuer, das sich durchaus mit einem schmalen Budget vereinbaren läßt.

Wird immer beliebter: <u>KOMBINATIONS-URLAUB</u> mit einer Woche intensivem Sport, während man sich in der zweiten und dritten Woche das Land anschaut. Wem die Ausrüstung für den Mittransport zu sperrig ist, kann sie sich im Normalfall vor Ort recht billig ausleihen.

<u>SPORTSCHULEN</u>: eine günstige Gelegenheit, diverse Sportarten wie etwa Windsurfen oder Segeln zu lernen. Einwöchige Kurse kosten maximal vier, fünf Hunderter, wobei Unterkunft und Verpflegung oft inklusive sind. Am besten schon im voraus zu Hause buchen.

<u>INFORMATIONEN</u> (Adressen, Preislisten, beste Plätze für die betreffende Sportart) beim Tourist Office in Frankfurt oder beim jeweiligen Dachverband anfordern. Die <u>Adresse</u> der Dachverbände steht jeweils im Text unter dem Kasten "<u>INFOS</u>".

Das <u>Tourist-Office</u> hält diverse Broschüren und für jede Sportart ein Info-Blatt ("<u>INFORMATION SHEET</u>") bereit. Letztere sind phantastisch gemacht mit kleinen Kärtchen, wo die jeweilige Sportart ausgeübt oder gelernt werden kann und mit vielen Adressen und Preisangaben.

Für eine Reihe von Sportarten gibt's bei Reisebüros <u>PAUSCHAL-ARRANGEMENTS</u>: Hier wird ein <u>Retourflug</u> (auf Linienmaschine oder Charter) zusammen mit Unterkunft (z.B. Hotel, Farmhaus etc.) <u>plus</u> <u>Sportangebot</u> (z.B. Golf, Segeln etc.) zu einem Paket geschnürt.

Breite Palette an Möglichkeiten, Adressen und Preisangaben in der TI-Broschüre <u>"Grüne Seiten"</u>. Kann helfen, viel Geld zu sparen (was Flug und Unterkunft betrifft), - bezügl. Sport teils billiger vor Ort!

Windsurfing

Irland gehört mit seinen unzähligen Binnengewässern und Meeresbuchten zu den europäischen Surfer-Paradiesen. Wegen der doch recht kühlen Temperaturen niemals ohne Gummi-Anzug aufs Brett steigen.

<u>Infos</u>: Irish Yachting Association
3 Park Road
Dun Laoghaire, Co. Dublin.

Wer die Sache schon beherrscht, findet an der <u>Westküste</u> erstklassige Plätze mit hohen Atlantik-Wellen und traumhaften Windverhältnissen.

Die diversen Clubs treffen sich regelmäßig, wobei Touristen herzlich eingeladen sind: schon bei Sonnenaufgang die ersten Wellenritte, bis der Tag mit einer zünftigen Grill-Fete ausklingt. <u>Termine</u> der Treffs und <u>Infos</u> über die besten Plätze beim obigen Dachverband.

Die <u>Ausrüstung</u> kann an allen guten Plätzen gemietet werden. Für den Surferanzug ca.1o DM/Tag kalkulieren. Die Preise für das Brett differieren zwischen 16 DM pro Stunde und 3o DM pro Tag. <u>Adressen</u> mit genauen <u>Preisangaben</u> beim TI (Information Sheet No.35).

<u>ANFÄNGER-KURSE</u> werden von mehreren Schulen angeboten. Dabei wird zunächst mit einem Simulator gearbeitet, erst dann geht's aufs Wasser.

<u>Die besten Adressen sind:</u>

1) Little Killary Centre (Adr.: Salruck, Renvyle; Co.Galway) ist mit ca. 5o DM pro Tag (incl.Unterricht und Ausrüstung) mit Abstand die billigste. Unterkunft in der Jugendherberge, 2 km entfernt.

2) Mit Vorstadt-Zügen problemlos ab Dublin zu erreichen sind die Skerries School (7 Convent Lane, Skerries; Co.Dublin) und die Fingall School (Upper Strand Road, Malahide; Co. Dublin): Ca. 115 DM für einen kompletten Tag oder Kurz-Einweisung in drei Stunden für ca.65 DM.

3) Wer die Sportart anständig lernen möchte: International Sailing Centre (5, East Beach, Cobh; Co. Cork): der einwöchige Kurs kostet knapp 5oo Mark. Unterkunft in einem Billig-Hostel, das zur Surferschule gehört.

4) Heißer Tip ist auch das Glenans Centre (85 Merrion Square, Dublin 2): für ca. 5oo DM Kombinations-Kurs mit Windsurfen und Segeln - Essen und Unterkunft im Preis inclusive.

Segeln

<u>Infos</u>: Irish Yachting Association
3 Park Road
Dun Laoghaire, Co. Dublin

Die frischen Atlantikwinde sorgen für stetigen Wind in den Segeln. Die irische See vor der Ostküste ist ideales Terrain für Anfänger, auch die Süd- und Südwestküste mit ihren zahllosen geschützten Buchten ist problemlos. Die rauhe Westküste beinhaltet gewisse Schwierigkeitsgrade.

<u>Infos</u>: Das Handbuch "<u>Irish Cruising Club Sailing Directors</u>" (zwei Bände,

Sport 85

je 6o DM) mit Infos über Häfen, Ebbe und Flut sowie die Beschaffenheit der Küste, außerdem Seekarten ("Admiralty Charts"). Zu beziehen bei "Windmill Leisure, 3 Windmill Lane, Sir John Rogerson Quay, Dublin 2".

Pauschal-Arrangements: Ab 2.ooo DM/Person für zwei Wochen, für eine Woche Segeljacht-Miete plus eine Woche Leihwagen, Übernachtungen für zwei Wochen plus Transfer und Vollpension ab 1.ooo DM.

EIGENE JACHT MITBRINGEN ist kein Problem. Beim Zoll wird ein Emblem auf dem Schiff angebracht, bei Anfahrt eines Hafens die Q-Flagge aufziehen und sich beim "harbour master" anmelden.

JACHT CHARTER: Insgesamt sechs Verleihstationen, die ihre Segeljachten wochenweise für 1.ooo - 2.3oo DM für eine Gruppe von sechs Personen abgeben.
Die Adressen stehen auf dem Info Sheet Nr.28. Dabei müssen gewisse Basis-Kenntnisse nachgewiesen werden, außerdem erfolgt eine eingehende Instruktion.

Auch wer keinerlei Erfahrungen mitbringt, kann auf großen Törn gehen: bei der Verleihstation einen Skipper anheuern, der die Amateur-Crew einweist und den Kahn steuert.

Rechenbeispiel: Bei "Robinson Yacht Charters" (Rossbrin Cove, Schull, Co. Cork) kostet ein 28-Fuß-Boot (ca.8,5 m) mit fünf Segeln und fünf Betten in der Hochsaison ca. 1.35o DM pro Woche; der Skipper geht inclusive. Das macht rund 27o DM pro Mann: fast geschenkt, wenn man einkalkuliert, daß an Bord Kochgelegenheit und Übernachtungsmöglichkeit bestehen (1 Woche Bed & Breakfast kostet ca.18o DM).

Ein unvergeßliches Erlebnis: beim Morgengrauen kriecht alles aus den Kojen, einer kocht Frühstück für die Mannschaft und der Rest macht den Kahn seeklar. Die Segel hissen, eine kräftige Brise trägt die Jacht raus auf's Meer. Der Skipper schreit irgendwelche Kommandos, jemand lehnt an der Reeling: die Küste ist nur noch ein schmaler Streifen am Horizont. Sonst rund herum nur Wasser.

SEGELSCHULEN: Leider wird der Segelkurs in Irland für den Scheinerwerb vom Deutschen Segelverein nicht anerkannt. Ist aber trotzdem zu empfehlen, um ein bißchen Übung in der Sportart zu bekommen.

Infos: Irish Ass. for Sail Training
        Confederation House
        Kildare Street
        Dublin 2

Von dem runden Dutzend Segelschulen (Adressen auf dem Info Sheet Nr.9) hier eine kleine Auswahl:

1.) Am besten für junge Leute ist vermutlich die "Baltimore Sailing School" (The Pier, Baltimore, Co.Cork): etwa 31o DM für einen 5-Tage-Kurs mit Unterkunft in einem Hostel und mit Verpflegung. Abends wird gemeinsam gegrillt oder man unternimmt Trips zu unbewohnten Inseln.
2.) Sehr etabliert: "Skillet School" (The Pier, Kinsale, Co.Cork), - eine Woche ca.325 DM (ohne Unterkunft und Verpflegung). In derselben Ortschaft sehr gute Hotels, Top-Restaurants und viel Entertainment in den Pubs.
3.) Das "Glenans Centre" bietet einen einwöchigen Kombinations-Kurs mit Windsurfen und Segeln. Details bei Windsurfing.

Surfing

Entgegen der allgemeinen Ansicht läßt sich das Wellenreiten flott erlernen - in der Regel steht man schon am ersten Kurstag fest auf dem Brett oder reitet zumindest bäuchlings über die Wellen. Grob gesagt: sehr schnelle Anfangserfolge, erst später wird es schwierig (gerade umgekehrt wie beim Windsurfen!).

Infos: Irish Surfing Association
        Tigh-na-Mara
        Rossnowlagh, Co. Donegal

Wer die Sache aber beherrscht, findet in Irland Bedingungen wie in Kalifornien und anderen Top-Plätzen, mit Wellen bis vier Meter Höhe. <u>Ausrüstung</u> besser selbst mitbringen, da es nur wenige Verleiher gibt.

Reiten

Im Sattel durch grüne Hügellandschaft und vorbei an Hecken-Galerien, nur das Klappern der Hufe als Begleitgeräusche.

Irland ist ein <u>Schlaraffenland für Pferdenarren</u>, - es gibt unzählige Reitställe und Reiter-Hotels.

Infos: Association of Irish Riding Establishments,
        Mespil Hall, Kill,
        Co Kildare. Tel.: o45/77299.

<u>Informationen und Adressen</u> in der TI-Broschüre:

"<u>Guide to the Equestrian Visitor</u>" und im Info-Heft "<u>Horse Riding Holidays</u>" vom Irish Horse Board.

Die Leihgebüren liegen pro Stunde bei 12-2o DM. Herrliche Tages- und Halbtages-Trips quer durch die Landschaft, während das Lunchpaket für's Picknick am Sattel baumelt.

Wer Erfahrung hat, kann auf eigene Faust losziehen, - aber auch für totale Anfänger ein heißer Tip (wobei im Konvoi geritten wird). Dabei sind meist die äußerst gutmütigen Connemara-Ponies im Einsatz, so daß kaum Schwierigkeiten mit den Tieren entstehen.

Lohnt sich vor allem an der landschaftlich einzigartigen Westküste - schöner als die flachen Midlands, und Wicklow ist zu überlaufen mit irischen Familien.

Über Pauschal-Arrangements informieren die Grünen Seiten: Unterbringung in Reiterhöfen, Unterricht im Spring- und Dressurreiten, Reitkurse für Anfänger. Mit Flug und Unterkunft liegen die Preise bei 1.5oo DM aufwärts für eine Woche.

Eine Spezialität sind die Pony-Trekkings, wo ein Treck von einem Dutzend Leuten für eine volle Woche aufbricht, das Gepäck wird mit Autos von einer Unterkunft in die nächste vorausgefahren. Herrliches "Abenteuerfeeling", täglich rund fünf Stunden im Sattel. Kostet inklusive Übernachtungen und Verpflegung 8oo - 1.2oo DM.

⑤ Diving

An der Westküste optimale Bedingungen wegen des warmen Golfstromes: reiche Fauna mit riesigen Muschelbänken und millionenstarken Fischschwärmen, wahre Seetang-Wälder. Außerdem unzählige Wracks, zum Teil noch von der Großen Armada.

Infos: Irish Underwater Council
2nd Floor, 5/7 Upper
O'Connell Street
Dublin 1

Die Sichtweiten liegen im Schnitt bei 12 m, Wassertemperatur in 2o m Tiefe noch bei 17°C. Beste Zeit: von April bis Oktober.

Die irischen Diving-Clubs nehmen gern Leute mit raus und stellen Preßluft (im Schnitt dreißig Pfennig für o,28 m^3). Mehrere Hotels haben sich auf Taucher spezialisiert und bieten Inclusiv-Arrangements für Vollpension plus Trips zum gemeinsamen Tauchen.

Außerdem eine Reihe von Taucherschulen, wer die Sportart lernen möchte. Adressen und Preislisten beim obigen Dachverband.

Tennis

Obwohl der weiße Sport nicht wie bei uns einen Boris-Becker-Boom erlebt hat, gibt's praktisch in jeder Stadt Tennisplätze (meist Hartplätze). Infos über Adressen, Preise, Schlägermiete usw. beim jeweiligen TI. In der Regel entsprechen die Gebühren denen bei uns.

Bei besseren Hotels gehören Tennis-Anlagen sowieso meist zum Inventar. Auch SQUASH wird in Irland immer beliebter.

Jagen

Ich persönlich halte nicht viel davon, rauf zu fahren, um ein paar Tage in der Gegend rumzuballern - muß aber jeder mit sich selbst ausmachen. Hier die wichtigsten Infos:

FUCHSJAGD (Hunting): Gejagt wird zu Pferde und mit einer Meute blutrünstiger Hunde. Ist nur was für top-erfahrene Reiter. Saison: November-März

NIEDERWILDJAGD (Game Shooting): nur, wer die Lizenz zum Besitz einer Jagdwaffe hat. Die Jagd muß im voraus im Rahmen einer Pauschalreise gebucht werden. Saison: September-Januar

Für genauere Adressen und Preislisten beim TI nachfragen.

Angeln

Mit den noch sauberen Gewässern zählt Irland zu den europäischen Angler-Paradiesen. Viele Touristen kommen nur zum Fischen hierher. Ein Fischereischein wie bei uns ist nicht erforderlich - lediglich für Lachse und Forellen zeitlich befristete Permits, die sich jeder für ein paar Mark kaufen kann: meist in den Hotels oder jeweiligen Fachgeschäften ("Tackle Shops").

Infos: Central Fisheries Board
The Weir Lodge, Earl's Island
Glasnevin, Dublin 9

VOKABULAR

Aal	= eel	Lachs	= salmon
Bachforelle	= brown trout	Meerforelle	= sea trout
Barsch	= perch	Regenbogenforelle	= rainbow trout
Brachse	= bream	Rotauge	= roach
Hecht	= pike	Rotfeder	= rudd
Karpfen	= carp	Schleie	= tench

In aller Regel wird in Irland nicht vom Seeufer, sondern vom Boot aus gefischt. Miete für Ruderboote bewegt sich zwischen 2o und 4o DM, Boote mit Außenbord-Motor ca. 5o DM plus Spritkosten.

Heißer Tip ist, sich auf dem Shannon oder dem Erne-System (Nordirland) einen Kabinen-Kreuzer zu mieten. Die Fänge werden gleich in der Kombüse in die Pfanne gehauen. Details siehe Seite 42.

Sonst die gefangenen Fische im B&B-Haus zubereiten lassen, - oft wird den Gästen auch freimütig die Küche geräumt, um selbst die Kochkelle zu schwingen. In Hostels besteht sowieso eine Kochgelegenheit. Die Fänge tiefgefroren mit nach Hause zu nehmen, wird von den Iren nicht so gerne gesehen, insbesondere ein Schweizer Anglerverein, dessen Namen wir hier nicht nennen möchten, ist berüchtigt für seine Nonchanlance im Umgang mit der Natur und nimmt von seinem Urlaubsdomizil um Lough Dergh zentnerweise tiefgefrorene Hechtfilet mit nach Hause.

Ein Mitglied des irischen Angler-Vereins, den wir interviewt haben, hat einmal einen Deutschen Angler mit zwanzig (!) Angelruten erwischt (erlaubt maximal zwei!).

Bezüglich Angeln gibt es zahllose PAUSCHAL-ARRANGEMENTS, mehrere deutsche Reisebüros haben sich ausschließlich auf Angler-Urlaube spezialisiert. Infos in den "Grünen Seiten".

Fischen will gelernt sein: wer's trotzdem frischweg versuchen möchte, leiht sich im Tackle Shop die nötige Ausrüstung (nur ein paar Mark) und läßt sich kurz beraten. Vielleicht klappt's mit ein bißchen Anfänger-Glück. Außerdem sehr zu empfehlen, sich für den ersten Tag einen Führer zu mieten.

Wer einen Führer anheuern möchte, der einem die besten Plätze zeigt und ein bißchen ins Angeln einweist: Kosten für´s Boot plus zusätzliche 6o-8o DM pro Tag.

GAME FISHING

So nennt man das Angeln nach Lachsen und Forellen, das ziemliches Geschick abverlangt. Für Iren eigentlich die einzig adäquate Art zu fischen.

Lachse und Meerforellen kommen vollgefressen zum Ablaichen in die Flüsse, die in den Atlantik münden (am besten die Süd- und Westküste). Da gehört einiges Geschick dazu, ihr Interesse für den Köder zu wecken.

Zunächst wird eine Lizenz benötigt, die je nach Gebietsgröße und Dauer zwischen 15 DM und 5o DM (für eine komplette Saison) kostet. Da die meisten Fischereirechte sich in Privatbesitz befinden, müssen für viele Gewässer weitere 15-8o DM pro Tag für das Permit hingelegt werden. Es gibt aber auch freie Gewässer.

90 Sport

Die beste Zeit für Lachse ist April bis Mai, wo Prachtkerle bis zu 2o Pfund anbeißen, in der übrigen Zeit im Schnitt Fünfpfünder. Oktober bis Ende März ist Schonzeit.

Meerforelle: Juli bis September die dicksten Brocken mit 1-2 Pfund.

Bachforellen: Haufenweise in den Seen und Flüssen in den Midlands, - etwa im Shannon-Revier oder in den Seen Lough Corrib und Lough Mask. Die schönsten Exemplare werden in der zweiten Maihälfte und im Juni aus dem Wasser gezogen. Schonzeit September - Februar.

Tip: Nicht wie bei uns mit ordinären Würmern angeln, - Irland ist berühmt für das virtuose Fliegen-Fischen vom Boot aus. Daher am besten sich schon vor dem Urlaub ein bißchen in die Materie einarbeiten.

Regenbogenforellen wurden in ca. 2o Seen ausgesetzt. Sie haben Schonzeit von Oktober bis April. Permits nur für ein paar Flüsse (ca. 1o - 15 DM).

COARSE FISHING

Damit bezeichnet man das Angeln nach Nicht-Salmoniden (sämtliche Fischarten außer Lachs und Forelle). Beliebt vor allem bei Touristen vom Kontinent.

Großer Vorteil: Es ist gratis, da weder Lizenzen noch Permits benötigt werden. Mehr als zwei Angelruten auszuwerfen oder lebende Köder zu verwenden, ist jedoch verboten.

Nur wenige Fachgeschäfte verkaufen Lebendköder - mit künstlichen Metallködern (Blinker oder Spinner) fischen.

Es gibt keine Schonzeiten, - die schönsten Fänge fallen in die Zeit von April bis Mitte Juli und vom September bis November.

Der Hecht als des Deutschen liebster Fisch wächst hier in Irland zu Apparaten mit einem Durchschnittsgewicht von 2o -3o Pfund heran. In den Seen sind die Kerle größer als in den Flüssen. Die beste Saison ist im Frühjahr und im Herbst.

SEA ANGLING

Bei etwas Glück enorme Ausbeute: besonders im Süden und Westen sehr fischreiche Küstengewässer wegen des warmen Golfstrom-Wassers und des geringen Verschmutzungsgrades.

Die beste Fangzeit ist von Frühjahr bis Herbst. Dabei sind keinerlei Lizenzen erforderlich.

Salzwasser-Angeln ist wesentlich einfacher als das Fischen in Binnengewässern, die Viecher sind um einiges beißfreudiger. Auch wer nicht so genau weiß, wie eine Angelschnur von der Nähe aussieht, zieht sehr oft sein Abendessen aus dem Wasser.

Aber eine Bitte: Fischen aus Lust am Töten lehnen wir ab. Wer mehr fängt, als er essen kann (und das ist häufig der Fall), löst bitte den Angelhaken und schmeißt die Tiere zurück ins Wasser.

Die Angeln können in jedem größeren Ort für im Schnitt 7 DM/Tag gemietet werden (nach dem "Tackle Shop" fragen, dem Fachgeschäft für Angler).

Dort gibt's auch künstliche Köder für ein paar Pfennige. Wesentlich effektiver aber natürliche Köder wie Herzmuscheln, Küstenkrabben, Garnelen oder Würmer: sind bei den diversen Shops nicht auf Lager, sondern müssen selbst am Strand gesammelt werden. In der Regel unproblematisch, wenn man sich von Einheimischen (etwa im Fachgeschäft) über die besten Plätze beraten läßt.

Die TI-Broschüre "Sea Angling" (ca. 3 DM) gibt detaillierte Information über Fanggründe (mit genauen Kartenskizzen), Veranstaltern (auch die Preise) und eine Liste der Veranstalter, die mit Booten rausfahren. Sich unbedingt besorgen.

SHORE FISHING
Die Angelschnur einfach vom Küstenfelsen runter baumeln lassen. Es geht auch an Beaches und Hafenpiers. Im Normalfall werden hierbei kleinere Fische gefangen.

INSHORE FISHING
Macht man in Meeresbuchten und Fjorden: dazu ein Boot mit Außenborder mieten, für einen ganzen Tag ca.4o -5o DM plus Spritkosten. Billiger sind Ruderboote. Unvergeßliche Irland-Erlebnisse, wenn der Kahn in einer stillen Bucht vor sich hinschaukelt, bis der nächste Fisch an der Schnur zerrt. Die Kähne werden von den jeweiligen "Tackle Shops" vermittelt.

DEEP SEA ANGLING
Die nobelste Variante des Salzwasserangelns - dabei fährt ein Kutter mit 4-8 Leuten für einen ganzen Tag raus auf die hohe See, wo die Angeln ausgeworfen werden. Schon nach kurzer Zeit werden Riesen-Brocken aus dem Wasser gezogen, manchmal wahre Urzeit-Tiere, wie schwere Rochen oder Heilbutte. Der Trip ist alles andere als unerschwinglich: pro Person etwa 25 bis 5o DM, die komplette Ausrüstung wird gestellt. Die Kähne fahren von jedem größeren Küstenort ab, ratsam, schon ein paar Tage vorher anzurufen und zu buchen.

Noch ein Pluspunkt: der Skipper ist vom Fach, so daß einem draußen auf See ein Profi mit Rat und Tat zur Seite steht. Daher auch für Anfänger keinerlei Schwierigkeiten.

Bonbon ist das Fischen nach Blauhaien (vor allem in Kinsale), wofür spezielle Fahrten veranstaltet werden. Siehe auch Seite 188.

⑨ Drachenfliegen

Optimale Thermik durch die stetige Südwest-Brise, die vom Atlantik her die Berghänge an der Küste raufbläst. Kaum Wirbelwinde.

Infos: Irish Hang-Gliding Association
Sec: Declan Doyle
41, Newlands, Wexford

Wer sich in Irland in die Lüfte schwingen möchte, muß sich vorher mit dem Drachenflieger-Dachverband in Verbindung setzen, um sich über die allgemeinen Beschränkungen zu informieren. Einfach mit dem Drachen den nächstbesten Berg ansteuern geht also nicht.

Die irischen Vereine freuen sich über Besuch vom Kontinent, um gemeinsam auf Ikarus´ Spuren zu folgen. Kontakte. Mehrere Flugschulen: Adressen und Preislisten beim Verband.

⑩ Canoing

Mehrere Flug-Schulen: Adressen und Preislisten beim Verband. Eine schöne Sache, auf den zahllosen Flüssen und Seen mit dem Kajak zu paddeln: Gepäck plus Proviant im Innenraum verstauen und am Abend irgendwo am Ufer das Camp aufschlagen.

Infos: Irish Canoe Union
4/5 Eustace Street
Dublin 2
Tel.: o1/71960

Am besten für Anfänger sind die ruhigen Seen in den Midlands und im County Kerry. Eine Herausforderung für Geübte sind die flott fließenden Flüsse Liffey und vor allem der Barrow, der in Waterford mündet.

Voll ausstaffierter Shop (alle Zubehörteile, Literatur) ist "Great Outdoors", Catham Street, Dublin 2.

CANOE HIRE: Die Preise liegen für's Ein-Mann-Kajak bei ca.1oo DM/Woche, für zwei Mann ca. 16o DM. Die beste Adresse ist Irish Canoe Hire, Ash-Hurst, Military Road in Killiney (County Dublin). Tel.: o1/-8o7517.

Die Preise für Kurse liegen bei rund 5oo DM/Woche (pauschal mit Unterkunft in einem Billig-Hostel): Adventure Centre in Ashford, County Wicklow (Tel.: o4o4/4161).

Mehr Komfort mit Unterbringung in einer Pension (Einzel- und Doppelzimmer): Atlantic Coast Hotel in Clifden, County Galway (Tel.: Clifden 19).

KÜSTENPADDELN (Sea Canoeing): Eine heiße Variante: Mit dem Kanu an zerklüfteten Riffs vorbeiziehen. Aber nur für Geübte. Kurse bei "Little Killarey Adventure Centre in Renvyle, County Galway" (Tel.: Lettergesh 18). Dreimal im Jahr einwöchiger Kurs, ca. 5oo DM.

Golf

Der in Deutschland etwas angestaubte "Alte Herren-Sport" ist in Irland ein Nationalvergnügen, das durch alle gesellschaftlichen Schichten geht. Insgesamt etwa 18o Plätze, wo auch Touristen willkommen sind.

Infos: Golf Promotion Executive
Bord Failte
Dublin 2

Anfänger spielen besser nicht am Wochenende oder nach Feierabend, wenn die Profis ran wollen.

Wer ein bißchen in die Sportart reinschnuppern möchte: An fast jedem Golfplatz gibt's Trainer, die einem für 3o Mark die Stunde ein paar Grundgriffe beibringen (an der Rezeption des Platzes fragen). Oder sich in der Kneipe kurz die Regeln erklären lassen und auf eigene Faust auf dem Feld rumholzen. Dazu besser einen weniger etablierten Course aussuchen. Ist ein sehr heißer Tip auch wegen der Kontakte, wenn am Abend das Jungfernspiel im Club-Heim mit viel Guinness gefeiert wird.

Preise: Platzmiete für einen ganzen Tag ca.25 DM, die Schläger ca.1o DM. Detaillierte Infos über sämtliche Plätze mit allen Facilities stehen in der TI-Broschüre "Guide to Irish Golf Courses".

PITCH-AND-PUTT: Das "Golfspiel des kleinen Mannes": wesentlich vereinfachte Regeln und kleinerer, rund 7o Meter langer Course. Also nicht zu verwechseln mit Minigolf. Für den Einstieg vielleicht eine gute Alternative. Spielplätze gibt's in fast jeder irischen Stadt,- die Gebühren liegen inklusive der Schlägermiete bei rund 4 DM /Stunde.

Bergwandern

Auf steinigen Pfaden rein in die Felswüste, plätschernde Bäche, einsame Bergkämme und weit und breit nichts als Heidekraut-Steppe. Nur ganz selten trifft man in Irlands Berglandschaften auf andere Menschen.

Infos: F.M.C.I.
2o Leopardstown Grdns.
Blackrock
Co. Dublin

Die Gipfel sind hier maximal 1.ooo m hoch - nicht viel, wer an Alpen-Zahlen gewöhnt ist. Trotzdem die Sache nicht auf die leichte Schulter nehmen: der Aufstieg beginnt praktisch bei Null, auf Meereshöhe. Das Klima ist unberechenbar - urplötzlich kommt Regen auf oder es kocht eine dicke Nebel-Suppe über der Landschaft. Außerdem gibt's kaum markierte Pfade und überhaupt keine Schutzhütten!

Daher sich an gewisse Verhaltensregeln halten:

1.) Festes Schuhwerk anziehen, am besten sind Bergstiefel, zur Not auch mal Gummistiefel. Die Turnschuhe jedenfalls lieber zu Hause in der Garage parken.

2.) Karte und Kompaß nicht vergessen. Einschlägig sind die "Ordnance Survey Maps", die ganz Irland in einem sehr kleinen Maßstab abdecken. Leider zum Teil veraltet.

3.) Warme Klamotten (Wollpullover, Handschuhe): oben ist es im Schnitt 5o°C kälter.

4.) Für Regenschutz Parka oder Anorak mitnehmen, auch wenn der Himmel momentan klar ist.

5.) Die Route im voraus planen: beim TI oder am Kiosk diverse Broschüren und Trail-Beschreibungen kaufen. Oder die Route mit Einheimischen durchsprechen, - meist kennen sich die Wardens von Billig-Herbergen und Camping-Plätzen recht gut aus.

6.) Bei größeren Touren niemals allein aufbrechen. Jemandem über die geplante Route und den vorgesehenen Zeitpunkt der Rückkehr Bescheid sagen, damit er im Ernstfall die Bergwacht verständigen kann. Vor Aufbruch den Wetterbericht abhören.

7.) Trillerpfeife und Taschenlampe für den Fall, daß es wirklich brenzlig wird.

BROSCHÜREN mit Routen-Tips: unbedingt zu empfehlen die Reihe "Irish Walk Guides", die in fünf Bänden (je 4 DM) sämtliche interessanten Regionen abdeckt. Die Touren sind minutiös beschrieben, inklusive Schwierigkeitsgrad und Zeitbedarf.

"Guide to Eires 3ooo-Foot Mountains": Routen auf sämtliche 12 Gipfel, die über 915 m hoch sind. Ebenfalls sehr instruktiv beschrieben ist jeweils die einfache Touristen-Route. Kostenpunkt rund fünf Mark.

WICKLOW WAY: markierter Wanderweg, konzipiert für sieben Tage. Übernachtet wird jeweils in AnOige-Hostels. Ist auch von extremen Kleinausgaben von Louis Trenker zu schaffen. Details auf Seite 167.

PAUSCHAL-ARRANGEMENTS: Anreise plus Übernachtung plus Bergtouren mit erfahrenem Führer ab 1.5oo DM die Woche. Details: Grüne Seiten.

Wandern

Nicht unbedingt ideal: dicht besiedelt und sämtliche kleine Feldwege geteert, ist mit dem Fahrrad schöner. Da die Insel mit einem Netz von Steinmauern und Hecken durchzogen ist, ist auch mit Querfeldein-Laufen nicht viel los.

Wanderungen in den entlegeneren Regionen fallen dagegen eher in die Rubrik Bergwandern (siehe voriges Kapitel).

Tip für einfachere Spaziergänge sind die rund dreihundert FOREST PARKS mit kurzen Rundwanderwegen, die von einem Parkplatz ausgehen. Sie sind gut ausgeschildert und führen jeweils ein paar Kilometer lang durch schattige Waldwege, unterwegs Picknick-Plätze. Sehr beliebt bei Familien mit Kindern und bei älteren Leuten.

Broschüre: eine komplette Liste der Parks im Gratis-Heft "**The Open Forest**" (in den größeren Tl-Offices).

⑭ Wasserski

Eine sehr einfache Sportart, die man schon nach einigen Versuchen halbwegs beherrscht. Vielleicht mal ein, zwei Tage einschalten, auch wer damit noch nie was am Hut hatte. Eine interessante Abwechslung zum Sightseeing und zu den Kneipentouren.

Die Preise liegen bei rund 15 Mark pro Trip, wobei die komplette Ausrüstung inklusive ist (Boot, Skier, Schwimmweste, Seile usw.).

Infos: Irish Water Ski Association
Mount Salus
Knocknaree
Dalkey
Co Dublin

1.) Shannon Club in O'Brien's Bridge, Co.Clare
Mai bis September tägl. den ganzen Tag über

2.) Cork Club in Farren, Co.Cork (ca. 2o km ab Cork City)
Mai bis Oktober jedes Wochenende ab 14Uhr und Mo/Mi ab 17 Uhr;
Juni bis August täglich ab 14 Uhr.

3.) Golden Falls Club in Ballymore Eustace, Co.Kildare
Mai bis Oktober am Wochenende ab 14 Uhr und an den meisten Abenden ab 17 Uhr.

⑮ Baden

"Pack die Badehose ein" - die Wassertemperaturen entsprechen wegen des milden Golfstromes an Süd- und Westküste denen der Nordsee. Schwimmen kann aber wegen unberechenbarer Strömungen z.T. sehr gefährlich werden: unbedingt die entsprechenden Hinweisschilder beachten.

FKK ist strikt verboten. Neben betriebsamen SEEBÄDERN mit Uferpromenade, Möglichkeiten zu Wassersport etc., gibt's viele einsame Robinson-Strände mit langer Sandsichel, abgelegenen Buchten und vielen Wasservögeln, die durch den Schlick stelzen.

16 Spectator Sports

Neben Fußball, Handball und Rugby gibt's noch ein paar urige Sportarten, wo die Iren ihr keltisches Temperament rauslassen. Gespielt wird nach jahrhundertealten Regeln; sollte man sich auf keinen Fall entgehen lassen.

What's on: Abendzeitung, Tourist Office oder ganz einfach im Pub rumfragen.

HURLING

Zwei Teams mit je 15 Mann kämpfen mit Händen, Füßen und langen Holzkeulen um den tennisballgroßen Lederball. Dabei geht's recht rauh zu, ein Schuß Rugbymoral ist mit von der Partie.

Das Tor besteht aus zwei 6 m hohen Holzpfosten in einem Abstand von 2 1/2 m, in 2,4o m Höhe eine Querlatte: drei Punkte, wenn der Ball unter die Latte geht und einen Punkt, wenn er drüber fliegt. Die Spielzeit beträgt 7o Minuten. Hurling wird vor allem in der Südhälfte Irlands gespielt, Saison ist von Juni bis September.

GAELIC FOOTBALL

Der irische Nationalsport schlechthin - rangiert noch vor Golf und Fußball, fast zwei Drittel der jungen Männer sind im Gaelic Football aktiv. Jedes Wochenende sind irgendwo Spiele angesagt! Kurze Grob-Beschreibung: Fußball und Handball vermischt mit Boxkampf-Regeln. Das fußballgroße Leder darf aber maximal vier Schritte in der Hand gehalten werden und nicht mit der Hand auf den Boden gestoßen oder direkt vom Boden aufgehoben werden, - daher lassen die Spieler den Ball zwischen Schuhspitze und den Händen pendeln. Gegner werden mit Würgegriffen und Tiefschlägen ausgetrickst. Tore und Punktewertung wie beim Hurling, ebenfalls zwei 15-Mann-Teams.

ROAD BOWLING

Gibt's nur noch in der Grafschaft Armagh/Nordirland und im County Cork. Dabei wird eine 8oo g-Eisenkugel auf einer kurvigen Landstraße möglichst weit geschoben. Artet regelmäßig zum Volksfest-Spektakel aus mit unzähligen Zuschauern, die kräftig Wetten abschließen.

GREYHOUND RACING

Windhund-Rennen: 6 Hunde jagen im Flutlicht einem Stoffhasen nach, angefeuert vom Gejohle auf den Zuschauerrängen. Nach 4o Sekunden ist der Spuk vorbei, auf der überdimensionalen Leuchttafel blinken die Plazierungen auf, während in der Zwischenzeit bis zum nächsten Rennen an den Ständen der Buchmacher fiebrig gewettet wird.

Die Wetteinsätze beginnen bei 2 Mark, - sich das System vorher erklären lassen und ruhig mal probieren. Anschließend werden in der Kneipe die Gewinne in Flüssiges umgesetzt.

Rennen finden das ganze Jahr über in allen größeren Städten jeweils zwei- bis dreimal pro Woche statt, immer abends ab 2o Uhr. Eintritt ca.3 DM.

HORSE RACING

Die Leidenschaft der "upper class". Unbeschreibliche Atmosphäre: Geschrei der Buchmacher, verschlagene Gestalten mit Bündeln von Geldlappen zwischen den Fingern, hektisches Treiben auf der Tribüne. Irgendwo dröhnen Lautsprecher und alles riecht ein bißchen nach Halbwelt und schnell gemachtem Geld.

Die Eintrittspreise liegen bei ein paar Mark, Mindesteinsatz rund 2 DM. Tip: sich vorher im Pub umhören, welchem Favoriten Chancen eingeräumt werden (Infos auch in der Abendzeitung) und mal einen Zehner riskieren. Zu teuer kann's nicht werden, macht aber unheimlich Spaß.

Insgesamt 3o Rennplätze; die Saison geht von März bis November. Irgendwo in der Umgebung läuft immer etwas: die größten Chancen im Umkreis von Dublin. Die Termine für die großen Renn-Spektakel stehen im "Calendar of Events", mehr Atmosphäre aber auf den kleinen Provinz-Rennbahnen.

✤ Andenken und Mitbringsel

Die "typisch irischen Souvenirs" wie Kristallglas, Tweed, Aran-Pullis oder Folk-Platten sind vor Ort um einiges billiger als in den diversen Fachgeschäften bei uns.

MEHRWERTSTEUER = Value added tax (VAT): sie beträgt stolze 25 % und wird dem Käufer zurückerstattet, wenn er die Sachen außer Landes bringt. Dazu sich eine Rechnung ausstellen und diese am Zoll abstempeln lassen, - dann dem Verkäufer zurückschicken, der den entsprechenden Betrag überweist. Ist am einfachsten bei Kreditkarten, wo vom Konto daheim gleich der verringerte Betrag abgebucht wird.

ARAN PULLOVER

("Aran Sweaters") sind wohl das beliebteste Souvenir: bestehen aus ungefärbter Wolle, - meistens creme-farben mit einem Stich ins Gelbliche wegen der natürlichen Fette, wenn sie richtig original sind.

Herstellung, wie bei Gerhart Hauptmanns "Weber" in Heimarbeit: in der Tasche befindet sich ein Zettel mit der Adresse der Strickerin, die sich über eine Dankeschön-Karte aus Deutschland sicher freut. Eine gute Arbeiterin schafft zwei Pullis pro Woche.

Vorsicht: nur die Sachen mit dem Label "hand knit" sind wirklich Handarbeiten, - sie tragen sich viel derber und schwerer als die maschinengenähten Stücke (letztere aber billiger) und haben eine Haltbarkeit, die sie zu Familien-Erbstücken werden lassen.

Die Pullis kommen ursprünglich von den Aran-Inseln und werden an der Westküste schon seit der Jahrtausendwende von den Fischern getragen. Die Zopfmuster an der Vorderseite haben symbolischen Charakter und zeigten genau an, aus welchem Dorf der Pulli kommt: sehr vorteilhaft, wenn ein Fischer ertrunken ist und irgendwo weitab an den Strand gespült wurde.

Die Preise mit durchschnittlich 1oo - 15o DM sind recht happig, aber gerechtfertigt, wenn man die lange Lebensdauer berücksichtigt.

TWEED-STOFFE

Sie kommen aus dem Donegal, wo sie in Heimarbeit hergestellt und über ganz Irland verkauft werden. Die Ursprünge der Tweed Herstellung liegen irgendwo im Dunkeln der keltischen Geschichte, - erst seit 1oo Jahren wird sie professionell aufgezogen und die Produkte werden weltweit vermarktet.

Den derben Stoff gibt's in allen Variationen: hauchdünn für Damenblusen oder sehr dick für Sportsakkos. Die Lebenserwartung liegt bei zehn Jahren aufwärts. In den Shops liegen alle möglichen Kleidungsstücke aus Tweed in den Regalen: Anzüge, Hüte, Mäntel, Hemden, Damenkostüme. Sich lieber eine Nummer zu groß kaufen, da die Dinger erfahrungsgemäß beim ersten Regenguß ein bißchen eingehen. Oder sich den Stoff vom Ballen kaufen und maßschneidern lassen: wird dann per Post nachgeschickt.

WOLLSACHEN

Echte Wollsachen sind - neben den Aran-Pullis - auf der Schaffarmer-Insel sowieso billiger als bei uns. In allen Geschäften sehr breites Angebot.

LEINEN

werden seit dem 13.Jh. in Irland produziert, - auf irgendwelchen Wegen gelangte das Verfahren aus dem Orient hierher. Später brachten die aus Frankreich vertriebenen Hugenotten den Industriezweig auf Vordermann. Der schönste Stoff dieser Art ist der "Damask", insbesondere der "double damask", der äußerst dicht gewebt ist.

Aus Leinen werden Tischtücher, Servietten, Taschentücher mit eingestickten Initialien und Damenblusen hergestellt. Vorsicht: häufig werden neben Leinen noch weitere Textilfasern ins Tuch eingewebt; d.h. sich vor dem Kauf vergewissern, ob der Stoff rein ist.

SPITZEN

Hochexklusiv sind irische Spitzen, die in zwei Klöstern in mühevoller Handarbeit hergestellt werden: im Good Shepards Convent (Clare Street, Limerick) und im St.Louis Lace Centre (Carrickmacross, County Monaghan). Preise, auch für kleinere Stücke, um 1oo DM.

GLAS/PORZELLAN

In mehreren Manufakturen wird das handgeschliffene KRISTALLGLAS produziert, das jeden Lichtstrahl in tausend Funken zersprüht. Das elitärste und teuerste ist das "Waterford Crystal", Details S. 392

Es ist auf dem Kontinent bis doppelt so teuer. Allerdings: Wer nicht auf irisches Kristall fixiert ist, findet in den entsprechenden Geschäften bei uns ein mindestens ebenso breites Angebot zu ähnlichen Preisen.

BELLEEK PORZELLAN kommt aus Nordirland (Grafschaft Fermanagh) und wird überall auf der Insel angeboten: wunderschöne Sammlerstücke mit graziler Musterung. Nennt sich "china".

Wer selbst nach Nordirland rauffährt, bekommt das Porzellan dort oben billiger als in der Republik.

IRISH SILVER

sehr schöne Schmucksachen, oft Nachbildungen von keltischen Ornamenten. Das irische Silber hat bezüglich Reinheit und Verarbeitung Weltklasse-Rang. Tip für Verliebte sind die Claddagh Rings (S. 293); exklusiv die Tara-Brosche, eine Nachbildung des berühmten Schmuckstücks aus der National Gallery in Dublin.

Weitere Schmucksachen mit hoher Qualität sind Gegenstände aus Kupfer.

CONNEMARA MARMOR

grünlicher Marmor, der zu Aschenbechern, Briefbeschwerern oder geschliffenen Figuren verarbeitet wird. Traumhaft schön wegen des Farbkontrastes sind Ringe, Armreife, Halsketten etc. aus Silber mit geschliffenem Connemara-Marmor als eingefaßten Stein.

CRAFTS

Hunderte von Kunsthandwerkern stellen in kleinen Heim-Werkstätten nach jahrhundertealter, überlieferter Methode Töpfer- und Lederwaren, Schnitzereien, Keramiksachen, Flechtwerk, kunstvolle Metallsachen usw. her. Ideal für Gelegenheitskäufe. Oft arbeitet ein rundes Dutzend von ihnen zusammen in einer Werkstatt-Kommune, - jeweils ausgeschildert mit "IDA-Enterprise Centre".

Zu unterscheiden von den Craft Shops sind die GIFT SHOPS, die neben guten Sachen auch viel industriell produzierten Ramsch und kitschige Andenken verkaufen. Originale Produkte tragen das Label "guaranteed Irish".

WHISKEY etc.

Irish Whiskey ist wegen der astronomischen Steuer teurer als dieselben Sorten bei uns: Käufe lohnen sich nur im "duty-free shop" am Airport oder auf der Fähre.

Wer sich in Irland dazu noch Kaffee und originalen braunen Zucker ("brown sugar") besorgt, kann sich zu Hause gelegentlich ein Glas "Irish Coffee" genehmigen und dabei im Lehnstuhl von der Grünen Insel träumen.

Irischer Tee schmeckt vorzüglich, ist in Deutschland mit unserem Wasser aber ungenießbar.

Räucherlachs ist ebenfalls ein beliebtes Mitbringsel, aber auf transportgerechte Verpackung achten. Ist in kleinen Fischläden erheblich preiswerter als im "duty-free shop" auf dem Flughafen.

SPRACHE

Englisch wird überall verstanden und gesprochen, - die Dialekte sind erträglich. Daher kaum Verständigungsprobleme

Laut Verfassung ist die offizielle Amtssprache aber nicht Englisch, sondern Gaelisch, die Ursprache der keltischen Einwanderer (1.Jh. n.Chr.). Es ist Pflichtfach in der Schule, Verkehrsschilder, Gesetzestexte und amtliche Schreiben müssen zweisprachig abgefaßt werden.

Die Praxis sieht anders aus: für 9o % der Bevölkerung ist Englisch die Umgangssprache, vom Gaelischen kennen sie nur ein paar Brocken aus der Schule.

GESCHICHTE

Bis zur Mitte des vorigen Jahrhunderts war Irisch die Hauptsprache auf der Insel, - Englisch benutzte nur die Oberschicht in den Städten. Es war die Mode-Sprache, die "in" war in den besseren Kreisen, während das Gaelische bald mit Hinterwäldlertum assoziiert wurde. 1831 kam die allgemeine Schulpflicht.

Unterrichtet wurde in Englisch, während man Gaelisch systematisch unterdrückte: den Kindern wurde ein Stock um den Hals gebunden, in den der Lehrer jedesmal eine Kerbe schnitzte, wenn sie ein Wort der "ordinären Sprache" gebrauchten. Beim nächsten Besuch des Schulrates setzte es Hiebe je nach Anzahl der Kerben.

Auch im Beruf hatte nur Chancen, wer das "fortschrittliche" Englisch voll beherrschte. Wer Karriere machen wollte, mußte sich anpassen.

Der dritte Faktor waren die Eltern, die ihren Kindern die Zukunft nicht verbauen wollten und sie ebenfalls animierten, sich in Englisch zu unterhalten.

Durch die Hungersnot 1845 kam es zu einer dramatischen Forcierung des Zusammenbruchs einer gesamten Kultur: eine Million Iren verhungerten, ebensoviele wanderten aus. Betroffen waren vor allem die unteren Schichten, womit das gaelisch sprechende Potential vollends ausblutete. Vor dem ersten Weltkrieg beherrschten nur noch 1o % die heutige Amtssprache.

1893 setzte die Gegenbewegung mit Gründung der "Gaelic League" ein, die den Niedergang von Sprache und Kultur stoppen wollte. Seit der Abschüttelung der englischen Herrschaft (1922) ist Gaelisch zum nationalen Symbol geworden, das Eigenständigkeit und Unabhängigkeit verkörpert. Für seinen Erhalt gibt man Unsummen von Geld aus.

Heute verwenden nur noch rund 8o.ooo Menschen Gaelisch als Umgangssprache. Sie bewohnen vor allem unwirtliche Küstengebiete im Westen, - diese Regionen heißen GAELTACHTEN und sind auf den meisten Landkarten eingezeichnet.

Sind auf jeden Fall einen Abstecher wert: karge, grandiose Landschaften, wo in den Läden und Kneipen der für uns fremdartige, kehlig-gutturale Kauderwelsch zu hören ist. Auch sonst sind die alten Traditionen noch lebendig, - etwa die urwüchsigen Tänze oder der nicht von Instrumenten begleitete Gesang, wo man sich gegenseitig die Hand reicht und ein fast orientalisches Muezzin-Geleier zum besten gibt.

Die Regierung pumpt viel Geld in die Gaeltachten, um eine weitere Abwanderung zu stoppen. Große Industrie-Programme wurden gestartet, Straßen ausgebaut und die alten Handwerkskünste gefördert. Außerdem hält der Tourismus die Gebiete am Leben.

Drei Stunden pro Abend hat "Radio na Gaeltachta" Sendezeit, wo Musik, Hörspiele und Interviews in keltischer Sprache laufen. In den Gaeltachten wurden Sommerschulen eingerichtet, in denen Jugendliche Irisch lernen. Heute beherrscht ein Viertel der Bevölkerung wenigstens zum Teil die Sprache, deren endgültiges Sterben sich hoffentlich stoppen läßt.

GAELISCH gilt als eine der schwierigsten europäischen Sprachen, - es kennt insgesamt 6o Phoneme (=Lauteinheiten), das Deutsche z.B. nur 3o. Diese werden mit nur 18 Buchstaben ausgedrückt, so daß die Aussprache sehr verwirrend ist und von der Schrift stark abweicht.

Die Leute in den Gaeltachten sind sehr stolz auf ihre Sprache. Wer ein paar Wörter beherrscht, auf der Straße mal gälisch grüßt oder dem Zechbruder in der Kneipe original-gaelisch zuprostet, handelt sich schnell Sympathien ein.

EINIGE WÖRTER:

DEUTSCH	SCHRIFT	AUSSPRACHE
Bitte	= Más é do thoil é	= moschedohalee
Danke	= go ra maith agat	= goremohagötz
Prost	= Slainte	= slontsche
Guten Tag	= dia dhuit	= dingidsch
Auf Wiedersehen	= slán leat	= slonhatt
Schönes Wetter	= aimsir bréa	= eimschirr bron
Sauwetter	= droch-aimsir	= droch-eimschirr

Folkmusic

Für viele einer der Hauptgründe, die Grüne Insel anzusteuern: Irland ohne die Musik wäre wie die Sahara ohne Sand. In den Kneipen läuft praktisch immer was (Details im Kapitel "Pubs", auf Seite 8o). Hier allgemeine Erläuterungen, Hintergründe und Infos zu den großen Stars, ihren Konzerten und Schallplatten).

Seit die DUBLINERS mit ihren irischen Saufliedern und Protestsongs auch bei uns die Säle füllten und von ihren Platten beachtliche Zahlen absetzten, hat diese Musik auch bei uns ihre Fan-Gemeinde. Mehr noch: die meisten Folk-Platten gehen in Irland zu Beginn der Urlauber-Saison in den Handel, da die Touristen längst das größere Käufer-Kontingent stellen als die Iren selbst.

DER GEGENSATZ ZUR DEUTSCHEN VOLKSMUSIK: In Irland ist Musik tatsächlicher Bestandteil des öffentlichen und privaten Lebens. Plötzlich stimmt der Nachbar im Bus ein Lied an, - oder man klemmt sich Freitag abend die Fiddel unter den Arm und geht in die nächste Kneipe und macht Musik.

Lieder lassen sich an konkreter, erlebter Geschichte festmachen und ihr zuordnen. Sie sind Produkt und gleichzeitig immer wieder neu wachrüttelnde Verbindung zu einer jahrhundertelangen Tradition, Geschichte und Kultur. Und die Geschichte der Iren war die eines langen, fast immerwährenden, Kampfes gegen die fremdländischen Eroberer und Unterdrücker.

Das Mekka für Folk-Interessierte ist DOOLIN, ein kleines Nest an der Küste in der Grafschaft Clare. In den Pubs permanent Sessions, und in den Billig-Herbergen wird bis zum nächsten Morgen gesungen. Details auf Seite 27o.

GESCHICHTE DER FOLKMUSIC

Aus den Anfängen in der vorchristlichen Zeit ist kaum was überliefert, - leierhafte Klagegesänge der Kelten. Mit der Christianisierung (ab 432 durch den ersten Bischof St. Patrick) kommt es zu einer friedlichen Verschmelzung der heidnischen und christlichen Bräuche, was auch für die Musik gilt: die keltischen Klagegesänge vermischen sich mit den Kirchenmelodien und Choralen.

Mittelalter: Anerkannte Musiker waren die Barden, die zu den Königs- und Fürstenhöfen

106   Folkmusic

zogen und zu zarten Harfentönen ihre Lieder über die alten Sagen und die großen Schlachten schmetterten. Sie genossen sehr hohes Ansehen.

Die Normannen, die schon seit hundert Jahren England beherrschten, eroberten ab 1170 schrittweise Irland. Die alten Kelten-Lieder erhielten eine politische Dimension: Symbol für Widerstandswillen und Auflehnung. Das Singen von gälischen Liedern verriet von vorneherein eine andere Herkunft und Einstellung als das Singen der englischen Balladen, welche die Eroberer mitbrachten und eine zweite, eigenständige Form anglo-irischer Musik darstellten.

Die politischen Wirren und Aufstände spitzten sich immer mehr zu: IM 18.JH. VERBOT DER IRISCHEN SPRACHE UND MUSIK - BEI TODESSTRAFE. Dies war und ist bis heute einmalig auf der Welt. Konsequenz: Eine kontinuierliche Überlieferung fand nicht mehr statt, - war zumindest unterbrochen, bis die Zeiten wieder ruhiger wurden: 1782 erkennt England das Parlament in Dublin wieder an.

Erste Aufzeichnungen der irischen Musik 1772 bei einem Harfner-Festival in Belfast: dabei geht man vor wie bei der klassischen Musik und verwendet das Dur-Moll-Schema sowie feste Rhythmen, Musik und Text werden getrennt festgehalten. Somit entsteht die erste Sammlung irischer Musik: allerdings eine abgewandelte Form der Lieder, die vom irischen Volk gesungen wurde, da sich diese nicht mit festen Rhythmen und dem Dur-Moll-Schema fixieren ließen. Das getrennte Festhalten von Tönen und Texten übrigens ist eine der Erklärungen dafür, daß es zu sehr vielen Liedern unterschiedliche Text-Fassungen gibt.

Nächste Etappe: Nach dem Act of Union (1800: Vereinigtes Königreich von Großbritannien und Irland) und den großen Hungersnöten um 1850 (Bevölkerungszahl sinkt von 8 auf 4 Millionen) wird es wieder unruhiger auf der Insel: die Iren lehnen sich wiederholt auf, bei gleichzeitiger Untermauerung alles Irischen: Die GAELIC LEAGUE (Gründung:1893) soll das keltische Kulturerbe bewahren und wird zum Sammelbecken von Intellektuellen, politischen Aufrührern und Musikern. Das Spielen irischer Musik ist längst Ausdruck einer politischen Widerstandskultur geworden.

Die zahllosen Lieder über den gescheiterten Osteraufstand 1916 (z.B. The Foggy Dew, Loneley Banna Strand, Johnston's Motor Car, Kevib Barry u.a.) stehen noch in den 2oiger und 4oiger Jahren im Vordergrund. 1937 bzw. 1949 wird Irland endgültig Republik.

Das große REVIVAL: 1951 formiert sich der Verband Comhaltas Ceoltoiri Eireann (abgekürzt: CCE). Hauptziel: über die politisch motivierten Lieder hinaus die alten traditionellen Stücke, Lieder, Tänze und Weisen wiederbeleben. Aus allen Bevölkerungs - schichten kommt Applaus. Musikwettbewerbe auf alten Instrumenten, dörfliche Sing - und Tanzfeste werden übers ganze Land hinweg organisiert.

Aber auch Gegenstimmen: Volksliedsängern wie Andy Irwine und Paul Brady ist die ganze Angelegenheit schon damals zu traditionell und puristisch.

✴ DIE GROSSEN STARS DER FOLKSZENE

Aus der Gruppe CEOLTOIRI CHUALANN, gegründet vom legendären Musiker, Komponisten und CCE-Mitbegründer Sean O'Riada, gehen 1960 die CHIEFTAINS hervor, eine der markantesten und traditionsreichsten irischen Gruppen, die heute noch existiert. Sie musizieren anfangs nur auf alten irischen Instrumenten: pipes, whistle, flute, fiddle, bodhran, Harfe. Das Revival hat begonnen.

Folkmusic 107

Die CLANCY BROTHERS wenden sich mehr den Volksliedern zu. Legendär ihre erste LP: "Rising of The Moon" (1957).

In dieselbe musikalische Ecke gehören die DUBLINERS, die mit ihren Saufliedern, Liebesballaden und Rebellensongs einschlagen wie eine Bombe. Mit den Liedern "Seven Drunken Nights" und "Black Velvet Band" landet man in den englischen Pop-Charts - und das ist immerhin eine Sensation. 1974 löst sich die Gruppe auf, formiert sich aber 1979 aus kommerziellen Gründen neu.

Anfang der siebziger Jahre sind die FUREYS und die SANDS FAMILY die unumstrittenen Stars der irischen Folkszene.

Eine riesige Bandbreite von Instrumenten bei den Fureys: uillean pipes, northumbrian pipes, giffob, autoharp, fiddle, tenor banjo, 12- und 6-string guitar, bodhran, mandoline, accordeon, bouzouki, whistle, chinesische und indische flute, 5-string banjo. Die Bandmitglieder Finbar und Ted Furey treten durch Soloauftritte hervor.

Die Welt der Sands Family ist eine andere: mehr selbstgetextete Lieder, die aktuelle und strittige Themen aufgreifen.

Auf einer völlig anderen musikalischen Ebene verläuft die Entwicklung der Gruppe CLANNAD: 1975 (im 5. Jahr ihres Bestehens) sind sie hierzulande die große Sensation beim damals 2.Irish Folk Festival. Bis Anfang der achziger Jahre bieten sie bei den folgenden Konzerttourneen ihre traditionellen Lieder fast nur in gälischer Sprache dar (mit dem herausragenden Sologesang der Maire Ni Braonain und ihrem erstklassigen Harfenspiel).

Andererseits aber ein Arrangement der Stücke, die Jazz-, Pop- und Klassik-Elemente mit traditionellen Melodieführungen vermischen. Höhepunkt dieser Entwicklung ist die 4. LP: Clannad in Concert (1979). Danach (LP: CrannUll) öffnet sich die Gruppe mehr und mehr einem rockigen Popsound, nachdem sie mit dem Filmtitelsong "Harry's Game" großen kommerziellen Erfolg hatten.

Weitere Namen beherrschen die Szene: Die Gruppe DE DANANN musiziert seit 1974 traditionelle, flott arrangierte Tänze. Stimmen ihrer beiden Star-Sängerinnen Dolores Keane und Mary Black gehören zum Besten, was auf der Insel zu finden ist. Größter Erfolg von De Danann ist ihre LP: "Anthem" wird zum besten traditionellen Album 1985 gewählt (unbedingt reinhören).

Die beiden Sängerinnen sind neben ihrem Part bei De Danann längst zu begehrten Solo-Sängerinnen geworden. Mary Black hat schon eine Reihe von Langspielplatten auf dem Markt, sehr schön etwa "No frontiers" mit moderner Instrumentierung der nachdenklich vorgetragenen Balladen.

108   Folkmusic

Dolores Keane überzeugt durch ihre kräftige Stimme, - mal reinhören in
ihre LP "Lion in a Cage". Ich möchte an dieser Stelle Dolores, die ich
persönlich kennengelernt habe, ganz herzlich grüßen: falls wir nicht
irgendwann mit einer Freikarte für eines Deiner Konzerte bedacht werden,
publizieren wir in der nächsten Auflage hier Deine private Adresse und
Telefonnummer...

Drei Stargruppen, die sich mittlerweile aufgelöst haben: HORSLIPS,
PLANXTY und BOTHY BAND. Viele Liebhaber und Kenner trauern
ihnen heute noch nach, - ihre Platten sind auf jeden Fall hörenswert. Die
großen Namen der Formationen haben z.t. glanzvolle Solo-Karrieren gestartet.

Der Vollblut-Musiker ANDY IRWINE (früher bei Sweaney's Men und bei
Planxty): Liederschreiber, Sänger und Multi-Instrumentalist macht nach
kurzem Duo -Zusammenspiel mit Paul Brady heute auf solo, und hilft
allenfalls bei Plattenaufnahmen anderer mit aus.

DONAL LUNNY (ehemals Planxty, Bothy Band, Moving Hearts)
arrangiert, musiziert und produziert: hat seine Hände nicht nur an Bouzouki und Bodhran, sondern seit fünfzehn Jahren überall im Spiel, wo
Top- oder Nachwuchsmusiker produktionstechnische Hilfen benötigen.
Alles in allem eine Art "Ober-Guru" im Folkmusik-Geschäft.

Wenn es eine Steigerung gibt, dann heißt sie CHRISTY MOORE. Alle
drei Letztgenannten haben entscheidende Anstöße zur Weiterentwicklung
des Irish Folk gegeben, aber der zur Zeit unbestritten Größte - auch von
den Gagen her - ist Christy.

Eine Ausnahmeerscheinung allein schon deshalb, weil kaum ein anderer
(Musiker) sich so stark wie er in der Anti-Kernkraftbewegung engagierte.
Seine großteils eigenen Lieder handeln von politisch umstrittenen Pro-
blemen Irlands, die er mit Schärfe, beißender Ironie und großem Witz
darstellt.

Allerdings: auch traditionelle Vorlagen sind Teil seines Bühnenpro-
gramms, mit dem er die größten Auftrittsorte und Säle spielend an mehreren Tagen hintereinander füllt. Seine letzte LP: Voyage (1989).

Es bleibt Ansichtssache, ob man einen weiteren "top act" nochmals über
Christy Moore stellen will oder nicht: die Gruppe MOVING HEARTS, die
erst seit 1986 einem breiteren Publikum bekannt sind, als der WDR sie für
sein 1986iger Bonner Folk Festival aus Dublin hier bei uns auftreten ließ.

Die Musik der Gruppe ist umwerfend und führt in völlig neue Dimensionen von Irish Folk ein. Die einzelnen Musiker repräsentieren die
unterschiedlichsten Stilrichtungen, - das Ergebnis ist eine Fusion von
traditionellen wie bearbeiteten Stücken, Eigenkompositionen und Impro-

Folkmusic 109

visationen - und alles zusammen in bestechender Weise dargeboten. Mittlerweile haben sich die Moving Hearts wieder aufgelöst und spielen nur hin und wieder für Live-Konzerte zusammen. Charakteristikum: war als Kooperative mit rund 5o Mann konzipiert, alles dabei vom Roadie bis zum Leadsänger.

Wunderschön die LP "Dark End of the Street", modernes Arrangement mit Jazz-Einlagen und wunderschöner Gesang. Die 1986er-LP "The Storm" wurde von der Kritik zur Superplatte gekürt - ist aber rein instrumental.

Paradiesvögel in der musikalischen Landschaft des Irish Folk sind die POGUES, die in den letzten Jahren die Charts erklommen haben: die Musiker kommen aus irischen Stadtvierteln Londons und tragen ihre Songs vermischt mit Elementen der Punkmusik mit dem typischen Cockney-Akzent der Londoner vor.

Wir vernachlässigen - aus Platzgründen - eine ganze Reihe anderer Folkmusiker wie zum Beispiel:

Stocktons Wing: 1978 völlig traditionell begonnen, heute mit deftigen, fetzigen und rockig arrangierten "tunes", aber auch weichen, selbstgeschriebenen Liedern.

Na Casaidigh: Aus Donegal, musizieren auf allen verfügbaren Instrumenten: Harfe und Keyboard, Geige und E-Baß; bemerkenswerte a capella-Stücke, eine Mischung aus Tradition, Jazz und Rock.

The Wolf Tones: Man sagt, daß sie noch am Tag irgendeines herausragenden politischen Ereignisses ihr kommentierendes Lied dazu fertig haben. - Uraltgrupe, singen ähnlich wie die Dubliners mehr die gängigen Lieder und Balladen. Stehen mittlerweile seit 25 Jahren auf der Bühne.

Paul Brady: ausdrucksstarker Sänger, vom Traditionalisten zum Rockmusiker gewandelt. Hat seine musikalische Vergangenheit dabei noch nie geleugnet.

Paddy Reilly: ebenso eine Uraltgestalt, spezialisiert auf die alten Rebellensongs und Balladen.

Brendan Keenan: hochtalentierter Whistle-Spieler.

Waterboys: von Jahr zu Jahr mehr Liebhaber, - ihre Musik hört sich ein bißchen an wie die irische Version von Bob Dylan.

Generell läßt sich sagen, daß die Folkszene in den letzten 1o Jahren erheblich bunter geworden ist - in Irland, der uns hier in der BRD durch Konzerte vermittelte Ausschnitt jedoch erheblich kleiner. Und auch das soll noch einmal wiederholt werden: dieser teilweise überaus experimentierfreudige Folk, der hier zuletzt nachgezeichnet wurde, hat mit der Musik des einfachen Mannes auf der Straße nur noch durch die gemeinsamen Traditionen etwas zu tun - auch wenn diese Traditionen dort relativ unverändert fortleben.

110   Folkmusic

★ IRISCHE INSTRUMENTE

Nach langer Restaurationszeit ist die Musikinstrumenten-Ausstellung im NATIONAL MUSEUM (Kildare Street) wiedereröffnet worden. Zentrum der Exhibition ist die Harfe.

UILLEANN PIPE - Irischer Dudelsack: Der Blasebalg wird im Gegensatz zu Schottland nicht mit dem Mund vollgeblasen, sondern durch seitliches Drücken mit dem Ellbogen.

FIDDLE - Normale Violine, der typische helle Klang entsteht durch die spezielle Fürung des Bogens.

TIN WHISTLE und L O W WHISTLE - Blechflöten: durch das Metallröhrchen wird mit dem Mund Luft geblasen, auf den sechs Löchern wird die jeweilige Melodie gespielt.

CONCERT FLUTE - Konzertflöte.

HARP - Harfe: im Mittelalter d a s

Instrument, heute als nationales Emblem auf allen Münzen. Wird an die linke Schulter gedrückt, mit beiden Händen läßt man die Saiten schwingen.

BOX oder ACCORDION - Akkordeon

CONCERTINA

BODHRAN oder TAMBURIN - Trommel mit Ziegenhaut-Membran und einem Klangkörper aus Eschenholz (Durchmesser 6o cm). Wird mit einem 25 cm langen Stab aus dem Handgelenk heraus geschlagen.

SEAN NOS - unbegleiteter Sologesang, gehört eigentlich nicht ganz hierher.

★ SCHALLPLATTEN

1. PLATTENLÄDEN IN IRLAND

Vor Ort natürlich bessere Preise und größere Auswahl als die Importware in Deutschland. Praktisch jede Platten-Boutique hat ihre Folk-Ecke, wo zumindest die gängigen Sachen vorrätig sind.

Spezial-Geschäfte: Nach unseren Recherchen gibt's nur einen Laden, der sich voll auf Folk spezialisiert hat und wo man wirklich alle LP's bekommt, - und das zu ganz gewöhnlichen Preisen zwischen 13 und 23 DM.

Klein und versteckt liegend, der Weg lohnt sich aber:

> **Claddagh Records-Shop**
> 2 Cecilia Street (off Dame Street)
> Dublin 2
> Tel.: o1/77o262

2. BEZUGSMÖGLICHKEITEN IN DER BRD:

Wer sich schon vorab in den irischen Sound reinhören möchte oder wenn einem die Reisekasse entgegengähnt und man deshalb momentan nicht liquide ist.

Aber: das Angebot ist wesentlich kleiner, die Preise liegen im Schnitt bei 22 DM. Und damit über dem Preislevel in Irland.

In den normalen Läden sind meist nicht mal die gängigsten Christy-Moore-Scheiben zu haben. Sich besser gleich an die Fachgeschäfte halten.

- Folkshop-Versand, Willi Schwenken, Burgstraße 9, 44o5 Nottuln 1, Telefon: o25o2/6151
  Hier ist der größte Teil der irischen Platten erhältlich, und dies auch zu zivilen Preisen (im Schnitt 22 DM). Auf dem Versandwege. Listen anfordern.

- Die Firma ARC liefert zwar nicht direkt aus, - von ihr beziehen aber die meisten Fach-Einzelhändler ihre Platten. Ihr Fachhändler-Katalog weist ca. 25o irische LP's aus. ARC nennt die entsprechenden Geschäfte in der Nähe, dort dann nach dem Katalog fragen.
  Adresse: ARC, Horst Tubbesing, Gutenbergstraße 29, 2o57 Rheinbek, Telefon o4o/7223oo6

Discographie

Das umfassendste NACHSCHLAGEWERK über Folk ist das "**Folk Record Source Book - England, Irland, Schottland, Wales**".

Vollgepackt mit Adressen und Infos: 45o Plattenfirmen, 13oo Sänger, Künstler, Gruppen. 5oo LP's. Kostet ca 2o DM, - in bar/Scheck/-Überweisung an den Verfasser selbst:

Horst Pohle, Goethestr. 7a, 1ooo Berlin 37. Tel.: : o3o/8o138oo

✦ FOLK-FESTIVALS

Auf keinen Fall versäumen - viel Stimmung bei "open air" oder in den Hallen, wenn sich die Creme des Irish Folk die Ehre gibt. Meist kombiniert mit verlängerter Pub-Sperrstunde, an jeder Ecke klampfen Straßenmusikanten und in der Zeltstadt am Ortsrand geht's heiß her bis zum Morgen.

Infos: in den TI-Offices nachfragen oder in den Veranstaltungskalendern (siehe "Literatur" am Ende dieses Kapitels) die entsprechenden Passagen durchackern. Es läuft praktisch immer was.

PAN CELTIC WEEK (Killarney S. 211; im Mai): Eine Woche lang Gruppen und Künstler aus dem gesamten keltischen Sprachraum.

FLEADH NUA (Ennis S. 264; letztes Mai-Wochenende): fest etabliertes 3-Tage-Spektakel, - bunte Mischung von Jung und Alt und Anfängern wie berühmten Einzelkönnern. Konzerte, Workshops, Vorträge, Sessions, Bühnenshows, Tanzwettbewerbe, Aufmärsche von Bands.

112   Folkmusic

SIAMSA COIS LAOI (Cork S. 176; im Sommer): Von den Ford-Werken gesponsertes Spektakel mit bis zu 4o.ooo Zuhörern im Stadion "Pairc Ul Chaoimh". Fester Höhepunkt ist der Auftritt der Wolf Tones. Ärger gab es 1985, als Ford seine Gelder zurückziehen wollte, weil sich Christy Moore in einem kritischen Lied über damals erfolgte Massenentlassungen ausließ.

BALLYSHANNON FOLK FESTIVAL (in Ballyshannon, County Donegal S. 349; 1. Augustwochenende): In den letzten Jahren zum beliebtesten, wohl auch besten, Folk-Festival geworden, wo nur selten die großen Namen fehlen.

LETTERKENNY INTERNATIONAL FOLK FESTIVAL (in Letterkenny, County Donegal S. 363; vorletztes Augustwochenende): Längst nicht mehr mit dem Schwerpunkt Folk, aber zumeist mit mindestens zwei oder drei Sonderkonzerten von Topgruppen oder Topinterpreten. Am besten vorher nach dem aktuellen Programm fragen.

ALL IRELAND FLEADH (letztes August-Wochenende): Drei volle Tage Festival mit viel Atmosphäre, - jedes Jahr an einem anderen Ort. Ermittelung der Preisträger in allen Jahrgängen und Sparten traditioneller Musik: vom besten Junior flute-player bis hin zur besten Volkstanzgruppe. Außerdem überall Straßen-Musikanten, in den Pubs laufen die Zapfhähne heiß.

BELFAST FOLK FESTIVAL (September): Das wichtigste Festival in Nordirland, in der Regel mit mindestens 2-4 Spitzengruppen.

RTE FESTIVAL FOLK (Dublin S. 137; im Herbst): Eine ganze Woche lang Konzerte/Live-Mitschnitte des irischen Fernsehens, ausschließlich Spitzengruppen und Einzelkünstler im National Stadium.

Veranstaltungen, die öfters stattfinden:

REGIONAL FLEADH's (ab März/April in 26 Counties): Ausscheidungswettbewerbe für das "All Ireland Fleadh" (siehe oben). Eher langweiliges Programm: 2o oder 3o Leute tanzen ebenso oftmal den gleichen Tanz oder spielen das gleiche Stück auf der Blechflöte.

Aber Super-Atmosphäre drumrum: Hunderte von Amateur-Musikanten kommen angereist und spielen bei informellen Sessions in den Pubs und auf der Straße.

SEISIUN: Juli und August in rund vierzig verschiedenen Orten, - organisiert von lokalen Folklore-Gruppen: durchorganisierte Bühnenstücke mit exakt 9 Personen, traditionelle Musik und Tänze. Nach dem offiziellen Part lockere Sessions, wo auch die Zuschauer mitmachen.

FONNTRAI: Zweimal pro Woche im Sommer in Monkstown bei Dublin (im Verwaltungsgebäude des CCE): Regelrechte Bühnenshow, aber ziemlich lockere Form mit witzig-spritzigen Moderationen unter Einbeziehung des Publikums, musikalisch durchsetzt mit Liedern und Tänzen - ganz traditionell.

✦ Konzerte in der BRD

Auftritte und Konzerttermine irischer Gruppen wie Einzelkünstler werden regelmäßig veröffentlicht im:

* Michel, im 3 Monatsabstand herausgegebenes Folkmagazin, Rheinaustr. 221, 5300 Bonn 3, Telefon: 0228 / 474387 (abonnierbar)

* FOLKbrief, jeden Monat neu, Jahresabo: 27,80 DM, Anschrift: Folk Edition, Burgstr. 9, 4405 Nottuln 1, Tel: 02502/6151

* TARIFDSCHUNGELBUCH des auf Irland (und Folk) spezialisierten Reisebüros Gaeltacht-Irland-Reisen.

Anschrift 4130 Moers 1, Telefon: 02151 / 40 90 42, kostenlos erhältlich, aber Rückporto erbeten. Erscheinen: ab April (Hauptausgabe) und Okt./Nov.(aktuelle Nachträge); abonnierbar für 5 DM.

ZEITSCHRIFTEN/MAGAZINE/VERANSTALTUNGS-KALENDER

1) "treoir -The Book of Irish Traditional Music, Song and Dance",

Verbandszeitschrift von Comhaltas Ceoltoiri Eireann (CCE), Belgrave Square, Monkstown, Co.Dublin, Tel.: (01) 80 02 95
Monatliche Erscheinungsweise. Eine Fülle von Informationen, Noten von Liedern und Tänzen, Hinweisen und Besprechungen - für den Traditionalisten. Also bitte keine Rezension eines Christy Moore-Konzertes erwarten.
Preis: 70p, Abo Europa: 6 IRL (ein Spottpreis).

2) "Ireland In A Musical Mood",

Dialann (=Veranstaltungskalender), kostenlose Broschüre (erscheint meist im April) gleichfalls von CCE herausgegeben. Beschränkung allerdings auf die vom eigenen Verband organisierten Veranstaltungen.

3) "Calendar of Events",

Jahresveranstaltungskalender Irland, herausgegeben vom Board Failte Irish Tourist Board, kostenlos erhältlich in den Tourist Offices oder bei der Irischen Fremdenverkehrszentrale in Frankfurt.

✦ LITERATUR ZUM VERTIEFEN

* Breandan Breathnach: "Folk Music and Dances of Ireland". The Mercier Press LTD, Cork 1983 (3. Auflage)

* Jake Walton: Keltische Folksongs. Fischer Taschenbuchverlag, Frankfurt 1983.
* Kaarel Siniveer: Folk-Lexikon. rororo-Handbuch 6275, Reinbek 1981, 12.80 DM.
* Frederik Hetmann: Irische Lieder und Balladen. Fischer TBV, Frankfurt 1981.

Archäologie, Architektur und Kunst

In Irland finden sich unzählige geschichtliche Monumente aus allen Stilrichtungen und Epochen. Die eindrucksvollsten Sachen haben wir bei den betreffenden Ortschaften beschrieben - hier allgemeine Informationen:

① STEINZEIT (ca. 6000 - 2000 v. Chr.)

Die Steinzeit-Menschen hausten in geduckten Hütten, die aus lose aufgeschichteten Steinblöcken gefertigt wurden, die Dächer meist aus Holz oder Stroh. Später auch kleine Siedlungen aus Holz-Baracken. Heute ist kaum noch was erhalten. Unbedingt sehenswert die Rekonstruktionen im Lough-Gur-Centre bei Limerick (Seite 258).

MEGALITH-GRÄBER

In optimalem Zustand erhalten, erbaut aus gewaltigen Gesteinsklötzen: Massengräber, in denen die Asche oder die vorher von den Vögeln abgenagten Knochen beerdigt wurden und wo man aufwendige Opfer-Zeremonien inszenierte.

KAMMER-GRÄBER

"passage graves": durch einen mit Steinplatten austapezierten Tunnel geht's in die Grabkammer, von der meistens drei kleinere Seitenkammern abzweigen, so daß der Grundriß eines Kreuzes entsteht. Das ganze ist mit einem gewaltigen Erdhügel überschüttet. In den Seitenkammern sind Opfersteine angebracht, die Steinplatten sind mit Ornamenten verziert (Zickzack-Linien, Spiralen).

Ganggräber wurden vor allem in der Jungsteinzeit bis etwa 2ooo v.Chr. gebaut. Die besten Beispiele finden sich im Boyne Valley (S. 163).

DOLMEN

Auf einem halben Dutzend Tragsteinen ruht ein gewaltiger Felsblock mit bis zu hundert Tonnen Gewicht als Deckstein, dazwischen entsteht eine Kammer als Begräbnisstelle. In Deutschland laufen ähnliche Monumente unter der Bezeichnung Hünengräber.

Wie die Dolmen erbaut wurden, ist bis heute ein Rätsel geblieben. Vermutlich wurden zuerst die Tragsteine plaziert und darüber ein Erdhügel aufgeschichtet. Der Deckstein wurde unter gewaltigen Mühen drüber gewälzt oder im Winter übers Eis geschleift. Zum Schluß schaufelte man das Erdreich wieder weg.

GALERIE-GRÄBER

Sonderform der Ganggräber - längliche Kammer, kein Eingangstunnel. Die "gallery graves" wurden um 3.ooo v.Chr. von Einwanderern aus Frankreich auf die Insel gebracht.

BRONZEZEIT   (ca. 2.000 - 5oo v. Chr.)

STEINKREISE

Bedeutendste Monumente dieser Epoche sind die "stone circles", wo mehrere aufrecht stehende Felsklötze in einem Ring angeordnet sind. Dienten vermutlich als Kultstätten, wo religiöse Opferzeremonien abgehalten wurden. Nach einer neueren Theorie wurden von hier aus auch die Gestirne beobachtet, - dies würde voraussetzen, daß die Menschen damals bereits wußten, daß sich die Erde um die Sonne dreht.

MENHIRE

Einzelne stehende Steine ("standing stones"): wahrscheinlich Grab- und Markierungssteine.

Irland war zu dieser Zeit der größte Goldproduzent Europas, Schmucksachen und Waffen wurden überall hin exportiert. Viele der schönsten Stücke sind im Nationalmuseum in Dublin ausgestellt.

EISENZEIT   (5oo v. Chr. - 432 n. Chr.)

HÜGEL-FORTS

Auf einem Hügel plazierte Festung, drumrum mehrere Wälle und Gräben. Zusätzlich waren sie vermutlich mit Palisadenzäunen gesichert.

In den "hill forts" residierten die Fürsten. In Kriegszeiten waren sie Zufluchtsort der einfachen Bauern, die in unbefestigten Siedlungen wohnten.

116

Beste Beispiele: Grianan of Aileach in Donegal (S. 368) und Staigue Fort (S. 233).

PROMONTORY-FORTS

Fluchtburgen auf vorspringenden Halbinseln, - auf der See-Seite steile Klippen und landwärts durch Gräben und Wälle gesichert. Wer diese imposanten Anlagen errichtet hat und warum, bleibt bisher im Dunkeln der Geschichte.

Sehenswerte Anlagen sind Dunbeg/Kerry (S. 244) und Dun Aengus/ Aran Inseln (S. 279).

CRANNOGS

Künstliche Inseln in Teichen und Weihern, auf denen zwei, drei Hütten Platz fanden. Sie waren nur mit Booten zu erreichen, - gelegentlich auch Dämme dicht unter der Wasseroberfläche, so daß sie von einem Angreifer nicht zu sehen waren.

Die Crannogs waren bis ins Spätmittelalter in Gebrauch. Sehenswert: Im Lough Gur Centre bei Limerick (S. 25o) ist ein originaler Crannog nachgebaut.

EMAIL- UND SCHMIEDEKUNST

Das Emaillieren hatten die irischen Kelten vermutlich von römischen Handwerkern abgeschaut. Schmuckstücke und Gebrauchsgegenstände wurden mit Email verziert.

Die Schmiedekunst (Armreife, Schwertscheiden, Spangen) erlebte in der frühen Eisenzeit seinen Höhepunkt. Dabei sind viele Einflüsse aus England und vom Kontinent zu erkennen. Viele, zum Teil wunderschöne Stücke finden sich im Nationalmuseum in Dublin.

OGHAM-STEINE

Am Ende der Eisenzeit entwickelte man die sog. Ogham - Schriftzeichen, die aus horizontalen und schrägen Kerben besteht. Vermutlich sind sie mit den germanischen Runen verwandt.

Die Symbole wurden in die Kante eines aufrecht stehenden Felsklotzes gemeißelt, man liest sie von unten nach oben. Insgesamt gibt es zwanzig Zeichen. Sie waren vom 4.-7. Jh. in Gebrauch.

Meist besagen die Inschriften irgendwelche Namen. Insgesamt hat man in Irland knapp 3oo solcher Steine gefunden. Sie stehen in vielen Museen - die meisten in Dublin im Nationalmuseum.

Stein mit Oghamschrift, Nationalmuseum Dublin.

④ FRÜHCHRISTLICHE ZEIT (432 - 1170)

In dieser Zeit entstanden viele Kunstwerke, etwa die prachtvollen Bücher in den Klöstern. Auf dem Gebiet der Architektur ist kaum was von Bedeutung entstanden: gebaut wurde mit Holz und Flechtwerk, nur wo diese Materialien knapp waren, verwendete man Steine.

RUNDTÜRME

In allen frühchristlichen Klostersiedlungen: 2o - 35 m hohe, bleistiftförmige Türme mit konischem Dachaufbau. Im Innern meist fünf Stockwerke, die durch schmale Leitern miteinander verbunden sind.

Die "round towers" wurden vor allem im 9. und 1o.Jahrhundert als Schutzburgen bei den verheerenden Wikingerüberfällen erbaut.

Der Eingang liegt mehrere Meter über dem Boden, - bei Angriffen verstaute man die Schätze im Turm, brachte sich dort selbst in Sicherheit und zog die Strickleiter hoch.

Die schießschartenartigen Fenster weisen in alle Richtungen, um den Feind im Auge zu haben.

Rundtürme findet man nirgendwo, außer hier auf der irischen Insel. Die besten Exemplare stehen in Glendalough (S. 168), in Clonmacnoise (S. 375) und in Monasterboice (S. 164).

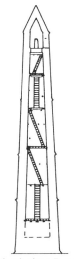

Durchschnitt durch einen Rundturm

METALLARBEITEN

Kunstvolle Arbeiten aus Edelmetallen erleben im 12.Jh. nochmal ihren letzten Höhepunkt: Reliquienschreine, Bischofsstäbe, Glocken usw.

Die Highlights der Metallarbeiten liegen in den Glaskästen des Dubliner Nationalmuseums: Die TARA BROOCH, eine Brosche aus Gold, Bernstein und Email und der wertvolle ARDAGH-KELCH aus Silber mit Gold- und Emaileinlagen. (Beide stammen aus dem 8. Jh.)

BUCHMALEREI

Die kostbarsten Handschriften wurden von den Mönchen im 7. bis zum 9.Jh. angefertigt. Abgefaßt in lateinischer Schrift mit bombastischen Zierbuchstaben und Abbildungen aus Blattgold, Verwendung satter Farben. Die Evangeliare gehören zum besten, was auf der ganzen Welt an Buchmalerei entstanden ist.

Die absoluten Höhepunkte sind in der Bibliothek des Trinity-College in Dublin ausgestellt (S. 138): das "Book of Durrow" und vor allem das "Book of Kells".

HOCHKREUZE

Bis zu 6 m hohe Steinkreuze, wo sich ein Ring um die Arme und den Stamm schließt. Sie dienten nicht als Grabschmuck, sondern als Gedenkstätten und Monumente.

Nach einer neueren Theorie wurden die "high crosses" eingeführt, um den heidnischen Kelten den Zugang zum Christentum zu erleichtern: der Steinring symbolisiert den keltischen Sonnengott, das Kreuz ist Symbol des christl. Glaubens, - die Vereinigung beider Formen stellt einen Kompromiß der beiden Religionen dar.

Die Flächen der Hochkreuze sind bis in den letzten Winkel übersät mit Reliefs. Bei den Frühformen (ab dem 8.Jh.) geometrische Muster und Bandornamente, während man später biblische Szenen darstellte, um den Leuten, die weder lesen noch schreiben konnten, die Heilige Schrift zu erläutern. Die Blütezeit war im 1o. Jh. In der späteren Phase ging man wieder zu geometrischen Mustern über, bis im 12. Jh. die Kunst der Hochkreuze aus der Mode kam.

Typisches Hochkreuz aus dem 8. Jh.

CLOCHANS

Runde Hütten, die aus losen, ohne Mörtel aufgeschichteten Steinen bestanden und aussahen wie Bienenkörbe ("bee-hive huts"). Sie wurden von den Mönchen in einsamen Gegenden, z.B. auf Bergen oder Inseln, errichtet, um sich zum Beten zurückzuziehen. Dieselbe Bauform findet sich in einigen Mittelmeer-Ländern, wahrscheinlich wurde sie dort zuerst verwendet.

Beispiele: auf den Aran-Inseln (S. 279) - und auf Skellig Michael (S. 229).

ORATORIES

Die Bethäuser waren die ersten Kirchen: rechteckiger Grundriß, die Wände nach dem Kragsteinprinzip ohne Mörtel aufgeschichtete Steinplatten, so daß der Eindruck eines umgekippten Bootes entsteht. Sie sind eine Fortentwicklung des Clochans.

In den Oratories wurden die ersten Messen gelesen, - man traf sich vermutlich bei Fackellicht, da nur durch die Türe ein kleiner Lichtschein einfiel (keine Fenster).

Ein vollständig erhaltenes Bethaus ist das Gallus-Oratory auf der Dingle-Halbinsel (S. 237).

KLÖSTER UND KIRCHEN

Die ersten Klöster bestanden aus einer Ansammlung von Bethäusern und Clochans. Da sie meist aus Holz angefertigt waren, ist nicht viel erhalten.

Kirchen waren zunächst ungegliederte Saalbauten,- erst seit der Jahrtausendwende fügte man einen Chor an. Die wohl schönste frühchristliche Kirche steht in Glendalough in den Wicklow Mountains (S. 168).

⑤ DAS MITELALTER   (12. - 16. Jh.)

Der ROMANISCHE KIRCHENBAUSTIL kam nach 1100 rüber auf die Insel und wurde abgewandelt zum typischen iro - romanischen Stil. Kennzeichen: üppig mit tausend Figuren und Zickzack-Ornamenten geschmückte Portale und Chorbögen.

Das schönste Beispiel ist die Cormac´s Chapel in Cashel (S. 383).

KLÖSTER

1142 wurde der Zisterzienser-Orden auf der Insel aktiv: Bau pompöser, massiver Klosteranlagen als rechteckiger Komplex mit der Kirche an der Nordstirn, außerdem Wohn- und Wirtschaftsgebäude sowie der Kreuzgang.

Die keltischen Klöster mit ihren primitiven Bienenkorb-Hütten und geduckten Steinkirchlein wurden bald aufgelöst, da der neue Orden sämtlichen Zulauf erhielt.

Beste Beispiele dieser Art sind die Jerpoint Abbey bei Kilkenny (S. 386) und die Mellifont Abbey nördlich von Dublin (S. 164).

Die Dominikaner, Franziskaner und Augustiner ziehen nach und bauen ebenfalls Klöster auf. Es entstehen wuchtige Kirchenbauten und Kathedralen.

Im 13.Jh. wird im GOTISCHEN STIL gebaut: allerdings weit weniger prachtvoll und geräumig wie auf dem Festland. Im 14.Jh. kommt die Euphorie im Kirchenbau zum Erliegen, größere Projekte werden nicht angepackt.

Im 15.Jh. klotzen die FRANZISKANER mehrere Kathedralen: die schönsten Exemplare aus dieser Phase sind Quin Abbey bei Limerick (S. 249) und Muckross Abbey bei Killarney (S. 224).

WELTLICHE BAUTEN

Die Häuser der Landbevölkerung und die Stadtarchitektur stehen heute nicht mehr, - das einzige, was noch erhalten ist, sind die Burgen des Adels und der reichen Kaufleute.

Im 12.Jh. sicherten die anglo-normannischen Eroberer das Land durch ihre charakteristischen Festungen: ein auf einen Erdhügel gebauter Holzturm, drumrum innerhalb eines Erdwalls die Unterkünfte und Ställe.

Im 13. und 14.Jh. baute man steinerne Burganlagen: von meterdicken Mauern eingeschlossener, massiver Burgfried.

Typisch für die irische Architektur sind die TOWER HOUSES, die vor allem im 15.Jh. in Mode waren und wovon Hunderte von Ruinen heute noch stehen. Quadratischer Bau in Form eines Turmes mit wuchtigem Mauerwerk und schießschartenartigen Fenstern. Sie hatten im Schnitt fünf Stockwerke, enge Steinwendeltreppen. Die schönsten Exemplare stehen in Blarney bei Cork (S. 185) und in Bunratty bei Limerick (S. 256).

⑥ 16. UND 17. JAHRHUNDERT

Die Normannen-Stürme kommen zum Erliegen, das Zeitalter der trutzigen Wehrburgen und Turmhäuser geht zu Ende.

HERRENHÄUSER

Zum ersten Mal erfolgt eine Bautätigkeit der bürgerlichen Oberschicht: es entstehen die ersten Herrenhäuser. Zwar immer noch befestigt mit wuchtigen Torbögen und Aussichts-Türmchen, man genehmigt sich aber schon größere Gärten und eine weitläufigere Gesamtkonzeption. Auffallend sind die hohen Giebel, im Innern immer wieder die Farbkombination rot -weiß (Tudor-Stil).

Schönstes Beispiel: Rothe House in Kilkenny (S. 387).

⑦ 18. JAHRHUNDERT

Dublin avanciert sich mehr und mehr zum Zentrum der Insel, - wer Geld, Rang und Namen hatte, zog in die Hauptstadt. Entsprechend natürlich auch viele Prachtbauten im neuen GEORGIAN STYLE: Nachahmung des klassischen Rennaissance-Stils, zum Teil auch neogotische Elemente.

ÖFFENTLICHE BAUTEN

Weite Plätze als grüne Lungen und behäbige Straßenzüge mit rostbraunen Backstein-Häusern (schmiedeeiserne Geländer, blanker Türklopfer aus Messing, weißbepinselte Fensterrahmen - im Innern meist verspielte Stuckarbeiten). Die Architekten kamen aus den verschiedensten Ländern.

In Dublin sind noch ganze Stadtteile original erhalten. Prachtvolle Bauten sind dort auch das Trinity College und die Bank of Ireland.

LANDSITZE

Viele der Herrensitze aus dem 16. und 17.Jh. wurden verschönert und großzügig ausgebaut, neue wurden errichtet. Da keine Notwendigkeit zu Verteidigungseinrichtungen mehr bestand wie in früheren Jahrhunderten, ließ man seinem Geschmack freien Lauf: prächtige Parks und Gärten mit exotischen Pflanzen, die Häuser wurden als geräumige Lustschlößchen konzipiert.

Beispiele sind das Powerscourt Demesne (S. 168), Casteltowen in der Grafschaft Kildare usw.

PLANTATION VILLAGES

Nach der völligen Unterdrückung der Katholiken riefen viele protestantische Großgrundbesitzer Siedler aus England und Schottland. Dazu wurden von Architekten ganze Dörfer und Fischerstädtchen auf dem Reißbrett entworfen und gemäß Plan in die Landschaft gepflanzt.

Struktur: Als Zentrum ein geometrischer Platz ("The Green" oder "The Diamond") mit einem evangelischen Kirchenbau. Die Straßen sind breit und geräumig, und laufen sternförmig am Dorfplatz zusammen. Am Ortsende oder in der Mitte steht das monumentale Herrenhaus des Großgrundbesitzers.

Beispiele sind Westport (S. 316), Castlebar (S. 316) oder Inistioge in der Grafschaft Kilkenny.

BAUERNHÄUSER

Altbackene Mauern mit einer Tür und etlichen Fenstern, Strohdach, aus dem Kamin kräuseln Rauchwolken. Das ganze duckt sich in eine Geländemulde - so haben damals die Bauernkaten ungefähr ausgesehen (heute stehen noch zahllose Ruinen mit eingebrochenem Dach und halbverfallenen Wänden).

Im Innern ein einziger Raum, wo die vielköpfige Familie zusammengepfercht lebte.

Restaurierte Bauernhäuser stehen im Folk Museum in Glencollumbkille (S. 353) und im Bunratty Folk Park (S. 256).

⑧ DAS 19. JAHRHUNDERT

Die NEUGOTISCHE STILRICHTUNG kommt groß in Mode, wie in den meisten europäischen Ländern. Nach der Katholiken-Emanzipation 1830 durften wieder katholische Kirchen gebaut werden (oft durch die Hungersnöte 1846 unterbrochen). Man klotzte die Gotteshäuser in gewaltigen Dimensionen.

Auch die Renovierungen der Herrenhäuser und Schlösser wurden mit neugotischer Handschrift ausgeführt.

Auch die Kunst der GLASMALEREI erlebte im 19.Jh. ihren Höhepunkt.

IRISCHE LITERATUR

Von den frühchristlichen Mönchen bis rauf in unsere Zeit viel literarische Szene, die großen Einfluß auf Europa ausübte. Insgesamt drei Nobelpreisträger. Ewiges Dilemma ist die Spaltung in die gälische Tradition und in die Sprache der englischen Herrenschicht, die allein breitere Anerkennung ermöglicht.

ERSTES LITERARISCHES LEBEN entstand in den frühchristlichen Klöstern. Vor allem Gedichte in gälischer Sprache - leider ist fast alles durch die Plünderungen bei den Wikingerüberfällen im 11. und 12.Jh. zerstört worden. In dieser Zeit entstanden auch die großen Sagen, die erst im späten Mittelalter aufgezeichnet wurden.

IM 17. UND 18.JH. betreten die sog. Anglo-Iren die literarische Bühne. Sie haben meist protestantische Schulen besucht und im Dubliner Trinity College studiert. Oft lange England-Aufenthalte, - daher schrieben sie ihre Werke in Englisch. Die rein irische Kultur empfanden sie als engstirnig und provinziell.

JONATHAN SWIFT (1667-1745) ist Verfasser des bekannten Jugendbuches "Gullivers Reisen". Ursprünglich war es eine hochbrisante Satire auf die Mißstände seiner Zeit, - die Reise nach Liliput etwa war ein Angriff auf die Königin Mary.

Swift hat großen Einfluß auf das politische Bewußtsein ausgeübt, obwohl er eine schillernde Figur war und z.B. weiterhin die Unterdrückung der Katholiken forderte, während er gleichzeitig für einen autonomen irischen Staat eintrat.

Weitere Angehörige dieser literarischen Gattung sind LAWRENCE STERNE und OLIVER GOLDSMITH.

Mitte des 19.Jh. erfolgte die Emanzipation der Katholiken durch Aufhebung der diskriminierenden Strafgesetze ("penal laws"). Es folgte ein Revival der gälischen Tradition, viele Stücke wurden in der keltischen Sprache verfaßt.

WILLIAM BUTLER YEATS (1865-1939) ist der Sohn einer irisch-englischen Mischehe und war Mitbegründer der Abbey-Theatre-Company, dem Nabelpunkt der irischen Kulturszene. 1923 erhielt er den Nobelpreis.

Yeats gilt als der erste moderne Dichter Irlands, in seinen Werken arbeitete er die alten Mythen und Legenden ein. Lesenswert ist zum Beispiel "Die Gräfin Cathleen": Symbol für Irland, das am Bettelstock sich über die Bühne quält.

JOHN MILLINGTON SYNGE (1871 - 1909) lebte eine Zeitlang auf den Aran-Inseln, um das Leben der einfachen Bevölkerung kennenzulernen. Seine Dramen sind ungeschminkte, naturalistische Alltagsschilderungen.

SEAN O'CASEY (1880-1964) brachte die Kehrseite des irischen Patriotismus auf die Bühne, - die sinnlosen Opfer und das grausame Blutvergießen unter dem Deckmantel der Freiheitskämpfe.

Seine Stücke waren skandalträchtig; 1928 wanderte er für immer von Irland aus. Lesenswert: "Der Rebell, der keiner war".

OSCAR WILDE (1856-1900): ging schon früh nach London und lebte dort als Komödien-Dichter, der mit scharfer Zunge die Gesellschaft aufs Korn nimmt. Am besten das Stück "The Importance of Being Ernest" (in Deutsch erschienen unter dem Titel: Bunburry).

GEORGE BERNARD SHAW (1856-1950) erhielt 1925 den Literatur-Nobelpreis. Er hat zahlreiche Dramen geschrieben - mit dem Thema "Irland" befaßt sich lediglich das Stück "John Bulls andere Insel", wo er seine Liebe zu dem Land ausdrückt.

BRENDAN BEHAN (1923-1964): literarische Verarbeitung des Nordirland-Konfliktes. Geboren in Dublin, bereits mit 14 Jahren kämpfte er mit der Waffe in der Hand im Lager der IRA, viele Jahre im Gefängnis. Er starb vereinsamt als Alkoholiker. Zur Einstimmung vielleicht mal die "Bekenntnisse eines Rebellen" lesen.

JAMES JOYCE (1882-1941) ist zwar in Dublin geboren, verstand sich aber als Kosmopolit und verbrachte die meiste Zeit in Frankreich und in der Schweiz. Von Irland hat er sich distanziert und verglich es einmal mit einem Schwein, das die eigenen Ferkel frißt, er verwendete aber viele irische Stoffe.

Joyce gilt als Erfinder des modernen Romans und ist wegen der "Inneren Monologe" und Atmosphärenschilderungen schwer zu lesen.

Hauptwerk: Ulysses, - beschreibt einen Tag im Leben eines Dubliner Bürgers, der durch die Straßen, Kneipen und Bordelle zieht.

SAMUEL BECKETT (1906-1989) war zwar Ire, verbrachte aber die meiste Zeit seines Lebens in Paris. 1969 erhielt er den Nobelpreis. In

seinen Romanen und Theaterstücken werden absurde Realitäten darge-
stellt, die Handlung ist auf ein Minimum reduziert.

Sein bekanntestes Werk ist "Warten auf Godot": zwei Anti-Helden stehen[1]
auf der Bühne und warten auf ein unbekanntes Ereignis, das niemals eintritt.

MALEREI

Die irischen Maler erreichten nie die Weltklasse wie die irischen Literaten.
Im Mittelalter waren die Katholiken von der von den Engländern beherrschten Akademie ausgeschlossen. Als sich in der zweiten Hälfte des
19.Jh. in Frankreich die Impressionisten mit ihren lichtüberfluteten Bildern
aus der Außenseiter-Position heraus etablierten, schwappte die Welle auch
nach Irland herüber.

JOHN und JACK BUTLER YEATS (Vater bzw. Bruder des Literatur-
preisträgers) wurden die berühmtesten Vertreter.

WALTER OSBORN und WILLIAM ORPERN waren Anfang unseres
Jahrhunderts die Exponenten der irischen Malerei: naturalistisch geprägter
Stil mit Szenen aus dem Alltag.

Die meisten Werke der irischen Maler hängen in der National Gallery in
Dublin.

MUSIK

Außer der Folkmusic hat sich kaum eine klassische E-Musik entwickelt.
Die englische Oberschicht hörte vor allem die Komponisten vom Kontinent
(z. B. Uraufführung des Messias von Händel 1742 in Dublin).

Nennenswert sind vielleicht der irische Klavierkomponist JOHN FIELD
(1852-1924), der die Musik Chopins beeinflußte, sowie SIR CHARLES
STANFORD (1852-1924) mit der Oper "Shamus O'Brien" und der "Irish
Symphony" und E.J. MOERAN (1844-195o), der in seiner "Symphony in
G Minor" musikalisch die Landschaft von Kerry (verbunden mit vielen
folkloristischen Elementen) schildert.

Tierwelt

Als nach der Eiszeit die Landbrücke zwischen Irland und dem Kontinent gekappt wurde (steigender Wasserpegel), starben viele Tierarten aus, neue konnten nicht einwandern.

Daher die geringe Artenvielfalt, z.b. keine Maulwürfe und fast keine Reptilien. Großwild wie Wildschweine oder Rehe gibt's in Irland praktisch nur in geschützten Gehegen.

Irland ist ein VOGELPARADIES - vor allem an der Küste millionenstarke Kolonien mit Kormoranen, Alken, Sturmschwalben, Möwen, Tölpel usw.

135 Arten brüten in Irland. Etwa 15o Arten kommen aus arktischen Regionen und überwintern auf der Insel oder legen auf dem Weg Richtung Süden einen Stop ein (in den Monaten April, Mai sowie September, Oktober).

BIRDWATCHING

Die Gesellschaft "Irish Wildbird Conservancy" veranstaltet in den verschiedensten Regionen häufige Exkursionen, wo man sich jederzeit anschließen kann.

Infos vorab anfordern bei   "Irish Wildbird Conservancy, Southview, Church Road, Greystones, County Wicklow, Tel.: o1 / 875759"

Guter Tip sind die beiden Vogelwarten mit billigen Barackenunterkünften:

- auf Cape Clear; buchen bei "Mr. O`Sullivan 46 Glen Boden Park, Dublin 16

- im County Down; buchen bei Mr. N. McKee, 67 Temple Rise, Templepatrick Co.Antrim, BT 39 OAG

FISCHE

Die wichtigsten Süßwasserfische sind Lachs und Forelle, verschiedene Arten wie etwa der Hecht wurden eingebürgert.

An der Westküste wegen des milden Golfstromes Schwärme von Meeresfischen, denen mit Fangschiffen nachgestellt wird. Für Menschen ungefährlich sind die Blauhaie, die sich hier zu Tausenden tummeln.

Weitere Details im Abschnitt "Sport" bei Angeln und Sea Angling.

Pflanzenwuchs

Früher war die ganze Insel überzogen mit dichtem Wald, vor allem Eichen und Birken. Doch im 18. und 19.Jahrhundert trieben die Engländer radikalen Kahlschlag, um ihre Schiffsflotte auszubauen und zur Eisenverhüttung. Schon früher wurden große Gebiete entwaldet, um den katholischen Rebellen keine Unterschlupfmöglichkeiten zu geben.

Heute wachsen nur noch auf 3 % der Gesamtfläche Wälder, das ist ein Zehntel des deutschen Bestandes. Die Konsequenzen sind eine starke Bodenerosion, Moorgebiete und kahle Berghänge.

Neuerdings versucht man sich an der Wiederaufforstung: leider nur Nadelbäume, die in Reih' und Glied gepflanzt werden. Sobald sie schlagreif sind, werden ganze Flächen abgeholzt.

Die Schonungen sind trotzdem schön für Spaziergänge: geschotterte Waldwege, Picknickplätze mit moosbewachsenen Holzbänken und im Frühjahr singen die Vögel. Oft sind Wanderwege mit mehreren Kilometern Länge ausgeschildert. In den TI-Offices nachfragen!

Typisch für Irland sind die zimmerhohen Heckengalerien entlang der Landstraße: meistens Fuchsien und Rhododendron, die ursprünglich aus Gärten stammen und verwildert sind.

MOORE: Weite Flächen im Innern mit Wollgras, Moosen und Heidekraut, an der Westküste Bergmoore in den Tälern und Abhängen.

LANDWIRTSCHAFT: 7o % der Fläche sind landwirtschaftlich genutzt, zu zwei Dritteln Wiesen und grüne Weiden, der Rest ist Ackerland.

Vor allem wegen des Golfstromes herrscht im Südwesten subtropisches KLIMA, wo auch im Winter die Temperaturen nur selten unter 1o° C sinken. Oleander, Palmen, Eukalyptusbäume, Agaven wuchern an den Meeresbuchten, und im Hintergrund ziehen sich rauhe Felsberge hoch.

Fast schon tropisches Klima herrscht in der Umgebung der Ortschaften Glengarriff (S. 2o3) und Killarney (S. 224).

PARKS und GÄRTEN: Wurden meist im 18. und 19.Jh. von reichen Adeligen angelegt und können heute besichtigt werden. Sträucher mit großen, bunten Blumen, Lianen, Palmen, dschungelartiges Dickicht.

Die schönsten Parks haben wir in diesem Buch bei den einzelnen Orten beschrieben.

GESCHICHTE

Irland vor den Wikingern

Wie fast ganz Nordeuropa war auch IRLAND im Bereich rund 1o.ooo vor Chr. von dicken Eismassen bedeckt. Nach deren Abtauen erste Besiedlung ca. 7.ooo v. Chr. durch Jäger und Sammler, die aus dem damals dicht bewaldeten Schottland sich in Booten über das offene Meer bei Belfast gewagt hatten.

Gemäß Funden (siehe auch S. 114) muß es in den folgenden Jahrtausenden mehrere Einwanderungswellen gegeben haben. Gesichert ist die Besiedlung durch die Kelten ca. 35o v. Chr., indogermanische Stämme, die aus Mitteleuropa in die Bretagne, nach Cornwall und Irland kamen. Sie brachten nicht nur das Eisen, sondern hiermit auch Technologien und Geräte wie eiserne Ackerpflüge, Werkzeuge etc., die den früheren aus Holz und Bronze erheblich überlegen waren.

Die Kelten, die den Asterix & Obelix-Lesern in ihren Gebräuchen und Sitten sicher bekannt sein dürften, vermischten sich durch Heirat mit den zuvor auf Irland lebenden Volksstämmen. Der römische Geschichtsschreiber Amianus Marcellinus berichtete, daß sie von hoher Statur waren, blonde oder rote Haare hatten, und so stark waren, daß man ihnen mit äußerstem Respekt beggnen müsse...

In der Tat wurde Irland nie von den Römern erobert. Im Gegenteil wurde die römische Provinz Britannien häufig durch Keltenangriffe bedroht.

128   Geschichte

Die Organisation der Kelten auf Irland war dezentral, es gab mehr als 15o einzelne "Kleinkönigreiche", die zum Teil kräftig miteinander zerstritten waren.

St. Patrick und die Christianisierung

Irland sollte als erstes Land außerhalb des römischen Machtbereichs zum christlichen Glauben finden. Über das exakte Datum herrscht Streit, mehrheitlich wird das Jahr 432 n. Chr. angenommen. Missionar wurde der irische Nationalheilige Saint Patrick, der vom Papst zum Bischof ernannt wurde.

Patrick lebte in seiner Jugend als Sklave und Viehhirte in Nordirland, nachdem er bei einem irischen Raubzug als Sechzehnjähriger aus seiner Heimat in Wales entführt wurde. Nach sechs Jahren gelang die Flucht ins heutige Frankreich, wo er das Christentum studierte. Nach der Bischofsweihe kehrte er nach Irland zurück, um zu einem Meilenstein in dessen Geschichte zu werden.

Erste Kirchengründung: in der nordirischen Ulsterprovinz Armagh, von wo aus er vor allem im Nordteil der Insel wirkte. Sein Feldzug für die neue Religion wurde zum Siegeszug. Nach dreißig Jahren war der Glaube zusammen mit dem kirchlichen System fest etabliert, Irland war von einem Raster aus Klostersiedlungen überzogen.

Die Bedeutung der Klöster ist nicht zu überschätzen: die Mönche studierten die Heiligen Schriften und machten sich mit dem Lateinischen vertraut. Herrliche Buchmanuskripte wie das prominente "Book of Kells" (ausgestellt im Trinity Collige in Dublin) entstanden, es erfolgte die Auseinandersetzung mit lateinischer und bald auch mit der einheimischen keltischen Literatur. Als Schmiede fertigten sie kunstvolle Metallarbeiten an usw.

Irland wurde zu einem Zentrum mittelalterlichen Geisteslebens, Studenten und Scholasten aus ganz Europa pilgerten hierher, um sich in Glaubensfragen unterrichten zu lassen. Umgekehrt zogen vom 6. bis 8. Jh. irische Mönche als Missionare aus und sorgten für eine zügige Manifestation des Christentums im mitteleuropäischen Raum (Deutschland, Österreich, Oberitalien). Viele Klöster bei uns gehen auf die als Scoten bezeichneten irischen Missionare zurück. Wichtige Basis hierfür wurde die Insel Iona an der schottischen Westküste, das vom irischen Mönch Columcille gegründet wurde.

Wikinger - Einfälle

Im Frühmittelalter wurden die Nordgermanen aus Skandinavien zur Geißel des Abendlandes. Überall an den europäischen Küsten landeten sie mit ihren wendigen Langschiffen, machten schnelle Beute und zogen wieder ab.

Mit dem Schicksalsjahr 795 n. Chr. begannen die Raubzüge auf der irischen Insel. Bald zogen sie von der Küste aus entlang der Flußläufe ins Landesinnere, wo die Klöster mit reicher Beute winkten. Unschätzbare Kulturgüter gingen in Flammen auf.

Bald siedelten sich die Wikinger an der Küste in Stützpunkten an, die sich im Lauf der Zeit zu Städten entwickelten. Die erste Stadtgründung war Dublin (841), es folgten Wexford, Cork, Limerick. Die Bewohner trieben Handel oder wurden Bauern und vermischten sich bald mit der Urbevölkerung.

Der irische Hochkönig Brian Boru einte das Land unter seiner Krone. Sein Gegenspieler, der König der Südprovinz Leinster, verbündete sich mit den Wikingern. Die Entscheidungsschlacht fand 1o14 bei Clontarf, nördlich von Dublin, statt: die Macht der Wikinger war nach dem Sieg des Heeres des Hochkönigs für immer gebrochen, diese Episode der irischen Geschichte war abgeschlossen.

Da Brian Boru und seine Söhne und Enkel während der Schlacht den Tod fanden, erlebte das Land die Machtkämpfe rivalisierender Könige, mit Streitereien und Bruderkriegen.

Die Anglo-Normannen

Durch die "Battle of Hastings" (1o66) an der englischen Südküste hatten sich in England die Normannen unter dem König William the Conqueror binnen weniger Jahrzehnte voll etabliert und bildeten die Führungsschicht über den angelsächsischen Bewohnern. England war wesentlich mehr als Irland an den europäischen Kontinent und dessen kirchliche Struktur angebunden als das "barbarische" Irland: 1155 bekam der englische Normannen-König Henry II. vom Papst als der damaligen Autorität formell die Herrschaftslegitimation über Irland zugesprochen. Der Auftakt für den englischen Herrschaftsanspruch über die grüne Insel!

DIE INVASION: In den fortdauernden Thronstreitereien in Irland mußte Dermot MacMurrough, der König der Leinster-Provinz, nach England fliehen. Dort rief er Henry II. zu Hilfe: dieser hatte auf die Gelegenheit längst gewartet und entsandte 1169 ein Expeditionsheer unter Führung des Normannen Strongbow. Letzterer wurde durch die Ehe mit der Tochter MacMurroughs nach dessen Tod König von Leinster. Die Normannen hatten Fuß gefaßt.

Im Handumdrehen waren weite Teile Irlands in der Hand Strongbows. Der englische König Henry II. fürchtete eine zu starke Macht an der Flanke seines Reiches und entsandte 1171 ein weiteres Heer. Irland wurde unter mehreren Normannenfürsten aufgeteilt. Henry behielt Dublin und Umgebung. Das Gebiet wurde mit einem Palisadenzaun ("the pale") umgeben und entwickelte sich zum Hauptstützpunkt der englischen Macht.

130   Geschichte

Normannische Besatzung

Trotz schnellem Sieg machte die Besatzung Irlands große Probleme: Bau von Wehrburgen (v.a. in Cork und Kerry) sowie von befestigten Kloster- und Stadtanlagen.

Die normannische Invasion bewirkte zunächst einen Entwicklungsschub. Der Handel blühte, Einführung der Münzprägung, die Landwirtschaft wurde intensiviert und Häfen gebaut. Außerdem eine zentralisiertere Verwaltung, 1297 wurde in Dublin das erste Parlament eingerichtet.

Die folgenden 25o Jahre waren geprägt vom Abbröckeln der englischen Macht: Pestwellen fegten über die Mutterinsel hinweg, der Hundertjährige Krieg mit Frankreich und Thronstreitereien (Rosenkriege) ließen das Interesse an Irland sekundär werden.

Die normannischen Fürsten vermischten sich durch Heirat mehr und mehr mit den Iren, sie nahmen die keltische Sprache und Gebräuche an, bis sie kaum mehr zu unterscheiden waren. An einer starken Kontrolle durch England waren sie wenig interessiert.

1315 versuchte Edward Bruce ein keltisches Königreich aufzubauen und die Engländer zu vertreiben. Die Entscheidungsschlacht endete mit einer Niederlage, Bruce fand den Tod.

Statutes of Kilkenny (1366): Versuch der Engländer, durch eine Apartheidspolitik die Macht zu erhalten. Ehen zwischen Engländern und Iren wurden verboten, ebenso der Gebrauch der irischen Sitten und der Sprache für Normannen. Der Erfolg des Gesetzesreigens war aber bescheiden.

Poyning´s Law (1495): Das Parlament in Dublin wurde verpflichtet, seine Gesetzeserlasse vom englischen König genehmigen zu lassen.

Aber alle Maßnahmen konnten nicht verhindern, daß die englische Herrschaft in den meisten Teilen der Insel nur noch auf dem Papier bestand. Die ehemaligen Eroberer fühlten sich längst als Iren. Nur in der Umgebung von Dublin war die Kontrolle durch England gewährleistet: damit hatte aber die Nachbarinsel ständig den "Fuß in der Tür" und konnte seine Macht erneuern, sobald die äußeren Rahmenbedingungen entsprechend waren.

16. und17. Jahrhundert

Reformation und Kirchenspaltung prägten die Weltgeschichte in diesen beiden Jahrhunderten. Der Stein, den Luther in Deutschland ins Rollen gebracht hatte, rollte bis nach Irland und führte zur politischen Trendwende, obwohl unter den Bewohnern der Katholizismus unangefochten blieb.

Grund: England vollzog unter Henry VIII. den Bruch mit Rom und gründete die anglikanische Staatskirche, die sich bis zur Zeit Elisabeth der Großen voll etabliert hatte. Der rassische Gegensatz zum katholischen Irland erhielt eine religiöse Dimension und wurde neu geschürt.

1541 ernannte sich Henry VIII. selbst zum König von Irland. Die Insel hatte als Sprungbrett zur Neuen Welt (1492 Entdeckung Amerikas) an strategischer Bedeutung gewonnen. Weiterer Grund für die Anstrengungen war die Angst, Irland könne sich mit den feindlichen katholischen Mächten (Spanien, Italien, Frankreich) verbinden und zu deren Aufmarschgebiet in einer Auseinandersetzung mit England werden.

Die Klöster werden zerstört, die Katholiken unterdrückt und die englische Macht schrittweise ausgedehnt. Gälische Fürsten wurden dazu gewonnen, sich die Lebensweise und Sprache der Engländer anzueignen. Englische Landsleute wurden ins Land geholt und angesiedelt ("plantations").

Nach einem neunjährigen Aufstand unter dem irischen Führer O´Neill, der die Widerstandskräfte unter sich einte, errang Elizabeth die Große, unter Aufbietung gewaltiger Truppenkontingente, den entscheidenden Sieg. 1608 floh O´Neill zusammen mit allen wichtigen katholischen Feudalfürsten auf den Kontinent ("flight of the earls"). Irland hatte sich seiner Führungselite beraubt.

Die Ansiedlung protestantischer, englischer und schottischer Siedler in der Provinz Ulster, dem heutigen Nordirland, wurde entscheidend forciert. Der Grundstein für die heutigen "troubles" wurde gelegt.

Vereinzelte Aufstände wurden blutig niedergeschlagen. 1649-69 wurde England von Oliver <u>CROMWELL</u> beherrscht und die Monarchie außer Kraft gesetzt. Cromwell war berüchtigt für seine Brutalität und seinen Fanatismus. Er wollte den Iren den entscheidenden Schlag versetzten.

Brandschatzend und mordend zog er über die Insel, Burgen und Kirchen gingen in Flammen auf. Ganze Siedlungen wurden geschleift und die Bewohner in die unwirtliche Provinz Connaught vertrieben (Slogan "to hell or to Connaught"). Neun Zehntel des Grundbesitzes wurde eingezogen und an seine loyalen Soldaten verteilt.

In England folgte die Restauration der Monarchie nach der Parlamentsdiktatur Cromwells und 1688 bestieg der katholische James II. den Thron. Im ebenfalls katholischen Irland regten sich erste Hoffnungen auf Besserung der Lage.

Doch das protestantische England rebellierte gegen den Katholiken, das Parlament bot dem Niederländer Wilhelm von Oranien ("William of Orange") den Thron an, da dieser überzeugter Protestant war.

James floh nach Irland, wo es zu Kämpfen der beiden Kontrahenten kam. Die Entscheidung fiel 1690 in der Battle of Boyne mit einem Sieg des Oraniers. Die irischen Unabhängigkeits-Träume waren endgültig zerschellt, es folgte eine Welle brutaler Unterdrückung!

132   Geschichte

Das 18. Jahrhundert

Im ersten Viertel des 18.Jh. werden die PENAL LAWS erlassen, ein Kanon von Gesetzen zur Unterdrückung der Katholiken mit einer Härte, die bis heute im Bewußtsein der Bevölkerung fortlebt.

Beispiele: Katholiken waren weder zu Schulen noch zu Universitäten zugelassen; Landbesitz wurde nach dem Tod automatisch auf die Söhne aufgeteilt, so daß sich die Höfe bald bis zur Unwirtschaftlichkeit verkleinerten; Denunziationen wurden gefördert; keine Zulassung zu Ämtern, kein Wahlrecht usw.

Die protestantischen Landbesitzer ließen ihre Güter durch Verwalter bewirtschaften. Selbst lebten sie in prächtigen Stadtvillen ("Georgian Style") oder in England. Gewaltige Geldsummen flossen aus der Provinz ab.

Ende des Jahrhunderts war der Zeitgeist geprägt vom Gedankengut der amerikanischen Unabhängigkeitsbewegung und der französischen Revolution.

Unter Henry Grattan, der aus der protestantischen Oberschicht kam, wurde der Ruf nach Reformen laut. Die Penal Laws wurden ab 1882 teilweise aufgehoben, das Land blühte wirtschaftlich auf.

Mit französischer Unterstützung wurden Bestrebungen zur völligen Unabhängigkeit und für gleiche Rechte ohne Ansehen der Religion laut. Anführer war Wolfe Tone.

Nach Aufständen schlug man hart zu: im "Act of Union" (18o1) wird das Parlament in Dublin aufgelöst und Irland in Realunion mit der Mutterinsel vereint. Gesetze kamen nun direkt aus London.

Der Weg in die Unabhängigkeit

Armut und Arbeitslosigkeit grasierten weiter unter den katholischen Iren. 1828 wurde Daniel O´Connell, Sohn eines Kleinbauers aus Kerry, ins Londoner Parlament gewählt und machte sich für die Abschaffung der Penal Laws und die Anerkennung aller Bürgerrechte für Katholiken stark. Ein Jahr später erfolgte die vollständige Emanzipation gegenüber den Protestanten.

The FAMINE (1845-5o): Durch Kartoffelpest wurde fast die gesamte Ernte vernichtet, weitere Ernteausfälle folgten. Da Kartoffeln mit Abstand das Hauptnahrungsmittel darstellten, kam es zur größten Hungerkatastrophe der irischen Geschichte. Typhus- und Cholera-Epidemien verstärkten das Elend. Die Folge war fast eine Million Hungertote, ein Auswanderungsstrom ließ das Land jahrzehntelang ausbluten. Die Bevölkerung verminderte sich um ein Drittel.

Ende des 19. Jh. gewann die Unabhängigkeitsbestrebung Irlands, die durch die Hungersnöte - damals ging es um´s nackte Überleben - unterbrochen worden war, wieder neuen Auftrieb.

1879 formierten sich die Kleinbauern in der sog. LAND LEAGUE, die zu einer Massenbewegung wurde und viele Grundbesitzer durch passiven Widerstand und Boycotts in die Knie zwang (der Begriff Boycott rührt übrigens von einem gewissen Captain gleichen Namens her, der als erster von einer solchen Maßnahme betroffen war). Der Erfolg dieser Aktionen bestand in einer zum Teil erheblichen Reduzierung der Pachtzinsen.

Einer der federführenden Männer der Landreform-Bewegung, Charles Parnell, setzte sich als nächstes Ziel die Kampagne für Home Rule, die Selbstverwaltung in einem unabhängigen Staat. Der Ausbruch des Ersten Weltkrieges ließ die Stimmen kurzfristig in den Hintergrund treten, bis zwei Jahre später im Osteraufstand das Revolutionspotential eskalierte.

Der Osteraufstand

Die Landreformer waren aber nicht die einzige Bewegung in Irland, die auch bereit war, notfalls Gewalt einzusetzen, um ihre Selbstverwaltung durchzusetzen. Unterstützung fanden sie bei verschiedenen Geheimbünden. Die Stimmung war aufgeheizt und die Haltung der reichen Protestanten im Norden, wo diese die Mehrheit hatten und die Verbindung zu England für nützlich hielten, verschärfte den unbedingten Willen zum Aufstand bei den meisten Iren.

Pádraic Pearse und die "Citizen Army" der Gewerkschaft waren schließlich die Triebfedern des Aufstandes vom Ostermontag 1916 - dem Osteraufstand, der blutig niedergeschlagen wurde und so die irischen Kämpfer zu Märtyrern machte.

Auswandererschiff

134   Geschichte

Bürgerkrieg und Republik

Die Freiheitsbestrebungen der Iren waren nicht mehr zu stoppen, bei den ersten freien Wahlen 1918 ging die "Sinn Fein"-Partei (= "Wir selbst") als klarer Sieger hervor. Die Proklamierung der Unabhängigkeit Irlands durch das irische Parlament ("Dail Eirean") führte zu einem erbitterten Kleinkrieg zwischen England, das die Rechtmäßigkeit des Parlaments bestritt, und Irland, wobei auf irischer Seite besonders die Irish Republican Army (IRA) den Kampf bestimmte.

Der 1921 geschlossene Vertrag zwischen der britischen Regierung und gemäßigten irischen Nationalisten, führte zur Gründung des Freistaates Irland unter Abtrennung Nordirlands.

Nach der Ratifizierung des Vertrages kam es zu heftigen Kämpfen der Iren untereinander, der Bürgerkrieg endete 1923 ohne Erfolg - Irland blieb geteilt.

Nach dem 2.Weltkrieg

Während des 2.Weltkriegs blieb Irland neutral (Nordirland kämpfte, als Teil des Vereinigten Königreiches, mit den Briten).

Die endgültige Loslösung von England erfolgte mit der Ausrufung der Republik Irland 1949, was den Ausschluß aus dem Commonwealth nach sich zog. Der Eintritt in die UNO 1955 und in die EG 1973 unterstreichen die Selbständigkeit Irlands. Das Problem Irland ist damit aber nicht gelöst, nicht solange Nordirland in dieser Form weiter besteht...

Nordirland

Die Bilder der blutigen Unruhen in Nordirland gehen um die ganze Welt; seit 1967, dem Beginn der Bürgerrechtsbewegung, ist das Land nicht mehr zur Ruhe gekommen.

Zur weiteren Information hier einige Literaturhinweise:

Beckett, James Camlin: *Geschichte Irlands*. Stuttgart 1977

Cullen L.M.: *Life in Ireland*. London 1979

Dept. of Foreign Affairs, Dublin (Hrsg.): *Irland - eine Landeskunde*. Stuttgart 1983

Downing, Taylor: *The Troubles*. London 1980

IRLAND-LITERATUR

Zum Einstimmen

"**Wanderungen in Irland**", H. V. Morton: einer der ersten "Touristen" nach Gründung des Freistaates. Sehr lebendige, authentische Schilderung, auch heute noch unbedingt lesenswert. 348 Seiten. Knaur Verlag, 9,8o DM.

"**Irland**", Margit Wagner: Reisebericht, der rund um die Insel führt und auf die Sagen und die Geschichte des Landes eingeht. 372 Seiten. Prestel Verlag, 42 DM.

"**Unbekannter Nachbar Irland**": Gerhild P. Tieger: vermittelt einen Eindruck, wie Geschichte, Sagen und Tradition auch heute noch das Leben der Iren mitprägen. AT-Verlag, 168 Seiten, 36 DM.

Kunstführer

"**Irland - Kunst, Kultur und Landschaft**", Wolfgang Ziegler: bewährter und ansprechender Führer zu Irlands Kunststätten. Jedem Kunstinteressierten ans Herz gelegt. 276 Seiten, 43 farbige, 131 s/w Abbildungen, 66 Zeichnungen. DuMont, 36 DM.

"**Irland**"-Kunst und Reiseführer, Barbara Kohlmann-Schaff: ausgezeichneter, handlicher Führer, viele s/w Fotos und Skizzen, enthält auch Nordirland. Artemis-Cicerone, 256 Seiten, 1o5 Abbildungen, 29,8o DM.

"**Irische Kunst aus drei Jahrtausenden, Thesaurus Hiberniae**", Katalog einer Ausstellung im Kölner Wallraf-Richartz Museum in Zusammenarbeit mit dem National Museum of Ireland, dem Trinity College Dublin und der Royal Irish Company. Archäologische und kunstgeschichtliche Denkmäler: unbedingt empfehlenswert. 2o4 Seiten, 65 Farb- und 1o2 s/w-abbildungen; Broschur. Zabern Verlag, 34,8o DM.

Bildbände

"**Irland**", Max Schmid/Hans-Christian Oeser: eindrucksvolle Fotos der herben, faszinierenden Landschaft Irlands und engagierte Texte zur Geschichte, Kultur und Politik des Landes. Reich Verlag, 2oo Seiten mit 14o Farbfotos, 49,8o DM.

"**Irland**": Klaus Viedebantt/Karl-Heinz Raach: prächtiger Band, der die ganze Vielfalt der irischen Landschaft zeigt und in seine Texten auf die Geschichte der Insel eingeht und ihre derzeitigen politischen Probleme. Texte voller Sachkenntnis und hervorragende Fotos. Bruckmann Verlag, 144 Seiten, 142 Abbildungen, 54 DM.

"**Irland**": Harald Mante/Siggi Weidemann: zum größten Teil feuilletonistische Texte zu Leben und Ansichten der Iren. Fotos, die den Alltag und die faszinierende Landschaft der Insel zeigen. Bucher Verlag, 144 Seiten, 45 farb. 76 s/w Abbildungen, 48 DM.

Sport

"**Irisches Logbuch**": Volker Bartsch: Nautischer Reiseführer für jeden, der Irland mit dem Boot bereisen will: Shannon, Lough Erne, Grand Canal, River Barrow. Viele seemännische Hinweise, aber auch Information zu Geschichte und Landschaft. Delius Klasing Verlag, 152 Seiten, 4o Karten, 12o Fotos, 78 DM.

Literatur zu Geschichte auf der Vorseite, zu Folk siehe Seite 113/114.

Schnellfinder

Transport............................ .14o
Hotels................................ .142
Camping .... .147
Restaurants .... .147
Pubs................................. .15o
Museen .... .152
Shopping............................ .155
Vororte von Dublin .... .157
Verbindungen .... .158

Dublin

(1.ooo.ooo Einwohner)

Hauptstadt Irlands, besonders im Südteil schöne Architektur aus dem 18.Jh. (georgianischer Stil), aber durchsetzt mit modernen Betonpalästen und stinkenden Autokarawanen. Vor allem im Nordteil viel Dreck und hohe Kriminalität.

Dubliner Flair liegt hinter den Kulissen, - etwa bei den spontanen Musiksessions in O'Donoghues Bar, beim Gegröle auf den Hunderennbahnen oder in den Pubs bei Guinness und nettem Plausch. Schön auch die Trips raus in die Vorstädte.

Die Stadt wird durchflossen vom RIVER LIFFEY, den eine Reihe von Brücken überspannen. Gemütlich an den Quays entlangbummeln und ein bißchen in den Shops stöbern.

Nördlich, heruntergekommene, ärmere Viertel (z.B. Lower Gardiner St.), - die "upper class" wohnt im Südost-Teil, wo die welligen Dublin Mountains und schöne Strände in bequemer Nähe liegen.

Dublin zieht sich in langem Bogen um die Meeresbucht, nach Süden und Norden hin schließen sich schöne Seebäder an. Es ist eine "junge Stadt" - 5o% der Bewohner sind unter 25 Jahren!

> **GESCHICHTE**: Ursprünglich nur eine Überfahrt über den Liffey (14o n.Chr. auf der Weltkarte von Ptolemäus verzeichnet), dann Ausbau durch die Wikinger. Mit Ankunft der englischen Normannen 117o wurde Dublin zu deren Stützpunkt: sie errichteten um den Ort einen Palisadenzaun ("Pale"). Dublin avancierte zur englischen Festung auf der Insel, im 18.Jh. erreichte es seine Blütezeit. Die Folge war ein ungeheuerer Bauboom. Verheerende Vernichtungen während der Osteraufstände 1919, die zur Unabhängigkeit Irlands führten.

An dieser Stelle ein herzliches Dankeschön an die Dubliner Stadtzeitung "In Dublin", für die engagierte Zusammenarbeit. Gilt insbesondere für die Journalistin Carol Zhall bezüglich des Restaurant- und Kneipensektors.

 14 Upper O'Connell Street: Tel.o1/ 747733.
Weiteres Office am Flughafen und im Fährterminal Dun Laoghaire

Karten/Infos: Gratis-Karte vom TI bzw. für drei Mark die recht übersichtliche Karte der Stadtbus-Company, - beide jedoch ohne Index. Wegen handlichem Format aber gut für erste Orientierung. In den Buchläden für ca. 9 DM die OS-Karte im Faltformat: enthält sämtliche Suburbs mit Buslinien und Index.

Das TI gibt verschiedene Broschüren mit Veranstaltungskalendern heraus (gratis).

138   Dublin

Wesentlich besser das Stadtmagazin "In Dublin" mit komplettem Programm bezügl. Entertainment (Pubs, Kino, Sport etc.).

> Das Stadtmagazin kauft man bei "Pete", einer Institution in Dublin wie die Guinness-Brauerei. Steht tagaus tagein vor dem Bewleys-Café in der Grafton Street: erkennbar an den Sandalen, und der Selbstgedrehten im Mundwinkel. Der letzte Hippie der Stadt, der seit der ersten Ausgabe 1976 die Stadtzeitung verkauft. Viele Dubliner weigern sich standhaft, das Magazin bei einem ordinären Zeitungskiosk zu erwerben. Bitte einen schönen Gruß von uns.

① O`CONNELL STREET:

Zentrum Dublins - eine der breitesten Straßen Europas mit Autokolonnen und Hamburgerläden an beiden Seiten. Wurde in den letzten Jahren kräftig aufmöbliert durch Sitzbänke und Brunnen im Mittelstreifen. Etwa in Höhe des TI die surrealistische Bronzestatue, die sich im Wasserbad räkelt. Von den Einheimischen augenzwinkernd das "floosey in the jaccusi" genannt: heißt soviel wie "Flittchen im Whirl-Pool".

Vom Hauptpostamt proklamierten die Rebellen während des Osteraufstandes 1919 die Unabhängigkeit. Südlich liegt der kommerzielle Mittelpunkt der Stadt mit Shops und Boutiquen (vor allem in der Grafton Street).

Die wenigen Sehenswürdigkeiten liegen nahe beieinander, - Sightseeing am besten zu Fuß machen. Ein halber Tag reicht erfahrungsgemäß. Vor dem TI beginnt ein beschilderter "Tourist Trail"; reine Gehzeit drei Stunden. Außerdem tgl. Führungen in englischer Sprache; ca. 9 DM. Infos beim TI.

② TRINITY COLLEGE:

Noble Elite-Universität mitten im Zentrum, angelegt als weitläufiger Campus mit Hörsälen, Wohnheimen, Mensa und Sportanlagen. Die Kneipe "BUTTERY" sorgt für fröhliche Abende (Kontakte).

> 1592 gegründet für die Kinder der englisch-protestantischen Oberschicht. Als Ende vorigen Jahrhunderts Katholiken zugelassen wurden, drehte die Kirche den Spieß um: die Uni wurde als Bastion der Reformation mit dem Bann belegt. Erst 1969 erfolgt Aufhebung des Bannes. Die heute sichtbaren Gebäude stammen aus dem 18.Jh - georgianische Bauten gruppieren sich um den Innenhof. Als besonders schön gelten Dining Hall und Examination Hall.

Pflichtprogramm: die BIBLIOTHEK (Long Room) - eine Kathedrale der Bücher. Galerie wertvoller Lederschwarten in zwei Etagen, mit 2oo.ooo Exemplaren die ältesten Bestände der Bibliothek. Am Ende der Galerie in einem Glaskasten die Bibel-Abschrift Book of Kells, eine der wertvollsten Handschriften der Welt. Um 8oo auf einer schottischen Insel geschrieben und von Mönchen auf der Flucht vor Wikingerüberfällen nach Irland gebracht. Leuchtende Farben und schön geschwungene Lettern zeugen vom Können der Mönche.

Das **MITTELALTERLICHE DUBLIN** liegt im Südwestteil der Stadt, genannt die "Liberties". Zugang über die Dame Street. Ein ärmeres Viertel mit Backsteinbauten, wo die "real Dubliners" wohnen: Arbeiterklasse mit starkem Akzent in der Sprache, abends treffen sich die Kumpels in der Eckkneipe für ihr Bierchen.

Herz der Liberties sind die Bridge Street und die Francis Street - letztere sehr viel Charme mit seinen Trödlerläden und Antiquitäten. Von Ramsch- und Junk-Shops bis zu superteuren Etablissements.

Nur noch drei mittelalterliche Gebäude sind erhalten:

③ DUBLIN CASTLE: von außen recht unscheinbar; sehenswert die prunkvollen Staatsgemächer (Deckengemälde) und das Wappenmuseum.

④ CHRIST CHURCH CATHEDRAL: durch Restaurierung im vorigen Jahrhundert wurde vieles verpfuscht, voll erhalten noch die Krypta.

⑤ ST. PATRICK`S CATHEDRAL: im 13.Jh. erbaut; - großer Bau, im Innern ziemlich miefig.

Die **GEORGIANISCHEN VIERTEL** liegen um den St. Stephen's Green und Merrion Square (= schöne Parkanlage mit aufgestellten Denkmälern): Vorzeige-Stück mit dreistöckigen Häuserfassaden, die im 18.Jh. von der Oberschicht hier errichtet wurden.

Highlight ist ELY HOUSE am Ely Place, ein Backsteinbau mit prunkvollem Treppenhaus.

Manche Hobbys sind immun gegen Modeschwankungen: hinter dem Ely Place der FRITZWILLIAM SQUARE, wo wie im 18. Jahrhundert auch heute noch die Huren Dublins vor den georgianischen Häuserfassaden flanieren. Zur Beruhigung: wie's in den Räumlichkeiten hinter den Fassaden aussieht, ließen wir uns trotz mehrfacher Aufforderung der hier gewerbetreibenden Damen nicht zeigen...

⑥ BANK OF IRELAND: ehemaliges Parlamentsgebäude in kurioser Architektur (fensterloser Bau, Beleuchtung über ein Oberlicht). Im Außenteil Verwendung von vielen Säulen. Adr.: direkt gegenüber dem Eingang zum Trinity College.

⑦ KILMAINHAM JAIL: die "Irische Bastille", in der 1796-1924 zahllose Freiheitskämpfer eingebuchtet wurden. Lebendige Dia-Vorträge und Führungen bringen Leben in die alten Gemäuer. Adr.: Kilmainham, 2 km vom Zentrum: Busse 23, 51, 78, 79.

TEMPLE-BAR-BEZIRK: Boheme- und Künstlerviertel ist der Temple Bar Bezirk - oft verglichen mit dem linken Seineufer in Paris. Hier haben die Maler ihre Ateliers, kleine Plattenstudios in den Kellerräumen produzieren "Independant-Musik". Vegetarier-Restaurants und kleine Cafés.

Das Ganze begann 1978, als hier die Lagerhallen leerstanden und von Leuten aus der Alternativ-Szene sich hier einnisteten. Der geplante Abriß der Gegend wurde von einer Bürgerinitiative verhindert.

Zugang via der Dame Street, die südlich der O'Connell Bridge abzweigt (Beschilderung: "Christ Church Cathedral"). Nach paarhundert Metern rechts die <u>CENTRAL BANK</u>: Anfang der 7oer Jahre hingeklotzt und von den Experten unisono als der häßlichste Bau Dublins bezeichnet. Sieht aus wie ein Pilz, ein Betonquader mit dunklen Glasfenstern auf eine Art Stiel aufgesetzt.

Hinter der Central Bank liegt die Tempel Bar Area, - zwischen Dame Street und River Liffey. Zunächst durch die <u>CROWN ALLEY</u>, berühmt für seine Trödlerläden mit secondhand-Klamotten. Am schönsten der Damaskus Shop, zwei Etagen mit wirklich guten Sachen aus Großvaters Kleidertruhe. Ansonsten in der Crown Alley: Gaslaternen wie im 18. Jh., Kopfsteinpflaster, hölzerne Ladenfronten.

Die Alley verengt sich und führt durch den Torbogen Merchants Arch. Kurz davor der Barbers Shop, ein Barbier wie in alten Zeiten: durchs Fenster Blick auf die Reihe von Köpfen, das Gesicht vom Rasierschaum verdeckt. Beliebtes Fotomotiv!

Vor dem Torbogen kreuzt die Temple Bar Street links weg: schnuckelige Pubs, gute Billig-Restaurants. Hier auch die Temple Bar Gallery, ein Komplex aus 27 Ateliers und Ausstellungsräumen, Ausstellungen in der Empfangshalle. Hinter dem Temple-Bar-Bezirk liegen die "Liberties" mit der Guinness-Brauerei.

TRANSPORT IN DUBLIN

Am besten zu Fuß, da sehr kompaktes City Centre mit den meisten Sehenswürdigkeiten in bequemer Gehweite.

 Stadtbusse: Dichtes Netz, das auch die Vororte gut versorgt. Praktisch nie überfüllt, da nur fünf stehende Passagiere erlaubt sind. Operieren von 7.3o - 23.3o Uhr etwa alle 2o bis 3o Minuten, um 2 DM pro Fahrt, 2,3o DM Tageskarte, stoppen mit herausgestreckter Hand an der Haltestelle.

Bei "Dublin Bus" schräg gegenüber vom TI Tickets und Fahrpläne. Die wichtigsten Abfahrtsstellen sind Eden Quay, Fleet Street, O'Connell Bridge und Abbey Street.

Vorstadtzüge: Alle fünf bis fünfzehn Minuten mit dem sog. Dart-Train, - eine Gleislinie, die alle Küstenorte nördlich und südlich von Dublin versorgt (von Howth bis Bray). Flotter und bequemer als die Busse. <u>Bahnhöfe im Zentrum</u>: Connolly St., Tara Street St. und Pearse Street Station.

Vorteil: Eventuell sich in einem der Seebäder an der Küste ein Zimmer nehmen, für Shopping oder Pubbesuche ist man per Zug in ein paar Minuten in Dublin. Netzkarte sowohl für Stadtbusse als auch Dart-Trains ist das <u>Adult-One-Day Ticket</u>: 8 DM/Tag. Lohnt sich, wer etwas außerhalb wohnt und Trips in die Umgebung von Dublin plant.
Das Rambler-Ticket ist für die städtischen Verkehrsmittel nicht gültig.

<u>Fahrrad</u>: Zwar eine schöne Sache, der grassierende "Fahrrad-Klau" kann einem aber die Freude ganz schön vermiesen.

Bike-rent sehr zentral bei "Bike Store Ltd, 58 Lower Gardiner Street.

<u>Auto:</u> Wie in allen Großstädten nicht gerade das nervenschonendste Transportmittel.

Dublin hält traurige Rekorde bezüglich <u>Autoknackerei</u>. Touristen unterschätzen regelmäßig das Problem, leichtsinnig geworden durch die Sicherheit im übrigen Irland: da blinken Kameras und pralle Reisekoffer aus dem geparkten Wagen - am nächsten Morgen dann aufgebrochenes Seitenfenster und auf der Polizeistation bei der Diebstahlsmeldung zerknirschte Gesichter (mit von der Partie war auch mein Gesicht, das einer gestohlenen Reisetasche und 13o Mark Reparaturkosten für's Seitenfenster nachtrauerte).

<u>Verhaltensregel</u>: den Wagen niemals unbeaufsichtigt in der Dubliner Innenstadt abstellen. Die Schattenmonteure fühlen sich gerade von ausländischen Nummernschildern magisch angezogen, das beuteträchtige Urlauberauto wird oft schon routinehalber durchgecheckt. Wenn's denn schon sein muß: nur auf belebten Straßen parken und den Wagen völlig leerräumen, das Handschuhfach öffnen.

Es gibt außerdem eine Reihe bewachter Parkplätze im Zentrum, deutlich ausgeschildert! Aber saftige Preise von 5-8 DM für die erste Stunde, und 1,5o DM für jede weitere.

Die bessere Alternative: nur in Hotels/Pensionen mit abgeschlossenem Parkplatz buchen und den Wagen dort während des gesamten Dublin-Aufenthalts stehen lassen.

Oder: das Auto in einem der relativ sicheren Vororte abstellen und mit öffentlichen Verkehrsmitteln rein ins Zentrum. (Am besten sich dort auch die Unterkunft suchen).

Wir parken bei unseren Dublin-Besuchen unsere Blechkiste prinzipiell in einem der Vororte an der Küste von Howth im Norden bis Bray im Süden, - haben sehr flotte Pendelzug-Verbindung in die Innenstadt.

Taxi: Ein recht teures Vergnügen. Innerhalb eines 16-km-Radius 5 DM Grundgebühr plus weitere 1,5o DM pro km. Außerhalb des 16 km-Radius ist der Fahrpreis reine Verhandlungssache.

Trinkgeld: üblich sind 1o % des Fahrpreises. Eine ganze Latte von Taxi-Ständen, die wichtigsten an den Bahnhöfen und in der O'Connell Street und in der Lower Abbey Street.

Vorsicht vor Schleppern: Besitzer von Pensionen haben nach aufdringlichem Fragen zugegeben, daß ein Kommissions-System zwischen den Unterkünften und den Taxis existiert. Für jeden angeschleppten Kunden ist ein ansehnlicher Obulus für den Taxifahrer fällig. Logisch, daß er nicht zu den Pensionen mit bestem Service fährt, sondern zu denjenigen mit der höchsten Provision.

Es muß allerdings gesagt werden, daß sich nicht alle B&B-Häuser an dem System beteiligen. Am besten scheint es mit den Pensionen in der Lower Gardiner Street zu florieren.

HOTELS

TEUER:

Shelbourne Hotel St. Stephen's Green, Tel.: o1/766471. DZ 5oo DM. Beste Adresse für die gefüllte Brieftasche: ein "feeling" wie im Buckingham Palace unter den funkelnden Kronleuchtern in der Lobby. Liegt zentral an einer schönen Parkanlage.

Gresham Hotel 1 O'Connell St. Tel.: o1/746881. DZ ca. 36o DM. Altetabliertes, ehrwürdiges Haus in der Hauptstraße. Zimmer alle tadellos möbliert, einige mit schweren Antikmöbeln (nachfragen). Frontzimmer zur Straße hin recht laut, in den Hinterzimmern aber schlechterer Blick.

Fitzpatrick's Castle Hotel: Tel.: o1/85133. DZ ca. 4oo DM. Außerhalb im Küstenort Killiney gelegenes Prunkschloß mit Zinnen und Türmen. Sämtliche Facilities, die Frontzimmer mit Balkon, in der "Kerker-Bar" tgl. niveauvolles Entertainment. Beste Adresse für gediegene Unterkunft, - ca. 15 Min. per Dart-Train.

Die sonstigen Grandhotels sind moderne Neubau-Kästen; zwar guter Service, aber nicht gerade originell.

MITTEL:

Wynn's Hotel: Lower Abbey Street, Tel.: o1/745131. DZ ca. 165 DM, ohne Bad 145 DM. Schöne Gemeinschaftsräume mit Antik-Stücken, die Zimmer modern und einfach. In einer Seitenstraße off O'Connell St. Hat einen exzellenten Ruf und gehört zu den etabliertesten Familien-Hotels in Dublin.

North Star Hotel: Amiens Street, Tel.: o1/741136, DZ ca.2oo DM. Von Management geführtes Hotel mit gemütlichen Zimmern, sauber. Liegt direkt gegenüber dem Conolly-Bahnhof.

Clarence Hotel: 6/8 Wellington Quay, Tel.: o1/776178. DZ ca. 18o DM. Relativ gute Facilities. Gelegentlich gab's Beschwerden über die laute Musik unten in der Bar.

Castle Hotel: 3/4 Gardiner Row, Tel.: o1/746949, DZ ca. 18o DM. Lage im City Centre ebenso gut wie die Atmosphäre in dem sympathisch geführten Haus. Wurde völlig neu eingerichtet.

BILLIG:

Mount Herbert Guesthouse: 7 Herbert Road, Tel.: o1/684321 DZ ca. 14o DM, groß mit neunzig Zimmern, die meisten mit Bad. Nur ein paar Minuten ab vom Centre. Hoher Standard!

Dergvale Hotel: Gardiner Place Tel.: o1/744753, DZ ca. 13o DM. Sauber, abgeschlossener Parkplatz und freundliche Besitzer. Hat unsere Empfehlung.

PRIVATZIMMER: Vermittlung über das TI, sofern registriert.

1. Im Zentrum

Vorteil: bequeme Gehweite zu Restaurants und Pubs. Jedoch meist niedrigerer Standard als in den Vororten und Stadtrand-Bezirken, außerdem sind die B&B-Bezirke nicht gerade in den Dubliner Nobelvierteln. Viele nicht beim TI registrierte Häuser, manche mit miserabler Qualität. Daher vorsichtig sein und stets vor dem Buchen inspizieren.

In der LOWER GARDINER STREET eine ganze Reihe von Pensionen. Trotz optimaler Lage lieber nicht: ziemlich dunkles Viertel, schmuddelige Atmosphäre. Die meisten Häuser vermieten ihre Zimmer für zwei, drei Stunden an Pärchen, die nach der Disco nach einer Laube suchen.

Wesentlich angenehmer in der UPPER GARDINER ROAD und GARDINER PLACE etwa gute 1o Minuten weg vom Centre. Sämtliche Häuser mit abgeschlossenem Parkplatz; - alle von uns geprüft und beschrieben:

Parkway Guesthouse: 5 Gardiner Place Tel.: o1/ 74o.469. DZ ca. 75 DM. 15 Zimmer, geführt mit ein paar Angestellten. Auf keinen Fall mehr als durchschnittlich.

Harve 's Guesthouse: 11 Upper Gard. St. Tel.: o1/748.384. DZ ca. 6o DM. Freundliche Atmosphäre. Architektur mit vielen Stuckarbeiten.

Stella Maris: 13 Upper Gard. St. Tel.: o1/ 74o.835. DZ ca. 75 DM. Professionell geführt.

Flynn's: 15 Upper Gard. St. Tel.: o1/ 741 7o2. DZ ca. 5o DM. Das billigste in der Gegend, aber auch eine kleine Idee schlechter.

Carmel House: 16 Upper Gard. St. Tel.: o1/ 741 639. DZ ca. 75 DM. Kronleuchter und Mahagoni-Tische empfangen einem beim Öffnen der Haustüre. Service ebenso erstklassig wie die Zimmer (alle mit Radio). Zu 8o % Iren als Gäste.

Fatima House: 17 Upper Gard.St. Tel.: o1/74541o. DZ ca. 75 DM. Mit eigenem Bad 6 DM teurer; alle Zimmer mit Radio/TV. Von zwei angestellten, jungen Mädchen mit wenig Engagement geführt; Taxifahrer bringen gegen Provision Gäste vom Bahnhof.

Burtenshaw: 21 Upper Gard. St. Tel o1/74541o. DZ ca. 8o DM. Hat meine Empfehlung: schöne Zimmer, TV-Lounge.

Neary's Guesthouse: 77 Parnell St. Tel.: o1/7452o1. DZ ca. 85 DM. Mit eigenem Bad 1o DM teurer. Schönes, georgianisches Herrenhaus in der besten Lage aller Pensio-

144 Dublin

1 O`Connel Street
2 Trinity College
3 Dublin Castle
4 Christ Church Cathedral
5 St. Patrick`s Cathedral
6 Bank of Ireland
7 Kilmainham Jail
8 Nationalmuseum
9 National Gallery
10 Gallery of Modern Art
11 Civic Museum
12 National Wax Museum
13 Guinness Brauerei
14 Phoenix Park
15 Oberstes Gericht

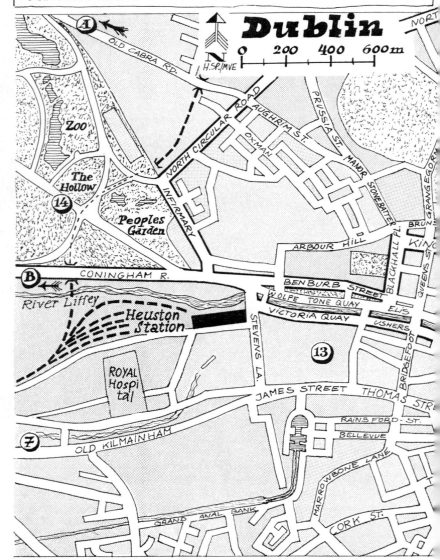

Dublin 145

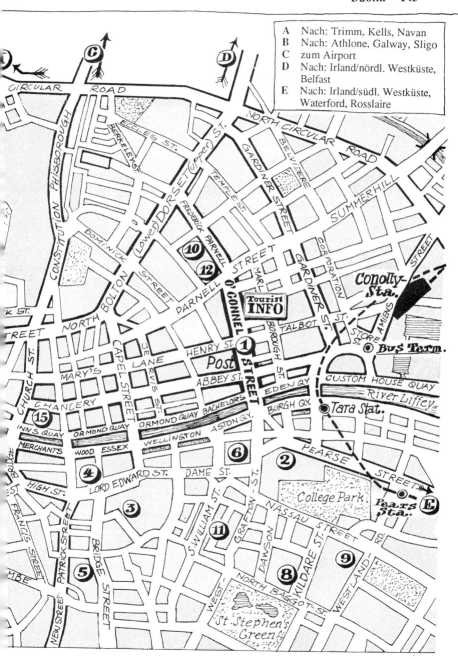

nen in Dublin (direkt um die Ecke von O'Connell St). Allerdings kein Parkplatz. Nicht registriert, etwas unterkühlte Atmosphäre.

Zwei kleinere, registrierte B&B-Häuser in der Hardwicke Street: **Waverley House** (Tel.: o1/746132; EZ ca. 55 DM) und **Sinclair House** (Tel.: o1/788412; DZ ca. 65 DM). Das zweite spürbar besser.

2. Außerhalb des Zentrums:

Nördlich des Liffey vor allem in der Clontarf Road und im Stadtteil Drumcondra. Preislage um 7o DM fürs Doppel.

Clontarf Road: Reihe von Häusern am Meer mit Blick raus zum Strand, soziale Mittelklasse. Vom Centre 2o Gehminuten, Busse!

Ca. 15 Gehminuten ab Zentrum: Drumcondra, an der Straße Richtung Airport. Hat mehr Infrastruktur als die Clontarf Road mit Pubs und Restaurant, außerdem dichtere Anbindung durch Stadtbusse. Ansonsten sauberes Mittelklasse- und Arbeiterviertel.

Nobelviertel ist der Stadtteil Ballsbridge, paar Häuserblocks vom Zentrum viktorianische Stadtvillen, Residential-Bereich und zahlreiche Botschaften. Die Zimmer etwas teurer als üblich (ca. 1oo-12o DM fürs Doppel), dafür mit eigenem Bad/WC. Die Unterkünfte in Ballsbridge sind als erstes ausgebucht - unbedingt reservieren!

3. In den Vororten

Da der DART-Zug jede Viertelstunde die vorgelagerten Seebäder mit Dublin verbindet, eine interessante Alternative: bei schönem Wetter treibt man sich am Strand rum, und der Trip nach Dublin ist eine Sache von 15 Minuten.

Dun Laoghaire für Leute, die früh am Morgen mit der Sealink-Fähre abfahren, - eine Reihe von Häusern nah am Terminal.

Sehr schön auch der Reiche-Leute-Vorort Killiney: wunderschöner Sandstrand, Promenadenstraße, Villen.

Bray liegt ganz am Südende der DART-Linie: schon etwas abgewirtschaftet, hat aber von allen Seebädern die meiste Substanz bzgl. Geschäftsstraßen und Läden.

Unser Liebling ist Howth, ganz im Norden der DART-Linie: bunte Segeljollen dösen in dem Fischerhafen, außerdem das berühmte Singing-Pub Abbey Tavern und das Castle mit einzigartiger Parkanlage.

BILLIG-HERBERGEN IN DUBLIN

Juli und August sämtliche Hostels hoffnungslos überfüllt. Juni zu. Ohne Vorbuchen ist da nichts zu machen: schon Tage im voraus (am besten schon paar Wochen vorher von Deutschland aus anrufen, wer ein Ticket nach Dublin gekauft hat und den Ankunftstermin kennt).

Das **AnOige-Hostel** in der Mountjoy Street wurde 1989 eröffnet: nach Baumaßnahmen in einem Volumen von 1o Millionen Mark eine der besten Jugendherbergen Europas. Tiptop Facilities, keine Sperrstunde und Putzkolonnen, die den Laden sauber halten. Kostet ca. 2o DM, inc. Frühstück. Tel. o1 / 36 31 11.

ISAAC (Frenchmans Lane): optimale Lage, zwei Minuten von Busterminal und Conolly-Zugbahnhof. Professionell geführt. In der Cafeteria kleine Gerichte für 5-1o DM. Nachteil: mit 25o Betten sehr anonym, trubeliger Betrieb und immer wieder Klagen über mangelnde Hygiene. Vorteil mit ca. 11 DM/ Nacht mit Abstand das Billigste. Tel. o1/ 36 38 77.

Das **Kinlay House** (2-12 Lord Edward Street, Tel. o1/79 66 44) ist die Herberge für den Rucksackler mit gehobenen Ansprüchen, fünf Minuten vom Zentrum und das einzige Hostel, das nicht im etwas abgewirtschafteten und unsicheren Nordteil de Stadt liegt. 2-4 Bett Zimmer, ruhig und sehr sauber - aber anonymer Riesenkasten mit 3oo Betten! Ca. 2o DM im Schlafsaal, 3o DM im Doppelzimmer, incl. Frühstück.

Das **Young Traveller** (St. Mary`s Place: Tel. o1/ 3o 5o oo) ist relativ überschaubar mit seinen nur 6o Betten und hat den Ruf, daß hier die schönste Atmosphäre unter allen Hostels herrscht. Vierbett-Zimmer mit Dusche, ca. 2o DM (incl. Frühstück).

Das **49 North Strand** (49 North Strand, Tel. o1/ 36 47 16) hat in den letzten Jahren mehrmals den Besitzer gewechselt. Näheres bleibt abzuwarten: kann nur besser werden. Viertelstunde ab vom Centre.

Juli und August ein recht primitives **AnOige-Hostel** ca. 7 km außerhalb in Dun Laoghaire, gleich neben dem Sealink-Terminal. Gutes Quartier daher, wer für die Morgenfähre gebucht hat. Rechtzeitig dort sein, da oft überfüllt. Tel. o1/8o 89 o6.

CAMPING

Innerhalb des Stadtbereichs nichts - Wildcampen ebenfalls nicht ratsam, da nicht ungefährlich hier im Großstadt-Bereich.

Ca. 15 km außerhalb der <u>Shankill Park</u>, - mit Waschraum und Duschen. Laut Leserbrief-Kritik soll er jedoch nicht gerade ein Vorzeigestück sein. Verbindung per DART-Zug oder mit Bus 45/84; per Auto Anfahrt via der N11.

Eine fast komplette Liste aller Restaurants enthält die Broschüre "Dining in Dublin"; gratis beim TI. Angabe von Adresse, Öffnungszeiten und Preisen sowie kurze Beschreibung.

★ **TEUER**: Vielleicht den Urlaub mit einem feudalen Menü ausklingen lassen. Hier eine Auswahl der etabliertesten Restaurants:

<u>GREY DOOR</u> (23, Upper Pembroke Street): finnische und russische Gerichte, zu denen ein Gitarrist die Balalaika erklingen läßt. Dinner um 6o DM.

LE COQ HARDI (35, Pembroke Road): mehrmals preisgekröntes, französisches Restaurant. Kleiner, gemütlicher Raum. Dinner um 75 DM.

LORD EDWARD (23, Christchurch Place): zarte Samtmöbel und Kerzenlicht geben den erstklassigen Meeresfrüchten den letzten Touch. Der Fisch wird täglich frisch eingekauft. Zwei Dinner-Menüs, zw. 4o und 55 DM.

Das **RESTAURANT NA MARA** liegt draußen im Vorort Dun Laoghaire (Marine Road: Tel.o1/ 8o 67 67) - sehr reputiert für Meeresfrüchte. Hohes Deckengewölbe, Wände pink und Kerzenlicht. Klassische französische "haute Cuisine", a la carte 4o-5o DM.

★ **MITTEL**: COFFER`S in der Cope Street, Ecke Crown Alley tischt sagenhafte Steaks auf: Fleischlappen, die auf beiden Seiten des Tellers runterhängen. Altes Haus im Temple-Bar-Bezirk. Intime Atmosphäre und sanftes Licht. Um 3o DM.

Meeresfrüchte in der Mittelklasse: **PERIWINKLE BAR** im Powerscourt Townhouse, der Markthalle off Grafton Street. Ca. 1o - 2o DM, nur tagsüber.

GALLAGHERS BOXTY HOUSE dürfte der so ziemlich einzige Ort in Dublin sein, wo noch echt-irisches Essen serviert wird, das darüber hinaus auch noch schmeckt. Etwa Irish Stew, oder die Boxty-Pfannkuchen (aufgerollt und herzhafte Füllung, z.B. Fisch oder Fleisch). Der Pudding zum Dessert ist stadtbekannt. Adresse: Temple Bar, rauher Holzboden, von den Deckenbalken baumeln Kupferpfannen. Ca. 15-2o DM.

THE COLONY: in der Gasse von der Grafton Street rein zum Powerscourt. Ausgefallenes Interieur mit Tigerfellen, präpariertem Alligator und afrikanischen Masken. Die Gäste zu ca.7o % weiblich,- warum, weiß eigentlich niemand so genau. Um 2o DM für Dinner, tagsüber kleinere Snacks.

★ **BILLIG**: ISAAC (Frenchmans Lane): im Hostel am Busterminal Selfservice-Laden; auch für Leute, die nicht dort wohnen. Etwas lieblos zubereitet, aber für im Schnitt 7 DM nicht teuer.

WELL FED CAFÈ (Crow Street, off Dame Street) für vegetarische Sachen, tagsüber 6-8 DM. Interieur aus Holz, gehört zu einer Kooperative. Eingang durch einen linken Buchladen.

Als Gourmet-Tip unter den Vegetariern kursiert das **CORNUCOPIA** in der Wicklow Street. Im hinteren Teil eines Buchladens, das Essen zwischen Nickelbrillen und Birkenstock-Schuhen genießen. Tagsüber, 5-1o DM.

Herrliche Kaffeehaus- und Intellektuellen-Atmosphäre im **MARK BROS.**: Sandwiches, Tee, Kuchen. In zwei Etagen, laute Musik und oben dreht sich ein Ventilator. South Great Georgia Street.

COFFEE BEAN (4 Nassau Street): altertümliche Holzmöbel stehen auf etwas verschlissenem Teppichboden. Lunch 1o-15 DM; Dinner 2o-25 DM. Sehr gut für Naturkost-Sachen, aber auch Fleisch und Meeresfrüchte.

Cafes in den Seitenstraßen der Grafton Street. Mit Abstand am besten ist Bewley's Café - ideal für Frühstück und den Snack zwischendurch. Mondäne Plüsch-Atmosphäre,- der Duft nach frisch gemahlenem Bohnenkaffee hängt zwischen Spiegelwänden und dunkler Holzvertäfelung. Drei Filialen in 78 Grafton Street, 1o Westmoreland St. und 12, South George St. Geöffnet bis 18 Uhr, die Stoßzeiten Mittags vermeiden.

Das Coffee Inn (South Anne Street, Off Grafton Street) mehr für Intellektuellen-Boheme: sich mit Nickelbrille tarnen und in die Szene Mischen. Poster an den Wänden, lange tische und Bänke.

Take-Aways: Kenner wallfahren zu Burdocks. Schon seit drei Generationen grillen die Burdocks ihre Fish & Chips nach Altvater Sitte überm Kohlefeuer und servieren das ganze in altes Zeitungspapier gewickelt. Adr.: Werburgh Street, gegenüber dem Eingang zur Christ Church Cathedral. Geöffnet nur abends (außer Die und So).

BESHOFF`S, zentral in der O`Connell Street: Touch einer Austern-Bar des 18. Jh. und alle möglichen Fisch-Sorten rausgebacken in Pflanzenölen. Weit besser für Snacks als diverse Hamburger-Ketten.

All-Night-Restaurant: täglich außer dienstags von Mitternacht bis 5 Uhr: das MANHATTEN in 23, Harcourt Road, eine Institution im Dubliner Nachtleben. Sieht ein bißchen aus wie ein drittklassiger Truck-Stop an einem amerikanischen Highway, - nachts trifft sich hier alles, selbst Mitglieder der Dubliner Supergruppe U2 sieht man hier von Zeit zu Zeit. Um 1o DM.

TEA-TIME IM SHELBOURNE HOTEL:

Eine Zeremonie wie zur Zeit der Queen Victoria, das man sich die 2o DM schon mal kosten lassen kann: Inclusiv-Preis für Tee + Berge von Scones und kleinen Sandwiches. Ambiente: Kronleuchter, schwere Samtvorhänge, Plüschsessel. Von 15-17 Uhr im Lord Mayor Room des Hotels (bei der Rezeption rechts weg). Adr.: Stephens Green.

★ PUB GRUB: Pubs mit Essensmöglichkeiten

STAG'S HEAD (Dame Court - siehe "Pubs") Prunk-Pub mit Kronleuchtern und Holzbalustraden. Bis gegen 19-2o Uhr für 7-1o DM.

SHEEHAN'S (Chatham Street, Off Grafton Street) hat einen exzellenten Namen für seine Lunches, - Salate, Suppen, Quiches usw.

Abends geht man ins PEMBROKE in der Pembroke Street für ein ehrliches Bar-Supper: kleine Auswahl an Gerichten um 1o DM, faire Portionen.

Pubs

Nachmittags werden von 14.oo bis 15.oo Uhr die Zapfhähne trockengelegt ("holy hour"). In der übrigen Zeit tut sich recht viel in Dublin's Pub-Szene. Zwei Kneipen haben sich etabliert für SPONTAN-SESSION, bei Rucksacklern sehr beliebt:

O'DONOGHUES (15 Merrion Row): d e r Session-Pub in Dublin,- natürlich entsprechende Magnet-Wirkung für Touristen. Während der "Spontan"-Konzerte laufen die Blechpfeifen und Gitarren heiß. Vergilbte Erinnerungsfotos zieren die Wände und Zigarettenkippen den Boden.

BRAZENHEAD (Lower Bridge St): jeden Abend gute Sessions, wo sich Stimmengewirr mit Musikklängen vermischt. Interieur: geduckte Decke, wurmstichige Theke, bei schönem Wetter findet der ganze Betrieb auf der Terrasse statt. Romantisch auch die Läge des Brazenhead mitten im Altstadt-Gewühl.

Hinter vorgehaltener Hand kursiert bei den besseren und ernsthafteren Musikern das HUGHES PUB (Chancerey Place, off Arran Quay): jede Nacht Sessions mit hohem künstlerischen Niveau. Wird immer beliebter, bei Touristen kaum bekannt.

Pubs mit organisierten Veranstaltungen

Adressen in der Stadtzeitung. Hier die bekanntesten:

WEXFORD INN (Wexford St): täglich Balladen-Bands auf der Bühne und Tischreihen voller Zuhörer - das Wexford Inn hat seinen festen Platz in Dublin als "Konzert-Kneipe", oft auch sehr bekannte Künstler im oberen Raum (dort Eintritt).

Konkurrent des Wexford ist das SLATTERY´S (Chapel Street - parallel zur O`Connell Street) mit seinen Konzerten im Raum über der Bar (5-1o DM Eintritt). Gigs beginnen gegen 21 Uhr: mal vorbeischauen, - sollte nichts passendes angesagt sein, spielen immer ein paar Musiker unten in der Kneipe als Begleitung zum Guiness (kein Eintritt!).

BAGGOT INN (Lower Baggot St): hier läuft bei Eintrittspreisen von ca. 1o DM Rockmusik: knallvoller Schuppen und saftvolle Musik, sehr beliebt bei den Studenten.

NEW INN in der Bridge Street,- unter der Regie von Smiley Bolger, einer Legende des irischen Rock´n-Roll, der schon mit Leuten wie Bob Geldof oder Thin Lizzy auf dem Promotion-Sektor zusammengarbeitet hat. Das New Inn soll irischen Nachwuchs-Bands als Sprungbrett dienen. Wir drücken dem Projekt die Daumen.

BAD BOB'S BACKSTAGE BAR (East Sussex Street, neben dem Avantgarde-Theater): Balladen und guter Country-Sound. Vorteil: geöffnet bis 2 Uhr morgens. Nachteil: ca. 1o DM Eintritt.

ABBEY TAVERN: Das bekannteste Singing Pub im ganzen Bezirk, - aber ca. 15 km außerhalb in Howth (Verbindung mit Vorstadtzug oder Bus Nr. 31). Exzellente Musiker, die vor allem Balladen vortragen. Tip: Läßt sich durch ein vorheriges Dinner im angeschlossenen Restaurant zu einem netten Abend abrunden, à la carte um 5o DM. Buchen unter Tel. 32 2o o6 (ca. 15 DM Eintritt).

WEITERE KNEIPEN mit dem gewissen Etwas, ohne beim Guinness-Genuß durch Musik gestört zu werden.

BUTTERY: innerhalb des Campus vom Trinity College - niederes Keller-gewölbe und massive Säulen, prall gefüllt mit Studenten. Ideal, wer sich in die Szene mischen will. Normale Öffnungszeiten.

PALACE BAR (Fleet Street, off Westmorland Street): Einrichtung etwas älter als die Gäste: Buntglasfenster und Holzarbeiten aus dem vorigen Jahrhundert. Vorne hektischer Barbetrieb, im Hinterzimmer gemütlicher Plausch.

MULLIGAN'S (8, Poolbeg St): Nach übereinstimmender Meinung der Kenner und Insider wird hier das beste Guinness Dublins serviert - kunstgerecht gezapft, tiefschwarzes Gebräu mit blütenweißer Schaumkrone. Außerdem: Lieblingskneipe der Journalisten der Irish Press.

MCDAIDS (Harry St, off Grafton St): alte Bücherschwarten und die Portraits irischer Poeten sorgen für den gewissen intellektuellen Touch.

Gegenüber auf der anderen Straßenseite das BRUXELLES mit lautstarker Rockmusik und dem Geruch nach Underground, auffällig viele Leder-jacken und kurzgeschorene Köpfe.

DAVIE BYRNE ist der neueste Yuppie-Treff in der Duke Street, off Grafton Street. Abends oft so dicht gedrängt, daß sich die Krawatten ineinander verheddern.

STAG'S HEAD (Dame Court): vollständig holzvertäfelt, überall Balustra-den. Gutes Essen um 1o DM. Eines der renommiertesten Prunk-Pubs, sehr populär bei Studenten, immer gedrückt voll. Etwas schwer zu finden, die Dame Street lang (Richtung Christ Church Cathedral), dann gegenüber dem China-Restaurant New Dynastie die enge Gasse rein (links weg!).

ABBEY MOONEY (Lower Abbey St): prachtvoll verzierte Decke mit Blumen, Girlanden und anderen Gipsarbeiten. Schön für ein Glas nach dem Besuch im Theater nebenan.

RYANS BAR in der Parkgate, Nahe am Eingang zum Zoo, ist das viktoria-nische Pub schlechthin. Durch die Eingangstür wie durch einen Time-tunnel ins 19.Jh.: Buntglasfenster und überall Holzbalustraden, kleine Separees und an den Wänden Reibflächen zum stilechten Anzünden der Streichhölzer. Und natürlich: keine Barmädchen, sondern korrekt geklei-dete und überhöfliche Barmänner...

MUSEEN

⑧ NATIONALMUSEUM: Bringt Einblick in die Kulturgeschichte Irlands. Drei Abteilungen, - am interessantesten die "Irish Antiquities" mit Exponaten von der Steinzeit bis zum Mittelalter. Außerdem eine naturwissenschaftliche und eine kunsthandwerkliche Sektion. Kildare St.; Mo geschl.

⑨ NATIONAL GALLERY: Unter anderem Gemälde von Rembrandt, Goya, El Greco, Degas, Tizian, Rubens und Van Dyck. Auch viele englische und irische Künstler. Merrion Square; tgl. geöffnet.

⑩ MUNICIPAL ART GALLERY: Umfangreiche Privatsammlung modernerer Künstler: frz. Impressionisten, irische Maler aus der Jahrhundertwende. Adr.: Parnell Square; montags geschlossen.

⑪ CIVIC MUSEUM: Exponate zur Dubliner Stadtgeschichte. Adr.: South William Street; montags geschlossen.

⑫ NATIONAL WAX MUSEUM: Wachsfiguren-Kabinett - ca. 8 DM Eintritt Adr.: Granby Row; täglich geöffnet

MUSEUM OF CHILDHOOD: Spielzeug und Puppen aus mehreren Jahrhunderten. Adr.: Palmerstown Park., Juli und August tgl. außer montags. Verbindung mit Bus Nr. 13, 14, 14A.

⑬ GUINNESS BRAUEREI

Die Brauerei selbst kann zwar nicht besichtigt werden, - ein Besucherzentrum gibt aber Infos über das ölige Dunkelbier (Geschichte, Herstellung usw). Lohnt sich: alte Eichenfässer und Sudkessel, Fotos aus dem Album der Guinness-Familie. Multi-Media-Show usw. Zum Abschluß werden ein, zwei Gläser serviert. Adresse: Thomas Street, Ecke Crane Street. Ca. 3 DM Eintritt.

FOLKLORE

Pure, unverfälschte Folklore bei "Culturlann na hEireann"; Belgrave Square in Monkstown (Busse 7, 7A und 8, - Abfahrt "Eden Quay"). Tänze, Fiddler, keltische Gesänge. Jede Nacht Aufführungen von 21 bis 24 Uhr am besten während des Wochenendes. Ca. 5 DM Eintritt.

Irische Cabarets meist in den Hotels, lassen sich mit einem opulenten Dinner zu einem schönen Abend kombinieren. Die Show besteht aus einem bunten Abend mit Rezitativen, Tänzen, Harfenmusik etc. Preise: nicht billig, ohne Dinner um die 4o DM. Unbedingt übers TI vorausbuchen.

Nummern: siehe Stadtplan

Viele Reisegruppen bei den Irish Cabarets im Jury`s Hotel und im Burlington Hotel. Vorteil ist, daß beide innerhalb der Stadt liegen.

Besser die Shows im Pub Braemore Rooms im Vorort Churchtown (Tel. o1/ 98 86 64), vor allem einheimische Zuhörer und unbekannte Amateure als Künstler. Anfahrt mit Bus Nr. 14 und 16A, zurück per Taxi.

Oder ins Clontarf Castle (Tel. 33 22 71), wo oft bekannte Folksänger auftreten, die Fernseh- und Schallplatten-Renommée haben (siehe unser Folkmusic-Kapitel Seite 1o5). Anfahrt mit Bus 44A.

SPECTATOR`S SPORTS

Greyhound Racing täglich außer sonntags: Mo, Mi und Sa im Shelbourne Park und Di, Do und Fr im Harold's Cross Stadion. Ca. 5 DM Eintritt; Beginn um acht Uhr. Viel Stimmung beim Gejohle der Zuschauer und beim Geschrei der Buchmacher. Tip: sich mal auf's Wetten versuchen, die Mindesteinsätze liegen bei einer Mark.

Gaelic Football und Hurling finden Juli bis September jeden Sonntag Nachmittag statt. Adresse: Croke Park Stadium. Spieltermine stehen in der Abendzeitung.

Stock Car Racing: wilde Rennen mit hochfrisierten Maschinen, jeden Sonntag in Airport Road, Santry.

⑭ PHOENIX PARK

8oo ha große Parkidylle mit knorrigen Bäumen und Blumenwiesen, wo halbzahme Damhirsche grasen. Abends Treff der Liebespaare unter'm nostalgischen Gaslicht entlang der Hauptallee. Hier auch die Villa der irischen Präsidenten und der Zoo (interessante Raubkatzenzucht).

Heißer Tip: Mai bis September wird jeden Mi, Sa und So Polo gespielt, Eintritt frei. Ein aristokratischer Sport, - eine Art Hockey, wo die Spieler auf dem Pferd sitzen.

Gute Scones werden im Tee-Pavillon gegenüber dem Zoo serviert. Haupteingang: Parkgate Street. Busse 1o und 14 ab O'Connell St.

ENTERTAINMENT

Veranstaltungskalender im Stadtmagazin "In Dublin" und in der Abendzeitung "Evening Press".

KLASSISCHE KONZERTE von hohem Niveau in der National Concert Hall, Earls Fort Terrace. Eintritt 1o-3o DM. Beim TI vorausbuchen. Tickets gibt es beim Plattenladen HMV in der Grafton Street, Tel. o1/ 71 15 33.

JAZZ: jeden Tag irgendwo Konzerte, hauptsächlich in den Hotels. Traditionell sind die Jazz-Sessions während der Lunchtime an den Sonntagen.

154   Dublin

Klassischen Jazz macht Honor Hefferant: brilliante Stimme! und eine Frau um die dreißig, die "sich sehen lassen kann".

Louis Stewart macht ebenfalls Jazz und ist ebenfalls attraktiv... Sessions ohne Gesang, Louis ist der vielleicht beste Jazz-Musiker in Irland.

Eine ganze Reihe von KINOS. Auf Avantgarde-Filme und ausländische Filme haben sich das Screen in der College Street und seit 1989 das Lighthouse in der Middle Abbey Street spezialisiert.

THEATER: am renommiertesten ist Abbey Theatre (Lower Abbey Street). Um 19o3 von W.B.Yeats gegründet. Experimentier-Theater per excellence auf der sehr kleinen Bühne des Projekt Arts Centre im Temple-Bar-Bezirk (East Sussex Street), paar engagierte Darsteller schmeißen den Laden.

DISCOS: richtig voll erst ab 23 Uhr, wenn die Pubs die Zapfhähne abdrehen. Beste Zeit ist von Donnerstag bis Samstag. Das Mainstream-Publikum geht in die Leeson Street, mit seinen bis zu zwanzig Kneipen oft "The Strip" genannt. Alle mit Türsteher, kein Eintrittsgeld, aber saftig teuer: serviert wird nur Wein für ca. 4o DM die Flasche. Keine Live-Musik, sondern Platten.

Das Sides (Dame Street, Ecke Georges Street) zieht mehr das Freak- und Avantgarde-Publikum an. Keine Kleiderordnung. Um 1o DM Eintritt - serviert wird kein Bier, nur Wein und Alkoholfreies.

Ein "Muß" ist die Szene-Disco Pink Elephant, schon seit Jahren traditioneller Treffpunkt der Subkultur-Elite, wo sich öfters auch Bob Geldof oder die Jungs von U2 rumtreiben. Knapp 2o DM Eintritt.

FOLK-MUSIKSZENE: Im Kapitel "music" der Stadtzeitung nachschlagen - hier ein paar Namen von Nachwuchstalenten:

In Sachen Irish Folk spielen in Dublin eigentlich immer irgendwelche Stargruppen bzw. Solo-Künstler, die auch international renommiert sind. Sich mal genehmigen und mit der Show der Provinz-Könner in den namenlosen Pubs an der Westküste vergleichen...

Seit Ende 1986 sorgt "Hank Halfhead and the rambling Turkeys" für Furore: Hank Halbkopf und die wandernden Truthähne machen modernisierte Folkmusik, die sehr locker präsentiert wird. Kopf der Truppe ist Niall Toner, ein bekannter Radiosprecher bei Radio RTE-one, die anderen Mitglieder wechseln durch.

Fleadh Cowboys stehen für erstklassige Western-Musik.

Luka Bloom hat eine tiefe Aversion gegen E-Gitarren, sein Duett mit der Akustik-Gitarre ist aber unschlagbar. Spielt solo erstklassigen Folk. War während unserer Recherche gerade in den Staaten auf Tournee und arbeitet an einer Schallplatte.

SHOPPING

Einen Überblick über die einzelnen Geschäfte gibt das Faltblatt "Shopping in Dublin" (gratis beim TI). Schickes Boutiquen-Viertel ist die GRAFTON STREET, modische Klamotten und teurer Schnickschnack türmen sich in den Schaufenstern. Nach dem Shopping trifft man sich in Bewleys Café.

Eine Seitengasse der Grafton Street mündet in das POWERSCOURT TOWNHOUSE: ein Innenhof aus rotem Backstein mit Balkonen und Terrassen, abgedeckt durch ein Glasdach. Man sitzt gemütlich beim Tee auf einem der Balkon-Cafés, Regen prasselt auf's Dach und unten das Gedränge beim Einkaufen. In den Shops teurer Modeklimbim und viel Kunsthandwerk.

Für Souvenirs ist NASSAU STREET zuständig: Kristallgläser und Porzellan in Top-Qualität im House of Ireland, außerdem Tweedstoffe, Wollpullover etc. Bei Einkäufen über 350 DM gibt's 10% Rabatt. Elegant geschnittene Tweedjacken für den Herrn: Kennedy & McSharry. Im Kilkenny Design Shop irisches Kunsthandwerk und irischer Schmuck.

Im IDA ENTERPRISE CENTRE (Pearse St.) ein guter Querschnitt durch das irische Kunsthandwerk (Schmuck, Metallarbeiten, Schnitzsachen etc) - insgesamt 35 Shops. Die Craftsmen lassen sich beim Arbeiten zuschauen.

BÜCHER

Seit Sommer 1989: Hodges-Figgis in der Dawson Street, der größte und bestsortierte Buchladen Irlands in drei Etagen; gute Abteilung über Themen wie irische Geschichte oder irische Musik.

Exzellent für Antiquariats-Stücke ist Cathach Books in der Duke Street, off Grafton Street. Schöne Faksimile-Drucke von alten Landkarten.

Für Liebhaber: Forbidden Planet in der Dawson Street, seit 1989 voll spezialisiert auf Science Fiction, Fantasy und Comics.

Wer sich zur Erinnerung die irische Nationalfahne über`s Bett hängen möchte - zu haben im Untergeschoß bei Clery & Co (O`Connell Street), ca. 25 DM, dünner Leinenstoff.

SCHALLPLATTEN

Alle Schallplattenläden haben eine Folk-Ecke - Preise vergleichen und nach Sonderangeboten abklappern. Voll auf Folk spezialisiert hat sich als einziger Shop "Claddagh Records" (2 Celilia Street).

Wer von Dublin aus die Heimreise antritt, sollte sich nochmal eindecken, da die Scheiben in Deutschland nur in begrenzter Auswahl zu 30-50 % höheren Preisen zu haben sind. Dazu die Plattenempfehlungen im Folk-Kapitel (Seite 105).

Weitere Adressen für Folk sind McCullogh-Piggot in der Suffolk Street und Walton`s in der North Frederick Street. Schallplatten und traditionelle Musikinstrumente (vielleicht eine Tin Whistle als Souvenir.
Viele gälischsprachige Scheiben führt Gael-Linn (26, Merrion Square).

 In der Moore Street Gemüse- und Fleischmarkt. Echt-Dubliner Marktfrauen hinter Bergen von Äpfeln und Karotten, während vor den Ständen geschoben und gedrängelt wird. In den Seitengassen stilvolle Metzgerläden, wo noch Sägemehl auf dem Boden gestreut liegt.

An den Wochenenden eine Reihe von Trödler-Märkten: alles open-air mit Buden und jeweils einer Wahrsagerin ("fortune-teller"), die einem das Tarot legt. Zum Beispiel:

Freitag bis Sonntag der Christchurch Festival Market: zahlreiche Stände und Holzverschläge in einer Markthalle mit Glasdach, lebhaftes Basar-Ambiente. Schmuck, Bierdeckel, Briefmarken, Klimbim.

Außenmarkt ist der Blackberry Market in der Rathmines Road: billigere Sachen und authentischer Altstadt-Markt mit viel altem Krempel (liegt nicht eben in Dublins Edel-Viertel). Am Wochenende, nahe der Kirche mit der grünen Kuppel.

In einer Passage off Bridge Street findet Sonntag vormittag ein Vogelmarkt statt.

ARRAN-PULLOVER

Adressen im TI-Shopping-Guide. Rumsuchen nach Restposten und Sonderangeboten besonders gegen Ende der Saison lohnend. Maschinenvernähte Billig-Pullis um die 5o DM bei Clery`s (O`Connell Street) und Dunnes Store (Grafton Street).

TWEED

Die breiteste Auswahl bei Irish Cottage Industries (18, Dawson Street), sowie Kevin & Howlin (31, Nassau Street).

ANTIQUITÄTEN

Das frühere Antiquitäten-Paradies Bachelors Walk läßt mehr und mehr nach: viel Billig-Ramsch, die besseren Läden sind weggezogen. Gut aber für den einen oder anderen Gelegenheitskauf.
Beste Region für Antiquitäten-Hunting ist die Francis Street: zahlreiche Läden mit dem gewissen Niveau.

Wer sich noch mit **Camping Ausrüstung** eindecken möchte, geht zu "Great Outdoor" in der Chatham Street, off Grafton St.

FESTE

Spring Show (erste Mai-Woche): Landwirtschaftsausstellung, Rinder und Schafe zu Tausenden.

Feis Ceoil (Anfang Juni): Folkfestival mit Wettbewerben, in den Pubs laufen Gitarren und Zapfhähne heiß.

Horse Show (zweite August-Woche): Springreiter-Turniere mit Teilnehmern aus ganz Europa. Dazu Ausstellungen, Konzerte, Gelage etc. - die ganze Stadt ist in Fest-Stimmung.

Theatre Festival (Ende September /Anfang Oktober) Aufführungen auf allen Bühnen der Stadt.

VORORTE VON DUBLIN

Ideal für einen kurzen Nachmittags-Trip raus aus der Stadt, da schöne Strände und Sightseeing.

Verbindungen: per Bus oder Vorstadt-Zug (siehe "Transport in Dublin").

Genügend B&B-Häuser. - Wer will, kann sich hier draußen seine Unterkunft buchen.

★ 18 km nördlich liegt der Badeort **MALAHIDE,** auch bei schönem Wetter nicht zu überlaufen. Unbedingt lohnend ein Besuch des CASTLES: die einzelnen Zimmer prunkvoll in unterschiedlichen Stilepochen möbliert, wertvolle Gemälde und schöner Park.

Im Castle ist ein Museum für Modell-Eisenbahnen untergebracht, - eine tolle Sache für den Liebhaber. Verbindungen: Bus Nr. 42 ab Talbot Street, keine Verbindung mit der DART-Zug.

Laut dem amerikanischen Reiseführer "Frommer's" soll es hier auch ein MUSEUM für Modell-Eisenbahnen geben. Wäre für Liebhaber natürlich eine tolle Sache. Verbindungen: Bus Nr.42 ab Talbot Street.

★ **HOWTH**: Fischerhafen (15 km nördlich), die Kutter liegen zwischen bunten Segelyachten in der vorgelagerten Bay. Howth ist Reiche-Leute-Vorort von Dublin.

HOWTH CASTLE: herrlicher Park mit Rhododendronhecken. Heißer Tip ist die Klippenwanderung zum Baily Leuchtturm. Die Piste steigt vom Hafen aus steil an, reine Gehzeit bei 1 1/2 Stunden. Blick auf die Häuser-Wucherung von Dublin an der langgezogenen Bay. Unvergeßlich.

Für rund vier Mark bringt einen ein Boot rüber zum Inselchen "Ireland's Eye" - steil abstürzende Klippen mit Seevögeln.

Noch ein Tip für den Abend: in der ABBEY TAVERN exzellente Balladen-Sessions und gutes Essen (siehe Pubs); vorausbuchen.
Verbindungen: Bus Nr.31 ab Lower Abbey Street, DART-Zug.

★ BULL ISLAND: über Dämme mit dem Festland verbundene Vogelinsel, - unzählige Brachvögel, Reiher und Kiebitze stelzen durch den Schlick. Die meisten halten sich an der Westseite auf. Außerdem Golfplätze und ein hektischer, aber schöner Strand. Verbindung: Bus Nr.3o ab Lower Abbey Street .

★ PORTMARNOCK: hat Dublins schönsten Strand (genannt "Samtstrand"). Im Sommer viel Betrieb. Verbindung: Bus Nr.32, 32A ab Lower Abbey Street.

★ Von SANDYMOUNT zieht sich ein Endlos-Strand runter nach Süden. Alle zu erreichen per Bus oder mit dem DART-Zug.

★ DUN LAOGHAIRE Fährhafen für die Sealink-Verbindung nach Holyhead und chicer Jetset-Vorort (54.ooo Einw). Viel Flair an der Promenade, wo knallfarbene Yachten im Wasser schaukeln. Reiche Dubliner halten sich hier ihre Zweitwohnung. Das Angebot an Wassersportarten: Segeln, Tauchen, Surfen etc.

Unterkünfte: Hotels aller Preisklassen, B&B und eine oft ausgebuchte Jugendherberge.

Sehenswert sind neben dem Einkaufszentrum (die einzelnen Shops in langen Arkaden angeordnet) das MARITIME MUSEUM mit Schiffsmodellen. Außerhalb in Sandycore (Bus Nr. 8 ab Eden Quay) das JOYCE MUSEUM, wo Briefe, Fotos und Manuskripte an den Dichter erinnern. Verbindung: am besten per DART.

★ DALKEY hat zwar keinen Strand, aber betriebsamen Hafen mit ein- und auslaufenden Kähnen. Zum Rudern in der Bucht werden Boote vermietet. Im Sommer Boottrips zur Insel "Dalkey Island", die von einer Herde Wildziegen mit penetrantem Gestank überzogen wird. Wer mit gemietetem Boot rausrudern möchte - geht ganz schön in die Muskeln. Verbindung: Bus Nr.8 ab Eden Quay oder per DART.

Verbindungen

Das USIT-STUDENTENREISEBÜRO für die Travelsave Stamp, sowie zur Buchung günstiger Auslandsreisen (verbilligte Zug-/Bus-Tickets nach Nordirland, Schottland und England, sowie für die Heimreise nach Deutschland. Adresse: Aston Quay, neben der O`Connell Bridge, Tel. o1/79 88 33.

Verbindungen national

Auto: Gut ausgebaute Überlandstraßen, sternförmig in alle Richtungen der Insel. Rüber an die Westküste nur eine Sache von 3-5 Stunden.

1) **IN DEN SÜDOSTEN:**
   Wichtig vor allem die Verbindung nach WEXFORD und weiter zum Fährhafen ROSSLARE (nach England und Frankreich): ca. 165 km; Fahrtzeit im Schnitt 3 Stunden. Nach WATERFORD ca. 16o km; 3 Std.

2) **IN DEN SÜDWESTEN:**
   Nach CORK ca. 26o km, Fahrtzeit bei 4 1/2 Std. Nach KILLARNEY ca. 31o km; Fahrtzeit bei 5 1/2 Std. Nach DINGLE im letzten Stück nur Landstraßen: ca. 35o km; ca. 7 Std.

3) **NACH SHANNON-SIDE:**
   Bis LIMERICK Schnellstraße (ca. 2oo km ; 3 1/2 Std), - von hier Landstraßen in alle Richtungen. Zum SHANNON-AIRPORT ca. 22o km; Fahrtzeit 4 3/4 Stunden.

4) **ZU DEN COUNTIES GALWAY UND MAYO:**
   Wichtigster Anlaufpunkt ist GALWAY TOWN: ca. 22o km; etwa 3 3/4 Std. Nach WESTPORT ca. 26o km; Fahrtzeit 4 3/4 Std.

5) **IN DEN NORDWESTEN:**
   Nach SLIGO ca. 22o km: 4 Stunden. Von hier Verbindungen rauf nach Norden.

6) **NACH NORDIRLAND:**
   DUBLIN - BELFAST 17o km, ca. 3 Stunden.

Zug: CONNOLLY STATION: für Züge nach Wexford, Fährhafen Posslore, Sligo und Nordirland. Liegt ein paar Minuten ab vom Centre in Amiens Street.

HEUSTON STATION: für Züge nach Waterford, Cork, Killarney, Limerick, Galway und Westport. Adresse: Kingsbridge, hinter der Guinness-Brauerei. Zu Fuß etwa 15 Minuten oder mit Bus Nr. 23, 25, 26 in die City.

1).Return-Tickets: Rückfahrt innerhalb eines Monats. Viel billiger als zwei Singles.

2).Four-Day-Return: Rückfahrt innerhalb von vier Tagen und im Schnitt 2o% teurer als das Single-Ticket.

Wer nicht in Dublin bleibt, sondern durchfährt: Bus Nr.24 stellt die Verbindung zwischen beiden Bahnhöfen her.

1) **IN DEN SÜDOSTEN:**
   Nach <u>ROSSLARE</u> 3x/Tag, Fahrtdauer knapp 3 Std., 5o DM single, 7o DM return (Abfahrt Connolly Station). - Nach <u>WATERFORD</u> 4x/Tag; Fahrtdauer 2 Std. 4o Min. 55 DM single, 78 return (Abfahrt Heuston Station).

2) **IN DEN SÜDWESTEN:**
   Abfahrt der Züge von Heuston Station.
   Nach <u>CORK</u> 8x/Tag; Fahrtdauer ca. 3 1/4 Std. ca. 82 DM single, 1o5 DM return.
   Nach <u>KILLARNEY</u> 3x/Tag, Fahrtdauer ca. 3 3/4 Std., ca. 9o DM single; 11o DM return. Nach <u>DINGLE</u> keine Schienenverbindung. Mit dem obigen Killarney-Zug durchfahren bis <u>TRALEE</u> (4 Std.), den Rest per Bus, insgesamt ca. 1o5 DM (15 DM für Bus).

3) **NACH SHANNONSIDE:**
   Abfahrt von Heuston Station.
   Nach <u>LIMERICK</u> 8x/Tag, Fahrtdauer ca. 2 3/4 Std., ca. 63 DM single, 9o DM return. Von Limerick gute Busanschlüsse (z.B. zum Shannon-Airport).

4) **ZU DEN COUNTIES GALWAY UND MAYO:**
   Abfahrt von Heuston Station.
   Nach <u>GALWAY</u> 5x/Tag, Fahrtdauer ca. 3 Std., ca. 63 DM single; 9o DM return;
   Nach <u>WESTPORT</u> 3x/Tag; Fahrtdauer ca. 3 1/2 Std., ca. 82 DM single; 1o5 return.

5) **IN DEN NORDWESTEN:**
   Abfahrt von Connolly Station.
   Nördlichste Bahnstation ist <u>SLIGO</u>: 4x/Tag, ca. 3 1/2 Std., 7o DM single; 95 DM return.

6) **NACH NORDIRLAND:**
   Abfahrt Connolly Station;
   Nach <u>BELFAST</u> 6x/Tag; Fahrtdauer ca. 2 1/4 Std.

Bus: BUS EIREANN: die staatliche Gesellschaft. Terminal in der Shore Street (Busaras Station), direkt im Centre. Bei schlechten Anschlüssen eventuell Zug und Bus kombinieren.

PRIVATBUSSE: Spartip, fahren oft um ein Drittel billiger. Von Dublin aus gute Verbindungen zu den wichtigsten Städten. Terminal je nach Company unterschiedlich, genaue Daten im Tourist Office abchecken.

Die meisten Privatbusse unterhält die Company <u>Funtrek</u>, fast täglich Verbindung zwischen Dublin und den wichtigsten irischen Städten. Office in 32, Bachelors Walk, an der O´Connell Bridge.

1) **IN DEN SÜDOSTEN:**
   1) Bus Eireann: nach <u>ROSSLARE</u> 3x/Tag; Fahrtdauer knapp 4 Std., 15 DM single, 15 DM return; nach <u>WATERFORD</u> 3x/Tag; Fahrtdauer 3 1/2 Std., 21 DM single, 3o DM return.

   2) Privatbusse nach <u>ROSSLARE</u> Do-Sa tgl. einmal, ca. 17 DM. Company: Ardcavan Coaches (o53/22561). Abfahrt: Gresham Hotel.

2) **IN DEN SÜDWESTEN:**
   1) Bus Eireann: nach CORK nur 3x/Tag direkt; Fahrtdauer ca. 6 Std., 3o DM single, 36 DM return. Nach KILLARNEY und DINGLE recht umständlich, da keine Direktbusse. Nur mit Umsteigen in Limerick bzw. Limerick und Tralee. Gesamtpreis: 4o DM single, 45 DM return nach Killarney bzw. 45/55 DM nach Dingle.
   2) Privatbusse: nach CORK tgl. einmal; ca. 24 DM single, 33 DM return (innerh. einer Woche). Company: Funtrek. Nach TRALEE tgl. 1x: ca. 4o DM single; 65 DM return. Company: Bill O'Mahony (o1/593815). Abfahrt: vor dem Custom House, Custom House Quay. Ab Tralee dann mit Bus Eireann weiter nach KILLARNEY und DINGLE.

3) **NACH SHANNONSIDE:**
   1) Bus Eireann: nach LIMERICK tgl. 3x; Fahrtdauer ca. 4 1/4 Stunden. Ab Limerick dann Anschlüsse in alle Teile der Shannon-Region, 24/3o DM.
   2) Privatbusse: DUBLIN - LIMERICK mit "FUNTREK"; 2o/3o DM.

4) **IN DIE COUNTIES GALWAY UND MAYO:**
   1) CIE-Busse: nach GALWAY 3x/Tag; Fahrtdauer ca. 4 1/4 Std., 24/36 DM. Keine weiteren Direktverbindungen.
   2) Privatbusse: mit "Funtrek": tgl. einmal - ca. 15 DM single, 2o DM return.

5) **IN DEN NORDWESTEN:**
   1) Bus Eireann: nach DONEGAL TOWN 3x/Tag, Fahrtdauer ca. 5 Std., 27/36 DM. Nach LETTERKENNY 4x/Tag: Fahrtdauer ca. 4 1/2 Std., 27/36 DM. Keine Direktverbindung nach SLIGO.

6) **NACH NORDIRLAND:**
   1) Bus Eireann: gute Verbindung nach DERRY und ENNISKILLEN, - neuerdings auch 3x/Tag nach Belfast! Fahrtdauer 3 Std., ca. 24 DM one-way / 3o DM return.

Internationale Verbindungen

Interessant für die Heimreise oder für den Trip rüber nach Schottland. Siehe auch die Daten im Anreise-Kapitel dieses Buches.

Flüge: der "International Airport" liegt ca. 12 km nördlich. Taxi kostet stolze 3o DM. Busse: Shuttle-Bus ab Terminal ca. 7,5o DM, dauert eine 3/4 Std. Billiger der Stadtbus 41A (ab Eden Quay), - macht jedoch viele Zwischenstops.

Fähren: B+I - LINE nach Liverpool und Holyhead legt ca. 3 km außerhalb der City an. Zubringerbus ab Terminal (ca.3 DM).

SEALINK nach Holyhead: Abfahrt von Dun Laoghaire, rund 15 km südlich. Direkter Zubringerbus ab Connolly Station in der Amiens Street (ca. 3,5o DM). Infos zum Hafenort auf Seite 158.

Busse: nach SCHOTTLAND während der Hochsaison von Juni bis September 3 mal pro Woche mit der Company Supabus. Dabei geht's via der Fährlinie Larne-Stranraer (in Nordirland). Zeitbedarf: alles inklusive knappe 12 Stunden. Preis ca. 85 DM einfach.

Nach LONDON: täglich eine ganze Reihe von Verbindungen, wobei jeweils die Nacht über durchgefahren wird.

Züge: die teuerste Verbindung - das Transalpino-Ticket nach London kostet beispielsweise 11o DM.

Schnellfinder	
Boyne Valley	163
Wicklow Mountains	167
Wandern	167
Enniskerry	168
Glendalough	168
Glenmalure Valley	17o
Walkers Triangle	17o
Blessington Seen	171
Ashford	171
Grafschaft Kildare	172

Umgebung von Dublin

Schöne Tagesausflüge ab Dublin.

A) *Richtung Norden ins BOYNE VALLEY mit historischen Monumenten aus unterschiedlichen Epochen, - darunter das exzellent erhaltene Steinzeit-Grab "Newgrange".*

B) *Richtung Süden in die WICKLOW MOUNTAINS Lohnt sich trotz vieler Kurzausflügler aus den Dubliner Vororten wegen der grandiosen Berglandschaft, - fahlgelbe Matten an den Abhängen, weite Täler und mit knorrigen Bäumen bewachsene Kuppeln. 12 Jugendherbergen, zahlreiche B&B.*

C) *Südwestlich von Dublin in die GRAFSCHAFT KILDARE: weniger interessante Landschaft, aber einige sehenswerte Ausflugsziele.*

A) BOYNE VALLEY

Eine Kette von erstrangigen Sehenswürdigkeiten liegt im Tal des River Boyne zwischen den Städten Drogheda und Navan - beide rund 5o km nördlich von Dublin.

Verbindungen

Schlechte Verbindung mit öffentlichen Verkehrsmitteln: Leute ohne eigenen Wagen schließen sich am besten einer Reisegruppe an (Infos über das TI, im Schnitt um 3o DM.

Alternative ist das **Mietauto** (ca. 13o DM für den Trip, incl. Kilometerpauschale).

Eine schöne Variante: mit **Zug** rauf nach Drogheda als Ausgangspunkt für den Trip (5x/Tag, Zeitbedarf ca. 25 Minuten, Return-Tarif ca. 2o DM,

In Drogheda sich dann bei Carolan & Sons (77 Trinity Street: Tel. o41/38 242) ein **Fahrrad** mieten. Der Weg zu den einzelnen Sehenswürdigkeiten addiert sich zu 5o-6o km, somit volles Tagesprogramm per Drahtesel.-

DROGHEDA (24.ooo Einw.): hektischer Industrieort, vor allem Zementwerke und Brauereien. Im Hafen wird Vieh für den Export verladen. Die West Street mit ihren Pubs und Restaurants ist Schlagader der Stadt. Sehenswert das wuchtige Stadttor aus dem 13.Jh. (St. Lawrence St.) und die gotische St.Peter's Church (West St.) ansehen.

Umgebung von Dublin

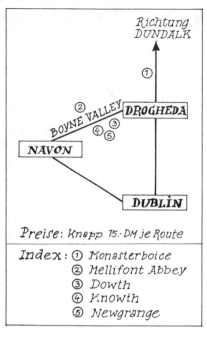

Preise: Knapp 15.-DM je Route

Index: ① Monasterboice
② Mellifont Abbey
③ Dowth
④ Knowth
⑤ Newgrange

MONASTERBOICE: Klostersiedlung aus der Jahrtausendwende. Besonders interessant die drei Hochkreuze, vollgepackt mit Reliefs biblischer Szenen, dazwischen keltische Tiersymbole und Ornamente. Das Muireadach-Cross gleich beim Eingang gilt als das schönste in ganz Irland:

Im Zentrum eine Darstellung des Jüngsten Gerichtes, die sich in Ausschmückungen auf den Kreuzarmen fortsetzt.

Für den Rundturm (3o m hoch) den Schlüssel im Nachbarhaus abholen.

Anfahrt: Knapp 1o km Richtung Norden (Belfast), dann links weg. Beschildert.

MELLIFONT ABBEY: Nur noch ansatzweise erhalten - aber mit etwas Phantasie füllen sich die Ruinen mit dem Leben der Zisterziensermönche, die das Kloster im 12.Jh. erbaut haben. Zu sehen sind die Reste des Kreuzganges und das Kapitelhaus (2oo Jahre später angefügt). Anfahrt: ca. 9 km westlich.

NEWGRANGE: Phantastisch erhaltenes Kammergrab aus der Steinzeit - der Höhepunkt im Boyne Valley. Jeder kleinste Stein steht noch unverändert wie vor 5.ooo Jahren. Eine Garantiezeit, die heutige Architekten wohl nur schwer geben könnten.

Über der zimmergroßen Grabkammer wurden 2oo.ooo Tonnen Gestein aufgeschichtet: ein 11 m hoher Erdhügel mit 85 m Durchmesser. Der Bau muß Jahrzehnte gedauert haben, vermutlich war er für einen bestimmten Stamm eine Art Statussymbol.

Ein mit Steinplatten "tapezierter", 2o m langer Gang führt in die Hauptkammer, wo wahrscheinlich beim Fackelschein düstere Zeremonien abgehalten wurden. In den drei Seitenkammern wurden zusammen mit Beigaben (Steinperlen, Knochennadeln etc) die Toten beerdigt, während nur dumpf das Wehklagen des außerhalb zur Totenfeier versammelten Stammes hereindrang.

Mysterium: Durch einen Schacht oberhalb des Einganges dringt während der Sonnwende am 21. Dezember für ein paar Minuten Sonnenlicht ins Innere der Kammer. Man vermutet, daß den Toten Trost gespendet werden sollte, daß das Leben draußen weitergeht.

Um den Hügel herum wurde ein Kranz aus Steinmonolithen errichtet (noch zwölf erhalten). Nach neueren Erkenntnissen tausend Jahre später, als das Grab schon nicht mehr benutzt war: evtl. eine symbolische Mauer, um Besucher (also uns) von der sakralen Stätte fernzuhalten.

Neben <u>Newgrange</u> gibt es hier noch eine ganze Reihe weiterer, touristisch kaum erschlossener <u>Ganggräber</u>:

KNOWTH: Wird gerade ausgegraben, daher keine Besichtigung möglich.

DOWTH: Nur bei guter Kondition zu empfehlen: Über eine Eisenleiter einen ca. 7 m tiefen Brunnen hinabsteigen, - von hier auf allen Vieren mit der Taschenlampe durch den engen Schacht in die Grabkammer.

Wer im Boyne Valley übernachten will: überall B&B, in den größeren Orten Hotels. Während der Hauptsaison schon in Dublin vorausbuchen.

Billig-Herberge: das AnOige-Hostel "**Mellifont**", gleich neben der Abbey, Sympathischer Warden, aber sehr basic (keine Duschen, zu den Toiletten übern Hof). Mit nur 2o Betten sehr klein. 2x/Tag Bus aus Drogheda (oder mit Fahrrad; ca. 1o km). Tel. o41/26 127.

NÖRDLICH DES BOYNE VALLEY
Die Gegend wird meist in einem Rutsch durchfahren. Graue Industrieorte und Felder liegen links und rechts der N 1, die Richtung Belfast führt (insgesamt 17o km).

★ Clogher
(6o km ab Dublin) ist hektischer Fischerhafen mit Batterien von bunten Kuttern rund ums Pier, Schwärmen von Möven und viel Gestank. Abends wilde Saufereien in den Pubs. Heißer Tip: vom Pier Richtung Süden entlang der Klippen - nach ein, zwei Kilometern schöner Strand.

★ Cooley Peninsula
Landschaft aus "rolling hills" mit Grasmatten, wo Schafherden grasen, und aus braunen Heidekrautflächen. Schön, um auf dem Weg nach Nordirland einen Stop einzulegen; eigens rauffahren wegen der Halbinsel würde ich nicht.

Ausgangspunkt ist **DUNDALK** (25.ooo Einw.), fast stündlich Busverbindung ab Dublin (ca. 15 DM) oder sechsmal per Zug (ca. 26 DM). Von hier fährt mehrmals am Tag ein Kleinbus die Halbinsel ab. Oder sich besser gleich ein Fahrrad mieten, bis zur Jugendherberge in Omeath sind's knapp 5 km.

 Bike-Rent: Cycle Centre, 44 Dublin Street: Tel.o42/37 159.

Hinter dem Hotel in Ballymascanlon liegen die gewaltigen PROLEEK DOLMEN, - der Deckstein wiegt knapp 5o Tonnen.

CARLINGFORD: Hauptort der Halbinsel. In der Umgebung beschilderte Wanderwege zum "Carlingford Mountain" (herrlicher Blick über den tief eingeschnittenen Fjord und die Berge im Hinterland).

In **OMEATH** großer Holiday-Rummel mit Sportanlagen und Scharen von Urlaubern. Hier allerdings zwei preiswerte Hotels und das AnOige-Hostel "Omeath" (Tel.: o42/751 42), die einzige Billig-Herberge auf der Halbinsel.

B) WICKLOW MOUNTAINS

Von tiefen Glens zerschnittene Berglandschaft, Wildbäche in bewaldeten Tälern. Ideal sowohl für einen Tagestrip als auch für längere Trekking-Touren. An der Küste goldgelbe Strände mit mächtigen Dünenwällen dahinter.

Die Wicklow Mountains sind beliebtes Ausflugsziel für Dubliner, die mal für ein paar Tage ins Grüne fahren wollen. Die Wochenenden, wo der Andrang am größten ist, nach Möglichkeit meiden.

Bis ins Zentrum des Massivs nur fünfzig Kilometer, - mit dem Auto ca. 1 1/2 Stunden. Von Dublin runter zu den größeren Orten auch regelmäßige Buslinien, für weiteren Transport dann vielleicht Fahrrad mieten.

Das Netz von elf Jugendherbergen macht die Wicklow Mountains ideal für Rucksackler. Allerdings quartieren sich (besonders in den größeren Hostels) regelmäßig Dubliner Schul- und Pfadfindergruppen ein. Besonders am Wochenende bebt die Bude vom Geschrei beim Blinde-Kuh-Spielen, was den letzten Nerv kosten kann. Daher sehr empfehlenswert, vorher anzuklingeln und mal nachzufragen.

WANDERN

Beliebtester Langstrecken-Trail Irlands ist der WICKLOW WAY; - dabei geht's im Zickzack von Nord nach Süd quer durch die Berglandschaft. Felswände und Schafherden, während man abends in Jugendherbergen gemütlich beisammensitzt.

Für die insgesamt 9o Kilometer mit einem Zeitbedarf von 4-5 Tagen kalkulieren. Kartenmaterial: "The Wicklow Way" von Ordonance Survey, in allen Buchhandlungen in Dublin. Mit genauer Wegbeschreibung. Da zusätzlich gut beschildert, entstehen kaum Orientierungsprobleme. Ausgangspunkt ist der Marley Park in Rathfarnam (Stadtbus 47B und 47A).

INFOS/KARTEN: Eine grobe Übersicht bietet die "Touring Map of Wicklow" (ca. 3,5o DM). Detaillierte Standard-Karte, auf der auch alte Militär- und Schotterwege eingezeichnet sind, ist die Ordonance Survey, Blatt 16 (ca. 7,5o DM).

Wer Wanderungen plant, sollte sich unbedingt von den "Irish Walk Guides" das Heft 5 besorgen (ca. 4 DM) - enthält insgesamt 35 Routenvorschläge.

MÜCKEN sind eine Spezialität der Mountains: tauchen an warmen Sommerabenden ab 17 Uhr unvermittelt auf und sind praktisch allgegenwärtig. Besonders wer im Freien campt oder Trekking-Touren macht, sollte sich mit einem wirksamen Spray eindecken.

★Enniskerry

Pittoreskes Dorf in einer dichtbewaldeten Senke, die alten Sträßchen und die gemütlichen Pubs kuscheln sich rund um den Uhrturm. Enniskerry wurde um 183o am Reißbrett entworfen als Arbeitersiedlung für die Angestellten des Landgutes.-

Anfahrt nach Enniskerry: Ca. 12 km südlich von Dublin und stündlich Verbindung mit Stadtbus Nr.44 ab Hawkins Street.

Die schönere Variante: mit dem DART-Zug runter zum Seebad-Vorort Brae, dort für die 5 km raus nach Enniskerry ein Fahrrad mieten (bei Harris & Son, 87c Greenpark: Tel. o1/86 33 57).

Erstrangige Sehenswürdigkeit sind die <u>POWERSCOURT GARDENS</u>: geschmackvolle Anordnung der Buschgruppen und Baumreihen, an einem See ein 3 cm hoher Springbrunnen. Gilt als eine der faszinierendsten Parkanlagen Europas. Wurde 1875 angelegt, mit Eselskarren wurde das gesamte Erdreich abterrassiert. War einer der letzten formalen Gärten Europas, bevor ab 188o der Zeitgeschmack mehr nach informellen, verwilderten Parks verlangte. Sieben Gärtner kümmern sich permanent um die Anlage.- Ca. 5 km südlich von Enniskerry der <u>Powerscourt Waterfall</u>: das Wasser stürzt sich 9o m tief runter - faszinierende Naturschönheit!

Drei Hotels und jede Menge B&B.

AnOige-Hostel: Gut erhalten die **Knockree-JuHe**, von der Haustür aus phantastischer Blick über das ganze Tal. Minuspunkte: ständig Pfadfinder-Gruppen, sehr strenger Warden und Lage 5 km ab von Enniskerry.

Katastrophen-Hostel ist die **Glencree-JuHe** (6 km weiter westlich): dunstige Baracke, wo das Wasser durch's Dach sickert und ständig Gruppen.

★ Glendalough

Von Dublin führt der Weg nach Glendalough durch weite Hochmoore mitten ins Herz der Wicklow Mountains. Der beliebteste Tages-Trip, aber auch ideales Centre für längere Trails.

<u>Busse</u>: keine Verbindung mit Bus Eireann, - nur der Privatbus "St.Kevins" (Tel.: o1/818119). Fährt täglich 2x ab College of Surgeons, Stephens Green West. Preis: 12 DM, dauert 85 Minuten. <u>Infos</u> über genaue Abfahrzeit beim TI in der O'Connell Street, Dublin.

Einzigartige Lage, eingebettet in ein mit verkrüppelten Fichten bewachsenes Tal. Besteht eigentlich nur aus ein paar Häusern, die zwischen die beiden tiefblauen Seen gestreut liegen. In der Umgebung schöne Wanderwege: vier Trails wurden während der Recherche gerade ausge-

Umgebung von Dublin 169

schildert. Startpunkt vom Upper Lake, verschiedene Schwierigkeitsgrade. Broschüren mit Trail-Beschreibung überall in den B&B-Häusern/Hostels.

Hauptattraktion von Glendalough sind die Ruinen einer alten Klosterschule, zu der im Mittelalter Geistliche aus ganz Europa pilgerten. Sehenswert hier vor allem die ST. KEVIN`S CHURCH, - ein frühchristliches Bethaus aus dem 11. Jh. Sieht aus wie ein umgestürztes Boot, ganz aus Stein.

Von der Kathedrale sind nur noch Überreste erhalten. Vollständig erhalten der über 3o m hohe Rundturm: fünf Stockwerke, der Eingang liegt 3 1/2 m über dem Erdboden. Zur Einführung lohnt sich der Besuch des neueröffneten Visitor Centre mit Ausstellungen und einer 5ominütigen Filmshow!

Royal Hotel: Tel.: o4o4/5135. DZ ca. 15o DM. Profitiert als einziges Hotel mehr von seiner Monopolstellung als von gutem Service. Häufig Klagen, daß sich der Besitzer zuwenig um seine Leute kümmert.

Derrybown House: Tel.: o4o/ 5134, DZ ca. 12o DM. Elitäres Landhaus im Nachbarort: überall Antikmöbel und speckige Gemälde, den Lachs zum Breakfast tafelt man mit Silberbesteck. Warmer Empfang trotz der Klasse, weites Farmgelände drumrum und 1A Dinner.-

BED& BREAKFAST: Alle Häuser im 2 km entfernten Nachbarort Laragh. Allerdings ist niemand bei Bord Failte registriert, daher auch keine Vorausbuchung übers TI: in der Zeit der Engpässe in den Monaten Juli und August schon am vormittag ankommen und eine Unterkunft suchen, später sogut wie aussichtslos. In den übrigen Monaten o.k.

Drei BILLIG-HERBERGEN: Das **AnOige-Hostel** (Tel.:o4o4/5143) wurde während der Überarbeitung gerade von einem Schwung Handwerker "generalüberholt". Nachteil: häufig Schulklassen und Pfadfindergruppen. Liegt 1oo m vom Visitor-Centre.

Das **Old Mill Hostel** (Tel.:o4o4 /5156) liegt wunderschön an einem River, sofern die Bude bis Drucklegung des Buches noch nicht eingestürzt ist.

Gleich neben der Klostersiedlung und nur drei Minuten vom Seeufer liegt das **Coach House Hostel**: Von einem Deutschlehrer und seiner Frau, die als Jounalistin bei der Irish Times arbeitet, mit viel Schwung geführt. Kleine Zimmer, keine Etagenbetten, Verleih von portablen TV-Geräten usw., - bei schönem Wetter sitzt alles auf den Bänken im Innenhof beisammen.

 Prinzipiell kein Wildcampen, da Naturschutzgebiet: offizieller Zeltplatz beim Coach House Hostel, wo sich die Wiese sanft zum See runterzieht. Extra Toilettenblock, Küche im Hostel mitbenutzen. Keine Caravans!

 Gutes hört man vom WICKLOW HEATHER in Laragh, um die 15 DM - aber auch kleinere Sachen (z.B. ein Teller Suppe).

Radfahren geht bei dem hügeligen Gelände gewaltig in die Knochen, wer`s trotzdem versuchen möchte: zu mieten bei John Kenny, neben dem Heather Restaurant in Laragh.

Eine atemberaubende RUNDFAHRT führt ab Glendalough über den Wicklow Gap und zurück über den Sally Gap (insgesamt ca. 65 km). Einsame Bergstrecken durch verkarstete Hochplateaus, Teile der Streckenführung in Abhänge gekerbt. Mit dem Rad eine anstrengende und schöne Tagestour.

Glenmalure Valley

Einsames Tal, wo ein Wildbach fließt und verkrüppelte Kiefern sich die Hänge raufziehen. Quer durch führt eine etwa sechs Kilometer lange Blindstraße zum:

AnOige - Hostel Glenmalure. Romantische Berghütten-Atmosphäre mit Gaslicht und dem Plumpsklo hinter'm Haus. Waschen morgens am Fluß, der nebendran vorbeiplätschert. Nur 16 Betten, hauptsächlich irische Bergsteiger. Keine Gruppen.

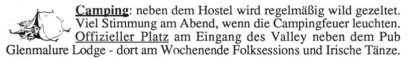

Camping: neben dem Hostel wird regelmäßig wild gezeltet. Viel Stimmung am Abend, wenn die Campingfeuer leuchten. Offizieller Platz am Eingang des Valley neben dem Pub Glenmalure Lodge - dort am Wochenende Folksessions und Irische Tänze.

B&B: einziges Haus ist das **Glenmalure Lodge**. Entlockt keine Begeisterungsstürme, ist aber derzeit ohne Konkurrenz. DZ ca. 7o DM.

Anreise:

1) Mit Zug/Bus nach Rathdrum, - die restlichen 2o km ohne öffentlichen Transport. Nur zu Fuß, mit Rad oder Auto.

2) Unvergeßlich die Wanderroute ab Glendalough (siehe oben) quer durch Fichtenwälder mit einsamen Lichtungen. Vom Bergkamm aus Panorama - Blick über das gesamte Wicklow-Massiv. Nennt sich der "Mess-Track" (da früher von den Menschen zum Kirchgang benutzt): ca. 13 km, Zeitbedarf bei 6-7 Stunden. Nur mit Karte und Kompaß, da man sich sehr schnell verirrt hier draußen in der Farnkräuter-Wildnis.

Walkers Triangle

Von den zerschrammten Bergstöcken Lugnaquilla und Table Mountain beherrschtes Massiv, - schroffe Felswände und Täler mit weiter Heidekraut-Steppe.

Das Massiv ist eingegrenzt von drei AnOige-Hostels, die es in Form eines Dreiecks umgeben und jeweils einen Tagesmarsch auseinander liegen.

Schöne Wanderung quer durch die Berglandschaft, und abends sitzt man in der nächsten JuHe gemütlich vor'm Feuer. Die geplanten Routen vorher am besten mit den Wardens kurz durchsprechen, die die Landschaft wie ihre Westentasche kennen.

Glenmalure Hostel: primitive, aber stilvolle Bergsteiger - Hütte. Details siehe oben.

Ballinclea Hostel (Tel.: o45/53657): optimal ausstaffiert (Zentralheizung, Acht-Bett-Zimmer). Keine Gruppen zugelassen, da in der Nähe ein Artillerie-Übungsplatz. Als neuer Warden ein engagierter Bergsteiger, der Schwung in die Bude bringt und seine Leute gut mit Infos versorgt. -

Aghvannagh Hostel (o4o2/61o2): alte, britische Militärbaracke mit guten Facilities. Leider sehr oft Gruppen.

Blessington Seen

Zwei Seen südlich des Weilers Blessington (langes Straßendorf mit Baumzeilen). Schöne Landschaft und das Sehenswerte.

RUSSBOROUGH HOUSE: Herrenhaus mit italienischen Gips-Stuckarbeiten: Sammlung von Gemälden (u.a. Vermeer, Goya, Velazquez) und Silberbesteck. Geöffnet Mi, Sa, So - nur nachmittags.

Die **Baltiboys-JuHe** (Tel.: o45/67266) ist zwar einfach mit Bus zu erreichen, - jedoch häufig quartieren sich hier Hooligans aus Dublin ein und machen Radau.

Ashford

Gute Verbindung ab Dublin mit dem Bus nach Wexford, - mehrmals pro Tag. Jeden Montag trubeliger Straßenmarkt, um die fünfzig Buden und einen Abstecher wert! Sehenswert die MOUNT USHER GARDENS: Blumen und Bäume aus der ganzen Welt, prachtvoll in einem Flußtal gepflanzt. Alles locker arrangiert und romantisch verwildert: verdeutlicht optimal den Kontrast zu den formellen Gärten wie z.B. Powerscourt in Enniskerry (Seite 168), die man vor etwa 188o anlegte.

Knapp 2 km außerhalb liegt das DEVIL`S GLEN: tiefe Schlucht mit schroffen Felsabstürzen, an denen zerzauste Büsche wuchern. Sieht aus, als hätte eine Riesenhand einen gigantischen Erdbrocken herausgerissen. Von einer Seite rauscht ein 3o m hoher Wasserfall in einen Fels-Pool. Sollte man sich nicht entgehen lassen - in die Abhänge der Schlucht sind Trampelpfade gemeißelt.

In Tiglin am anderen Ende des Glen (1o km ab Ashford) liegt ein ADVENTURE CENTRE mit Wochen- und Wochenend-Kursen in Bergsteigen, Tauchen, Surfen, Höhlenforschen usw.

Gegenüber die **Tiglin-JuHe**: Schöne Herberge, der Warden engagiert sich. Oft Gruppen, - haben aber separaten Aufenthaltsraum.

Der Küstenstreifen

Eine Kette erstklassiger Strände liegt zwischen Wicklow Town und Arklow, silbriger Sand mit welliger Dünenlandschaft dahinter. Sehr schön, um bei gutem Wetter einen Tag zu relaxen; an Wochenenden aber hoffnungslos überfüllt.

Verbindung: Dreimal pro Tag mit dem Wexford-Zug (Abfahrt: Conolly Station, Amiens Street) und sechsmal mit dem Wexford-Bus. Preise bis Wicklow Town: für Zug ca. 17 DM single oder day-return; für Bus ca. 1o DM single (15 DM day-return).

Schönster und auch überlaufenster Strand ist Brittas Bay, - am wenigsten Leute am Küstenabschnitt nördlich von Arklow. Tip für einen schönen Nachmittag: vom alten Pier in Wicklow Town entlang der Klippen (Cliff Treck) etwa vier Kilometer zum Silver Beach laufen. Die Brandung schlägt gegen die Klippenwand und Geschrei von Möwen, um nachher am Strand neue Kräfte zu sammeln.

Camping: Wildcampen in den Dünen ist strikt verboten. Zwei voll ausgerüstete Plätze in Redcross - aber 5 km im Hinterland.

C) GRAFSCHAFT KILDARE

Liegt westlich von Dublin. Die Landschaft reißt nicht gerade vom Stuhl: fruchtbares Weideland mit Busch- und Baumgruppen dazwischen. Aber einige Sehenswürdigkeiten, die einen Besuch lohnen.

★ **1)** Südlich von **LEIXLIP** liegt CASTLETOWN, eines der schönsten georgianischen Häuser Irlands. Erbaut 1722; aufwendige Gipsarbeiten und funkelnde Kronleuchter geben illustres Ambiente.

WONDERFUL BARN (2 km südl. von Leixlip auf einem Privat-Grundstück): 25o Jahre altes Silo in ungewöhnlicher Bauweise - konische Form mit spiraliger Wendeltreppe aus Stein außen rum. Anreise: 2o km Richtung Galway, dann links weg. Stadtbus Nr.67 ab Middle Abbey Street (durchfahren bis Endstation "Celbridge").

★ **2) ROBERTSTOWN**: im "CANAL HOTEL" werden im schloßzimmerähnlichen Speiseraum Bankette im Stil des 18.Jahrhunderts abgehalten. (Infos und Buchen beim TI/Dublin).

Tagsüber lohnend der Falkenhof ("Falkonry"), - dressierte Raubvögel mit Lederhäubchen über'm Kopf warten auf ihren Einsatz. Anreise: Richtung Limerick bis Naas, dann rechts weg. Insgesamt ca. 45 km. Busverbindung, ca.12 DM.

★ **3)** Lohnendstes Ziel im County ist **KILDARE TOWN** wegen zweier Attraktionen im südl. Vorort Tully:

JAPANESE GARDENS: Gewirr aus Brücken, kleinen Bächen und Hügelchen überwuchert mit japanischen Pflanzen und Bäumen. Soll die Stationen des menschlichen Lebens von der Wiege bis zum Grab widerspiegeln. Außerdem breite Kollektion von Bonsaibäumen und ein originales Teehaus.

NATIONAL STUD: Hier werden hochwertige Pferderassen herangezüchtet. Vollblut-Hengste in den Stallungen, auf den Weiden junge Fohlen. Zweimal pro Tag Führung durch die Anlage. Im Horse Museum alte Pferdegeschirre, Stammbäume etc. sowie Exemplare der wichtigsten Rassen.

Anreise: ca. 55 km Richtung Cork. Busse: stündlich, Preis ca.14 DM single, ca.2oDM return.

★ **4)** Liebhaber von Zinn-Sachen sollten den Abstecher nach **TIMOLIN** machen. Hier ein Zentrum, wo in Handarbeit von kleinem Schnickschnack bis zu teuren Leuchtern alles hergestellt wird (in der "Pewter Mill"). Gelegenheitskäufe.

Anreise: Etwa 6o km Richtung Waterford.

in eigener Sache:

Es liegt in der Natur der Dinge, daß bei der Fülle an konkreter Information, die dieses Buch enthält, sich im Laufe eines Jahres einiges ändern kann.

Deshalb bitten wir um Mitteilung von Abweichungen. Wer uns ansonsten irgendwelche ausgefallenen Tips wie neue Routen, schöne Hotels mit viel Atmosphäre oder ähnliches schickt, wird bei der Neuausgabe dieses Buches namentlich zitiert.

Bitte schreibt uns, wir freuen uns über jeden brauchbaren Tip, weil wir es wichtig finden, daß man nicht irgend ein blödes Laberbuch, wie leider viele Reiseführer, mit sich schleppt, sondern etwas, was wirklich nützlich und hilfreich ist.

IRLAND-Redaktion

VERLAG MARTIN VELBINGER
Bahnhofstr. 1o6 – 8o32 Gräfelfing/München

Schnellfinder

Cork City	176
Trips in die Umgebung	185
Kinsale	186
Die Südküste	191
Skibbereen	191
Baltimore	195
Sherkin Island	196
Cape Clear Island	197
Mizen-Halbinsel	200
Sheepshead-Halbinsel	102
Glengarriff	203
Trips ab Glengarrif	205
Ring of Beara	206
Killarney	211
Ring of Kerry	224
Valencia Island	228
Skellig Rocks	229
Waterville	231
Cahirdaniel	232

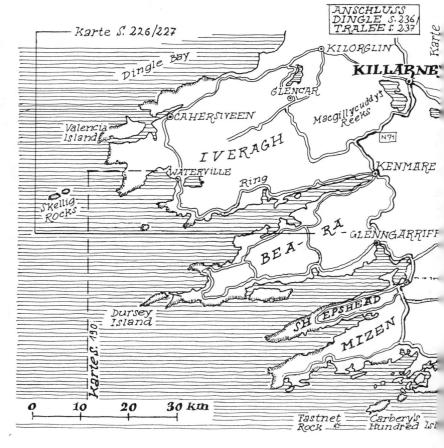

Der Südwesten

Wegen des milden Golfstrom-Klimas subtropische Vegetation. Bizarre Kontraste der Palmenstrände mit schroffen, zerschrammten Bergbuckeln dahinter, an deren Hängen rauhes Heidekraut wuchert.

In geschützten Buchten Eukalyptusbäume und afrikanische Tropenpflanzen an der tiefblauen Wasserfläche. Das Hinterland ist sanft geschwungen, - mannshohe Fuchsienhecken ziehen sich entlang der Landstraßen.

Ringstraßen entlang der Küste der fünf Halbinseln, Abstecher zu kleinen Inselchen, die Treibhaus-Vegetation bei Glengarriff. Oder in Kinsale auf Haifisch-Jagd gehen.

Weitere Tips sind die mittelalterlichen Gassen der Stadt Cork oder die klassische Seenlandschaft im Nationalpark bei Killarney. Optimale Infrastruktur (Hotels, Billig-Herbergen, Restaurants) - der Südwesten ist das touristische Hauptgebiet Irlands. Am besten eine komplette Woche reservieren.

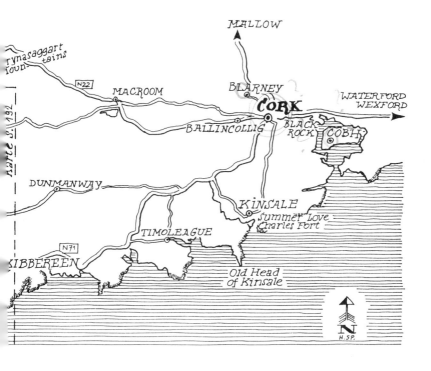

Verbindungen

AUSGANGSPUNKTE zur Erkundung des Südwestens sind Cork und Killarney: dort Fahrrad mieten oder mit Regionalbussen zu den kleineren Orten.

Am besten zunächst Kurs auf Cork machen und von hier aus entlang der Küstenstraßen rauf bis zur Dingle-Halbinsel. Beide Städte haben Anschluß ans Schienen-Netz und sind von Dublin aus jeweils ohne Umsteigen zu erreichen.

Gute Bus-Verbindungen zu allen Landesteilen,- Details im Handbuch abchecken.

Cork City (14o.ooo Einw.)

Zuerst einmal hektischer Betrieb in den breiten Boulevard-Straßen und enggequetschten Seitengassen. Wirkt fast ein bißchen südländisch mit seinen Kanälen, Brücken und den verschachtelten Altbau-Vierteln, die sich in einem Gewirr von Gäßchen und Treppchen die Hänge raufziehen. Das eigentliche Zentrum liegt auf einer Insel im River Lee. Lohnt auch allein schon wegen der Kneipenszene einen Zwischenstop.

Die meisten Touristen, die mit der Autofähre in Rosslare ankommen, fahren in einem Rutsch die 2oo km bis nach Cork durch. Nach ein, zwei Tagen geht's dann weiter an die Westküste.

Cork ist die zweitgrößte Stadt der Republik und kommerzielles Zentrum im gesamten Südwesten. Wichtige Industrien und eine Universität unterstreichen die Bedeutung. Mit den Bewohnern von Dublin stehen die "Corkmen" im Dauer-Clinch, - ähnlich den Bayern und "Preußen" in Deutschland.

Die halbkreisförmige PATRICK'S STREET ist Hauptstraße - zusammen mit ihren Richtung Süden abzweigenden Seitenstraßen bildet sie das Zentrum von Cork. Hier spielt sich auch abends am meisten ab.

Ihre Verlängerung ist die sechsspurige GRAND PARADE: dort das TI und die Offices der Fährlinien. Geschäfts- und Bankenviertel ist die South Mall Street.

TRANSPORT IN CORK

Die ewigen Einbahnstraßen machen Autofahren zur reinsten Nervensache: den Wagen besser irgendwo abstellen. Das Centre ist sowieso recht klein, so daß hier Schuster's Rappen das beste Transportmittel sind. Für größere

> Entfernungen die Stadtbusse: fahren ab der Patrick Street strahlenförmig in alle Richtungen. Taxis warten in langer Kolonne auf dem Mittelstreifen der Patrick St. auf Kunden.

Da Cork bei vielen politischen Unruhen, insbesondere während der Aufstände von 1919 - 21, mehrfach in Schutt und Asche gelegt wurde, ist bezüglich SIGHTSEEING nicht viel los. Die wenigen alten Gebäude stammen aus dem 19.Jh. (Neugotik).

Die wichtigsten Monumente streift ein beschilderter Tourist Trail (dazugehörige Broschüre beim TI). Zeitbedarf etwa 1 1/2 Stunden.

SHANDON CATHEDRAL (Shandon St.): interessant der Turm, - wegen seiner Form "Pfefferstreuer" genannt. Von oben herrlicher Blick in die wäschebehangenen Hinterhöfe der Altstadt. Touristen dürfen anhand von Melodietafeln die Glocken läuten. Der Pfefferstreuer liegt in einem gemächlichen Altstadt-Viertel mit netten, billigen Kneipen. Schön, sich hier ein bißchen durchhängen zu lassen.

① ST.FINBARRE`S CATHEDRAL (Bishop St.): 1878 im neugotischen Stil fertiggestellt. Der höchste der drei Türme mißt stolze 4o Meter.

② ST. MARY`S CATHEDRAL (Cathedral Walk): bombastische Ornamentierung mit gotischem Schnörkelzeug, von Kunsthistorikern oft kritisiert.

③ CITY HALL (Albert Quay): Rathaus im schlichten neoklassizistischen Baustil.

④ CRAWFORD ART GALLERY (Emmet Place): kleines Museum mit Gipsabgüssen antiker Skulpturen und modernen irischen Gemälden.

⑤ Kommunikations-Zentrum der "Szene" in Cork ist das QUAY CO-OP (Sullivan Quay): Lockere Bohème im Vegetarier-Café (7 -1o DM für kleinere Zwischendurch - Mahlzeiten), interessanter Buchladen und am Schwarzen Brett Aushänge, was in der Subkultur so alles läuft.

⑥ Parkidylle am River Lee bietet der FITZGERALD PARK, abends Treff der Liebespaare. Mitten im Park liegt ein kleines Heimatmuseum (Exponate zur Stadtgeschichte).

Verbindungen

> USIT-Studentenreisebüro für die Travelsave-Stamp
> 1o Market Parade
> Patrick Street
> Tel.: o21/27o9oo

Bike Rent: Lohnend vor allem die Trips runter zur Südküste. Von dort per Rad weiter in den Westen - mit 2 - 3 Tagen kalkulieren.

Kilcully Ltd., 3o North Main Street, Tel.: o21/23458
Cycle Centre, 3o Kyle Street; Tel.: o21/276255

 Flüge: der Airport liegt knappe 6 km südöstlich vom Stadtkern. Stündlich Verbindung mit speziellem Airlink - Bus (ca. 7 DM). Das Taxi kommt auf stolze 45 DM.
- nach Dublin 5 x/Tag mit Air Lingus, 1 Std.,
- mehrmals nach England, z.B. 5 x/Tag nach London, 1 1/4 Std.

 Züge: Bahnhof: ein roter Ziegelbau in der Lower Glanmore Road, knapp fünfzehn Gehminuten ab vom Centre.

Dublin	9x/Tag	3 Std.	ca. 8o DM
Galway	4x/Tag	5 1/2 Std.	ca. 9o DM
Killarney	4x/Tag	1 1/2 Std.	ca. 3o DM
Tralee	4x/Tag	1 3/4 Std	ca. 4o DM
Rosslare	1x/Tag	4 1/2 Std.	ca 6o DM
Limerick	6x/Tag	2 Std.	ca. 3o DM

 Busse: Abfahrt der CIE-Busse vom Parnell Place, - nur ein paar Meter vom Centre. Hier können sich Studenten den Travelsave - Stamp abholen, da eine Filiale der USIT-Organisation sich hier befindet.

Dublin	4x/Tag	4 Std.	ca. 3o DM
Galway	3x/Tag	4 1/2 Std.	ca. 4o DM
Killarney	4x/Tag	2 1/2 Std.	ca. 12 DM
Limerick	4x/Tag	2 1/2 Std.	ca. 24 DM
Sligo	keine durchgehende Verbindung		ca. 7o DM
Tralee	1x/Tag	2 1/2 Std.	ca. 24 DM
Waterford	5x/Tag	2 1/4 Std.	ca. 3o DM
Rosslare	- keine Direktverbindung: Anschlüsse ab Waterford.		

PRIVATBUSSE: - nach Dublin tgl. zweimal, - Infos im O'Reilly's Reisebüro (gegenüber Jury's Hotel, Western Road).
Company: Funtrek (Tel.: o1/733244). Preis: ca. 24 DM single; 35 DM return.

ent
UNTERKÜNFTE

Hotels

Imperial Hotel: 14 South Mall St. Tel.: o21/965333. DZ ca. 2oo DM. Vom marmornen Rezeptions-Tempel mit Kronleuchtern per Aufzug rauf in die gemütlichen Zimmer.

Allied Metropole Hotel: Mac Curtain Street Tel.: o21/5o8122. DZ ca. 27o DM. Prachtexemplar aus rotem Ziegelstein, Erkern und Türmchen. Alle Zimmer neu möbliert, z.t. herrlicher Blick auf den River Lee. Wegen diverser Bälle hin und wieder Klagen über zuviel Lärm: nach den ruhigeren, rückwärtigen Zimmern fragen.

Arbutus Lodge (B+): Middle Glanmire St. Tel.: o21/5o 12 37. Gemütliche Landhaus-Atmosphäre in ruhiger Lage (ca. 2o Minuten ab vom Centre). Wesentlich persönlicher als die übrigen Hotels und sehr gutes Essen. DZ ca. 27o DM.

Grand Parade (B): Grand Parade. Tel.: o21/243 91. Zentrale Lage gegenüber dem TI. Die Zimmer sehr kalt mit nackten Steinwänden. DZ ca. 12o DM. Zimmer alle mit Bad/WC, entsprechen dem Standard.

BED AND BREAKFAST: Engpässe allenfalls in den ersten beiden Augustwochen, die übrige Zeit hat hier noch niemand auf der Straße übernachtet. Ca. 6o-65 DM fürs Doppel.

Im ZENTRUM keine beim TI registrierten Häuser, - generell auch nicht zu empfehlen (unschöne Lage im Obergeschoss von Pubs usw.).

Zwei Ausnahmen:

Mall Tavern: 24 Princes Street. Tel.: o21/5o4453. DZ ca. 65 DM. Lage 1A - direkt im Centre. Supersauber und gepflegt. Wurde während der Recherche gerade überarbeitet.

Abbey: North Mall, Tel.: o21/3o4232. DZ ca. 5o DM. In Zentrumsnähe am River Lee. Geführt von einer sympathischen Lady mit einem ebenso sympathischen Hund.

Alle übrigen Häuser in den Wohngegenden liegen im SÜDTEIL oder WESTTEIL der Stadt, etwa 2o-3o Minuten Gehweite vom Zentrum. Jedoch gut zu erreichen mit Stadtbussen ab Patrick Street: In der Western Road die meisten Pensionen, sind aber auch am schnellsten ausgebucht. Nähe zur Uni, nur 1 km zum Zentrum. Parkmöglichkeit am Straßenrand. Unten führt stark befahrene Straße vorbei, daher nach den ruhigeren Hinterzimmern verlangen.

Anfahrt: Den Schildern "Killarney" oder "West Cork" folgen, Bus Nr. 8 alle 15 Minuten.

Im Süden der Stadt etwas ruhiger. Anfahrt: den Schildern zum "Ferryport" folgen, Bus Nr. 9, alle 3o Minuten.

BILLIG - HERBERGEN: Betten-Kapazität wird auf dem Hotelsektor ständig ausgebaut, die Zeit der Engpässe dürfte so ziemlich vorbei sein.

Cork Tourist Appartements (Tel.: o21/5o5562) ist ein Riesenkasten mit 18o Betten. Gut versorgt mit Duschen, angenehme 4- und 6-Mann/Frau - Zimmer, zentrumsnah. Aber leider sehr anonymer Massenbetrieb. Adr.: Belgrave Place, off Wellington Road (vom Bahnhof raus nach links dann die zweite rechts).

Das **Cork City Independent Hostel** (Tel. o21/5o9o89) ist das Gegenstück dazu: Sympathisches Mini-Hostel für 2o Leute, zur Begrüßung gibt's eine Tasse Tee. Der Warden: früherer Elektronik-Ingenieur, der irgendwann das Handtuch geschmissen hat. Adresse: 1oo Lower Glanmire Road (vom Bahnhof aus nach rechts, nur zwei Minuten).

AnOige-Hostel (Tel.: o21/543289): Zwanzig Gehminuten ab vom Centre: vom Bahnhof noch mehr, da am gegenüberliegenden Ende der Stadt, streng geführt, Sperrstunde erst um 2 Uhr morgens. Western Road, - Stadtbus Nr. 8 hält direkt vor der Haustür.

Stop Press: nach neueren Infos soll ein weiteres Independent Hostel eröffnen, - in der Great Western Road, paar Schritte vom AnOige-Hostel.

Camping: Zwei gut ausgerüstete Plätze: einer 6 km außerhalb Richtung Airport, - besser aber der Cork City Park (Tel.: o21/961866), da alle 2o Min. Verbindung mit Stadtbus Nr.14. Adresse: Togher Road, etwa 3 km außerhalb nahe dem Vogelschutzgebiet am See, Cork Lough.

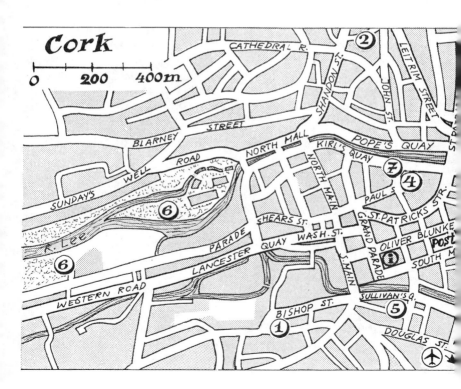

ARBUTUS LODGE (Middle Glanmire St.):
Stellt alle übrigen Restaurants von Cork in den Schatten. Super vornehm mit Silberbesteck und schmiedeeisernen Leuchtern. Dinner um die 65 DM. Liegt paar Kilometer abseits, - besser Taxi nehmen.

LOVETTS (Churchyard Lane, off Well Rd.): angenehme Landhaus-Atmosphäre im Vorort Douglas; erstklassige Meeresfrüchte. Dinner um 4o DM.

Die OYSTER TAVERN, ist seit 1792 Adresse für eine dezente Mahlzeit: in der Front-Bar klimpert ein Piano-Spieler, klassisch-schöner Dining-Room mit Holzbalustraden und Kerzenlicht. Austern und Meeresfrüchte, aber auch Steaks frisch vom Holzkohlegrill. Um 3o DM fürs Hauptgericht: Adr. Market Lane, eine Seitengasse off Market Street.

HALPIN`S DELICATESSEN (14 Cook Street) Phantastisch für Dinner, - gruftartige Gemächer mit vielen Separees, Kerzenlicht und alte Holztische. Urgemütlich. Tgl. von 8-24 Uhr geöffnet. Tagsüber 1o-15 DM (auch Steaks!) abends 3-Gang-Menü für 15 DM.

KELLY`S KITCHEN (64 Oliver Plunkett Street): ideal, wer trotz schmalem Portemonnaie etwas höhere Ansprüche stellt, positiv auch, daß abends bis 22.3o geöffnet. Vier-Gang-Lunch ca. 11 DM. Dinner à la carte im Schnitt 1o-15 DM. Etwas bessere Auswahl, etwa gefüllter Truthahn mit Schinken.

BULLY'S (5o Paul Street). Pizzen und Pasten für 12-2o DM, der Pizzabäcker schwitzt vor dem offenen Holzkohleofen, als Gäste viele Einheimische, in einer kleinen Weinbar.

Im Shopping Centre am oberen Ende der Patrick Street das KYLEMORE CAFÉ: Selfservice um 5 DM, man sitzt an der riesigen Fensterwand und schaut zur Straße runter, während die Kiefer den herzhaften Kuchen zermahlen... Nur tagsüber.

Barmeals: nur für Lunch, stadtbekannt die phantastischen Salate im Maguires am Daunt Square.

Takeaway-Sachen: in der Shield's Fish & Chips-Bude kommt man immer noch ohne

Tiefkühltruhe aus: frische Fische und die Kartoffeln für die Pommes direkt ins Öl geschnitten. Adr.: Oliver Plunkett Street.

Eine Reihe chinesischer Restaurants in der Oliver Plunkett Street, 1o-2o DM. Dort auch andere Billig-Lokale.

In Cork's Kneipenszene hat sich in den letzten Jahren viel getan, so manche Pinte haben wir beim diesjährigen Update kaum wiedererkannt. Aber nach wie vor: wegen der Uni viele nette Studentenkneipen, großes Angebot an Folksessions.

Pubs

Die kleinen Brauereien Beamish und Murph's machen hier dem Guinness - Giganten etwas Konkurrenz. Besonders das Stout von Murph's fließt in den Pubs von Cork in Strömen, - schmeckt etwas weicher. Wer's verträgt, sollte die drei Sorten mal durchprobieren.

LE CHATEAU (93 Patrick St.): Bretterdecke, schwere Ledercouchen, Bilder an den Wänden und das Geplauder von der Theke herüber schaffen ein anheimelndes Ambiente. Viele Geschäftsleute treffen sich in der gepflegten Weinbar.

VINEYARD (Market Lane, off Patrick St.): Stammlokal der Rugby-Spieler, die hier ihre Blessuren auskurieren: gestopft voll so gegen 22 Uhr und traditioneller Treff für den letzten Drink, bevor der Barkeeper gnadenlos den Zapfhahn abdreht.

Unser Comment für's FRANKIES (77 Market Parade) für die letzte Auflage: Einrichtung so modern wie die Kleidung der Gäste, hübsche Mädchen. Neuster Stand: Einrichtung schon ziemlich zerschrammt, und bei den Mädchen soll sich jeder selbst ein Bild machen.

DAN LAWREY'S (13 Mac Curtain St.): Etwas ab vom Schuß, aber lohnend, wer auf altenglisches Dekor steht: Buntglasfenster, schwere Holz-Balustraden. Man kommt bevorzugt mittags hierher wegen der phantastischen Muschel- und Meeresfrüchte-Lunches (um 15 DM).

Unten eine Liste von PUBS, wo Musik läuft. Genaue Infos über das Programm in der Tageszeitung.

DE LACY HOUSE (74 Oliver Plunkett St.): Ideal für lange Nächte. Der Betrieb läuft in drei Etagen: unten nette Bar (kleinere Snacks), - oben fast tgl. bis 1.3o Uhr Balladensingen (sehr guter Folk und Blues, oft bekannte Künstler); dazu eine Disco mit saftigem Metal-Rock.

AN BODHRAN (42 Oliver Plunkett Street): legerer Pub, wo montags bis donnerstags Folkbands drauflos klampfen, und die Musik von den rauh verputzten Wänden widerhallt.

Das REARDONS MILL in der Washington Street) liegt voll im Trend, die Bar mit einer 2ooo-Gäste-Kapazität fast immer voll. Oberhalb der Bar lange Tischreihen und eine Bühne, wo täglich von 23 Uhr bis 1.3o Bands spielen. Gut für verlängerte Abende: gepflegt.

Im HODDIE STILE (Coburgh Street): sich wieder mal mit lautstarker Super-tramp- und Eagles-Musik volldröhnen lassen. Baumstämme als Tische, hinter der Theke Wirrwarr von verdorrten Ästen - wirkt ein bißchen, als wäre man mitten im Wald.

Zielgruppe des ISAAC BELLS sind die Twens bis 25 Lenze: Musik-programm von Rock bis Reggae, Hauptsache entsprechend laut. Randvoll, alte Werbeposter und im hinteren Raum bricht ein Auto durch die Wand...(anmontiertes Frontteil).

Fünf Pubs liegen nebeneinander gegenüber der City Hall am "Union Quay": der "QUAY" ist Freak-Treff, wo man gemeinsam Zeiten nach-trauert, wo die Zigaretten noch mehr enthielten als Nikotin. Täglich irgend-wo Live-Bands, quer durch den Musikstile-Garten und viel Irish Folk.

Sehr schön das PHOENIX, sieht aus wie ein umfunktionierter Heuschober mit Bretterboden. Die Leute wechseln kräftig zwischen den fünf Kneipen hin und her.

In der South Main Street das SPALPHS FANACH, seit Frühjahr 1989 und schon ein fester Begriff unter den Kneipenbrüdern: der beste Pub in Bezug auf Spontan-Sessions. Man tritt sich gegenseitig auf die Füße, und in der Ecke macht eine mit Trommeln und Klampfen bewaffnete Gruppe auf sich aufmerksam. Betrieb läuft auf zwei Ebenen.

SIR HENRY'S (South Main St.): wilde Spelunke - rund 5oo Leute bei lauter Rockmusik. Zwischending zwischen Disco und Kneipe, es kann getanzt werden.

SHOPPING
Hauptgeschäftsstraße ist die boulevardähnliche PATRICK STREET, - Kaufhaus an Kaufhaus. Außerdem Grand Parade und die Oliver Plunkett Street.

Spezialität von Cork sind die MARKTHALLEN: Buden und Shops in zwei Etagen, inclusive netter Cafes und Imbißlokale. Fast schon ein bißchen Pariser Ambiente.

Sehr stilvoll das Queen's Old Castle am Westende der Patrick Street (experimentierfreudige, topmoderne Kleider).

English Market: (Princes St.): Gemüsestände, Fleischerbuden und stinkender Fisch. In der Mitte der Halle ein plätschernder Springbrunnen.

Im Savoy Market (Patrick St.) viel Schnickschnack (Billigschmuck etc.); - dort guter Querschnitt durch das südirische Kunsthandwerk im Crafts-work.

184   Südwesten

Eine weitere Markthalle ist die Withrop Arcade, nahe dem Hauptpostamt in der Withrop Street.

Kleiner Gemüse- und Flohmarkt in der Cornmarket Street, ein leicht schmuddeliger Straßenzug nahe dem Queen's Castle. Aber von Jahr zu Jahr weniger Stände.

Verstaubter Trödler - Laden mit allem möglichen Ramsch: Curiosity Shop (Market Lane, off Patrick St.). Weitere lohnende Schnickschnack-Läden sind Junk Shop (Moore St.) und Phyll's Bric-a-Brac (12 James St.).

Für Tweed-Sachen dürfte das House of Donegal in der Paul Street das renommierteste sein. Einkäufe aber nur zu empfehlen, wer nicht sowieso in den Nordwesten rauffährt, - dort oben nämlich billiger.

Wer noch Trekking-Ausrüstung aufstocken möchte (Gaskocher, Trocken-futter, Feldflaschen etc.): beste Adresse ist der Tent Shop (Rutland St.).

Mercier Bookshop (5, Bridge St.) und Liam Ruiseal haben sich auf irische Literatur und Sachbücher spezialisiert. Ein guter Tip für Leute, die mit diesem Reiseführer noch nicht restlos bedient sind.

Die größte Auswahl an Cassetten und Schallplatten mit irischer Folkmusic stapelt sich in den Regalen von A. Shanahan (Oliver Plunkett St.). Am besten ein paar Bänder für den Autorecorder, die die akustische Unter-malung der herben Landschaft liefern.

ENTERTAINMENT

Die großen Glamour - Veranstaltungen laufen im Opera House (Emmet Place): Eintrittspreise um 15 DM. Dazu noch eine Reihe kleinerer Theater. Programme und Tickets beim TI.

Im Grand Parade Hotel, gegenüber vom Tourist Office hat man ein komplettes irisches Dorf nachgebaut: dort jeden Abend Irish Folk und Set Dances (Touristen werden eingewiesen). Man sitzt in einer Schule mit Holzbänken, in einer Küche mit verbeulten Pfannen über dem Herd usw. Gut gemacht, aber fast nur Touristen als Gäste!

Windhund-Rennen: dreimal pro Woche (Mo, Mi, Sa ab 2o Uhr) in der Western Road. Fiebrige Nervosität und Hysterie auf den Rängen, während die Hunde um die Laufbahn flitzen.

Unregelmäßig finden Begegnungen der skurrilen irischen Sportarten Hurling und Gaelic Football auf dem Uni-Gelände ("Mardyke") statt. Sollte man sich nicht entgehen lassen, wenn gerade was läuft.

INFOS, was im einzelnen angesagt ist, stehen in der Tageszeitung Cork Examiner. Das Abendblatt Evening Echo gibt Auskunft über Discos und Entertainment in Pubs.

FESTE

<u>Choral & Folk Dance Festival</u>: eine Woche Anfang Mai, wo professionelle Gruppen aus der ganzen Welt ein Stelldichein geben.

<u>Jazz Festival</u> (Ende Oktober): auf keinen Fall versäumen. Aus Konzerthallen und Hotelbars dröhnen die Saxophone, auch die meisten Pubs und Restaurants engagieren Jazz-Gruppen. Beim TI gratis ein brechend voller Veranstaltungskalender.

Trips in die Umgebung:

★ <u>BLARNEY</u>: Pilgerort von Hunderttausenden von Touristen ist "BLARNEY CASTLE", eine düstere Burgruine mit 4 m dicken Mauern. Coach Tours trudeln reihenweise hier ein. Grund dafür ist eine alte Legende:

> Unterhalb der Zinnen des fast 3o m hohen Hauptturmes ist der wundersame "<u>Blarney Stone</u>" eingemauert. Wer ihn küßt, erhält bis ans Ende seiner Tage die Gabe der Eloquenz. Background: Der frühere Bewohner Cormac MacCarthy soll sich durch honigsüße Versprechungen und Ausreden der Loyalität gegenüber Königin Elisabeth I. entzogen haben. Mit dem Ausruf "This is all Blarney" ist ihr eines Tages der Kragen geplatzt. Der Ausdruck Blarney ging in den irischen Wortschatz als Synonym für Schwindel ein.

Wahr oder nicht wahr - die Kasse klingelt, pro Kuß sind ca. 4 DM fällig. Dabei liegt man rücklings auf einer Plattform und tastet sich in einer akrobatisch Verrenkung an den Stein in der gegenüberliegenden Wand heran (dazwischen ein gähnender Abgrund). Bislang küssen jeden Tag Hunderte den Blarney - Stein, läßt sich nur hoffen, daß dies auch im "AIDS-Zeitalter" so bleibt.

<u>Verbindungen</u>: ca. 9 km nordwestlich von Cork. Fast stündlich Busse (ca. 6 DM return).

★ <u>FOTA ISLAND</u>: Hat gleich mehrere Attraktionen zu bieten: freilebende Giraffen, Känguruhs, Affen etc. im <u>Safaripark</u>, tropische Bäume (z.B. aus China, Japan, Australien) im <u>Arboretum</u> und das <u>Fota House</u> im würdigen Regency-Stil mit Säulenhallen, prachtvollen Gobelins und Möbeln. Ergibt einen schönen Nachmittag, - auch ideal für einen Zwischenstop auf dem Trip nach Cobh (siehe unten), da direkt auf dem Weg.

<u>Verbindung</u>: ca. 13 km südöstl. (raus aus der Stadt Richtung Waterford/Wexford). Oder mit dem Vorortzug nach Cobh: jede Stunde: ca. 6 DM return. Keine Busverbindung.

★ <u>COBH</u>: Hafenort von Cork. Bunte Yachten und Kutter an den Kaimauern, und dahinter wuchern verschachtelte Häuser die terrassierten Hänge rauf. Auf die Uferpromenaden weht Duftgemisch nach Moder und Salzwasser herüber.

186   Südwesten

Die protzige COLMAN`S CATHEDRAL wurde 1868 aus blauem Granit-
stein hingestellt (neugotischer Stil). Tip sind die Dampferfahrten in der von
lauschig bewaldeten Landrücken eingerahmten Bucht.

Verbindungen: ca. 25 km südöstlich (Ausfahrt Richtung Wexford). Keine
Busse, aber stündlich mit Vorstadt - Zug (ca. 8 DM return).
(Günstiges Pauschalangebot umfaßt für ca.12 DM Zugfahrt, Dampfer-
Kreuzfahrt und bunten Abend in einem Hotel. Tickets am Bahnhof/ Cork).
Im Sommer fahren mehrmals pro Woche von Cork aus Dampfer den River
Lee runter bis nach Cobh. Dauert zwei Stunden; Infos beim TI.

★ BLACKROCK CASTLE: Kleines Schlößchen am River Lee, - schöner
Blick runter auf den Hafenbetrieb von Cove. Mit Restaurant: abends
Dinner vor stilgerechter Kulisse, das Menü ca. 45 DM.

Verbindung: ca. 3 km außerhalb; Stadtbus.

★Kinsale   (2ooo   Einw.)

Liegt etwa 25 km von Cork, 5 Busse pro Tag bringen einen hierher (ca.
1o DM). Sehr lohnender Trip durch grüne Weidenlandschaft runter an die
tiefblaue Bucht mit Grüppchen von knallfarbenen Yachten. Für Leute mit
fahrbarem Untersatz Ausgangspunkt für die Küstenroute nach Westen
(Details auf S. 191).

Kinsale ist so eine Art "irisches Saint-Tropez", - Yachten aus ganz Europa
und bunte Segeljollen legen hier zur Stippvisite an. Erstklassige Restaurants und unzählige Pubs alles dicht gedrängt im Ortskern mit einem
Radius von 3 Minuten Gehweite. Phantastisch für den passionierten
"Kneipenbummler", in sechs Pubs jede Nacht Live-Musik:

Enge Gäßchen, herrlich verwaschene Fassaden und Schindeldächer sorgen
trotz vieler Touristen für eine schläfrige Atmosphäre. Man bummelt
zwischen Häuserzeilen, während aus den Kneipen Stimmengemisch und
Musik klingt. Einzigartig die Bucht an der Einfahrt des Ortes, eingerahmt
von karstartigen Hügelketten.

Schöner Blick auf die Bay und die verschachtelten Häuser vom KOM-
PASS HILL aus. Zu Fuß nur eine Viertelstunde.

Das CHARLES FORT liegt außerhalb in Summer Cove: Von den
Engländern erbaute Festung oberhalb der Burg. Diente bis in die zwan-
ziger Jahre unseres Jahrhunderts als Kaserne. Besonders sehenswert der
Kerker. Das ganze zu Fuß: 2-3 stündiger Spaziergang entlang des Scilly
Walk: vom Ortsteil Scilly (1 km Richtung Summercove) zum Charles Fort.
Von der Straße aus der schönste Blick runter auf das verwaschene Dorf

und die blaue Bucht mit seinen Yachten, dann an der Küste lang an den
überhängenden Bäumen vorbei. Lohnender Ausflug führt zum Old Head
Kinsale, eine grasige, ins Meer ragende Landzunge. Ein paar alte Ruinen
an den Felsrand geklatscht.

Tip: Beine ausstrecken und die Ruhe hier draußen genießen. Ab Kinsale
ca. 15 km. Per Fahrrad gemütlicher Halbtages-Ausflug (zu mieten im
Shop "Mylie Murphy" in der Hauptstraße).

Blue Haven Hotel: Pearge St. Tel.: o21/7722o9. DZ ca. 11o DM. Schöne Lage an
der Hauptstraße und noble, jedoch familiäre Atmosphäre. Zimmer: hell mit großen,
altertümlichen Fenstern.

Presbytry House: Cork St. Tel.: o21/772o27. DZ ca. 65 DM. Für überaus herzliche
Atmosphäre im viktorianischen Haus (zum Teil antike Stilmöbel) sorgt die nette
Besitzerin. Abends werden sehr gute Frisch-Fisch-Dinner serviert (ca. 28 DM).

AnOige-Hostel: Liegt 2 1/2 km außerhalb in Summercove, sehr anstrengender Weg
bergauf, (etwa eine Stunde. Phantastische Lage wegen des Blicks runter aufs Meer, aber
Führungsstil mit viktorianischem Einschlag; außerdem fällt wegen der Sperrstunde das
herrliche Folkmusic-Angebot abends in den Kneipen flach.

Dempseys Hotel (Tel. o21/772124) an der Tankstelle bei der Ortseinfahrt, fünf
Minuten zum Ortskern. Sehr engagiert geführt, alles sauber und ordentlich in Schuß -
Mr. Dempsey versorgt seine Leute außerdem sehr gut mit Infos über die Gegend. Warme
Empfehlung:

Camping: Kein voll ausgerüsteter Platz, für Zelte eine Wiese mit
Duschen und Toiletten hinter dem Dempseys Hotel. Einfach, aber o.k.

Kinsale hat wegen seiner TOP-RESTAURANTS den Spitz-
namen "Gourmet-Dorf" erhalten. Auch für Leute mit
schmaler Brieftasche zu überlegen, hier mal einen Fünfziger
auf den Kopf zu hauen. Während der Saison bereits am
Vormittag vorausbuchen.

VINTAGE: kleiner, anheimelnder Raum mit Kerzenlicht und offenem
Kamin. Von einem Deutschen geführt. Komplett mit Vor- und Nachspeise
ca. 6o DM. Tip für den Starter sind die exzellenten Austern.

BLUE HEAVEN HOTEL: durch die Fenster herrlicher Blick auf den hell
erleuchteten Wintergarten mit grünen Büschen. Menü um die 5o DM.

MAN FRIDAY: viel Ambiente im holzverkleideten Raum, wo Porzellan-
sachen und Bilder an den Wänden hängen. Den Aperitif gibt's in einer
separaten Bar. Menü ca. 5o DM.

Heißer Tip für sensible Gaumen ist das "Gourmet-Festival" am ersten
Oktober-Wochenende, wo sich die Köche in ihre Kochtöpfe schauen
lassen und die erlesensten Sachen aufgetischt werden. Kostet ca. 7o DM
(ohne Gerichte.) Ein bis zwei Wochen vorausbuchen bei "c/o Mrs. Peggy
Green, Kinsale, Cork".

Für BILLIG-TRAVELLER auch ein paar Lokale, wo einem der Hunger nicht schon beim Lesen der Speisekarte vergeht:

MOTHER HUBBARDS nur tagsüber für den kleineren Snack so um die 5 DM. Urig eingerichtet mit Bildern und Porzellantellern an den Wänden. Exzellente "Irish Breakfasts". Gleich nebenan das PATSY'S.

Barmeals überall in den Kneipen.

Pubs

Praktisch an jeder Ecke eine Kneipe, viele mit wurmstichigem Holz auf "alt getrimmt". Exzellent für Live-Musik: in acht Kneipen jeden Abend Musiker, und wegen der vielen Yacht- und Jet-Set-Leute häufig Halb- bis Vollprofis als Musiker (Werbeaushänge in den Schaufenstern beachten), aber nur selten reine Traditionals, sondern alles quer durch den Garten.

In folgenden drei ist im Sommer täglich Entertainment: am beliebtesten ist der SPANIARD (1 km außerhalb Richtung Summer Cove) aus alten Mauersteinwänden mit diffuser Laternen- Beleuchtung. Sehr etabliert, viele Leute fahren bis von Cork hier runter Fast jeden Abend Spontansessions gegenüber den extra engagierten Pubs in den anderen Ländern.

Sehr urig auch das FOLKHOUSE: zerschnitzter Holztresen, Sägemehl auf dem Boden, Steinkrüge an den Wänden.

Weitere Adresse für Balladen und Folk-Sessions: SHANAKEE - Holzbalken und Separées fangen die Größe auf.

In der OYSTER BAR und im ARMADA INN traditioneller Folk mit Ziegenfelltrommel usw. Das ganze ohne Verstärker.

Wer mehr auf Balladen und modernen Folk a la Bob Dylan etc. steht, versucht's besser im LORD KINSALE, im ANCHOR INN oder im CUCHOO'S, alle drei gemütlich eingerichtet und vorne eine kleine Bühne, wo ein oder zwei Musiker ins Mikrophon dröhnen.

Die Kneipe 1601 hat sich durch seine Jazz-Abende und Balladensessions einen Namen gemacht. Bei schönem Wetter sperrangelweit geöffnete Türen, draußen stehen mit dem Bier in der Hand, während sich drinnen der Piano-Spieler alle Mühe gibt.

SEA ANGLING

Ein unvergeßliches Irland-Erlebnis abseits vom ganzen Sightseeing-Kram, wer die 5o Mark für Ausrüstung und Boot aufbringt. Keinerlei Vorkenntnisse erforderlich. Das spektakuläre ist, daß sich hier in der Bucht von Kinsale Schwärme von Haien rumtreiben. Über zwei Meter lange Brocken, die mit ihrer Dreiecks-Flosse die Wasserfläche zerschneiden.

Morgens um 9.3o Uhr fahren die Nußschalen mit sechs Mann Besatzung raus. Zuerst werden mit kleinen Angeln Köder gefischt, meist Makrelen.

Nächster Schritt: Mit stinkender, zerstampfter Fisch-Maische in einem Leinensack eine Geruchspur ins Wasser legen und die Haken drin auswerfen. Sobald die Blauhaie Witterung bekommen, werden sie in einen wahren Blutrausch versetzt und stürzen sich wie verrückt auf die Köder.

In einem guten Jahr (hängt vom Klima ab) zieht eine Crew an einem einzigen Tag 2o bis 3o Haie über Bord. Mit einem Schlag auf den Kopf werden sie betäubt, markiert und zurück ins Wasser geworfen (die Tiere werden also nicht getötet).

Einzelne, hier in Kinsale markierte, Haie landeten einige Jahre später in einem Fischernetz vor den Gestaden New Yorks. Daß manche Veranstalter die Tiere töten, um den Kunden das Gebiß als Souvenir mit nach Hause zu geben, lehnen wir ab.

BUCHEN: Entweder im Trident Hotel oder im Angling Centre (an der Straße zum Old Head). Mindestens einen Tag zuvor sich einen Platz auf dem Boot sichern.

Windsurfen: in der Parallel-Bucht "Oysterhaven" (Tel.: o21/73738). Anfängerkurs ca. 15o DM. Surfbrett-Miete: ca. 2o DM/Stunde.

Segelyacht-Trips: Unvergeßliche Sommerabende, wenn der Skipper seine 5-1o Mann starke Crew durch die versteckten Buchten an der Küste schippert. Die Windjacke kräftig, strammziehen, Kormorane sitzen auf den Felsen und die Sonne verfärbt sich zu einem roten Ball ...
Kostet nur 2o DM für den 4-stündigen Trip. Wird während des Sommers täglich angeboten, buchen im Trident Hotel (Tel. 7723o1).

CORK ⇒──▶ WESTEN

Auf dem Weg von Cork aus in den Südwesten stehen mehrere Routen zur Auswahl:

a) <u>COAST ROAD</u>: führt entlang der Küste und streift sämtliche landschaftlichen Höhepunkte. Zu empfehlen, wer's zeitlich einrichten kann: per Auto 2-5 Tage nach Killarney, per Fahrrad etwa eine Woche (ohne größere Zwischenstops).

b) <u>PRINCE-OF-WALES-ROUTE</u>: von Cork auf der T 64 via Macroom direkt nach Glengarriff. Spart etwa zwei Tage,- die Top-Attraktionen <u>Beara-Halbinsel</u> und <u>Killarney</u> werden trotzdem nicht abgeschnitten.

c) <u>BLACKWATER-DRIVE</u>: die Direktverbindung Cork-Killarney, die auch per Rad knapp an einem Tag zu schaffen ist. Dabei geht's durch Hügelland entlang des Blackwater-Rivers,- landschaftlich aber nicht überragend. Für Details die Broschüre "<u>Blackwater Drive</u>" im TI/Cork besorgen.

Entfernung: 9o km. Radfahrer können im AnOige-Hostel "<u>Loo Bridge</u>" (25 km vor Killarney) die Nacht verbringen und den Rest am nächsten Tag absolvieren. Die Herberge ist ok.

DIE SÜDKÜSTE

Schöne Landschaft, wellige Hügel mit mannshohen Hecken überzogen und bunten Windblumen. Gelegentlich Blick auf die Küstenlinie mit kleinen Stränden in den Buchten. In den größeren Orten Wassersport und Trips zum Sea.Angling.

Von Cork nach Skibereen sind es ca. 1o5 km. Mit dem Auto runter nach Kinsale und entlang der Küste,- nur eine Sache von einigen Stunden. Mit dem Fahrrad zwei Tage. Per Bus schwieriger, da ab Kinsale keine Linien nach Westen führen. Daher zunächst zurück nach Cork und über die Inlands-Route N 71: ca. 2o DM bis Skibbereen, viermal pro Tag.

Für Zwischenstops zwei sehr gute Privat-Hostels: ganz heißer Tip ist das "**Lettercollum House**" in Timoleague, direkt en route. Riesig großes Herrenhaus in einem verwilderten Park. Salopp von drei jungen Leuten geführt, die für 9 DM vegetarische Biokost-Dinner anbieten. Persönliche Atmosphäre. Tel. o23/46251.

Ähnlich geführt ist das "**Shiplake Hostel**",- aber 2o km abseits von der Route in Dunmanaway (Tel. o23/4575o). Kleines Cottage und ein paar Außengebäude mitten in den Bergen, irgendwie eine Welt für sich dort draußen in der Abgeschiedenheit. Das Hostel liegt ca. 5 km ab von Dunmanaway, kaum Möglichkeiten zum Trampen.

★Skibbereen (2ooo Einw.)

Betriebsames Städtchen, dessen Straßen im dreieckigen Hauptplatz zusammenlaufen und unzählige Shops. Lohnende Abstecher in die Umgebung, - insbesondere zur Küste und rüber zum Mizen Head.

Mittwochs unbedingt einen Zwischenstop einlegen wegen der VIEHMÄRKTE. Viel Hektik beim Geschrei der Händler, beginnt gegen 11 Uhr und dauert den ganzen Tag über. Von Jahr zu Jahr einen besseren Namen bekommt das Art Centre in der North St. (Ausfahrt Ri. Cork). Ausstellungen und abends Konzerte/Theater, häufig sehr namhafte Künstler.

West Cork Hotel: Ilen Street Tel.: o28/21277. DZ ca.15o DM. Bestes Hotel der Region, seit das ehemals legendäre Lissard Hotel von einem amerikanischen Industriellen als private Ferienwohnung angekauft wurde. Schöne Lage am River und dem Standard gemäß möblierte Zimmer (alle mit Bad/WC).

Eldon Hotel: Bridge St. Tel.: o28/213oo. DZ ca. 1oo DM. Teppichböden und gemütlich, wenn auch erste Spuren der Zeit an den Möbeln. Sehr schön aber die Zimmer zum Garten raus: Blick ins Grüne und herrliche Ruhe. Wurden renoviert; mit Bad/WC.

Glencar House: Cork Road Tel.: o28/21638. DZ ca. 6o DM. Habe hier selbst übernachtet: Fertighaus mit extrem schalldurchlässigen Wänden - das Bettgeflüster von meinen Zimmernachbarn möchte ich hier lieber nicht publizieren. Andererseits aber supersauber und Riesen-Frühstück.

Ivanhoe House: 67 North St. Tel.: o28/21749. DZ ca. 6o DM. Zentrale Lage nahe beim TI. Lounge mit ornamentalen Holzmöbeln, gemütliche Zimmer gespickt mit Antiquitäten.

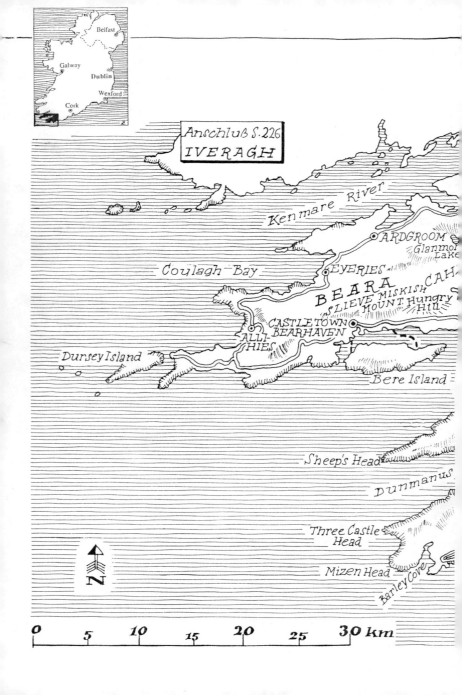

Südwesten 193

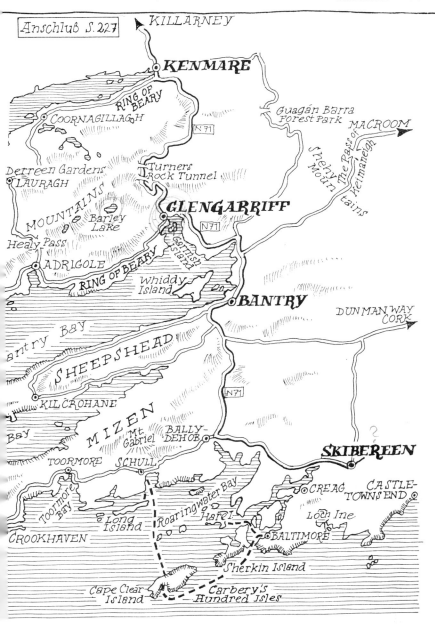

Camping: Innerhalb der Ortschaft der Coomb Site, rund um einen Farmhof. An der Ausfahrtstraße nach Cork der Beschilderung "Show Grounds" folgen. Passabel.

Vier km außerhalb an der Straße Richtung Baltimore: direkt am Fluß mit Blick auf die inselübersäte Bay. Beide einfach, aber passabel, mit Duschen und Toiletten.

Gutes Familien-Restaurant ist IVANHOE, nur selbstgemachte Sachen. 5-Gang-Dinner ca. 28 DM; Tourist-Menü (3 Gänge) ca. 17 DM. Sehr zu empfehlen.

Optimales Preis-Leistungs-Verhältnis auf einer Stufe tiefer gibt's auch unten in der Bar des McCARTHY RESTAURANT (68 Bridge St.). Zum Beispiel Curry-Huhn für 12 DM (macht pumpelsatt).

Innerhalb der Stadt nichts Originelles. Für Folk-Sessions in der Tageszeitung "Southern Star" nachschlagen.

3-4 mal pro Woche Balladensingen im SHEENY HUSSEY (am Hauptplatz), - Interieur modern mit Ledercouchen.

SKIBBEREEN EAGLE liegt 5 km außerhalb Richtung Trugomna; an vier Tagen die Woche Folk und Irish Dancing: Bruchsteinboden, tiefhängende Holzdecke und über'm offenen Kamin baumelt zerbeultes Küchengeschirr. Phantastisch an der Küste gelegen, - bei schönem Wetter Barbecues unter Palmen, die vor dem Haus stehen.

Bike rent: Roycroff & Son, Ilen Street, Tel. o28/21235

Ausflüge in die Umgebung

Ca. 8 km südlich liegt an der Küste das LOCH INE, - ein blaugrüner Salzwassersee mit zwei Inseln, eingerahmt von üppig bewaldeten Hügeln. Wunderschön für Spaziergänge und Picknick.

Der See ist durch eine enge, von Klippen abgesperrte Schlucht vom offenen Ozean getrennt. Bei Springflut schwappt das Meer über. Durch Verdunstung entsteht ein höherer Salzgehalt als im Atlantik; seltene Flora und Fauna. Unbedingt vom Picknickplatz aus den beschilderten Pfad zum "Hill Top" langlaufen (etwa 2o-3o Minuten). Oben Panoramablick auf das Loch Ine und den Atlantik mit unzähligen Inselchen.

Anfahrt: paar km Richtung Baltimore, dann links weg (beschildert!).
Die Abzweigung zum Loch Ine liegen lassen und weitere 3 km bis zu den:

CREAGH GARDENS: an eine romantische Bucht angrenzender, gepflegter Park mit Buschgruppen und exotischen Blumen.

CASTLETOWNSHEND ist ein kleines Nest mit herrlich schläfriger Atmosphäre. An den rissigen Häuserfassaden rankt wilder Wein, in der Mitte der Dorfstraße ein knorriger Baum. Mehrere nette Pubs.

Übernachtungs-Tip ist das **Castle Guesthouse** (Tel.: o28/361oo; DZ ca. 12o DM): Graues Burggemäuer in einem verfilzten Park, - ein Gefühl wie der Schloßherr persönlich: Ahnengalerie, antike Uralt-Möbel, knarzende Holztreppen. Alles leicht angestaubt und der Geruch nach feuchtem Mauerwerk.

★ Baltimore (2oo Einw.)

Von Skibbereen aus 13 km. Geschäftiger Fährhafen für den Sprung zu kleinen Inselchen, - insbesondere Sherkin Island (wegen kurzer Überfahrt idealer Tagestrip) und Cape Clear Island (Billig-Herberge, gälische Sprache). Pro Tag sechs Busse ab Skibbereen.

Etwas windschiefe, buntbemalte Pubs und kleine Läden um den modrigen Hafen rum. Viele Segelboote vor Anker, Abfahrt der Nußschalen-Fährschiffchen vom alten Pier.

Baltimore House: Tel.: o28/2o164. DZ ca. 125 DM. Haus auf die Klippen gesetzt - daher herrlicher Blick. Zimmer einfach, aber gemütlich (z.T. mit Holzdecken). Fast täglich Boottrips zu Seevogel-Inseln.

Corner House: Tel.: o28/2o143. DZ ca. 6o DM. Kann empfohlen werden: sauber und sehr herzliche Atmosphäre.

Rolf's Hostel (Independent): Kleines Hostel mit Bomben-Atmosphäre. Gehört zu den besten Hostels und ist "allein schon eine Reise wert". Geführt von einem deutschen Auswanderer-Ehepaar: noch charmanter als Rolf ist seine Angetraute Gertrud - die irisch-deutsche Antwort auf Sophia Loren. Exzellente Meeresfrüchte-Happen und Salate für 3-15 DM.

Französisches Top-Restaurant ist CHEZ-JOUN, hat schon mehrfach Preise erhalten. Gepflegt: roter Klinkerboden, Kupfergegenstände rund um den Kamin und Kunstgegenstände an den Wänden. 4o-5o DM für volles Menü.

In der Mittelklasse wird von den Einheimischen das CORNER HOUSE am höchsten taxiert: Steaks und Meeresfrüchte, 25-3o DM für volles Essen.

Tip für kleinere Sachen: LYSTER`S BAR, 1o-15 DM. Z.B. Fisch mit Riesenportion Chips für 12 DM.

Es läuft praktisch immer was, wenn auch nicht immer traditioneller Folk. Sehr gute Musik von Do-Sa im ALGIER INN: gelegentlich treten Top-Leute aus Radio und TV auf, nur so zum Spaß, ohne Gagen. Hier haben sich schon Ex-Musiker von den Dubliners oder von der Band von Jimi Hendrix ein Stelldichein gegeben.

BUSHE'S BAR ist traditioneller Treffpunkt der Fischer und Segler entsprechend Hochstimmung am Abend. Stilecht vollgepackt mit Wrackteilen, Schiffsinstrumenten und Bierfahnen.

Herrliche Aussicht vom alten LEUCHTTURM - sieht aus wie ein supermodernes Gebäude, stammt aber aus dem 12. Jh. Unten der weite Insel-Teppich auf der vorgelagerten Bay. Ca.3o Minuten.

Etwa vierzig Gehminuten zum SPAIN TOWER: umwerfender Rundblick auf die gesamte zerlappte Westküste und auf die Weite des Atlantiks. Unten tummeln sich die Seehunde.

> Der Spain Tower war im Mittelalter Teil eines gigantischen Benachrichtigungssystems: ähnliche Türme waren rund um die Insel plaziert. Bei Angriff warnte der betreffende Tower durch Rauchsignale, die in einer Kettenreaktion weitergegeben wurden, in zwei Stunden war die gesamte Insel mobilisiert.

Sea-Angling: sehr billig und mit einer Portion Idealismus angeboten von einem Einheimischen, 3o-5o DM und für ein paar Stunden raus auf See. Kontakte über das "Stone House", gegenüber dem Beacon Park Hotel.

★ Sherkin Island

Knorrige Kiefern und mannshohe Rhododendron zwischen nackten Felsbuckeln. Die Zeit ist irgendwie stehengeblieben, - in der Inselkneipe "JOLLY ROGER" sitzt man beisammen bis zum Morgengrauen, alte Männer kutschieren mit Eselskarren über die staubigen Asphaltpisten.
Wegen der kurzen Überfahrt auch ideal für einen Tages-Trip von Baltimore aus, - etwa an den Strand oder nur um ein bißchen rumzugammeln.

Die etwa 8o Einwohner leben über die gesamte Insel verstreut. Darunter auch eine Reihe von Intellektuellen, die sich jeweils für ein paar Jahre hier niederlassen. Im Sommer weniger Touristen als auf Cape Clear Island.

Heißer Tip sind die STRÄNDE, insgesamt vier. Helle Sandbögen und das Schlagen der Wellen, abends führt gelegentlich wer seinen Hund spazieren. Am schönsten sind die Strände, die nicht direkt an der Straße liegen.

Am anderen Ende der Insel liegt ein meeresbiologisches Institut (MARINE STATION). Dort kleines Museum mit zwanzig Aquarienbecken.

Fähre: siebenmal pro Tag schaukelt ab Baltimore ein braun bepinselter Kahn rüber, - dauert nur etliche Minuten. Preis ca. 6 DM. Nur Fahrräder und Passagiere, der Fährmann bedient das Steuerrad meist mit den Füßen. Infos über genauen Timetable in der Bushe's Bar/ Baltimore.

TRANSPORT am besten zu Fuß, da nur 9 Straßenkilometer. Oder Fahrrad von Baltimore mitbringen. Wer mit einer Spätfähre ankommt: Übernachtungen unbedingt vorausbuchen (per Telefon oder über's TI).

STOP PRESS: das ehemalige Sherkin Hotel wurde geschlossen, bleibt abzuwarten, was daraus wird. Nachfragen beim TI in Skibbereen.

Ansonsten nur zwei B & B-Häuser im Inselinneren: das **Post Office** mit drei Zimmern (Tel.: o28/2o181) und das **Island House** mit fünf (Tel.: o28/2o314).

Rucksackler: Gegenüber dem Jolly Roger steht im Sommer meist eine kleine Zeltstadt. Viel Atmosphäre an den Lagerfeuern.

Essen: Sollte das Hotel nicht neueröffnet werden, bleibt eigentlich nur die Selbstverpflegung. Im Post Office Dosen, selbstgebackenes Brot, Milch etc.

Da auf der Insel keine Polizei stationiert ist, ist etwas wie Sperrstunde in den PUBS unbekannt. Lange Nächte beim Guinness, und häufig steigen spontane Folk - Sessions.

Im Jolly Roger wird meist bis sechs, sieben Uhr durchgezecht. Von Zeit zu Zeit schnappen sich die Zechbrüder in Baltimore ein Boot und kommen einen Sprung rüber, wenn ihre Pubs zumachen.

★ Cape Clear Island

Erster Eindruck: zwischen karstigen Landbuckeln eingeklemmter Pier, von wo aus eine schmale Asphaltpiste sich landeinwärts windet. Die Insel (ca. 4o Einw.) ist sehr gebirgig, zerschrammte Felsflächen wechseln mit Heidekrautrasen. Dazwischen bunte Wildblumen und unzählige Vögel, die ohne jede Scheu Menschen auf ein bis zwei Meter ranlassen.

Cape Clear ist weniger kosmopolitisch als Sherkin; sämtliche Bewohner sind Einheimische, deren original keltische Ursprache sich in den Pubs mit dem Englisch der Touristen vermischt. Im Sommer allerdings Scharen von Rucksacklern (Kontakte), die in der JuHe wohnen und einen auf Insulaner machen.

In der gälischen Sprachschule ("Gaelic School") finden jeden Tag FOLKLORE-ABENDE statt: Musiksessions und wüste irische Tänze, wo die Gäste mitmachen. Sehr lohnend. Nicht weit davon ein kleines Museum.

Anlaufstelle für Vogelliebhaber ist das BIRD OBSERVATORY: Bücherei und Infos über die besten Beobachtungsplätze. (Im August bis Oktober machen viele Zugvögel hier Zwischenstop.)

Hier auch ein kleines **Hostel** mit 12 Betten (ca. 9 DM).

> **Verbindung**: Unvergeßliche Überfahrt durch die
> Roaringwater Bay mit dem Gewirr der Inseln und Riffs, die
> aus der schäumenden Brandung ragen. Dauert 45 Minuten, -
> allein schon deswegen lohnt sich der Trip.
>
> Dreimal pro Tag ab Baltimore: ca. 18 DM return. Für Leute mit JuHe-Ausweis etwa 3 DM billiger.
>
> Juli und August täglich einmal ab Skull (auf der Mizen-Halbinsel). Mit nur 1o DM return wesentlich billiger, da Privatfähre. (Vorher nochmal abchecken, in den letzten Jahren hat es kleinere Unregelmäßigkeiten mit dem Fährmann gegeben).

Heißer <u>Routen-Tip</u>: Von Baltimore aus auf die Insel, um ein paar Tage zu verbummeln. Von hier aus dann rüber zur Mizen-Halbinsel und weiter in die Berglandschaft von Kerry.

TRANSPORT auf der Insel am besten <u>per pedes</u>, da nur 5 x 2 km groß. Fahrrad bringt wenig, da zuviele Steigungen.

Die **UNTERKUNFT** schon im voraus buchen.

> Keine Hotels, daher auf B&B umsteigen: Preise bei knapp 3o DM.
>
> **Mrs. Lynch** (Tel .028/39113): mein ganz persönlicher Tip. Herzliche Atmosphäre, und zur Begrüßung gibt's Tee mit Plätzchen.
>
> **Mrs. O'Reign** (Tel.: 028/39114)
>
> **Mrs. Sawyer** (Tel.: o28/39116)
>
> **Mrs. O'Discoll** (o28/39135)
>
> **AnOige-Hostel**: das Haus ist gut in Schuß. Dafür, daß die Atmosphäre nicht zu locker wird, sorgt allerdings der Warden mit grimmigem Blick und langem Rauschebart.

Ein **Camping-Platz** oberhalb der Jugendherberge: Duschen, Toiletten. Sauber und o.k., steht unter der Regie der Insel-Cooperative.

Auf jeden Fall mal die Dinner bei MRS.LYNCH probieren: vier Gänge für 2o DM. Kaum zu schaffen, was da auf den Teller geschaufelt wird.

Kleinere Sachen im COTTER`S PUB, z.B. Spaghetti Bolognese für 12 DM. In den Restaurant unten am Pier, das zur Insel-Cooperative gehört, kleine Sachen wie Suppe, Sandwiches oder Kuchen.

SHOPPING

In den beiden Inselshops nur Limo, Dosen usw., aber nichts Frisches. Milch, Eier und selbstgebackenes Brot zu zivilen Preisen bei <u>Mrs.Lynch</u>. Außerdem guter Kuchen.

Unbedingt auch bei der Harper's Farm vorbeischauen: Joghurt, Eiscreme und ein spezieller Kuchen aus Ziegenmilch gemacht. Eine Delikatesse ist der Ziegenkäse (mit dem Label "Cleire"). Mit einem kräftigen Schuß Knoblauch und nach Leserbrief-Meinung der beste der Welt. Schönes Souvenir sind die Ziegenfelle für ca. 60 DM (ideal als Bettvorleger).

Pubs Während der Saison steigen hier praktisch jeden Tag Sessions. Schon mehr als ein Jahrhundert alt das "PADDY BURKS": Halbdunkler Raum mit nur einer Bank, in den Regalen hinter der Theke werden Lebensmittel verkauft.

COTTER'S BAR: von den moosbewachsenen Holzbänken vorm Haus herrlicher Blick über die Bay. Oft auch Musik im Pier Restaurant.

★Hare Island

Abenteuer-Trip. Kleines Inselchen aus rauhem Ödland und einsamen Küstenstrichen. Ganze fünfzehn Leute leben hier, die vom Pier aus ein bißchen Fischfang betreiben. Ihre Häuser ducken sich in geschützte Talmulden.

Keinerlei touristische Infrastruktur. Im Detail: weder Unterkünfte noch Pubs oder Shops. Daher nur WILDCAMPEN, VERPFLEGUNG von Baltimore mitbringen. Unvergeßliche Eindrücke bei den Kontakten zu den paar Einheimischen.

Verbindung: Dreimal pro Woche tuckert das Postboot rüber und hält Verbindung zur Außenwelt. Kostenpunkt etwa zehn Mark. Genaue Infos im Shop "Cotter" an der Pierstraße in Baltimore.

STOP PRESS: vieles kann sich auf Hare Island ändern, wenn das zur Zeit des Update geplante französische Top-Restaurant realisiert wird. Die Gäste sollen extra per Fähre aus Baltimore rübergeschippert werden.

Infos dazu beim TI. Die Insel-Einsamkeit wäre etwas getrübt, andererseits aber ein schöner Abendausflug ab Baltimore.

★ Unbewohnte Inseln

In der Roaringwater Bay liegen an die hundert unbewohnte Inseln, - ideal für unvergeßliche Robinson-Crusoe-Abenteuer abseits jeder Zivilisation. In einer geschützten Mulde das Camp aufschlagen und ein Steak über'm Lagerfeuer bruzzeln, während die Lichter der nächsten Ortschaft meilenweit entfernt liegen.

Die ÜBERFAHRT übernimmt die Sherkin-**Fähre**. Mit dem Fährmann gleich einen festen Zeitpunkt für die Abholung vereinbaren. Genauere Infos im Bushe's Pub in Baltimore (dort sich auch beraten lassen, welche Insel am geeignetsten ist). Die Fahrt kostet hin und zurück etwa 7o DM: nicht zu teuer, wenn sich ein paar Leute zusammentun (Kontakte am besten in Rolf's Hostel).

Aus Baltimore Konserven und Brot für mehrere Tage Reserve mitnehmen. Vielleicht weiß der Skipper eine gute Muschelbank. Sicherheitshalber im Cotters Shop etliche Plastikkanister kaufen und genügend Trinkwasser mit rübernehmen.

★Mizen Halbinsel

Die Landschaft wird immer rauher, - ideal für eine Rundtour auf der 7o km langen Ringstraße. Mit dem Auto 2-3 Stunden reine Fahrtzeit entlang der Küste. Im Innern türmen sich blankgeschliffene Felsbuckel und auf der anderen Seite der schillernde Ozean. Nur wenige Touristen kommen hier raus.

Per **Rad** ein unvergeßliches Zwei-Tage-Programm: von Skibbereen ca. 5o km bis nach SKULL, dem Hauptort der Halbinsel. Am nächsten Tag etwa 6o km bis nach BANTRY (entlang der Küstenstraße).

In der unteren Preisklasse drei Hotels in Skull.

Heißer Tip ist das **Barley Cove Hotel** (Tel.: 028/35234, DZ ca. 24o DM): liegt weit draußen an der Straße zum Mizen Head, - einzigartig auf eine Anhöhe gesetzt, unten die Bay mit hellem Sandbogen. Nachts das Rauschen der Brandung. Moderner Bau; Zimmereinrichtung dem Standard entsprechend. Viele Sportmöglichkeiten (z.B. Tennis).

Mehrere **B&B-Häuser** ziehen sich entlang der Ringstraße, - Hostels gibt's leider nicht.

Voll ausgerüsteter Platz (incl. Elektrizität für Zelte, Geschirrspüler) an der Barley Cove, - supersauber und von sanften Hügeln eingerahmt. Vier Strände in bequemer Gehweite.

Etwa 1 km weiter Richtung Mizen Head wird wild gecampt, meist stehen mehrere Zelte in der geschützten Mulde. Keine Facilities.

★ In **BALLYDEHOB** viele Kunsthandwerker, - guter Querschnitt im Shop "Oasis" (im Hinterzimmer Vegetarier-Cafe). Auch sonst viel Atmosphäre mit den knallig bemalten Ladenfronten links und rechts der Dorfstraße.

★ **SKULL** ist Hauptort der Insel (mehrere Hotels, B&B, Restaurants). Dort neben der Dorfschule ein Planetarium, eingerichtet 1988 und mit einer Million Mark finanziert von einem deutschen Industriellen. Ist die 6 DM Eintritt wert.

Breites Angebot an Trips zum Hochsee-Angeln (Infos im Black Sheep Inn), von Pollok bis zu Blauhaien beißt hier so ziemlich alles an.

Unbedingt lohnend ist der Trip rauf zum Mount Gabriel (4oo M): phantastischer Rundblick auf den gesamten, ins Meer geschobenen Felsriegel. Im ersten Teil eine enge Serpentinenpiste, zu Fuß bis zur Radarstation auf dem Gipfel ca. 45 Minuten.

Juli und August täglich zum **Cape Clear Island**, - Details auf Seite 197. Auch ideal als Tagestrip: einzigartige Anfahrt mit dem Kutter durch das Inselgewirr, drei Stunden Aufenthalt und dann wieder zurück.

Mehrmals pro Woche nach **Long Island** mit dem Postboot, man sitzt bequem zwischen Kisten voller Konservendosen. Abfahrt ab Colla (ca. 3 km außerhalb). Den genauen Fahrplan im Post-Office in Skull nachfragen.

Auf der Insel lebt - neben etlichen Familien - eine Kolonie originaler Hippies aus den Endsechzigern, die sich hierher zurückgezogen haben. Wirken recht exotisch auf dem rauhen Eiland mit ihren wallenden, knallbunten Umhängen und bauschiger Silbermähne. Ihren Idealen sind sie bislang treu geblieben: gehen keinem Broterwerb nach, sondern basteln Kleinkram und verkaufen ihn auf Märkten in den umliegenden Dörfern.

Auf Long Island gibt es weder Shops noch irgendwelche Unterkünfte. Daher nur wildcampen, Proviant mitbringen. Oder nur einen Tagestrip machen und mit derselben Fähre wieder zurückfahren.

★ **CROOKHAVEN**: Wunderschönes Straßendorf mit zwei Häuserzeilen, - plaziert auf einer engen Nehrung, die einen blaugrünen Lagunensee einschließt. Unten am Pier sitzen tollpatschige Seevögel auf den Kaimauern und Booten rum. Juli/August wird für 1o DM pro Stunde Windsurfing-Ausrüstung vermietet (ideale Windverhältnisse in der Lagune).

STRÄNDE: bei Barley Cove liegen ein paar traumhaft schöne Strände, herrliches Farbenspiel der weißen Gischt, dem gelben Sand und dem grünlich schimmernden Wasser. Meist liegen Kühe wiederkäuend im Sand. Bei Touristen völlig unbekannt: zwei abgelegene Strände nahe der Toormore Bay; werden von der Straße nicht tangiert. Herrlich zum wild zelten. Für genauen Weg die Locals fragen (z.B. im Postoffice von Toormore).

Die spektakulärste Sache auf der Halbinsel ist der MIZEN HEAD: schroff abfallende Klippen und eine tief eingeschnittene Felsschlucht mit tosenden Wassermassen. Blick weit raus auf den offenen Atlantik.

Weniger bekannt ist der THREE CASTLE HEAD, - sehr romantisch für ein Picknick mit drei düsteren Burgruinen am Klippenrand. Nur zu Fuß zu erreichen.

★Sheepshead Halbinsel

Lohnender Abstecher in karstige Felswildnis mit ausgefranster Küstenlandschaft. Üppige Vegetation in geschützten Buchten. Mit dem Pkw dauert der Schlenker ein bis zwei Stunden (reine Fahrtzeit).

Einziges nennenswertes Dorf ist **KILCROHANE** an der Südküste. Ein paar Häuser an der breiten Straße, Shops, eine Bar und spielende Kinder. Knorrige Kiefern wachsen an der Ortsausfahrt.

> **Dunmahon Hotel**: Tel.: o27/67129. DZ ca. 85 DM. Mit kontinentalem Frühstück (Scones) nur 75 DM. Sehr heißer Tip: gediegene Landhaus-Atmosphäre mit Antikmöbeln, Wintergarten und schönem Park zum Meer hin. Mit maximal 16 Gästen sehr familiär.

Ab Kilcrohan am besten die Stichpiste zum Sheepshead rausfahren. Wer knapp mit Zeit ist, biegt ab auf den "Goat's Path" und steuert direkt Richtung Bantry.

ABSTECHER ZUM SHEEPSHEAD

45 km hin und zurück. Die einspurige Piste quält sich durch wüste, heidekrautüberzogene Felsbuckel. Einsame Hochflächen und herrliche Haarnadelkurven. Am Head turnen Kühe auf den Felsen rum - Blick auf das nebelverhangene Hügelmassiv der Mizen-Halbinsel.

Goat's Path: Die Paßstraße zieht sich quer durch die Hügelkette im Innern der Halbinsel. Enge Serpentinen, und oben klassische Rundblicke. An der Spitze zeigt sich bereits der nächste Landfinger jenseits der Bay.

Die gesamte Rundfahrt macht knapp 5o km. Hinter dem Paß geht's durch kultiviertes Land Richtung Bantry.

★Bantry (3ooo Einw.)

An einem tiefen Fjord gelegen, eingerahmt von welliger Hügellandschaft. Vom Pier aus tgl. Boot-Trips zur vorgelagerten Insel Whiddy, auf der noch sechs Familien leben. Im Café eine Tasse ziehen und ansonsten ein bißchen relaxen auf dem nur 3 km langen Inselchen.

Top-Attraktion ist das BANTRY HOUSE: bombastisch eingerichteter Palast mit vielen Kunstgegenständen und wertvollen Möbeln. Kronleuchter aus funkelndem Waterford-Kristall, in Pompeij ausgegrabene Mosaiken am Boden, Chippendale-Möbel, Gobelins. Hinter dem Haus ein italienischer Garten.

Bike-Rent: von Bantry aus schöne Tagestrips zum Sheepshead und zum Mizen-Head. Zu mieten bei "Kramers", Glengarriff Road.

★Glengarriff (250 Einw.)

Zwei altbackene Häuserreihen und zahllose Pensionen. Phantastisches Tropenklima mit Palmenreihen entlang der Küste, Eukalyptusbäume, Pinien, Azaleen, blühende Rhododendronhecken. Wohl die mildesten Temperaturen in ganz Irland, hier ist schon seit zwanzig Jahren kein Schnee mehr gefallen.

Das behäbige Dorf liegt in einer Talsenke mit üppig wucherndem Wald, - herrlich die Bay mit kleinen Inselchen und schillernder Wasserfläche. Trotz vieler Touristen ein empfehlenswerter Zwischenstop: Pflichtprogramm sind die Trips zur Toskana-Insel Garnish Island und zum Bergsee Barley Lake.

Busse: Mit Bus Eireann tgl. 3 x ab Cork bis nach Glengarriff, zwei Busse via Bandon und Dunmanaway (Exzellentes Hostel, Seite 191) und einer via Skibbereen. Ab Killarney tgl. ein Bus: somit besteht neuerdings durchgehende Verbindung entlang der Südwestküste von Cork bis Killarney!

Casey's Hotel: Tel.: 027/63010. DZ ca. 100 DM. Liegt in der Ortsmitte; ordentlich und sauber geführt. Zimmer mit Holzmöbeln. Da das Hotel demnächst in neue Hände kommt, bleibt genaueres abzuwarten.

Eccles Hotel: Tel.: 027/63003. DZ ca. 100 DM. Alter Herrensitz aus dem Jahr 1822, - schmiedeeiserner Balkon und große Fenster. Viele Zimmer mit pompösen Antikmöbeln und phantastischem Blick auf die Bay. Liegt fünf Minuten ab vom Dorf.

Golf Links Hotel: Tel.: 027/63009. DZ ca. 75 DM. Zimmer sauber mit Teppichböden und Holzmöbeln. Ohne Bad und WC. Störend manchmal das Gegröle in der Bar. Soweit der bisherige Stand der Dinge: während der Überarbeitung wurde das Golf Links verkauft, es stand nicht einmal fest, ob es weiterhin als Hotel betrieben wird.

Bluepool House: Tel.: 027/63054. DZ ca. 60 DM. Billigste Bleibe innerhalb des Dorfes: hotel-like geführte Pension (Bar, Lunch und Dinner, Rezeption); - Zimmer top eingerichtet, z.T. mit Antikmöbeln und ein Lounge wie ein Schloßzimmer. Sehr zu empfehlen.

Riverlodge House: Tel.: 027/63043. DZ ca. 55 DM. Korrekt geführtes B&B-Haus - wird von Einheimischen oft empfohlen wegen gutem Service und Sauberkeit. Mit sehr schönem Garten.

Bayview House: DZ ca. 55 DM. Freundliche Bleibe in einem schönen Haus. Großer Pluspunkt: hinterm Haus führt ein Spazierweg runter an die Bucht (schön für die Morgenzigarette.).

Casa Verde: Tel.: 027/63157. DZ ca. 55 DM. Schönstes Haus in Glengarriff, wer familiäre Atmosphäre liebt. Herrlicher Palmengarten, supersauber und ruhige Lage kurz abseits der Hauptstraße mit Zugang zur Bucht.

Heights: Tel.: 027/63088. DZ ca. 55 DM. Nur mit eigenem Pkw zu empfehlen: Farmhaus knapp 2 km außerhalb auf einem Hügel. Klassische Aussicht auf die Bay und auf Garnish Island: liegt ruhig in einem Waldstück. Nur drei Zimmer.

BILLIG-HERBERGE: Zwei Privat-Hostels an der Ausfahrtstraße Richtung Kenmare. Das erste 4 km hinter Glengarriff: von seinem baulichen Zustand sehr gut in Schuß (incl. Waschmaschine und eigens als Hostel gebaut), außerdem sehr klein mit rund 15 Betten. Man hört aber Klagen, daß der Besitzer etwas mehr Engagement investieren sollte.

Weitere 2 km Richtung Kenmare das <u>Tooreen Hostel</u>, das gewaltig an Profil gewonnen hat, seit Doris und Manfred, zwei Deutsche, den 3o-Betten-Laden unter ihre Fittiche genommen haben. Man wohnt stilgerecht zwischen Berghängen und knorrigen Bäumen, vor der Tür rauscht ein Sturzbach vorbei. Bike-rent, Touren im VW-Bus und Angeltouren im Motorboot vor der Beara-Küste, biologisches Gemüse usw.

Camping: zwei Plätze liegen etwa 1 1/2 km außerhalb Richtung Adrigole: Original-Ton erste Auflage: "Leger geführt der <u>Downings</u>". Leserbriefe fanden die Führung des Platzes etwas zu leger, was sich bei unserer Inspektion bestätigt hat.

Also lieber zum gleich dahinter liegenden <u>O'Shea's Site</u>, der um einiges sauberer ist und professioneller geführt wird. Gepflegt wie eine Parkanlage. Darüber hinaus noch billiger als der Downings.

An der Ausfahrt Richtung Kenmare, am Ortsrand, der <u>Harrington House Site</u>: billig und simpel, viele Rucksackler. Nette Atmosphäre, wer auf sowas steht und auf Komfort verzichten kann.

Die romantischste Lösung: neben dem <u>Tooreen Hostel</u> im Sommer immer ein Dutzend Tramperzelte. Leider 6 km ab vom Ort.

WOODEN SHOE: Heißer Tip. Riesenportionen und erstklassige Qualität bei mehr als zivilen Preisen. Z.B.ausgelöstes Hühnchen mit süßsaurer Soße für ca.35 DM. Kleiner, gemütlicher Raum mit Kerzenlicht und viel Holz. Vielen Dank auch an den Besitzer Carl Ooykaas für seine Hilfe bei diesem Glengarriff-Kapitel.

In der Mittelklasse vielleicht das <u>MURPHYS CAFÉ</u> probieren, Teppichboden und nackte Wände in der Preislage o.k. Geöffnet von 1o.3o durchgehend bis 21 Uhr. Kleinere Snacks, Gammon Steak für 11 DM oder die sehr günstigen Lachssteaks ("salmon steaks") für 18 DM.

Das <u>SPINNING WHEEL</u> oberhalb des Andenkenladens: Metamorphose vom Saulus zum Paulus, seit ein Einheimischer die ehemalige Touristenfalle übernommen hat. Kleinere Snacks wie Suppe plus Sandwiches oder Burgers: sind ihr Geld wert.

Pubs Mehrere Kneipen, - dort fast täglich Folkbands. Die Werbeaushänge in den Fenstern beachten. Gemischtes Publikum und viel Ambiente im <u>BLUE LOU</u>, fast täglich Folkbands. Im <u>PERRIN HOUSE</u> wird bei schönem Wetter auf der Terrasse gespielt.

★ Trips ab Glengarriff

GARNISH ISLAND:

Die "Toscana-Insel" mit exotischer Vegetation und farbenprächtigen Blumenrabatten, Lilien-Teich, Italienischer Garten, blühenden Heckengalerien usw. Insgesamt 15 Hektar, den Trip auf keinen Fall versäumen. Geöffnet von März bis Oktober, Eintritt ca. 4 DM.

> Ursprünglich eine karge Felseninsel, die Anfang unseres Jahrhunderts von Annan Bryce mit Hilfe eines Landschaftsarchitekten in ein blühendes Blumenparadies umgewandelt wurde. Später wurden Pflanzen aus der ganzen Welt importiert.

Überfahrt mit drei Companies, kostet rund zehn Mark. Dabei erfolgt den ganzen Tag über Pendelverkehr mit größeren Kreuzern (dauert zehn bis zwanzig Minuten). Bei einzelnen Trips wird zusätzlich eine Seehund-Kolonie besichtigt (vorher nachfragen).

Von Ellen's Rock (2 km Richtung Beara) fahren offene 2o-Fuß-Boote mit Außenbordmotor. Die Seehunde lassen die kleinen Boote bis auf 3 Meter ran. Dort auch Vermietung von Ruderbooten: in zwei Stunden (ca. 18 DM) läßt sich die Insel umrunden.

LAKE BARLEY

Der hochgelegene Bergsee mit kristallklarem Wasser ist eine grandiose Naturschönheit, - eingebettet in einer Karmulde und das Massiv der Caha Mountains dahinter. **Anfahrt:** 8 km Asphaltpiste in abenteuerlichen Serpentinen rein in die Berge; herrlicher Blick runter ins Tal. Vielleicht den letzten Teil zu Fuß machen (ein bis zwei Stunden).

TWELF-COWS-LAKE

Ein echter Geheimtip: Nur per Wanderung erreichbarer, abgelegener Bergsee, zwischen schroffen Gebirgswänden eingeklemmt, bisher in keinem Reiseführer beschrieben. **Anfahrt**: Nach der Ortsausfahrt Richtung Beara-Ring die erste Straße rechts weg. Wenn die Piste nach 5 km den Wald verläßt, nach links in einen Feldweg, der über zwei Steinbrücken führt. Bei der Farm an dessen Ende beginnt der Trail: durch die Rhododendronhecke zum Wildbach und etwa 1 Stunde flußaufwärts. Der Fluß entspringt im See. Den Trail nur mit festem Schuhwerk machen, da sehr sumpfiges Gelände.

LADY BANTRY'S LOOK-OUT

Guter Aussichtspunkt über das gesamte Tal plus der Bay. Etwa 2o Minuten zu Fuß: beschildert ab dem Picknick-Platz an der Ortsausfahrt Richtung Kenmare.

Ebenfalls vom Picknickplatz aus: der RIVERSIDE WALK, entlang des Flusses durch Rhododendron-Dickicht, märchenhaft schön.

CARRIG ROUR
Bietet den schönsten Blick auf die Bucht mit Garnish Island und den tuckernden Fährkähnen. Am Eccles Hotel rechts vorbei und immer bergauf,- bei Verzweigungen sich links halten. Die Tour (1 1/2 Stunden) endet an der Straße nach Kenmare.

Die Company "Harbour Queen" macht Juli und August jeweils abends ab 18 Uhr **KREUZFAHRTEN** in der Bucht. Eine schöne Sache, bevor's dann in die Kneipe geht.

75% des Tales sind bedeckt mit einem **FOREST PARK** aus Fichten, knorrigen Eichen, Birken etc. Viele Picknick-Plätze und beschilderte Spazierwege, - alle kürzer als eine Stunde. Ausgangspunkt: größerer Picknick-Platz an der Straße zum Barley Lake.

RING OF BEARA

Die Schmalspur-Piste windet sich zwischen Felstürmen und über Karstbuckel, - die Streckenführung geht immer die Küste lang. Weite Täler und auf der Seeseite Schären, kleine Inselchen und schäumende Brandung.

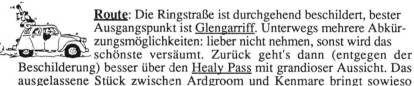

Route: Die Ringstraße ist durchgehend beschildert, bester Ausgangspunkt ist Glengarriff. Unterwegs mehrere Abkürzungsmöglichkeiten: lieber nicht nehmen, sonst wird das schönste versäumt. Zurück geht's dann (entgegen der Beschilderung) besser über den Healy Pass mit grandioser Aussicht. Das ausgelassene Stück zwischen Ardgroom und Kenmare bringt sowieso weniger, da wegen der dichten Bewaldung die Aussicht verdeckt ist.

Wer knapp mit Zeit ist, fährt die komplette Halbinsel nicht ausfahren kann, fährt wenigstens via Adrigole und den grandiosen Healy-Paß nach Kenmare. Macht nur ein oder zwei Stunden mehr als die Direktstraße von Glengarriff rauf nach Kenmare.

Per **Fahrrad**: kein bike-rent in den beiden Startpunkten Glengarriff und Kenmare, daher am besten durchfahren bis Castletownbere (auf der Halbinsel) und sich dort seinen Blechesel besorgen.

Busse: nur Privatbus: tgl. einmal Abfahrt ab Cork am Spätnachmittag vor der Ivy Leaf Bar am Parnell Square, stoppt auch in Glengarriff. Endstation ist Castletownbere.

Südwesten 207

TIMING: Einmal rum addiert sich zu rund 15o km. Die Entfernung aber nicht unterschätzen, da enge Straßen und unterwegs viel zu sehen. Picknick-Stops an einsamen Lochs. Mit dem Auto ein schöner Tagestrip, per Rad 3-4 Tage einplanen.

In den Bergen der Halbinsel liegen 365 SEEN, - pro Tag einer, wie die Einheimischen sagen. Mehrere über Stichstraßen vom Ring aus zugänglich (jeweils beschildert): am Rand etwas Schilf; sonst alles friedlich, nur ein paar Reiher fliegen auf. Schön auch die Trips zu einsamen PIERS, z.B. Zetland Pier. Zernagte Landbuckel und Schaumkronen auf den Wellen. Beschildert.

Zwei STEINKREISE bei Bearhaven und Ardgroom. Für archäologisch Interessierte sehr zu empfehlen.

Die Beara-Halbinsel ist weit weniger kommerzialisiert als der berühmte Kerry-Ring. Grund: wird von Bord Failte kaum promotet, da die touristische Infrastruktur fehlt. Wegen der engen Straßen können auch keine Bus-Reisegruppen den Ring abfahren. Was jedoch landschaftliche Schönheit anbelangt, kann der Beara-Ring jederzeit mithalten.

Unterkünfte: B&B-Häuser gibt's praktisch überall, Hotels nur in Bearhaven und in Ardgroom. Zur Hochsaison schon in Glengarriff buchen. Schönster Stop für die Nacht ist meiner Meinung nach der Fischerort Castletownbere.

Bezüglich Billig-Herbergen ist der Ring gut versorgt: Zwei Privat- Hostels und zwei AnOige-Hostels.

Camping: An beiden Enden des Healy Pass und in Castletownbere.

ROUTE:

Die erste Ortschaft ist **ADRIGOLE**, ein kleines Nest in einer fruchtbaren Senke. Hühner gackern auf der Straße. Die Häuser liegen weit verstreut, kein eigentlicher Ortskern. Adrigole ist Ausgangspunkt für den Healy Pass (Beschreibung auf der nächsten Seite).

Mehrere B&B-Häuser und Pensionen.

Billigherberge: Hundert Meter hinter der Abzweigung zum Healy-Paß das **Adrigole Hostel**. Allerdings mit Fragezeichen: die Vorbesitzer (belgisches Ehepaar) haben die Herberge zur Zeit der Recherche verkauft. Bislang sehr primitiv und Beschwerden über mangelnde Hygiene, Ausbau war jedoch geplant.

Camping: neben dem Hostel ein billiger Platz, Toiletten, Duschen, Kochgelegenheit. Voll ausgerüstet ist das Waterfall Centre (inclusive Pub und Disco). Zwar schöne Lage an der Bay, aber etwas zu überkommerzialisiert.

Bergsteigen: vom Hungry Hill (687 m) ist die Aussicht auf die zerbuchtete Küstenlinie der Landzunge klassisch. Ein unvergeßlicher Halbtagesausflug: hinter der Ortsausfahrt nach rechts in einen schmalen Feldweg. Von dessen Ende nach links und über den Bergsattel den Gipfel ansteuern. Einfacher Aufstieg, dauert 3-4 Stunden.

Die Landschaft wird immer ungezähmter. Nach weiteren fünfzehn Kilometern kommt **CASTLETOWNBERE**: Hauptort auf der Halbinsel und Irlands drittwichtigster Fischerhafen - viel Flair mit den bunten Kuttern vor Anker und den Schwärmen von Möwen. Trawler der verschiedensten Nationen legen hier an.

Regelmäßig Fischmarkt: Berge silbriger Fischleiber, viel Geschrei und noch mehr Gestank. Einer der größten Fischmärkte Irlands. Termine unterschiedlich: immer wenn ein Kutter landet und per Funk schon von See aus Nachricht gibt.

Kurz hinter dem Ort liegt DUNBOY CASTLE,- sehr romantisch. Ausgebaute Schloßruine, des Besitzers der Kupferminen, drumrum grasen die Kühe und dahinter eine Burg aus dem 16. Jh.

> **Craigies Hotel**: Tel.: o27/7o379. DZ ca. 95 DM mit Bad/WC. Sehr herzliche Atmosphäre, empfehlenswert. Leider lieblose Betonkonstruktion und etwas kahl wirkende Zimmer.
>
> **Realt na Mara**: Tel.: o27/7o1o1. DZ ca. 6o DM. Von allen Pensionen der beste Blick über die Bay.
>
> **Beara Hostel** (Tel. o27/7o184): Nett geführt von einem deutschen Ehepaar, das es schon vor sechs Jahren hier raus verschlagen hat. "Er" der Mann fürs praktische, während Ellen viel Herz in den Laden bringt. Supersauber, bike-rent und Eier von freilaufenden Hühnern, die ebenso glücklich sind wie die Hostel-Gäste...Lage 2 km hinter dem Ort, kurz nach der Zufahrt zum Dunboy Castle.

Camping: Neben dem Hostel ein großes Stück Wiese, Facilities in der Herberge mitbenutzen.

 Sehr gut das OLD COTTAGE RESTAURANT: alte Möbel, Teppichboden und vom wuchtigen Holztisch Blick runter zur Bay. A la carte um 2o DM.

MURPHY`S RESTAURANT: Das 4-Gang-Lunch für 9 DM und die Riesenportionen für durchschnittlich 1o DM am Abend entschuldigen den Steinboden und die Resopaltische.

 Die Beara-Halbinsel scheint durstig zu machen: Kneipen immer gerammelt voll, am Wochenende nur mit einer Portion Ellbogen ein Stehplatz zu bekommen. In drei Pubs täglich Musik:

Im MCCARTHYS sitzen in einer Ecke ein paar Musiker und klampfen ihre "Irisch Traditionals", während der Besitzer der IRISH BAR selber mit der Klampfe in der Hand einen auf Alleinunterhalter macht.

Bei JACKY LYNCH ebenfalls irischer Folk: Joker sind hier außerdem die herzhaften Sandwiches mit Fisch, Krabben usw.

Bike-rent im Supermarkt von Castletownbere.

Ein schöner Trip führt rüber zum BERE ISLAND, - Überfahrt nur ein paar Minuten, ca. 4 DM, mehrmals täglich. Am besten ein Fahrrad mieten, da kein öffentlicher Inseltransport.

Bere Island hat ca. 25o Einwohner und mehrere B&B-Häuser. Außerdem eine preisgünstige Segelschule. Man spürt irgendwie sofort, daß man sich auf einer Insel befindet: in den Pubs ist Sperrstunde unbekannt, die Autos ohne Nummernschilder und mit Stricken zusammengebunden.

Weiter ab Castletownbere:

Unbedingt die Blindstraße auf den letzten Landzipfel der Halbinsel rausfahren, grandiose Berglandschaft.

Wenn's zeitlich irgendwie einzurichten ist, dann übersetzen auf DURSEY ISLAND: felsige Schaffarmer-Insel am Westende der Halbinsel. Ideal für Spaziergänge entlang der wilden Steilklippen mit bizarren Felsformationen, wo die Gischt meterhoch sprüht.

Überfahrt erfolgt mit einer abenteuerlichen Seilbahn ("Cable Car", Fahrplan beim TI in Bearhaven), die die Passagiere in einer rostigen Kabine rüberbugsiert.

Nächste Station ist **ALLIHIES**: herrlich schläfriges Nest mit ein paar bunt bemalten Häuserwürfeln. Vor dem Krämerladen ein paar Leute beim Tratsch, vom Meer her weht eine leichte Seebrise. Etwas außerhalb ein schöner Beach, wo nur selten jemand badet.

Unterkünfte: Das AnOige-Hostel ist nicht gerade ein Vorzeigestück: dunstige Bruchbude, deren Gemäuer ebenso "romantisch" riechen, wie sie aussehen.

Im 19. Jahrhundert waren hier zahlreiche Kupferminen, die letzten wurden erst 1962 stillgelegt. Der Boden ist ausgehöhlt mit Schächten. Eine noch gut erhaltene Ruine ist zu besichtigen (ausgeschildert).

Wer in den Background und die sozialen Ungerechtigkeiten dieser Phase einsteigen möchte, besorgt sich das Buch "Die Erben von Clonmere" von Daphne du Maurier. Es beschreibt die Familiengeschichte der Besitzer der Minen, die hier ein Vermögen gemacht haben.

Der schönste Abschnitt der Rundfahrt ist der "**KLEINE RING**", der in Eyeries von der Hauptstraße abzweigt. Unzählige Fjords, zerlappte Küste und Felsschären,- auf der anderen Seite der Bucht die Kerry-Berge. Ist leicht zu verfehlen: durch das Dorf Eyries durchfahren! Unvergeßlich ist die Ring-Road per Fahrrad! (Ca. 35 km ab Castletownbere).

✦ Nächste Station ist **GLANMORE**: herrlicher Farbkontrast des tiefblauen Sees und der dunkelgrünen Fichtenbäume drumrum. Die mitgebrachte Brotzeit auf einem der moosbewachsenen Tische am Ufer schmeckt doppelt gut.

Der See wird erreicht über eine 5 km lange Stichstraße. Abfahrt deutlich beschildert, kurz vor den Derreen Gardens. Unterkünfte: Sehr sauberes und empfehlenswertes AnOige-Hostel direkt am See (Tel. o64/83181). Der Warden vermietet Ruderboote. Insgesamt ein lohnender Stop für eine Nacht. (Proviant mitbringen, da nächster Stop 2 km entfernt).

DERREEN GARDENS: Prachtvolle Gartenanlage, wegen des milden Klimas wachsen Farnbäume, Bambus, Kamelien und Rhododendron. Lohnend. Hinter Derreen bestehen zwei Alternativen: nur wer's eilig hat, fährt direkt die 25 km durch bis Kenmare. Dabei geht's durch ausgedehntes Waldgebiet.

Wer's zeitlich aber einrichten kann, macht besser den 6o-Kilometer-Schlenker und fährt hier ab vom Ring auf den HEALY PASS: 33o m hohe und 12 km lange Paßstraße, die sich in tausend Serpentinen in das Bergmassiv windet. Oben grandiose Aussicht auf die verschlungenen Hügelketten der Halbinsel und steil runter auf den tiefblauen Bergsee "Glanmore Lake".

Die Straße wurde 1845-49 während der Hungerjahre als Beschäftigungsprogramm begonnen. Für ganze vier Pence pro Tag rackerten sich die Menschen verzweifelt ab. Doch die Unfall- und Todesraten kletterten so hoch, das das Projekt vorzeitig aufgesteckt werden mußte. Die Fertigstellung erfolgte erst 1931 unter dem Ingenieur Tim Healy.

Die Paßstraße trifft in Adrigole wieder auf den Ring (siehe Anfang der Routenbeschreibung). Von hier geht's zurück nach Glengarriff und weiter auf den klassisch-schönen Routenabschnitt von GLENGARRIFF NACH KENMARE (27 km): Trassenführung steil in den Berghang gekerbt, wunderschöner Blick runter auf die subtropische Glengarriff-Bucht. Von Kenmare sind's dann noch 32 km bis Killarney.

Killarney

(8000 Einw.)

Mekka des Irland-Tourismus. Komplette Straßenzüge mit Hotelkästen und B&B-Häusern, überall Pferdekutschen und in den Pubs kitschige Folklore-Shows für die Urlauber. Ist trotzdem ein Fehler, einen Bogen um die Stadt zu machen: drumrum breitet sich eine einzigartige Landschaft aus mit drei Seen in einem verkarsteten Tal.

Bootsausflüge zu üppig bewachsenen Inseln, auf dem Pferd durch eine zerklüftete Gebirgsschlucht oder Spaziergänge in dschungelartiger, subtropischer Vegetation. In der weiteren Umgebung Möglichkeit zu phantastischen Bergtouren.

Außerdem ist Killarney der beste Ausgangspunkt für die Panorama-Ringstraße "Ring of Kerry". (Übersichtskarte siehe Seite 226/227.)

Das STADTBILD ist ziemlich langweilig: Hauptstraße ist die Main Street und deren nördliche Verlängerung High Street. Davon zweigen senkrecht die wichtigen Geschäftsstraßen New St. und Plunkett St. ab.

Einzig sehenswertes Gebäude ist die ST.MARY`S CATHEDRAL, ein neu-gotischer Prachtbau mit eleganten Formen.

Südwestlich der Stadt liegt der BOURNE VINCENT NATIONALPARK mit wunderschöner Landschaft: Die drei Seen Lough Leane (Lower Lake), Muckross Lake (Middle Lake) und Upper Lake sind durch einen Fluß verbunden, auf allen dreien subtropisch bewachsene Inseln. Lower und Middle Lake sind getrennt durch die Muckross-Halbinsel (exotische Parkanlage mit Pflanzen aus der ganzen Welt).

Westlich der Seen-Kette liegt das Bergmassiv Mangerton Mountains, das von Muckross aus über Wanderwege zugänglich ist. Der gesamte Nationalpark ist für Autos gesperrt.

UNTERKÜNFTE
Hotels

Great Southern Hotel: Tel.: 064/31262. DZ ca. 3oo DM. Empfang in einer klassischen Rezeptionshalle à la Säulen-Tempel und mit Sinfonie-Musik. Die Zimmer trotz Schlichtheit mit ehrwürdiger Atmosphäre wegen der hohen Decke und den schweren Vorhängen. Tip die Räume mit Balkon zum Garten. Swimmingpool, Sauna, Tennis etc.

Europe Hotel: Fossa. Tel.: 064/319oo. DZ ca. 25o DM Häßlicher Betonklotz im Klinikum-Stil. Die vielen Sportmöglichkeiten machen das "Plus" des Europe Hotels aus. Liegt 5 km Richtung Killorglin.

Ross Hotel: Tel.: 064/31855. DZ ca. 17o DM. Inclusive Bad, TV, Radio, Telefon. Die Zimmer wirken recht freundlich.

Arbutus Hotel: College St. Tel: 064/31o37. DZ ca. 11o DM. Sauber, freundlich; direkt im Centre. Am ruhigsten und schönsten die Zimmer mit Blick auf den "car park".

212   Südwesten

Failte Hotel: College St. Tel.: o64/31839. DZ ca. 9o DM. Mini-Hotel mit herzlicher Atmosphäre. Unten im Restaurant gutes und billiges Essen.

Imperial Hotel: Adr.: College St. Tel.: o64/31o38. DZ ca. 115 DM. Zimmer gemütlich möbliert. Leider schlechter Blick aus dem Fenster (Hinterhöfe etc.) und tunnelartige Gänge.

Scotts Hotel: College St. Tel.: o64/31o6o DZ ca. 115 DM. Zimmer nichts besonderes,- aber viel Raum mit großem Lounge und eigener Bar für die Gäste. Jede Nacht Entertainment, hinter dem Hotel ein Biergarten.

B&B - Häuser

Linden House: New Rd. Tel.: o64/31379. DZ ca. 6o DM. Ein deutsch-irisches Ehepaar, das die hotel-like Pension mit viel Herz führt. Alle Zimmer gemütlich mit Teppichboden, Dusche und WC. Etwa fünf Minuten vom Centre - heißer Tip.

Gardens Guesthouse: Countess Rd. Tel.: o64/31147. DZ ca. 65 DM. Kommt nach dem Linden House an zweiter Stelle; nahe beim Bahnhof. Ziemlich groß mit Garten drumrum.

Danesfort Lodge: Muckross Rd. Tel.: o64/327o5. DZ 6o DM. Empfehlenswerte Bleibe, rund zehn Minuten ab vom Centre. Unten im Restaurant gutes Essen zu portemonnaieschonenden Preisen.

Mystical Rose: Woodlawn Road, Tel.: o64/31453. DZ ca. 6o DM. Dear Mrs. O'Mahoney, thank you for your letter. There have also been excited letters from our readers about your house, so the entry has not changed, also nach wie vor: wärmster Empfang, gutes Frühstück, nette Atmosphäre. In ruhiger Seitenlage: Richtung Kenmare nach der Shell-Tankstelle links weg bis zur Telefonzelle, dort gegenüber.

Bed & Breakfast: Wer ein Auto hat und paar km fahren kann, findet immer was passendes. Preise üblich bei 6o DM fürs Doppel. Sonst recht hoher Standard: in Killarney und Umgebung bieten die meisten B & B-Häuser bereits Zimmer mit eigenem WC/Dusche an (ca. 1o DM Aufpreis).

Die Häuser innerhalb der Stadt sind schnell ausgebucht, unbedingt per book-a-bed-ahead im voraus reservieren. Nachteil ist, daß die Häuser keine Parkplätze haben.

Die überwiegende Mehrzahl von B & B-Häusern liegen 2o Gehminuten ab von der Ortsmitte an den Ausfahrtsstraßen nach Cork, Kenmare, Tralee und Killorglin. Leider keine Stadtbusse, Taxi geht ins Geld. Tip: sich in Seitengassen ab der Hauptstraße einquartieren, wegen des Verkehrslärms am Abend.

Weitere B & B-Pensionen in einem Radius von ca. 5 km ab vom Ort, ebenfalls an den Ausfahrtsstraßen: zu überlegen, wer näher am Nationalpark und möglichst weit ab vom Killarney-Rummel wohnen möchte. Farmhouse Accomodation auf diversen Bauernhöfen, die meisten um die 15 km ab von Killarney. Oft noch Pferde und Fischerei-Recht zur Farm gehörend, abends Dinner nach echt-irischer Hausfrauenart.

Billig-Herbergen

Recht gut versorgt. Außerdem nimmt das AnOige-Hostel unbegrenzt Leute auf, so daß auch zur Hochsaison keine Engpässe entstehen.

AnOige-Hostel (o64/3124o): Altes Herrenhaus aus dem 18.Jh. in großem Parkgelände, ca. 5 km ab vom Centre (bei Anruf erfolgt Abholung vom Bahnhof und bike-rent am Hostel für weiteren Transport). Gute Atmosphäre und gemütlich eingerichtet - hin und wieder jedoch Beschwerden, daß es mit seinen 16o Betten zu anonym sei. Spezial-Angebot: kostenloser Minibus-Transport zur Black Valley JuHe zum Bergwandern.

Seit 199o offen das **Fossa Hostel** (Tel. o64/31497), das zur Budget-Gruppe gehört. Liegt hinter dem AnOige-Hostel, 5 km ab von Killarney auf dem Campingplatz-Gelände (Tennis, bike-rent, Waschmaschinen, Caféteria).

The Sugán Hostel (Tel. o64/331o4) im Obergeschoß eines Naturkost-Restaurants: gehört Eugene O'Shea, einem früheren Sozialarbeiter und Mitbegründer der Grünen Partei Irlands. Alles ein bißchen eng auf eng, Common-Room im hinteren Teil des Restaurants und Mitbenutzung der Restaurant-Küche. Außerdem für Hosteller das 2o-DM-Menü zum halben Preis, bike-rent. Stimmungsvolle 18-Betten-Absteige, wer's gern etwas turbulent mag. Adr. Michael Collins Place, drei Minuten vom Bahnhof.

Loch Lein Hostel (Tel.: o64/33914): 2 km ab vom Centre im Wohnhaus von Eugene, dem Besitzer des Sugan (an der Straße zum Ross Castle). Die Ruhe dort draußen wie Nerven-Balsam, nur ein paar Minuten runter zum See und bei schönem Wetter sitzt alles im Garten. Bessere Facilities als im Sugan (Waschmaschine!). Camping neben dem Hostel.

"**Four Winds Hostel**" (43 New Street), (Tel. o64/33o94), neu gebaut und gute Facilities, business-like geführt. Bietet den meisten Komfort von allen Hostels innerhalb von Killarney, mit 7o Betten sehr groß!

CAMPING

Direkt in der Stadt an der Straße Richtung Cork der O'Donoghues, eine einfache Wiesenparzelle mit Toiletten. Primitiv-Lösung (meist Tramper!) einziger Pluspunkt ist die Nähe der Stadt.

Der White Bridge Park liegt 2 km außerhalb Richtung Cork, idyllisch neben einem Waldgrundstück ab der Hauptstraße, mitten durch den Platz rauscht ein River. Duschen, Waschmaschinen und Shop, alles sauber und super in Schuß!

Zwei Plätze ca. 6 km außerhalb Richtung Killorglin, am Ring of Kerry (für Leute mit eigenem Transport): Beach Grove und Fossa Park, beide nebeneinander. Letzterer besser mit allen Facilities (incl. Restaurant/Bar), aufgelockert mit hohen Büschen und Bäumen sowie eigener Strand am See).

GREAT SOUTHERN HOTEL: vom Interieur her mehr Kirche als Restaurant: Kuppelbau mit verschnörkelten Säulen, Stuckarbeiten und massiven Leuchtern; klassische Musik. Und das 5o DM-Menü schmeckt vom Silberbesteck doppelt gut.

GABY`S SEAFOOD (High St.): Erstrangige Meeresfrüchte in bunter Aufmachung appetitlich hergerichtet. Ambiente: rauh verputzte Wände und Holzdecke. A la carte ab 3o DM, für Ausgefallenes auf dem Sektor Meeresfrüchte immer gut.

FOLEY`S gleich daneben: bereits seit drei Generationen setzt die Foley-Familie einen Farbtupfer auf den kulinarischen Stadtplan Killarneys. Vorne in der Bar klimpert jemand sanft auf dem Piano, das hintere Restaurant bleibt trotz Klasse leger. Steaks und Meeresfrüchte, a la carte um 35 DM. Buchen (Tel.: o64/31217).

LINDEN HOUSE (New Road): James Last oder Richard Clayderman zu softem Kerzenlicht und herzhaften Gerichten, die ihr Geld wert sind. Menü ca. 3o DM; à la carte ab 15 DM. Das beste Mittelklasse-Restaurant.

SUGAN KITCHEN (Michael Collins Place - Naturkost-Restaurant mit vegetarischen und traditionell irischen Gerichten. Klobige Holztische und Folksongs zur akustischen Untermalung, - sehr zu empfehlen. Volles Essen um 2o DM.

MAYFLOWER: für einen kulinarischen Abstecher ins Reich der Mitte: einziger "Ausländer" in Killarney mit chinesischer Küche um 15 DM.

CONTINENTAL COFFEE SHOP (in der Shopping-Arkade, off Main St.): Gut für Kaffee und Kuchen, gemütlich eingerichtet.

MIKE'S TAKEAWAY (Plunkett St.). Von den Locals salopp "Hole in the Wall" genannt: preiswertester und mit Abstand bester Take-away-Shop.

Für Barmeals drei Adressen, die immer wieder genannt werden. Im Billig-Sektor die Laune Bar in der New Street, bessere Sachen in Lawrels Bar, um die Ecke vom TI.

Überblick über das Angebot an Musik im "Killarney Advertiser" (beim TI oder Zeitschriftenhandel), auch Anschläge in den Bars beachten. Die meisten Kneipen sind gestopft voll mit Touristen, manchmal komplette Reisegruppen. Für spontane Sessions ist Killarney sowieso nicht das richtige Pflaster. Die bekanntesten "Singing Pubs" sind:

Pubs

- LAWREL'S: beliebteste Kneipe bei amerikanischen Touristen, jede Nacht Coach Tours. 6 DM Eintritt.

- DANNYMAN in der New Street hat umgebaut, jetzt recht gemütlich für Balladen-Sessions, keine Bus-Reisegruppen mehr.

BUCKLEYS in der College Street ist das Beste in Sachen "traditional music": an drei Wochentagen (Mo, Di, Do). Alte Bar, Dekor aus den 3o-er Jahren mit Eichenholzvertäfelung.

ENTERTAINMENT

Neuheit sind die Scotts Gardens in der College Street: Komplex aus Pub, Biergarten und Musik-Pavillon. Sich beim Guinness mit Folk-Klängen berieseln lassen oder bei irischen Tänzen zusehen. Auch viele Einheimische gehen hierher, da nach Pub-Sperrstunde bis 1 Uhr geöffnet.

Im Gleneagle Hotel täglich "Irish Cabaret" mit Musik und Sketchen. Anschließend Disco oder "singalong". Liegt ca. 1 1/2 km Richtung Kenmore.

FESTE

Panceltic Week: Eine Woche in der ersten Maihälfte mit gälischen Sportarten, lange Musik-Sessions in den Pubs und Dudelsack-Konzerten. Höhepunkt ist ein nächtlicher Fackelumzug.

Folk Festival während der Osterfeiertage, wo Top-Musiker aus ganz Irland auftreten.

Trips ab Killarney

Abgesehen vom "Ring of Kerry" gibt's noch eine ganze Reihe von Ausflügen zu den Naturschönheiten in der Umgebung der Stadt.

Bike-Rent: Jede Menge von Vermietern, die ihre klapprigen Dinger an den Mann bringen. Die besten Räder hat "O'Callaghan Bros.", College Street: 3-, 5- und 1o-Gang-Räder optimal in Schuß.

Die schönsten Touren: - Ring of Kerry: 2-4 Tage

- Trip auf die Dingle-Halbinsel: mit etwas Anstrengung in einem Tag., zurück dann am nächsten.

- Rundfahrt um den "Mittleren See": ab Killarney zum Muckross House (1.Eingang) und den See umstrampeln; 2-5 Stunden. Sehr einfach, flaches Land und wunderschön.

- Gap of Dunloe: Extrem-Tour von 55 km, vielleicht der schönste Trip! Details im Umgebungskapitel.

Lough Guitane: kaum Touristen dort draußen am See-Ufer. Ca. 11 km, gemütliche Tour.

Car-Rent: Bei Randles Bros. (Tel.: 31237) und "Killarney Autos" (Tel.: 31355),- beide in der Park Road. Inclusiv-Preise ab 9o DM pro Tag. Bei Randles bessere Preise (vorher aushandeln, besonders in der Nebensaison), Killarney Autos hat die besseren Autos.

Jeweils ein Tag genügen für den Ring of Kerry und die Umgebung von Killarney. Für Abstecher auf die Dingle-Halbinsel (dort keine Autovermietung) ein Minimum von zwei Tagen einplanen.

Coach Tours: Angebot von Touren im gesamten County bis runter nach Cork durch sechs Companies (haben gleiche Preise und Bedingungen) Buchen beim TI.

Die schönsten Touren sind die "Ring of Kerry"-Rundfahrt, der Trail durch das "Gap of Dunloe" und die Fahrt zur Dingle-Halbinsel (falls Zeit für Erkundung auf eigene Faust zu knapp ist).

JAUNTING CARS

Jaunting Cars sind zweirädrige Pferdedroschken für vier Personen, die hier überall auf Kunden warten. Wie in alten Zeiten, wenn das Pferd trabt und die Geißel des Kutschers schnalzt. Preise bei 3o DM pro Kutsche und Stunde. Besonders bei schlechterem Wetter und außerhalb der Saison handeln (bis 25% sind drin).

Die wichtigsten Basen sind beim TI, am ersten Eingang zum Muckross House und hinter Muckross House. Vorsicht, wer Trips zu bestimmten Festpunkten (z.B. von Killarney zum Muckross House) nimmt: an der Sehenswürdigkeit wird nur ein Aufenthalt von maximal 3o Minuten gewährt, was etwa beim Muckross House entschieden zu wenig ist. (Vorher handeln). Außerdem wird auf Hauptstraßen zwischen Autos gefahren.

Die mit Abstand schönste Route (ca. 45-6o DM/Droschke): selbst per Fahrrad/Auto das Muckross House besichtigen; erst dann mit einer der Kutschen hinter dem Haus den Kreuz-und-quer-Trip durch den National-park macht. Dabei geht's rund um den "Middle Lake" und zum "Torc Waterfall" durch grüne, üppige Landschaft.

WANDERN

Der Bergsteiger-Verein von Killarney nimmt gern Touristen mit: Kontakte über Con Moriarty, dem Besitzer des Shop Mountain Man, off New Street, ein alter Berghase, der bereits eine Himalaya-Expedition hinter sich hat.

Kartenmaterial: "Killarney District" von Ordonance Survey.

① GAP OF DUNLOE

Sagenhaft schöne Tour durch die wild zerklüftete Bergschlucht mit einem plätschernden Wildbach und weiten Geröllfeldern an den Abhängen. Anschließend mit offenen Außenborder-Booten quer durch die Seen zurück zum Ross Castle. Zeitbedarf: ein voller Tag.

Als Pauschaltour mit einer der obigen Coach-Tour-Veranstalter, - kommt auf insgesamt 6o DM: per Bus Richtung Killorglin zum Pub "Kate Kearney's Cottage". Durch das Gap nach Wahl mit Kutschen oder im Pferdesattel bis zum Oberen See. Rund zwei Stunden vorbei an zerfilzten Dornenbüschen. Vom Upper Lake zweieinhalb Stunden mit Booten zum Ross Castle, wo Anschluß-Busse warten. Handicap: an der Tour nehmen komplette Reisegruppen teil.

Südwesten 217

Per **Fahrrad** problemlos zum "Kate Kearney's Cottage". Dort lieber erst ein Guinness heben, bevor's ins Gap geht: rauhe Schotterpiste mit anstrengenden Steigungen.

Von Killarney bis zur "Black Valley JuHe" am Ende des Klamms etwa 4-5 Stunden.

Das AnOige-Hostel wurde vor kurzem renoviert, - vielleicht ganz nett dort draußen für eine Nacht. Aber nicht unbedingt erforderlich, die Tour ist ohne weiteres an einem Tag zu schaffen. Weiterer Verlauf: entweder quer durch die Halbinsel bis zum Moll's Gap an der Hauptstraße Kenmare-Killarney und zurück. Oder versuchen, ein Boot zu chartern und durch die Seen via Ross Castle zurück nach Killarney.

Heißer Tip ist, die Route in Gegenrichtung zu machen: etwa 1o.3o Uhr hinter dem Ross Castle warten, bis die Boote auslaufen (etwa 15 DM), dann durch das Gap zurück nach Killarney. Vorteil ist, daß die Boote noch leer sind und daher kein Problem, mit dem sperrigen Rad mitgenommen zu werden und keine Herde schnatternder Amerikaner an Bord.

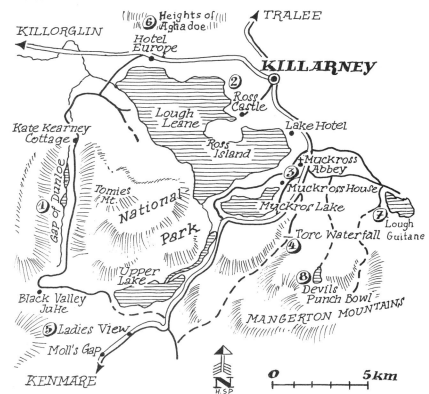

Zu Fuss: Mit Bus Eiream für <u>Cahershiveen</u> an der Kreuzung zum Dunloe Gap aussteigen und die 3 km Asphaltweg bis zum <u>Kearney's Cottage</u> laufen. Durch das Gap sind's weitere 15 anstrengende Kilometer auf der holprigen Schotterpiste.

Dann am besten erst mal sich in der "Black Valley JuHe" (siehe oben) flachlegen, bevor's am nächsten Tag per Boot zum Ross Castle geht und die letzten km zu Fuß (insgesamt 4o DM).

<u>Alternative</u>: von der "Black-Valley-JuHe" in einer Tageswanderung zum Privathostel "Climber's Inn".

Per **Auto** schwierig, da rauhe Stoßdämpfer-Killer-Piste. Auch die Landschaft ist durch die Windschutzscheibe nur halb so schön. Wer's trotzdem machen möchte: In N-S-Richtung (also ab Kearney's Cottage) nicht möglich, da einen die Pferdekutscher am Eingang zum Gap nicht passieren lassen. Streit ist unvermeidlich, und die Männer sind verdammt stur.

Einfach aber in S-N-Richtung: vom <u>Moll's Gap</u> Richtung "Gap of Dunloe" steuern, da am Süd-Eingang des Klamms keine Kutscher stehen. Auch bei der Ausfahrt am Nord-Ende keine Probleme, da die Kutscher wissen, daß hier kein Geschäft mehr zu machen ist. <u>Zeitbedarf</u> etwa einen halben Tag.

② ROSS CASTLE

Graue Burgruine, - malerisch gelegen am Ufer des <u>Loch Leane</u>: übersät mit zweiunddreißig, von üppiger Vegetation bewucherten Inseln und Schilfdickicht an seinen Rändern. <u>STOP PRESS</u>: das Castle wird derzeit renoviert und deshalb geschlossen. Dürfte frühestens Ende 1991 wieder für Publikum geöffnet sein.

Hinter der Burg eine Marina für Boottrips: per Motorboot zur "<u>Inishfallen Island</u>", ca. 1o DM/Boot; eine halbe Stunde Aufenthalt auf der Insel. Dort befinden sich die Ruinen eines Klosters, wo tausend Jahre lang die Mönche hausten. Oder ein Ruderboot mieten: etwa sechs Mark pro Stunde und Person. Lohnt sich auch sonst zum Relaxen auf dem tropisch wirkenden See (ca. 35 DM pro Boot für den ganzen Tag). Neuerdings auch mit dem Water-Bus, einem Ausflugsboot, der auf dem See kreuzt und die Insel lediglich umrundet. Bei Regen überdacht!

Links von der Burg liegt die dicht bewaldete Halbinsel "<u>Ross Island</u>": einzigartiger Wanderweg entlang des Ufers, während auf dem See Nebelschwaden ziehen.

③ MUCKROSS ABBEY

Ruine eines Franziskaner-Klosters aus dem 15.Jhd.: wurde im Jahre 1652 von Cromwell niedergebrannt. Die Mischung gotischer und normannischer

Stilelemente noch gut erkennbar. Liegt nur ein paar Minuten hinter dem ersten Eingang zu Muckross House.

③ MUCKROSS HOUSE

Efeuumranktes Herrenhaus aus der Mitte des letzten Jahrhunderts,- Feudal-Möblierung im viktorianischen Stil mit Stuckdecken und Kronleuchtern. Sehr sehenswert das Basement mit originalen Handwerksbetrieben seit 1800: da läßt eine Weberin ihr Schiffchen über ihren Webstuhl flitzen, ein Schmied klopft schweißüberströmt an seinem Amboß rum oder ein Korbmacher, der sich mit Weidenruten abkämpft.

Hier stimmen auch noch Duft- und Lärmkulisse, - der Geruch nach Schweiß hängt förmlich in der Luft. Hinter dem Haus beginnt die prächtige Parkanlage, die sich über die gesamte Halbinsel zwischen Loch Leane und Muckross Lake zieht. Ein sehenswertes Arboreum, Blumenrabatten entlang eines romantischen Flusses und ein verwilderter Steingarten.

Hier läßt sich ein schöner Nachmittag mit Spaziergängen verbringen: die reizvollste Route führt 5 km unter exotischen Bäumen und zwischen Blumenfeldern zur "Dinis Island" am Ende der Halbinsel. Dort in "Dinis Cottage" erst mal Kaffee und Scones. Wer denselben Weg nicht wieder zurückmachen möchte, steuert die Hauptstraße Kenmare-Killarney an und umrundet so den Muckross Lake (macht weitere 5 km).

Dieselbe Route per Jaunting Car kostet ca. 35 DM/Kutsche,- der lohnendste aller Trips mit Pferdedroschke. Ausgangspunkt ist die Base hinter Muckross House. Muckross House & Gardens haben insgesamt drei Zufahrten, nur den Haupteingang dürfen Autos passieren.

④ TORC WATERFALLS

Vom Info-Centre (ca. 7 km südl. von Killarney) führt ein kleiner Pfad zum Wildbach, der in hundert Kaskaden den wild bewachsenen Klamm hinunterrauscht. Links am Wasserfall führen Treppen rauf und über eine Brücke zur Beschilderung.

Huntsman Trail: durch Wälder zurück zum Info-Centre; ca. 3/4 Std. Quer durch ein Rotwild-Revier, bei etwas Glück bekommt man einen stolzen Hirsch vor die Kamera. Bitte an den Pfad halten und das Wild nicht stören.

Woodland Walk: umrundet den Gipfel des Torc Mountain und führt wieder zurück zur Hauptstraße; ca. 2 1/2 Std.; optimal beschildert. Phantastische Ausblicke auf den grünen Nationalpark mit den Wasserflächen der Seen und bis rüber zur Dingle-Halbinsel.

⑤ LADIE´S VIEW

Klassischer Aussichtspunkt etwa 18 km südlich von Killarney. Sollte man sich nicht entgehen lassen: Blick auf das langgezogene, verkarstete Tal mit den drei Seen. Am Viewpoint kleine Teestube und ein Shop.

220 Südwesten

⑥ HEIGHTS OF AGHADOE

Phantastischer Blick auf das See-Insel-Gewirr von Lough Lein, Nebelschwaden über der Wasserfläche. Anfahrt: Richtung Killorglin, der Rest ist beschildert. Insgesamt 7 km.

⑦ LOUGH GUITANE

Tiefblauer See mit Enten und Schwänen. Im Hintergrund eine schroffe Gebirgskette. Nur selten sind Touristen dort draußen am Lough, - herrlich, um ein bißchen am Ufer langzulaufen und zu relaxen. Schöner und gemütlicher Fahrrad-Ausflug.

⑧ DEVIL'S PUNCHBOWL

Stahlblauer Bergsee, eingequetscht in einen schroffen Gebirgskessel. Großes Mysterium ist, daß die Tiefe des Sees bisher noch nie ausgelotet werden konnte.

Ausgangspunkt der 6-km-Wanderung ist Muckross Hotel (5 km ab Killarney, Busverbindung): dort links weg auf die Asphaltpiste, nach weiteren 1 1/2 km rechts und weitere knapp 2 km bis zum Parkplatz am Fuß des Berges. Für die Wanderung 2 Stunden ansetzen, nur mit OS-Karte. Hinter dem Punchbowl führt der Pfad weitere 6 km zum Mangerton Mountain - herrlicher Blick auf die Seen- und Gebirgslandschaft des Nationalparks.

Bergwandern in der Umgebung von Killarney

In der Umgebung von Killarney stehen eine ganze Reihe von Gebirgsmassiven und -ketten. Unvergeßliche Naturerlebnisse in der Steinwüste, zackige Felsabstürze wechseln mit Geröllfeldern und einsamen Bergseen.

Wer sein Auto mithat, kann am Morgen von Killarney aus zum jeweiligen Ausgangspunkt für die Wanderungen fahren. Ansonsten sich nahe der Berge einquartieren: Mehrere Billig-Herbergen und B&B-Unterkünfte in den Farmhäusern.

Kartenmaterial: Die entsprechenden OS-Karten in den Buchläden von Killarney. Maßgebend für die von uns empfohlenen Touren ist die "Map of Killarney District" (ca. 1o DM). Auf keinen Fall ohne Karte und Kompaß aufbrechen.

Literatur: Neben den "Irish Walking Guides/1" sehr instruktiv ist das Heft "Mountains of Killarney" von J.C.Coleman (ca. 3 DM). Es beschreibt Routen in sämtlichen Gebirgsgruppen in der Umgebung von Killarney.

Der beliebteste und schönste Gebirgszug im Killarney-District sind die MACGILLYCUDDY REEKS, - ein über 1ooo m hohes Kettengebirge westlich der Stadt. Wir haben die vier wohl schönsten Touren beschrieben, etwa den Trail zum schluchtartig eingeschlossenen Bergsee "Coomloughra".

Die Reeks sind gut erschlossen durch vier **Billig-Herbergen**, die sich rund um's Massiv gruppieren:

Corran Tuathail (Tel.o64/44338): gute Atmosphäre mit irischen Bergsteiger-Gruppen, die sich öfters hier einquartieren. Mit Shop. Keine Busverbindung; ca.18 km von Killarney entfernt.

Mountain Hut: Privat-Hostel direkt am Fuß des Carrantouhil und damit besserer Ausgangspunkt. Kein Shop (Proviant mitbringen.), keine Kochgelegenheit; der Besitzer serviert allerdings kleinere Gerichte. Die Bude hat weder Strom noch Wasserversorgung, da sie direkt an den Berghang geklatscht ist: Gaslicht, und gewaschen wird morgens im Wassertrog vor'm Haus. Kein Busanschluß.

Climber's Inn: traditionelle Bergsteigerhütte, sehr "basic". Liegt in Glencar,- keine Busverbindung.

Black Valley JuHe: seit der Renovierung recht gemütliches Haus, - hat von allen die meisten Facilities. Am Hostel werden Pferde und Boote vermietet. Verbindung: Entweder durch die Tageswanderung durch den "Gap of Dunloe" (S. 216) oder mit Booten über die Killarney-Seen (Abfahrt gegen 1o.3o Uhr hinter Ross Castle, ca. 15 DM).

✦ "BLACK VALLEY JUHE" NACH GLENCAR

Einfache Wanderung entlang rauschender Flüsse und sanfter Bergsattel. Die Tour verbindet die beiden Billig-Herbergen "Black Valley JuHe" und "Climber's Inn".

Routen-Tip: Von Killarney per pedes durch den Bergklamm "Gap of Dunloe" zur Black Valley JuHe. Am nächsten Tag dann die Querfeldein-Wanderung zum Climbers Inn in Glencar. Leider von dort keine Busanschlüsse,- weiter deshalb nur zu Fuß oder per Daumen. Unvergeßlicher Dreitages-Trip, der keine übermäßigen Anstrengungen verlangt.

Die Tour führt fast zwanzig Kilometer durch das Black Valley und dessen Verlängerung Brida Valley. Orientierung ist unproblematisch, - als Ausrüstung tun's Jeans und Turnschuhe. Eine detaillierte Routenbeschreibung geben die Wardens in den beiden Hostels. Am besten, sich eine kleine Skizze machen lassen.

✦ CARRAUNTOOHIL

Das "Dach Irlands" - mit seinen 1o4o m der höchste Berg der Insel. Schon während des Aufstiegs einzigartige Aussicht rüber auf die umliegenden Grafschaften und auf die zerrissene Küstenlinie. Der Gipfel steckt leider oft tief in Wolkentürmen. Auf- und Abstieg dauern zusammen rund 6 Stunden (mit kleinen Pausen), - zum Teil anstrengende Kletterpartien.

Bergerfahrung nicht unbedingt nötig, auf jeden Fall aber erforderlich eine adäquate Ausrüstung und die Beachtung der allgemeinen Vorsichtsregeln (siehe Einleitungsteil dieses Buches). Der Carrauntoohil hat eine der höchsten Unfallraten aller irischen Berge.

Die einfachere und auch landschaftlich reizvollere Route beginnt bei der Corràn-Tuathail-JuHe: Dran vorbei führt eine Straße, die einen guten Kilometer südlich auf einer Farm endet;- dort das Auto parken.

Hier auf dem Steg über den Gaddach-Fluß drüber, wo ein gut ausgetrampelter Pfad Richtung Süden führt: nicht immer einfach zu finden; ist ein Stück flußaufwärts deutlicher zu sehen. Er endet 4 km südlich zwischen den beiden Seen Lough Gouragh und Lough Callee (sehr sumpfiges Gelände). Auf vielen Karten ist der Pfad noch weiter verzeichnet, was jedoch nicht der Realität entspricht.

Zwischen den beiden Seen durch geht's um den Berg rum zur "Teufels-Leiter", einem anstrengenden Geröllfeld. Dann quer durch die Felsbrocken rauf. Die letzten 3oo m sind durch Cairns markiert,- recht einfach über dem grasigen Abhang rauf Richtung Gipfel. Ein unbeschreibliches Gefühl dort oben bei der Brotzeit unter'm Gipfelkreuz.

Unterkünfte: Gute Ausgangsposition bieten die "Corrán-Tuathail-JuHe" und die "Mountain Hut",- letztere direkt am Bergfuß.

Die zweite Route geht den Berg von Süden an. Wesentlich beschwerlicher, allenfalls zu empfehlen für Leute in der Black-Valley-JuHe wegen deren Lage am Südfuß der Reeks: fast 1o km Straße durch das Gummeenduff Glen; beim Farmhof an deren Ende parken.

Erste Orientierungsmarke: den Gearhameen River flußaufwärts bis zum Lough Curraghmore folgen. Vom Westende des Sees über den Sattel rauf, - zum großen Teil sehr schroffe Abhänge. Den Rest via der "Teufels-Leiter" zum Gipfel wie oben beschrieben.

✦ GRATWANDERUNG ÜBER DIE REEKS

Eine klassische Gratwanderung durch die Felswildnis,- schließt mit dem Carrauntoohil den höchsten Berg Irlands mit ein. Weite Panorama-Blicke ins Umland mit endloser Heidekraut-Steppe. Für die Wanderung sollte man etwas Erfahrung mitbringen, Karte und Kompaß sind ein absolutes "Muß". Weitere Voraussetzung ist einigermaßen Schwindelfreiheit.

Timing: Dauert einen vollen Tag,- am besten schon im Morgengrauen aufbrechen. Beste Ausgangspunkte sind die "Corraun-Tuathail-JuHe" und die "Mountain Hut".

Wie in der oben beschriebenen Wanderung zum Gipfelkreuz auf dem CARRAUNTOOHIL (3414 ft.). Dann zurück zum Bergsattel und auf einer Gratwanderung Richtung Osten. Erstes Etappenziel vom Sattel aus ist der CNOC-NA-TOINNE (2776 ft.), das nächste der CNOC-NA-CHUILINN (3141 ft.). Recht anstrengende Kletterei, aber ein sagenhaftes Gefühl dort draußen in der Bergeinsamkeit.

Links schroffe Felsabstürze. Weiterer Verlauf über grasiges Land, fast erholsam mit ein bißchen auf-und-ab. Gurgelnde Bäche, Kolkraben ziehen ihre Kreise. Im letzten Abschnitt bis zum "CRUACH MHOR" (3o62 ft.) wieder schwieriger: Verwittertes Gestein und Felstürme entlang des Grates;- wesentlich einfacher, wenn man sich fünfzig Meter unterhalb hält und am Berghang langwandert. Vom "Cruach-na-mhor" nach Osten wieder problemlos über Grasflächen.

Endpunkt der Gratwanderung ist ein heidekraut-überzogener Gipfel (2398 ft.). Für den Abstieg mehrere Alternativen: nach Osten in den "Gap of Dunloe" nicht zu empfehlen,- auf dem sumpfigen Untergrund sinkt man bis zu den Knöcheln ein. Problemlos den Berghang runter nach Süden zur "Black Valley JuHe". Am nächsten Tag dann per Boot nach Killarney oder durch den Gap of Dunloe.

Nach Norden geht's direkt zum Ort BEAUFORT (B&B-Häuser; Busse nach Killarney),- auf sanftem Abhang über weite Torfflächen.

✦ CROOMLOUGHRA LOUGH

Von kreisförmigen Gebirgsketten eingekesselter Bergsee. Klippenartige Felsabstürze, und unten spiegeln sich die Gebirgszüge im kristallenen Wasser.

Der See wird auf einem engen Grat umrundet - daher sollte man schwindelfrei sein. Die Wanderung umfaßt die drei höchsten Berge Irlands. Obwohl eine der schönsten Touren in ganz Irland, kommen nur selten Bergsteiger hier raus.

Unterkunft: beste Ausgangsposition bietet die Climbers Inn in GLENCAR.

Startpunkt ist die Straße von Killorglin nach Waterville, nördlich vom Lough Acoose. Am günstigsten bei der Brücke bei Beanlee (überspannt den Fluß, der aus Coomloughra Lough herausfließt).

Von hier geht's an der rechten Seite entlang des Flusses bis zum Lough Eighter. Dort vorbei, durch den Fluß waten und den Skregmore (279o ft.) ansteuern. Weiter entlang des Grates zum Beenkeragh (3314 ft.). Einzigartiges Amphitheater mit der tiefblauen Wasserfläche des Sees als Bühne.

Als nächstes Richtung Norden schwenken zum Carrauntoohil. Vom Carrauntoohil zurück Richtung "Caher-Kette" (32oo ft.), am steil abfallenden Grat entlang und dann Kurs auf das Lough Eighter machen. Von dort entlang des Flusses zum Ausgangspunkt zurück. Zeitbedarf für das Ganze liegt bei 6 bis 8 Stunden.

RING OF KERRY

Auf keinen Fall versäumen, eines der Highlights von jedem Irland-Urlaub. Die Panorama-Straße führt ab **KILLARNEY** immer die Küste lang: tausend Buchten und Inselchen, von Fjorden zerlappt, und von Dunst umhüllte Bergmassive weiter im Innern der Halbinsel. Gute Infrastruktur mit Hotels, Restaurants und Pubs für Zwischenstops.

Ausgangspunkt der Ringstraße ist Killarney, das Zug- und Busverbindung mit allen Landesteilen hat. Von hier folgt sie immer der N 7o, zweispurig ausgebaut, mit Parkplätzen an schönen Aussichtspunkten. Die Länge einmal rum beträgt 18o km.

Die schönsten Teile mit zerrissener Küstenformation liegen im Westen und Süden, während die Nordküste der Halbinsel recht langweilig ist. Lohnende Abstecher sind VALENCIA ISLAND und vor allem der Trip zu den wilden Felseninseln SKELLIGS.

Ins Innere abzweigende Bergpisten besser nicht nehmen, da die Küstenroute mehr bringt. Ausgenommen natürlich, wenn jemand Wanderungen und Bergtouren plant: Details dazu im Kapitel "Bergwandern in der Umgebung von Killarney".

Richtung: Die herrlichsten Ausblicke und Landschaftseindrücke ergeben sich, wenn der Ring gegen den Uhrzeigersinn abgefahren wird. Wer von Süden auf der N 71 nach Killarney angereist ist und den Abschnitt Kenmare-Killarney schon gesehen hat, kann ab **SNEEM** über die einspurige Inlandspiste abkürzen.

Unterkünfte: In allen Ortschaften gibt's Hotels, B&B-Häuser sowieso an jeder Straßenkurve. Juli und August jedoch überfüllt mit Touristen, daher rechtzeitig schon gegen vier oder fünf Uhr nachmittags nach einer Unterkunft suchen. Wer auf Nummer sicher geht, plant seine Route bereits im voraus und bucht schon im TI in Killarney.

Billig-Unterkünfte: abgesehen von den vier Herbergen im Innern der Halbinsel, finden sich Hostels überall entlang der Ringstraße. Gut verteilt, so daß für Radfahrer bequeme Tagesetappen dazwischen liegen.

Camping: Problemlos, da rund um den Ring verteilt Plätze liegen. Besonders gut geführte und empfehlenswerte Plätze in Killorglin, Cahirciveen, Waterville, Caherdaniel und Kenmare.

TRANSPORT

Am einfachsten ist, an einer **Coach Tour** teilzunehmen. Ist nicht jedermanns Sache, sich zusammen mit vierzig anderen, fotografierwütigen Touristen rumkutschieren zu lassen. Der Trip kostet bei beiden ca. 25 DM, steht täglich auf dem

Programm und dauert den ganzen Tag. Zwischenstops für Lunch und für Fotos. Wer die Tour unterbrechen möchte, um auf dem Ring zu übernachten, und dann am nächsten Tag wieder zusteigen: kein Problem, vorher bei der Buchung aber aushandeln!

Die Tour kann unterbrochen werden, um auf dem Ring zu übernachten und etwa den Boot-Trip zu den Skellig Rocks zu machen. Am nächsten Tag dann wieder zusteigen. Schon bei der Buchung aushandeln!

Linien-Busse verkehren nur wenig auf dem Kerry-Ring!

Mit dem **Auto** ein gemütliches Tagesprogramm. Macht mobil, und man kann Stops einlegen, wo man grad' Lust hat. Wenn sich ein paar Leute zusammentun, ist auch für Billig-Touristen ein Mietwagen erschwinglich (Kontakte in den Hostels in Killarney). Wenn vier mitmachen, kommt das Mietauto sogar weniger teuer als die Coach Tours. Vermieteradressen auf S. 213.

Fahrrad: herrliches Erlebnis, wenn - ohne Windschutzscheibe vor den Augen - die Landschaft an einem vorbei zieht.

Die Ringstraße ist eine der Lieblings-Touren für Radfahrer. Allerdings viele Steigungen, wo der Drahtesel ganz schön auf stur schaltet. Daher nur mit einem guten Gang-Rad zu empfehlen. Der Zeitbedarf liegt erfahrungsgemäß bei 2-4 Tagen. Fahrrad-Vermietung in Killarney: Adressen auf S. 213.

Weiterer Tip: in Cahershiveen ein Fahrrad mieten und den landschaftlich einzigartigen Westteil der Halbinsel "erstrampeln".

ROUTENBESCHREIBUNG

Anfangs nur langweiliges Ackerland und Viehweiden,- am besten die ersten vierzig Kilometer in einem Rutsch durchfahren.

★ **KILLORGLIN** (KM 21) lohnt während des großen Jahrmarktes PUCK FAIR (1o-12. August jeden Jahres) einen Zwischenstop: Schießbuden, Karussells und Pferdemarkt - in den Straßen wird gesungen und in den Pubs laufen die Zapfhähne rund um die Uhr. Aus ganz Irland kommen die Tinker zusammen und bilden auf freien Stellen ihre Wagenburgen. Höhepunkt ist die Krönung eines Ziegenbocks zum König von Kerry. Sollte man sich keinesfalls entgehen lassen, Unterkünfte rechtzeitig buchen.

Castle Hotel: Tel. 066/61178, DZ ca. 6o DM. Wechselte während der Recherche den Besitzer: Renovierungsarbeiten, neue Möbel, Teppiche. 6 Zimmer m. Dusche.

2 km vor der Ortseinfahrt einfacher **Camping-Platz**: mit Tennisplatz, sauber.

226 Südwesten

Eine Sieben-Kilometer-Piste führt vom Ort zum CARAGH LAKE, - phantastisch gelegen zwischen subtropischer Dschungel-Vegetation und karstigen Bergformationen. Unbedingt vom Parkplatz aus den Pfad zum Hügel raufkaufen: klassischer Blick auf die zerklüftete Halbinsel.

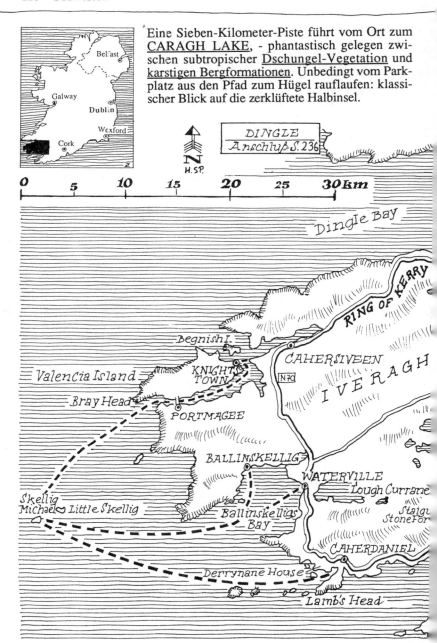

Südwesten 227

> Zwischen Palmen das weißgetünchte Landhaus "**Caragh Lodge**" (Tel. 066/69115; DZ ca.190 DM): heimelige Atmosphäre mit nur zehn Zimmern, erstklassige Küche (60 DM für Dinner-Menü).

Von Killorglin führt eine einsame Bergstrecke quer durch die Halbinsel nach Waterville (ca. 40 km). Zwar durch weite Täler und vorbei an gewaltigen Gebirgsblöcken - die Küstenroute bringt aber mehr.

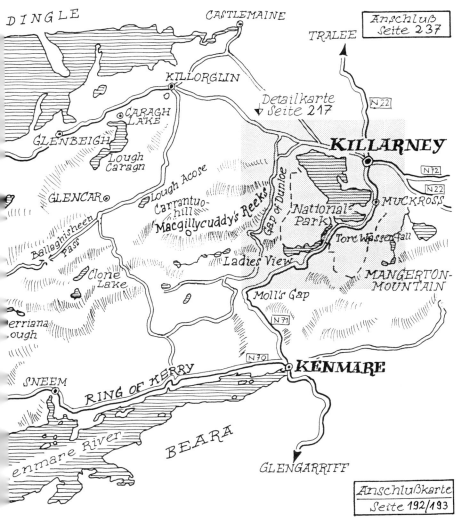

★ **GLENBEIGH**: Urlaubsort mit 5 km langem Sandstrand,- an heißen Tagen im Costa-Brava-Stil überfüllt ("Rossbeigh Beach"). In der Umgebung schöne Möglichkeiten zum Bergwandern.

Hillside House Hostel (066/68228): in einem alten, umgebauten Hotel. Erster Eindruck: etwas renovierungsbedürftige Bude, bei der das Innere hält was das Äußere verspricht. Nur 2-Bett-Zimmer.

★ **CAHERSIVEEN**: Marktort mit 1.5oo Einw. - vom Stadtbild und der Umgebung her nichts besonderes. Von hier etwa 5 km bis zum Anlegepunkt der Fähre rüber nach Valencia Island für die Boottrips zu den Skelligs.

Billig das **Hotel Beentee** (Tel.: 0667/2116),- das Doppel für 55 DM.

Camping: Recht preiswert. Gut ausstaffiert.

Bike-Rent: Paddy Casey, New St.

Valencia Island

Rauhe Bergbuckel-Wildnis mit subtropischer Vegetation in geschützten Buchten, Palmen entlang der Küste und mannshohe Fuchsienhecken. Durch eine Brücke ab PORTMAGEE mit dem Festland verbunden. Zentrum für Shore Fishing (Angeln nach Meeresfischen von der Küste aus) und wegen dem glasklaren Wassers erstklassiges Taucher-Revier.

The Grotto: der Steinbruch "QUARRY SLATE" wurde zu einer Grotte umfunktioniert, gewaltiges Loch im Berg mit Marienstatue und natürlichem Wasserfall.

Fogher Cliffs: Hohe Klippen aus unterschiedlichsten Gesteinsarten, schimmern bei Sonnenschein in allen Farbtönen. Vorsicht bei Wind. Vom Bray Head Blick auf den zerwühlten Atlantik und die Silhouette der Skelligs. Sehr lohnend, die letzten drei Kilometer zu Fuß, da keine Straßenführung.

Radfahrer nehmen am besten die **Personenfähre** ab Reenard Point (ca. 5 km hinter Cahersiveen),- jede halbe Stunde: ca. 3 DM. Verkehrt nur von Ende Mai bis Anfang Oktober. Leute mit Pkw müssen über die Brücke fahren, was allerdings 2o km Umweg ausmacht.

Keine Hotels, daher für gehobene Ansprüche nichts geboten. Eine gute Pension ist:

Valentia Heights (Tel.: 0667/6138; DZ ca. 75 DM), liegt in der Nähe der Grotte.
Mrs.U.Lyne, Knightstown: B&B-HAUS mit angeschlossenem Restaurant. Tel.: 0667/ 6171. DZ ca. 5o DM.

Billig- Traveller sind gut versorgt mit drei Hostels:

AnOige - Hostel (0667/6154): seit der neue Warden drauf ist, sind die Klagen über Schimmelpilz-Zucht in der Küche etc. verstummt, zur Installation von Luxus-Extras wie etwa Duschen konnte man sich aber immer noch nicht hinreißen lassen.

Pier Hostel: (0667/6144): ehemaliges Hotel, das Gebäude sehr groß bis 100 Betten) und nicht mehr ganz taufrisch. Renovierung war geplant. Liegt in Knightstown am Pier, dem Anleger der Personenfähre. Joker: Besitzer fährt fast jeden Tag raus zum Hummerfischen und lädt Leute vom Hostel in seinen Kutter.

Ring Lyne: (0667/6103) liegt in der Inselmitte in Chapeltown. Tiptop in Schuß und sauber, für 30 Personen in kleinen Zimmern und im selben Gebäude ein Pub, wo dreimal pro Woche Sessions steigen.

✱ **KNIGHTSTOWN** ist der Hauptort der Insel, besteht praktisch aus einer einzigen Häuserzeile entlang der Seefront. Etwas schläfriges Ambiente mit dem Modergeruch, der vom Hafen rüberweht.

Neben den Ausflügen zu den Skelligs (siehe unten) weitere interessante **Boot-Trips**: Überfahrten übernehmen für 10-20 DM der Betreiber der Personenfähre rüber zum "Reenard Point"; sowie der Besitzer des Pier Hostels. Kontakte in den Hostels, um sich den Fährpreis zu teilen.

Tip ist BEGNISH ISLAND: goldgelber Strand und geschwungene Dünen-Landschaft, nur von einem alten Fischer-Ehepaar bewohnt. Oder CHURCH ISLAND mit den Überresten einer frühchristlichen Mönchssiedlung.

Weitere gute Idee ist, im Post Office ein Boot zu mieten (ca. 20 DM /Tag) und auf eigene Faust zu kleinen Schären zu rudern - phantastische Irland-Eindrücke abseits der Touristenstraßen.

GALLERY KITCHEN: Pompöses Interieur mit viel Marmor, Holz und Steinfiguren. Adresse für Top-Gerichte, etwa Schinken in Guinness rausgebacken oder Hummer. Um 30 DM.

ISLAND GRILL: Billige Grillsachen in großer Auswahl. Ca. 10-15 DM.

Skellig Rocks

Zwei verzackte Granitfelsen, die bizarr aus dem zerwühlten Atlantik ragen, während unten die Brandung dagegendonnert. Unzählige Seevögel - zahm wie die Küken - und eine frühchristliche Mönchssiedlung. Anfahrt: ein Erlebnis für sich, zwei Stunden auf dem kleinen Kutter, der sich in bis zu 5 m hohen Wellen abkämpft.

Die **Anfahrt** erfolgt in offenen 36-Fuß-Booten, da viele Leute in Kabinenbooten seekrank würden. (Wer damit Probleme hat, besorgt sich sicherheitshalber was in einer Apotheke in Killarney - besonders zu empfehlen ist "Scopoderm TTS" von der Firma "Ciba Pharma".)

Bei höherem Seegang als fünf Meter ist keine Landung möglich, da das Pier in einer Höhle liegt, in die dann nicht eingefahren werden kann. Daher die Reise nicht bis zum letzten Tag sparen. Eine abenteuerliche Sache: vor dem Kiel schwimmen die Papageitaucher und oben kreisen die Möwen, während der Kahn schwankt und schaukelt. Ein Unfall ist bisher jedoch noch nie passiert.

Die Überfahrt dauert zwei Stunden, der ganze Trip insgesamt sechs. Unbedingt Sandwiches und was zum Trinken mitbringen. Warme Kleidung auch an schönen Tagen,- vor allem einen Regenumhang, da oft Wasser über's Boot spritzt.

Die Preise liegen bei 45 DM. Zum Kontakten sich in der Pension die Telefonnummer geben lassen und ein, zwei Tage vorher anklingeln, damit der Bootsmann rechtzeitig disponieren kann. Abfahrt erfolgt von Knightstown (Billig-Herberge), Portmagee, Caherdaniel, Ballinskellig (dort ein AnOige-Hostel) und von Waterville (Billig-Hostel).

Das Programm der Tour ist bei allen Veranstaltern einheitlich, Schwankungen hat's allerdings während der letzten Jahre bei den Preisen gegeben. Vergleiche lohnen sich. Überfahrten erfolgen nur von April bis Mitte August.

Unser persönlicher Tip: Den Trip mit Joe Roddy ab BALLINSKELLIG machen, uns liegt auch eine Reihe von Komplimenten in Leserbriefform vor. Viel Stimmung auf seinem Kahn, wo man gemütlich zwischen Kisten und Tauen sitzt, - und Joe erzählt nonstop seine Anekdoten über die Geschichte der Inseln. Ist auch ein paar Pfund preiswerter als die anderen Anbieter, für Studenten zusätzlichen Discount.

Landung erfolgt nur auf der größeren der beiden Felseninseln (Skellig Michael), - 21o m hoch. Vom Pier aus ziehen sich 18o m Steintreppen rauf zur Mönchssiedlung. Seevögel haben ihre Nester unterhalb der Stufen.
Auf einem terrassierten Plateau stehen acht bienenkorbartige Häuser und Kapellen, die Steinplatten sind ohne Mörtel zusammengefügt. Wegen des milden Seeklimas (keine Fröste) sind sie einwandfrei erhalten.

> Die Eremiten siedelten hier um 6oo an und ernährten sich von Fischen, Vogeleiern und den Seevögeln. Im Winter waren sie vollkommen von der Außenwelt abgeschlossen. Im 9.Jh. richteten die Wikinger bei ihren Überfällen wahre Blutbäder an; - erst im 13.Jh. wurde die Kolonie aufgegeben.

Die kleinere Nachbarinsel (Little Skellig) ist ein Vogelparadies mit 2o.ooo Baßtölpel-Brutpaaren; die Vögel haben eine Spannweite von zwei Metern.

✶ Waterville

Behäbiger Ort mit einer langen Häuserzeile entlang der offenen Atlantik-Küste. Viele weißgekalkt und mit Palmen im Vorgarten, während von der See her ein kräftiger Wind bläst. Optimale touristische Infrastruktur: Hotels, Top-Restaurants, Sportangebote. Hat von allen Ortschaften an der Ringstraße am meisten Entertainment zu bieten, jeden Abend Balladensingen in den Pubs.

In der Bucht drei Kilometer langer Sandstrand. Einen Abstecher wert ist das LOUGH CURRANE: Ruderboot mieten (Kontakte über das TI) und zur Insel Church Island rausrudern. Dort haben frühchristliche Mönche eine Sauna eingerichtet - Öffnung direkt zum Meer hin.

Butler Arms Hotel: Tel.: 0667/4144 DZ ca. 2lo DM. Seit drei Generationen von derselben Familie geführt: Mahagoni-Möbel, Zimmer mit Blick über die Bay nehmen. Anfang der siebziger Jahre stieg Charlie Chaplin bei einem Irland-Urlaub hier ab.
Ashling House: Tel.: 0667/4247. DZ ca. 6o DM. Empfehlenswerte Pension: freundlicher Service, sauber.
Waterville Leisure Hostel: Tel.: 0667/44o. Das Hostel für den Rucksacker mit Ansprüchen, am Ortsrand. Kleine 4-Bett-Zimmer, alles niegelnagelneu incl. Waschmaschinen/Trockenraum sowie Gymnastikraum. Sympathische Wardens.

Camping: Sauber und gute Facilities: die Parzellierung fängt die Größe des Platzes auf. Allerdings schlecht gegen Wind geschützt - bei entsprechendem Wetter unangenehm.

 Mehrere gute Restaurants, die Meeresfrüchte in allen Variationen auftischen. Das dem allgemeinen Konsens gemäß nach beste ist der "HUNTSMAN": Noble Kerzenlicht-Atmosphäre, überall Plüsch und durch die großen Fenster Blick auf's Meer. Aber trotz top-class recht leger geführt und erschwinglich: á la carte ab 25 DM; festes Menü ca. 5o DM (von 18 -2o Uhr für dasselbe 25% billiger).

Brauchbares Ambiente, sehr beliebt bei den Einheimischen: THE SHEILIN für Meeresfrüchte. Von einheimischer Familie geführt. 15-3o DM für Hauptgericht.

Barmeals: mittags und den ganzen Nachmittag über im Butler Arms Hotel, reelle Gerichte zu reellen Preisen und optimal für einen Zwischenstop auf der Kerry-Ring-Tour. Abends werden Barmeals in der Lobster Bar serviert.

✶ Ballinskelligs

Über einen lo-km-Abstecher von der N 7o zu erreichende Streusiedlung. Das topfebene, zerwühlte Moorland ist übersät mit Häuserwürfeln. Zur Küste hin steigt das rostbraune Land leicht an und stürzt sich dann die

232   Südwesten

Klippen runter in die St. Finans Bay: blaue Bucht und Gischtkronen auf
den Wellen, draußen auf See die bizarren Skellig-Felsen.
Schön zum Fahrradfahren (15 km lange Rundtour "Skellig Ring"), Ausgangspunkt für den Boottrip zu den Skelligs.

Das **AnOige-Hostel** (Tel.: o667/9229) wurde frisch renoviert und kann sich jederzeit
sehen lassen: Filzböden in den Schlafsälen, neue Betten und Duschen. Locker und mit
Herz geführt, liegt nur 5 Min. vom Bootsanleger.

★ Cahirdaniel

Etwa 15 km Küstenabschnitt von einzigartiger landschaftlicher Schönheit.
Zerlappte Buchten, Inselgewirr, Felsschären,- und über dem Wasser-
spiegel ziehen leichte Dunstschwaden. Wohl der schönste Teil des "Ring
of Kerry".

Cahirdaniel besteht aus vielen zerstreut liegenden Häusern und Farmhöfen;
nur ein kleiner Ortskern mit Pubs und Shop.

SIGHTSEEING

Das <u>DERRYNANE HOUSE</u>, wo Daniel O'Connell im 18.Jh. lebte. Original im Stil der Zeit möbliert. Dazu ein Naturpark mit exotischen Blumen
und Bäumen (alle beschildert).

In der Derrynane Bay liegt ein langer <u>STRAND</u>: drei Kilometer Sandbogen und viele kleine Buchten, voneinander getrennt durch zackige Felsformationen. Herrlich für Strandwanderungen.

Im <u>Yachthafen Derrynane Harbour</u> die Ruine einer alten Abtei, liegt
verträumt an der Felsklotz-Küste: Weitere Attraktion hier draußen ist der
Kreatings Pub: winzig kleine Uralt-Kneipe mit ein paar Quadratmetern, wo
die ohnehin sehr stattlichen Barmeals-Portionen noch überwältigender
erscheinen. Den ganzen Tag über und unserer Empfehlung für einen
Zwischenstop auf der Kerry-Ring-Tour.

<u>LAMBS HEAD</u>: kleine Asphaltpiste raus zur Landspitze - herrlicher Blick
auf die gesamte Küstenlinie. Phantastisch bei Sonnenuntergang, wenn die
Sonne unter den Inseln wegtaucht.

Am Strand nahe des Derrynane Harbour steigen im Sommer fast jede
Nacht Grillfeste, wo alles um's Feuer sitzt. Das Stimmengewirr dringt bis
zum Ort herüber.

Lohnender Rundblick vom <u>COOMNEHORNE MOUNTAIN</u>: vom Ort aus
geteerte Piste bis rauf zum Gipfel; hin und zurück rund zwei Stunden.

Derrynane Hotel: Tel.: o667/5136. DZ ca.14o DM. Neubau billigster Machart -
Zimmer mit rohen Quadersteinen und unverputzte Preßplatten als Decke. Swimming-
Pool, Tennis.

Scarriff Inn: Tel.: 0667/5140. DZ ca. 80 DM. Freundl. möblierte Zimmer m. Dusche u. Toilette, vom Fenster herrlicher Blick auf die Küstenlinie. Ca.8 km außerhalb.
Old Forge: Tel.: 0667/5140. DZ ca. 65 DM. Fast alle Zimmer mit Blick zur See; durchweg supersauber, freundliche Atmosphäre und modern eingerichtet.
Carribeg Hostel: ist auch nach der Übernahme durch Mrs. Healy das alte geblieben: herzliche Atmosphäre, klein und urgemütlich. Im Sommer aber oft überfüllt, was aber kaum zu vermeiden ist.

Camping: unten am Strand ein inoffizieller Platz - als Facilities Toiletten und Wasserbecken. Morgenbad im Meer.

Wave Crest: Phantastische Lage an der Bay mit zig Parzellen, die in den Hang gegraben wurden. Sauber und o.k., alle Facilities.

JANE'S COUNTRY KITCHEN: Snacks und Vegetarisches: kleiner Raum, in der Ecke ein antiquierter Holzofen und ein Stapel Brennholz. 10-20 DM.

TED'S BAR hat sich voll auf seine Steak Dinner spezialisiert. Um die 20 DM, die Kerzenlicht-Atmosphäre in dem kleinen Raum neben der Bar geht inclusive.

Zwei Kneipen im alt-irischen Stil,- zur Hochsaison steigen in einer der beiden praktisch täglich Spontan-Sessions: Niedrig hängende Decke, Barhocker und viel Holz im FREDDY'S. Kleiner Biergarten, wo ebenfalls oft geklampft wird.

Pubs   TED'S: Einfach, aber viel Atmosphäre. Bei schönem Wetter sitzt alles im Garten.

Hinter Cahirdaniel führt eine beschilderte Abzweigung zum STAIGUE FORT: Exzellent erhaltene Steinfestung aus der Zeit um 1000 v.Chr. Die Gesteinsblöcke sind ohne Mörtel so exakt geschichtet, daß nicht einmal eine Messerklinge dazwischen Platz hat. Aus der Geschichte des Fort ist nichts bekannt.

✱ **SNEEM** (300 Einw.): Dorf mit viel Flair wegen der knallbunt bepinselten Häuserfronten. Hier wurde in die Töpfe mit den Schockfarben gegriffen. Viele Künstler und Kunsthandwerker haben sich im Ort niedergelassen und geben ein gewisses Bohéme.

✱ Kenmare (900 Einw.)

1775 am Reißbrett entstandener Marktort mit behäbigen Straßenzügen und grauen Kalksteingebäuden. Sehenswert ist vor allem ein exzellent erhaltener Steinkreis mit 15 Blöcken und einem Dolmen im Scheitelpunkt. Liegt direkt am Dorfrand.

Eine ganze Reihe von Hotels in sämtlichen Preisklassen, außerdem B&B-Häuser.

Failte Hostel, 37, Henry Street: Der Original-Ton der ersten Auflage ("habe praktisch nur Negativ-Reporte gehört...) war einer der größten Schnitzer im Buch, Leserbrief-Proteste bereits im ersten Monat nach Erscheinen. Liebe Mrs. Finnegan, mittlerweile wissen wir, daß Ihr Hostel zu den besten in ganz Irland zählt. Noch fehlte uns die Courage, bei unserem nächsten Irland-Trip werden wir uns persönlich vorstellen.

Zentral gegenüber dem TI liegt das **Kenmare Private Hostel**: nur knapp 2o Betten uns sehr sympathischer, familiärer Touch. Besitzerin eine Herbergs-"Mutter" vom alten Schlag, die sich um ihre Schützlinge kümmert.

Nora Burke Hostel ist Kenmares Katastrophen-Bleibe: wurde aus diversen Gründen aus dem Verband der Independent Hostels ausgeschlossen.

Camping: 4 km westlich auf dem Kerry-Ring ein Firstclass-Platz mit allen Facilities. Shop, Waschmaschinen, Gemeinschaftsküche und ein geheizter Common-Room.

Restaurant: um 3o DM himmlische Meeresfrüchte im PURPLE HEATHER. Viel Holz und zerbeultes Küchengeschirr an der Wand geben das nötige Ambiente.

Bike-Rent: beim Failte Hostel in der Henry Street. In der Umgebung lohnende Touren. Unvergeßlich der "Ring of Beara", der in 2-3 Tagen rund um die felsige Halbinsel führt. Fast noch schöner als der "Ring of Kerry". Details auf S. 2o6.

- Verträumt und idyllisch zwischen knorrigen Eichenwäldern liegt der Inchiquin Lake (auf der Beara-Halbinsel; 15 km ab Kenmare). Zwischen grünen Matten und Blumenrasen das Tal mit aus drei Loughs bestehender Seen-Treppe. Herrlich für Picknick.

- Schöne Landschaft auch im Tal des River Roughty, von Kenmare aus nur ein paar Kilometer immer flußaufwärts.

235

Schnellfinder
Tralee 238
Dingle Town 241
West-Dingle 244
Blasket Island 245
Die Nordküste 246
Nord Kerry 247

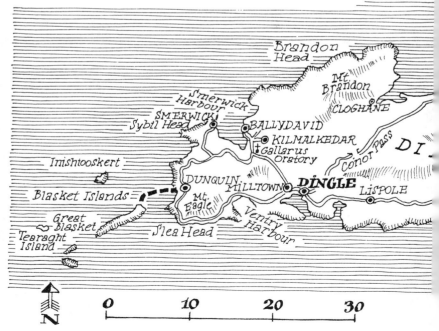

Dingle Halbinsel

Wilde Küstenformation mit schroffen, rostbraunen Klippen; wuchtige Felsüberhänge und goldgelbe Strände dazwischen. Heißer Tip ist der Abstecher zu den unbewohnten Blasketinseln. Die Menschen auf Dingle reden noch ihre keltische Ursprache und treffen sich in den Dorf-Pubs zu stimmungsvollen Sessions. Alles in allem einen Abstecher wert, obwohl Touristen-Hochburg.

Hauptort ist <u>DINGLE-TOWN</u> - der betriebsame Marktflecken <u>Tralee</u> ist nur bedeutsam als Eingangstor zur Halbinsel (Abfahrt der Busse).

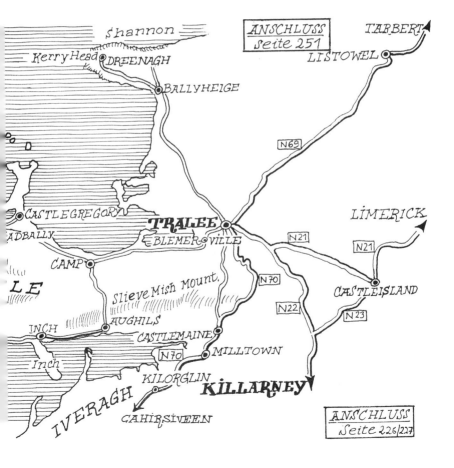

Die Halbinsel ist wichtiges GAELTACHT-GEBIET,- insbesondere die Dörfer auf dem Westzipfel. Das unverständliche "Kauderwelsch" ist an jeder Kneipentheke zu hören.

Außerdem viel MUSIK: Spontane Sessions, wo irgendjemand Akkordeon und Klampfe mitbringt und drauflos spielt.

Im Sommer viele TOURISTEN, allerdings ein ganz anderer Schlag als im Killarney-Distrikt. Nicht so sehr Reisegruppen und Coach-Tours, die mit Geschnatter die Restaurants überfluten, sondern mehr Individualreisende, die per Fahrrad oder Auto ihre Trips machen.

Wegen der ursprünglichen Kultur haben sich eine Menge von Kunsthandwerkern hier niedergelassen, die in ihren "Craftshops" die Produkte anbieten. Geht von Aran-Pullis über Landschaftsaquarelle bis zu Silberschmuck. Gelegenheitskäufe.

Verbindungen zur Dingle Halbinsel

Ab KILLARNEY ca. 65 km auf Landstraßen.

Zwischenstop für **Radfahrer** ist das Privathostel in Milltown (nach zwanzig Kilometern), wenn man das Stück nicht an einem Tag durchfahren möchte.

Busse: Bisher gab's Juli und August täglich einen Direkt-Bus von Killarney und Dingle. Wegen mangelnder Nachfrage war die Linie zwischenzeitlich eingestellt.

Bis Drucklegung war noch in der Schwebe, ob die Verbindung wieder aufgenommen wird.

Von allen übrigen ORTEN nur via Tralee, das Zug- und Busverbindung mit allen Landesteilen hat (Details siehe bei Tralee/Verbindungen).

Busse: Tralee-Dingle: tgl. 3 mal; dauert ca. 1 1/2 Std. Preise etwa 15 DM single, - besser aber ein Return-Ticket für ca. 2o DM kaufen. Entfernung: ca. 5o km.

Tralee (15.000 Einw.)

Seelenlose Stadt in moderner Betonklotz-Architektur.

Eigentlich nur interessant als Tor zur Dingle-Halbinsel: Relais-Station für Leute ohne eigenen Transport, da von hier dreimal pro Tag Busse nach Dingle-Town abfahren.

Verbindungen

Züge:
nach Killarney	4x/Tag/4o Min.	ca. 15 DM
nach Cork	4x/Tag/2 1/4 Std.	ca. 27 DM
nach Rosslare	1x/Tag/6 Std.	ca. 9o DM
nach Limerick	4x/Tag/3 1/2 Std.	ca. 36 DM
nach Dublin	4x/Tag/4 1/2 Std.	ca. 9o DM

Busse:
nach Killarney	4x/tgl./45 Min.,	ca. 11 DM.
nach Cork	1x/Tag/2 1/2 Std.,	ca. 24 DM.
nach Rosslare	keine Direktverbindung	
nach Dublin	3x/Tag/6 1/2 Std.	ca. 4o DM.
nach Limerick	4x/Tag/2 1/2 Std.,	ca. 24 DM.
nach Galway	3x/Tag/6 Std.,	ca. 39 DM.

Privat-Busse: tgl. zweimal ab Tralee, Abfahrt sehr früh. Fahrtzeit eine Stunde kürzer alle Bus Eireann, ca. 36 DM.

Zwei- bis viermal die Woche finden im Gebäude des TI Aufführungen des irischen Volkstheaters SIAMSA TIRE statt: farbenprächtige Kostüme, Pantomime, Tanz und viel Musik; alles in gälischer Sprache. Lohnend, ca. 12 DM Eintritt.

Großes Festival-Spektakel ist Ende August das Fest "ROSE OF TRALEE", dauert eine Woche lang. Prallvoller Veranstaltungskalender mit Shows, "open-air"-Bands, Konzerten usw. Zum Abschluß eine Miss-Wahl, wo Schönheiten mit irischer Abstammung teilnehmen können.

Mittwochs und samstags finden im Duchas Cultural Centre SEISUN-Abende statt. Details siehe Seite 112.

Mount Brandon Hotel: Princes St. Tel.: 066/21311. DZ ca. 21o DM. Moderner Betonklotz schräg gegenüber vom TI. Zimmer standardgemäß mit Radio, TV und Telefon; Sauna, Swimmingpool.

Brenner's Hotel: Castle St. Tel.: 066/21422. DZ ca. 1o5 DM. Altbau mit Holzbalken in der Rezeption und sauberen, komfortablen Zimmern, kürzlich renoviert. Neu angebauter Teil zur Straße hin, die rückwärtigen Zimmer sind ruhiger.

Joseph's Guesthouse: Staughton's Rd. Tel.: 066/21174. DZ ca. 6o DM. Zentrale Lage neben dem TI. Die sieben Zimmer sind wohnlich mit blumigen Tapeten und Teppichboden, neue Möbel und mit Dusche/WC. Gemütliche Gäste-Lounge.

BED&BREAKFAST: Fast alle ca. 1o Gehminuten nördlich zum Zentrum: rund um Bahnhof und an der Ausfahrtstraße Richtung Listowel. Nur wenige mit Zimmern en suite, im Schnitt 6o DM fürs Doppel.

Zwei BILLIG-HERBERGEN: **Pitlochry Hostel** : 31, Listarra, liegt am Stadtrand etwa zehn Minuten vom Bahnhof, neben einem Sportkomplex. Zimmer mit jeweils zwei Doppelbetten, saubere Küche, Waschmaschine. Kein Hostel-Schild an der Tür, daher etwas schwer zu finden.

Das **Dromtacker Hostel** (Tel.: 066/25631) ist auf jeden Fall komfortabler und freundlicher. 3-4-Bett-Zimmer auf einem Bauernhof, Viehweiden drumrum und von einer Österreicherin geführt. Pferdefuß: 3 km außerhalb. Ausfahrt Richtung Listowel, nach den letzten Häusern rechts weg. 3o Minuten Gehweite ab Bahnhof.

Camping: ein durchschnittlicher Platz etwa 1 1/2 km außerhalb Richtung Ballybunion. Sehr sauber. Außerdem kann neben dem Dromtacker Hostel gecampt werden.

SKILLET: In einer kleinen Passage off Mall St., gegenüber dem Allegro Restaurant. Echter Geheimtip,- Gerichte um 1o-2o DM oder französische Sandwiches für 4 DM. Riesen-Portionen, schmackhaft und große Palette von Salaten. Gemütlich mit dunklen Holzwänden und rauhen Balken. Lunch für 12 DM ein deftiges Steak.

CHEZ JEAN-MARC (29 Castle Street): die Treppen rauf in Tralees Top-Etablissement. Sanftes Licht, ruhiger Betrieb und kapriziöse Saucen und Gewürze. Menü um 4o DM.

Barmeals: sowohl für Lunch als auch für Dinner wird der Name Kirbys Broge Inn (Rock St.) am höchsten gehandelt. Nette Atmosphäre, satte Portionen und satte Gäste.

KIRBY'S BROGE INN (Rock St.): jede Nacht Entertainment,- meist irische Balladen, aber auch Rock etc. Aus rohen Granitblöcken gemauert, Holzbalken und kuschelige Sofas. Gute Stimmung.

HENNESSY'S (35 Castle St.): Dienstag bis Donnerstag Balladen, am Wochenende werden Platten aufgelegt. Plastik-Mobiliar, recht klein.

Das THATCH (Pembroke Street) für trad. irischen Folk, fast täglich. Die Gäste klemmen sich dicht an dicht zwischen die uralten Eichenbalken.

Umgebung von Tralee

An der Dingle Road, 2 km ab Ortsmitte, die BLENNERVILLE WINDMILL: pittoresk in die Landschaft gesetzt, gleich daneben ein Stall mit einem Dutzend Kunsthandwerkern. Die Windmühle wurde von den Jugendlichen aus Tralee im Zuge eines Wettbewerbes hergerichtet.

Ca. 18 km südöstlich via der N21 nach Castleisland: CRAG CAVE! Rund 35o Meter tief rein in den Bauch des Berges, Wirrwarr der Kammern und Gänge und überall Tropfstein in weißen Farben wie im Märchenland. Wurde erst 1981 erforscht, seit Mai 1989 der Öffentlichkeit zugänglich. Tour dauert halbe Stunde, Beginn alle 15 Minuten.

Dingle Town
(14oo Einw.)

Von Tralee aus über Inch zu erreichen - ca. 6o km. Die Straße ist streckenweise in den Berghang des Slieve Mish gekerbt, - rechts dessen wuchtiges Massiv, und nach links der Blick über die Wasserfläche der Dingle Bay.

Den umgekehrten Weg von Dingle Town nach Tralee über den Conor Pass und entlang der Nordküste siehe S. 246.

INCH ist eine langgezogene, geschwungene Dünen-Halbinsel mit Sandstränden an beiden Seiten. Ausgangspunkt ist das Seebad Inch. In den Dünen ein geschützter Camping-Platz, - außerdem ideal für Spazierfahrten per Fahrrad.

Kurz vor der Halbinsel die Billig-Absteige **Inch Hostel** (Tel.: o66/58181). Drei-Sterne-Hostel, das Gästebuch quillt über mit begeisterten Comments. Ein Farmer hat in seinem Wohnhaus Platz für ein knappes Dutzend Betten freigeräumt. Idealer Ausgangspunkt für die Inch-Halbinsel.

In LISPOLE, 5 km von Dingle ein tiefer Meeresfjord: hier das **Seacrest Hostel** (o66/5139o) an die Klippenküste geklatscht, fünf Minuten zu einem schönen Sandstrand. Waschmaschinen, Trockner, Billard und Darts. Bei Anruf erfolgt kostenlose Abholung von Dingle. Sehr abgelegen und herrlich einsame Nächte dort draußen....

Dingle Town ist Hauptort der Halbinsel und optimaler Ausgangspunkt für Trips. Bunte Häuser an der Bay und verschachtelte Gassen, die sich den Hügel raufziehen, während unten am Pier die Fischkutter vor Anker liegen.

Das ehemals legendäre CAFE LITEARTA in der Dykegate Street hat etwas nachgelassen: zwar immer noch gemütlich für eine Tasse Tee im Hinterzimmer der gälischen Buchhandlung, aber nicht mehr die saloppe Bohéme wie früher, weil der "Exil-Deutsche" Karl Fröhlich sich davon zurückgezogen und den:

ISLAND MAN eröffnet hat. Im Island trifft man sich tagsüber und blättert irgendeine Zeitschrift durch, leiser Folk rieselt aus dem Lautsprecher. Vorne Buchhandlung voll mit Regalen und eine Kneipentheke, hinten Café und Restaurant.

ENTERTAINMENT: Das "Hillgrove Hotel" engagiert bekannte irische Sänger und Gruppen. Gute Stimmung, viele Locals. Anschließend Disco bis spät in die Nacht.

Zweimal pro Woche hat das irische Volkstheater Siamsa Tire Auftritte im Schulgebäude. Sehr zu empfehlen.

In der Green Street gegenüber der Kirche mehrere kleine KUNST-HANDWERKER, - eine Töpferei, Weberei (Schals, Decken) und Galerie. Sehr schöne Silbersachen in der Form eines Ogham-Steins.

Verbindungen

Ab Dingle für Touren auf der Halbinsel: keine Autovermietung, die nächste in Tralee.

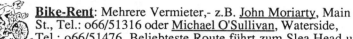

Bike-Rent: Mehrere Vermieter,- z.B. John Moriarty, Main St., Tel.: 066/51316 oder Michael O'Sullivan, Waterside, Tel.: 066/51476. Beliebteste Route führt zum Slea Head und auf der Ringstraße rund um die Halbinsel. Knapp 4o km, reine Fahrzeit ungefähr vier Stunden.

Busse: nach Slea Head, Dunquin, Ballydavid. An zwei Wochentagen dreimal Busverbindung.

Sceilig Hotel: Tel.: 066/51144. DZ ca. 18o DM. Moderner Hotelkasten, aber recht persönlicher Touch. Zimmer standardgemäß, gute Sportmöglichkeiten (Tennis, Swimming-Pool, Sauna usw.).

Hillgrove Hotel: Tel.: 066/51131. DZ ca. 1oo DM. Moderner Flachbau am Ortsrand, wurde während der Recherche gerade überarbeitet.

Benner's Hotel: Tel.: 066/51638. Main Street. DZ ca. 17o DM. Einziges Hotel innerhalb des Ortes: Altbau mit verstuckten Decken, seit der Renovierung alle Zimmer mit Bad.

Tip sind zwei größere Pensionen, die voll im Hotel-Stil geführt werden mit Rezeption und Lounge. Leider kein Dinner.

Milltown House (Tel.: 066/51372; DZ ca. 7o DM): Am Ortsrand Richtung Slea Head. Sehr große, gemütliche Zimmer mit Teppichboden, farbigen Tapeten und großen Fenstern. Supersauber und neu möbliert.

Alpine House (Tel.: 066/5125o; DZ ca. 7o DM): Gleich an der Ortseinfahrt, rechts. Nichts auszusetzen; die Zimmer weiß gekalkt.

BED & BREAKFAST: B&B-Häuser liegen praktisch an jeder Straßenecke,- vor allem unten an der Uferpromenade. Selten Engpässe - eigentlich immer was frei, da immer mehr Familien Zimmer anbieten.

Gute Farmhouse-Unterkünfte Richtung West-Dingle: wunderschöne Landschaft im Umfeld der Dörfer Balliferriter, Dunquin, Ballydavid.

Aktive Ghaeltacht, evtl. sich bei einer Familie einquartieren, die untereinander noch die keltische Ursprache spricht.

Lovetts Hostel: kein Telefon, von einer jungen Familie für 1o Betten ein paar Zimmer in ihrem Wohnhaus freigemacht. Praktisch B&B ohne Frühstück (auch Bettlaken und Kissen werden gestellt). Warmer Empfang, liegt am Ortseingang (links weg!).

Westlodge Hostel: (Strand Street, an der westlichen Ortsausfahrt): betrieben von einem der reichsten Männer auf der Dingle-Halbinsel, der ruhig etwas mehr Engagement investieren könnte. Massenbetrieb und häufig überfüllt.

Camping: Der einzige Platz beim Westlodge Hostel (ca. 1o DM/Unit): einfaches Stück Wiese: Toiletten und Duschen in der Herberge mitbenutzen.

Zwei TOP-RESTAURANTS sorgen für den verwöhnteren Gaumen: DOYLE`S SEAFOOD BAR (John St.): anheimelnd mit roh bearbeiteten Steinplatten, klobigen Holzmöbeln und Brettern an der Decke. Blick auf den beleuchteten Wintergarten mit üppigen Pflanzen. Trotz Top-Qualität recht leger,- à la carte 25-45 DM.

CAROLE`S BISTRO (Strand St.): Von charmanter Französin geführt, die täglich mit dem Einkaufskorb den Fisch frisch vom Markt holt. Kleiner Raum mit Kerzenlicht, wo Blues-Musik aus dem Lautsprecher plätschert. Handgetöpferte Teller. Preislage wie im Doyles: im Gegensatz zu dessen einfacher Küche, die den Speisen den natürlichen Geschmack beläßt, arbeitet Carole mehr mit kapriziösen Saucen und würzt etwas großzügiger.

GREANY`S (Holyground): Für Dinner das preiswerteste Restaurant im Ort: 1o DM. Abgesehen vom Steinpflaster-Boden ist das Ambiente passabel.

FORGE (Holyground): Breite Palette vom Cheeseburger bis zum Steak. Guter Ruf als Familien-Restaurant. Üppige Portionen, warmes Ambiente mit Teppichboden. Menü ca. 25 DM.

ISLAND MAN in der Main Street: Kombination "Buchladen u. Kneipe u. Restaurant" des Deutschen Karl Fröhlich, der seit 1972 hier in diesem Winkel lebt. Mal probieren: Lammbraten mit Basilikum-Sauce, wo auch die Einheimischen kräftig zulangen. Preise 2o-25 DM, buchen unter Tel.: 5183o.

Das EIRE NA GREINE hat sich schon im ersten Jahr seinen festen Platz erobert: Naturkostladen, wo im Obergeschoß vegetarische Sachen auf klobigen Holzmöbeln serviert werden. Abends um 15 DM, tagsüber immer gut für eine Tasse Kaffee und einen Snack. Adr.: Main Street, neben der Bank of Ireland.

COIS FARRAIGE (Strand St.): Sehr gut für Frühstück (ca. 5 DM), sonst nur kleinere Sachen wie Fish&Chips bis 1o DM. Kahler Raum mit dürftigem Interieur.

Drei Singing-Pubs, die einen Kneipen-Tingeltangel wert sind. Oft Spontan-Sessions. Viele junge Leute im MURPHY'S (Strand St.), wo im Sommer meist Patrick Callinan seine Balladen schmettert, der schon Europa-Tourneen und Schallplatten-Aufnahmen verbuchen kann.

Im AN REALT (Strand St.) ebenfalls viel Folk, aber mehr auf Akkordeon und amerikanischen Bluegrass versiert.

Der originellste Pub ist O`FLAHERTY'S (Bridge St.): Es werden keine Musiker engagiert; Bombenstimmung bei spontanen Sessions. Wer sich selbst versuchen möchte: in der Ecke stehen die Instrumente bereit.

AN DROICHEAD BEAG hat jede Nacht Musik: rein traditioneller Irish Folk. Zerschrammtes, wurmstichiges Holz und Bruchplatten am Boden sorgen für die passende Kulisse. Wurde neu eröffnet und hat sich in kürzester Zeit etabliert.

Sonst ragt von den fünfzig Pubs des Dorfes nur das MAC DONNELS heraus (Green St., gegenüber der Kirche): Auf der einen Seite des Raumes werden Ledersachen gehämmert, während gegenüber an der Theke die Leute beim Guinness sitzen. Der achtzigjährige Dick Mack schmeißt den Uralt-Laden noch mit viel Schwung. Schöne Lederwaren als Mitbringsel wie Schlüsselanhänger oder Gürtel mit handgraviertem Namenszug.

WEST-DINGLE

Der Landzipfel westlich des Mt.Brandon und Conor-Paß besteht aus "rolling hills", die in bizarren Küstenformationen auslaufen. Läßt sich an einem Tag per Fahrrad erkunden. In den Dörfern B&B-Unterkünfte.

Camping: Der einzige voll ausgerüstete Platz in Ballydavid (phantastische Lage an geschwungener Bucht mit Möglichkeiten zu Wassersport).

★ **VENTRY HARBOUR** liegt an einer tief eingelassenen Bucht mit langem Sandbeach. Surfer ziehen über die stille Wasserfläche. Wer Durst auf ein kühles Guinness hat: vor dem Dorf-Pub ein paar alte Holzbänke,- von dort weiter Blick über die Bay.

Vom Dorf weiter unbedingt entlang der Küstenstraße das Vorgebirge Mount Eagle umfahren,- einzigartige Landschaft mit Blick weit über's Meer vom SLEA HEAD. Vorgelagerte Inseln, wo die Brandung schäumt und wuchtige Gebirgszüge jenseits der Dingle-Bay.

Lohnender Zwischenstop ist das FORT DUNBEG: Befestigungsanlage aus der Eisenzeit. Eine Landzunge durch Schutzwälle vom Festland abgegrenzt, im Innern die typischen Bienenkorb-Hütten. Die Landschaft wird immer schöner: von schwarzen Klippenwänden eingerahmte Strände bei Dunquin und zerschrammte Hügelketten im Hinterland.

Hier das einzige **AnOige-Hostel** auf der Halbinsel: Neubau in gutem Zustand, komfortabel und brauchbar. Quartier für abendliche Wanderungen an den nahegelegenen Stränden.

Ab Dunquin fahren Boote rüber zu den Blasket-Inseln: Details im nächsten Abschnitt.

Highlights an der Nordküste der Dingle-Halbinsel sind die steilen Felsabstürze des SYBIL POINT (zu erreichen über eine Landrover-Piste) und die von Stränden eingesäumte SMERWICK-BUCHT.

> **Tigh a Phoist Hostel** (Tel.: 066/55109) in Carreig, Nähe Ballydavid: Standquartier für den Sybil Point und die Strände in der Bay. Mittlere Größe und sympathisch geführt, im selben Haus ein Shop!

Nahe beim Ort Kilmalkedar liegt das frühchristliche Gebetshaus GALLARUS ORATORY: sieht aus wie ein umgekipptes Boot, das aus Steinblöcken ohne Verwendung von Mörtel zusammengefügt ist. Stammt aus dem 8.Jh. und ist das besterhaltene Bauwerk dieses Typs.

BLASKET ISLAND

Ein Archipel von rauhen Felseninseln, von denen nur Great Blasket Island zugänglich ist. Die Insel wurde wegen der mageren Fischfangergebnisse 1954 per Regierungsbeschluß zwangsgeräumt; die letzten 22 Bewohner siedelten über auf's Festland. Die Inselchen sind auf der Rückseite der 20-Pfundnote abgebildet.

> In früheren Jahrhunderten wohnten hier 100-200 Fischer, die in der Isolation die pure keltische Kultur erhalten hatten. Sippenverbände und streng-patriarchalische Strukturen: anschaulich geschildert in der Autobiographie "The Islandman" von Thomas O'Criomhthain. Im Buchladen Islandman/Dingle-Town auch die deutsche Übersetzung, von keinem geringeren als Heinrich Böll. Heißt "Die Boote fahren nicht mehr aus", ca. 15 DM.

Die Insel besteht aus zerschrammtem Karstland mit dürftiger Heidekraut-Decke. Schafe weiden im Innern, in den Klippen nisten Seevögel.
Beim Pier ein Traum-Strand wie aus dem Urlaubsprospekt. Dahinter die halbzerfallenen Häuserruinen des ehemaligen Dorfes, die sich den Berghang raufziehen.

Bewohnt nur von April bis Oktober: Übernachtung in einer Pension, - Buchung erfolgt über den Fährmann per Funktelefon. Für Rucksackler ein Privat-Hostel daneben kann für 5 DM/Person gecampt werden (Duschen/Toiletten in der Herberge benutzen). Essen im Guesthouse (ca. 20 DM) oder im Hostel (ca. 10 DM). Selbstverpfleger können im Shop Proviant einkaufen.

Ein unbeschreibliches Gefühl, nachts auf der Insel, wenn der Urlauber-Rummel verklingt. Am Camping-Platz spielt man Gitarre, die Brandung rauscht gegen die Küste und von der Seeseite her eine frische Meeresbrise.

Die Überfahrt erfolgt ab Dunquin (dort eine JuHe und B&B -Häuser; Busverbindung ab Dingle Town) in kleinen Kuttern, die wie wild auf den Wellen schaukeln.
Können nicht bis ans Pier fahren: Passagiere werden mit

Schlauchbooten ein Stück rausgebracht, abenteuerliches Umsteigen auf See. Dabei gibt der Fährmann Hilfestellung und hievt die Leute rüber auf den Kahn. Preis liegt bei 3o DM hin- und zurück.

Pro Tag 1-2 Fahrten, daher auch als Tagestrip möglich, wenn jemand nicht übernachten möchte.

BERGWANDERN AUF DINGLE
Einer der schönsten Berge Irlands ist der Mount Brandon, wo der hl. Brendan als Eremit gelebt haben soll. Während des Aufstiegs klassischer Panorama-Blick auf das Gewirr von Seen, Felszacken, Heidekrautsteppe und wilde Klippenabstürze. Rund um die Halbinsel die See und kleine Inselchen. Auf- und Abstieg dauern 4-5 Stunden; der Berg ist ca.97o m hoch.

Zwei Routen:

1. PILGRIM`S ROUTE ist der alte Pilgerweg - wesentlich spektakulärer mit schroffen Wänden und kristallfarbenen Seen in den Karmulden. Startpunkt ist Cloghane, 15 km ab Dingle. Liegt allerdings jenseits des steilen O'Connor-Passes und daher für Leute ohne Pkw nicht zu empfehlen, da per Fahrrad sämtliche Kraftreserven schon für den Paß verbraucht würden.
Ab Cloghane der Beschilderung folgen bis zu einer Grotte, von wo aus sich Pfosten bis rauf zum Gipfel ziehen. Keine Orientierungsprobleme.

2. Der SAINT`S ROAD führt von Westen her über sanft geschwungene Grashänge. Ausgangspunkt ist Ballybrack ca. 11 km ab Dingle: Anfahrt über flaches Gelände und daher optimal für Radfahrer. In Ballybrack bis zum Ende der Dorfstraße und in nordöstl. Richtung entlang des Trampelpfades. Einige Cairns liegen en route, der Pfad ist die meiste Zeit sichtbar.

DIE NORDKÜSTE

Am besten nimmt man den Weg von Dingle Town nach Tralee über den Conor Pass (ca. 5o km): beschildert ab Dingle Town. Die Piste windet sich in tausend Haarnadelkurven den Berghang der Slieve Mish Mountains rauf. Herrliche Blicke runter auf das Tal und auf die Bucht. Oben am Grat (nach sechs Kilometern) ein Parkplatz mit Aussichts-Plattform. Per Fahrrad schwierig, Busse gehen überhaupt nicht über den Conor Pass.

ZU FUSS ein schöner Spaziergang, hin und zurück knappe drei Stunden: Zuerst entlang der Beschilderung, am Ortsende beim Milchladen links weg auf eine geteerte Piste, dem alten Weg zum Paß. Geht nach 2 km über in einen Trampelpfad und führt direkt zum Paß.

> 12 km hinter dem Paß in STRADBALLY: Privat Hostel **"Conor Pass"**,- evtl. Stop für Radfahrer, die nicht bis Tralee durchfahren wollen. Erstklassige Facilities, sehr gut in Schuß. Die Maloneys führen das Hostel sehr sympathisch, Blick runter auf die Bay!

★ **CASTLEGREGORY**: 45o Einwohner, liegt am unteren Ende der Rough-Point-Halbinsel mit dem vorgelagerten Inselgewirr. Gelegentlich Boottrips ab Fahamore. In der Umgebung schöne Wanderungen.
Unterkünfte: Hotels, B&B und ein gut ausstaffierter Camping-Platz.

NORD-KERRY

Reißt landschaftlich nicht gerade vom Stuhl. Weiden, auf denen schwarzscheckige Kühe liegen, wechseln mit Unkrautfeldern und Heckenbüschen. Ziemlich flach, keine touristischen Höhepunkte.

> In Ballybunion das private **Breakers Hostel** in der Cliff Road, Tel. 066/33242. Weit ab von der Touristen-Route und meist nur wenig Betrieb in der ansonsten empfehlenswerten 25-Betten-Bleibe.

An der Küste eine Kette von Stränden und Seebädern, die im Sommer hauptsächlich von Einheimischen besucht werden. Von Bedeutung sind vor allem die Orte BALLYHEIGE und BALLYBUNION. KERRY HEAD ist ein felsiger Halbinsel-Vorsprung. Dort finden sich noch gelegentlich die schwarzen, konischen Rohdiamanten "Kerry Diamonds".

Meistens wird das Stück rauf bis zum Shannon in einem Rutsch durchfahren, um in die Grafschaft CLARE oder nach LIMERICK zu kommen. Am besten die N69 benutzen: bis Limerick gute hundert Kilometer. Gut ausgebaute Nationalstraße, unterwegs keine Hostels.

Wer - wie die meisten Touristen - die Großstadt Limerick vermeiden möchte und direkt Kurs auf Clare macht, setzt mit der SHANNON CAR FERRY Tarbert-Killimer über den Fluß. Spart mehr als hundert Kilometer Umweg.

Während der Hochsaison alle 3o Min. Pendelverkehr, sonst stündlich. Die Überfahrt dauert ca. 2o Minuten. Preise: Passagiere ca. 3 DM, Auto (incl. Passagiere) ca. 18 DM.
Die Entfernung Tralee-Tarbert beträgt rund 5o km.

> Willkommene Übernachtungsmöglichkeit für Radfahrer ist das Privat-Hostel **The Nest** (Tel.: 068/36165): sehr klein und urgemütlich, die sympathischen Besitzer sorgen für eine heimelige Nestwärme. Liegt 2 km vom Fähranleger an der Ortsausfahrt Richtung Limerick, rechterhand gegenüber der Texaco-Tankstelle. Jenseits des Shannon liegt die nächste Herberge 55 km entfernt in Lahinch.

Per Auto ist die Strecke von Tralee bis zu den Highlights von Clare ein Halb-Tagesprogramm.

248

Limerick und Umgebung

*LIMERICK   CITY   ist   eine   seelenlose   Großstadt   ohne   besondere
Attraktionen.   Allerdings   wichtiger   Verkehrsknoten-Punkt.   Wegen   des
Shannon-Airports   aber   viele   Touristen,   daher   IN   DER   UMGEBUNG
großes   Angebot   an   Entertainment-Shows: Mittelalterliche   Bankette   beim
Minnegesang,   prunkvoll   restaurierte   Castles   oder   Geschichte   zum
Anfassen   in   original   nachgebauten   Steinzeit-Häusern,   einer   restaurierten
Bronzezeit-Siedlung   und   einem   nachgebautem   Dorf   aus   der   Jahrhundert-
wende.   Allerdings   wenig   ursprüngliches,   -   alles   auf   Tourismus   getrimmt.*

Bis Anfang der sechziger Jahre war der SHANNON-AIRPORT bedeutender Zwischenlandeplatz für Transatlantik-Flüge. Dies änderte sich, als
moderne Jet-Maschinen die Strecke rüber zu den Staaten in einem Rutsch
durchfliegen konnten: die Arbeitsplätze am Airport waren gefährdet.

Die irische Regierung rief ein Programm ins Leben, das den Flughafen
erhalten sollte. Ausländische Firmen konnten in dessen Umkreis produzieren und Warensteuer- sowie zollfrei exportieren. Charterflüge wurden
nach Shannon dirigiert,- eine Landeerlaubnis ist für Chartermaschinen in
Dublin kaum zu kriegen.

Außerdem half man dem Tourismus dadurch auf die Beine, daß man ein
umfangreiches ENTERTAINMENT-PROGRAMM aufzog, alte Castles
restaurierte und historische Dörfer aus der Bronzezeit und aus der Jahrhundertwende originalgetreu nachbaute. Touristenscharen (v.a. Amerikaner)
und eine florierende Wirtschaft zeigen, daß die Rechnung aufgegangen ist.

Eintrittspreise: Geht besonders bei den Top-Attraktionen dieser Region
ganz schön ins Geld - zwei Vergünstigungen möchten wir hervorheben.

Guest Privilege Card: wird gratis ausgehändigt, wenn man sich in vom
TI registrierte Unterkünfte einquartiert und berechtigt bei rund 4o
Sehenswürdigkeiten in Limerick/Umgebung und County Clare zu
Preisnachlässen bis zu 3o%. Wie gesagt: gibt's nur in registrierten
Häusern mit dem Kleeblatt-Emblem über dem Eingang (bei Billig-
Herbergen die Budget-Hostels in Ennis und Doolin sowie das AnOige
Hostel in Limerick.

In vielen Leserbriefen wurden wir gebeten, auf das Heritage Trail
Ticket hinzuweisen: für ca. 17 DM (Studenten: 9 DM) freier Eintritt in
sieben Top-Sehenswürdigkeiten, Bunratty, Cliffs of Moher, Bungaire
Castle, Hunt Museum, Craggaunoween Project, Lough Gur Centre,
Knappogue Castle. Lohnt sich bereits, wer drei davon besucht!

Limerick

(65.000 Einw.)

Hektischer Stadt-Betrieb mit stinkenden Verkehrskolonnen und Betrieb in den Geschäftsstraßen - die drittgrößte Stadt der Republik. Von der Architektur her nichts besonderes.

Vor allem wichtig als Verkehrsknotenpunkt, - von hier fahren Busse zu den Grafschaften Clare und Kerry. In der Umgebung interessante Trips und großes Angebot an touristischem Folklore-Entertainment.

STADTSTRUKTUR: Limerick liegt am River Shannon, der gesamte Stadtkern südlich des Flußes.

Hauptstraße ist die einen Kilometer lange O´CONNELL STREET und deren nordöstliche Verlängerung PATRICK STREET. Bilden zusammen mit den abzweigenden Seitenstraßen das Zentrum der Stadt. Wichtige Schlagader ist auch die ENNIS ROAD, die Richtung Shannon-Airport führt.

Tourist INFO Das TOURIST-OFFICE liegt um die Ecke vom Nordende der Patrick Street: dort kostenlose Stadtpläne und Überblick über die Vielzahl der Entertainment-Angebote in der Umgebung. Sich auch gleich den "What's on"-Führer geben lassen.

Insgesamt drei Veranstalter bieten SIGHTSEEING-TRIPS per Bus in die nähere Umgebung. Zu überlegen, wenn jemand knapp mit Zeit ist: Infos beim TI.

ENTERTAINMENT

Veranstaltungskalender und genaue Buchungsformalitäten im "What's on in Shannon Region". Grundsätzlich kann auch im TI gebucht werden (am besten schon am Tag zuvor, da großer Andrang).

IRISCHE CABARETS aus Dinner und Show fast täglich in einem von vier Hotels in Limerick, Ennis und Killaloe. Inclusiv-Preise für den kompletten Abend um die fünfzig Mark; für die Show allein etwa 12 DM.

Konzerte und Theaterstücke von irischen Autoren laufen im BELLTABLE ARTS CENTRE, 69 O´ Connell St., Eintritt 1o-15 DM.

SON ET LUMIERE: tgl. in der St.Mary's Cathedral, wo mit Musik und Vorträgen die Geschichte Limericks präsentiert wird. Modernste, quadrophone Sound-Effekte und Lightshow, ca. 8 DM.

SEISIUNS irisches Volkstheater mit viel Musik, mehrmals pro Woche an wechselnden Orten im Umfeld Limericks, beim TI abchecken wann und wo!

WINDHUND-RENNEN Mo, Do und Sa auf dem "Race Track" ab 2o Uhr.

Limerick 251

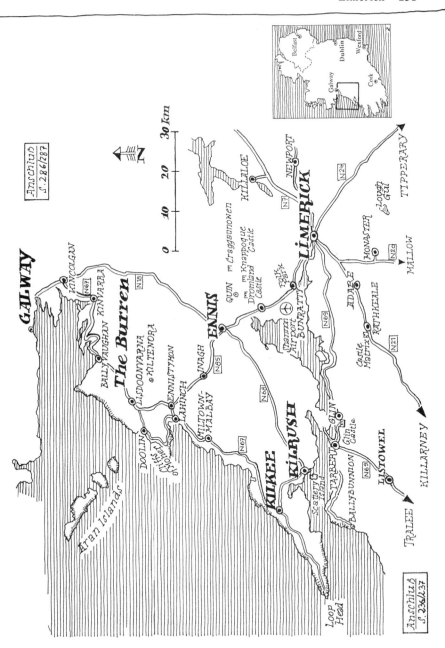

Bedeutendstes Bauwerk ist die ST.MARY´S CATHEDRAL: achthundert Jahre alt, die meisten Teile aber aus dem 15.Jh. Besonders eindrucksvoll ist das aus schwarzer Eiche geschnitzte Chorgestühl mit einer Unmenge von Figuren. Lohnend der Aufstieg auf den Glockenturm wegen des herrlichen Rundblicks über die Stadt. Adr.: Methew Bridge, ein paar Minuten vom TI.

Wuchtige Trutzburg aus dem frühen 13.Jh. ist das KING JOHN'S CASTLE in der Castle Street. Drei Meter dicke Mauern, gedrungene Ecktürme, verschachtelte Kasernenbauten. Diente früher als Wachposten für den Verkehr auf dem Shannon.

Auf der anderen Flußseite, gegenüber der Burg, der TREATY STONE, auf dem 1691 der "Vertrag von Limerick" unterzeichnet wurde. Damit gestand Wilhelm von Oranien den Katholiken dieselben Rechte zu wie den Protestanten. Wurde bald darauf von den Engländern gebrochen.

MUSEEN

Das Hunt Museum liegt 5 km außerhalb auf dem Uni-Gelände an der N 7 (Richtung Dublin), Busverbindung. Dinge aus der Bronzezeit und frühchristlichen Epoche, Silberarbeiten aus dem 1o.Jh., Töpfersachen und mittelalterliche Kreuzfiguren vom Kontinent.

Die Stadtgeschichte rollt das Limerick Museum auf (Dinge aus der Steinzeit, Urkunden und Dokumente). Adr.: John's Square.

Art Gallery (Pery Square): umfangreicher Querschnitt durch die irische Kunst vom 18.-2o. Jh. Außerdem Ausstellung zeitgenössischer Gemälde und Skulpturen.

Schöne Stadtviertel mit GEORGIANISCHER ARCHITEKTUR liegen im Umkreis des Pery Square und am John's Square. Rote Ziegelbauten mit knallbunten Eingangsportalen.

SHOPPING

Weltbekannt sind die hier in Handarbeit fabrizierten Irischen Spitzen. Eine exklusive Sache, die feingliedrigen Textilien. Bei der Fertigung kann zugesehen werden im Good Shepards Convent, Clare Street. Die billigsten Stücke sind Hals - und Taschentücher ab 12o DM.

UNTERKUNFT

Castle Oaks House Hotel: Tel.: 061/377666. DZ ca. 15o DM. Noble Landhaus-Atmosphäre 1o km außerhalb Richtung Dublin in Castleconnell. Nur elf Zimmer und ein weites Parkgelände; in der Keller-Bar täglich traditionelle Musik.

Cruise's Royal Hotel: O'Connell St. Tel.: 061/44977. DZ ca. 11o DM. Zentrale Lage, um die Ecke vom TI. Modern eingerichtete Zimmer: TV, Bad, Telefon. Alles in allem sein Geld wert.

Royal George Hotel: O'Connell St. Tel.: 061/44566. DZ ca. 12o DM. Von der baulichen Substanz und den Facilities her mit dem Cruises Hotel vergleichbar, die Zimmer vielleicht etwas weniger sympathisch möbliert.
Glentworth Hotel: Glentworth St. Tel.: 061/43822. DZ ca. 12o DM. Empfehlenswertes Haus in einer Seitenstraße der O'Connell St. Zimmer warm möbliert mit viel Holz, viele mit separater Sitzecke. Wurde im Winter 89/9o renoviert.

Weitere Hotels liegen an der Straße Richtung Ennis: Teure Grad-A-Hotels im modernen Betonklotzstil. Etwa 3o Gehminuten vom Centre. Preislage: 15o - 22o DM für's Doppel.

BED&BREAKFAST: Großes Angebot und landesüblicher Standard; fürs Doppel mit 6o DM rechnen. Sich wegen der Guest-Card (siehe S. 249) ein registriertes Haus aussuchen!

Im Zentrumsbereich, auf der südlichen Flußseite, keine beim TI registrierte Häuser. Eine Reihe nicht-registrierter Pensionen im Umkreis der Olentworth und der Mallow Street (Seitenstraße der O'Connell Street). Großer Vorteil ist die Bahnhofsnähe (drei Gehminuten). Sich das Zimmer aber vorsichtshalber immer vorher ansehen.

In der Ennis Road, auf der nördlichen Seite des Shannon-River, eine Reihe registrierter Pensionen. Immer der Beschilderung "Ennis" folgen, die Brücke überqueren.

Wer zentrumsnah mit einer Gehweite von 1o Minuten wohnen möchte, bucht Juli, August besser per book-a-bed-ahead.

Ansonsten 2o-3o Gehminuten ins Zentrum: Busse 8 und 9 ab dem Einkaufs-Centre in der Henry Street (alle halbe Stunde) oder stündlich mit dem Airport-Zubringer direkt vom Bahnhof aus.

BILLIG-HERBERGE: Kein Privat-Hostel, aber ein topmodernes **AnOige-Hostel** direkt im Centre (1, Pery Square). Regeln werden recht streng gehandhabt, aber supersauber und gut geführt. Liegt gegenüber einem Park. Tel.: 061/314672.

Camping: Leider kein Camping-Platz, - der nächste liegt 12 km außerhalb am Shannon-Ufer, südlich von Lillaloe in O'Briens Bridge. Schöne Lage ab vom Stadt-Trubel im grünen, alle Facilities. Anfahrt via der N 7 Richtung Dublin, ca. 1o km bis zur "Dalys Garage", dort links weg. Keine Busse!

Firstclass: das SILVER PLATE in der O'Connell Street, Ecke Hartsponge Street. Interessante französische Kreationen, z.B. Seezunge gefüllt mit Muscheln und gedünstet in Garnelen-Brandy-Sauce. Kleiner Kellerraum, Bilder an den Wänden und sanftes Bestecke-Klappern. Menü ca. 5o DM.

Ein empfehlenswerter Chinese in 56 O'Connell St: MAYFLOWER - etwas verstecktes Kellerrestaurant mit klobigen Holzmöbeln. 15-3o DM.

PIZZA CABIN (Patrick St., die nordöstl. Verlängerung der O'Connell St.): Die besten Pizzen der Stadt, frisch zubereitet um 9 DM. Leider windiges Take-away-Ambiente.

HOGANS (High St., off William St.): Billigst für Mittagessen. Angeblich die stolzesten Portionen von ganz Limerick, mit Gemüse als Beilage, die den kahlen Raum mit seinen wackeligen Tischen entschuldigen. Nur tagsüber, 7-1o DM: als Gäste v.a. Bauern aus der Umgebung beim Einkauf in der Stadt!

Barmeals: gutes Essen, vernünftige Preise im Old Vintage Club (Ellen St.off Patrick St.), knapp 1o DM und sehr beliebt bei den Einheimischen. Pub plus Weinbar: knarzende Holzbretter und überall Porzellankrüge.

Pubs Sieht schlecht aus - fast durchweg uniforme Plastikbars vom Fließband; nirgendwo spontane Sessions. Die meisten Folklore-Abende sind in fester Hand von amerikanischen Reisegruppen. Veranstaltungskalender: sich im TI das Faltblatt "What's on in Shannon Region" besorgen.

SOUTH'S Bar (Crescent, am Südwest-Ende der O'Connell St.): Ein Feeling wie zu Queen Victorias Zeiten in der Uralt-Bar mit Mahagoni-Theke und Holzbalustraden. Viele Separées.

GRANERY TAVERN (im Gebäude des TI): Kellergewölbe aus unverputzten Steinen, beleuchtet mit altertümlichen Laternen. Jeden Tag Live-Musik aller Stilrichtungen und viele jüngere Leute vom Schlag "gemäßigt gepflegt". Im angeschlossenen Tanzsaal am Wochenende Rock-Bands zum Tanzen, lockeres Blue-Jeans-Ambiente.

DENNIS CLERY (Denmark St.): Am Wochenende Sessions, weit weniger "gemachte" Atmosphäre als im Granery. Der Dreck am Boden gehört dazu: zerschundene Holzbalken, provisorischer Verputz der Wände und Rauchschwaden, die durch den Raum ziehen.

Verbindungen ab Limerick

Flüge: Am Shannon-Airport, 25 km westlich der Stadt, treffen die Charter-Maschinen und die Linienflüge aus den USA ein. Im Sommer auch Linienflüge nach Frankfurt.
Zubringerbus: stündlich ab Busterminal dauert eine Dreiviertelstunde. Preis etwa 9 Mark.

Züge: Bahnhof drei Min. vom Centre in der Parnell Street.

- nach Dublin	tgl. 1ox, ca. 2 3/4 Std.	ca. 43 DM
- nach Rosslare	tgl. 2x, ca. 4 Std.	ca. 55 DM
- nach Cork	tgl. 6x, ca. 3 1/2 Std.	ca. 32 DM
- nach Tralee	tgl. 4x, ca. 3 1/2 Std.	ca. 36 DM
- nach Killarney	tgl. 4x, ca. 3 Std.	ca. 36 DM

Limerick 255

Busse: Das Busterminal liegt gleich neben dem Zugbahnhof in der Parnell Street. Gute Verbindungen in die nähere Umgebung.

-nach Dublin	3x/Tag	ca. 4 Std.	24 DM
-nach Ennis	6x/Tag	ca. 1 Std.	14 DM
-nach Cork	4x/Tag	ca. 2 1/2 Std.	24 DM
-nach Galway	5x/Tag	ca. 2 Std.	24 DM
-nach Killaloe	3x/Tag	ca. 5o Min.	9 DM
-nach Kilkee	2-3x/Tag	ca. 2 1/2 Std.	24 DM
-nach Killarney	3x/Tag	ca. 2 1/2 Std.	24 DM
-nach Lahinch	2x/Tag	ca. 2 Std.	17 DM
-nach Sligo	2x/Tag	ca. 5 Std.	42 DM
-nach Tralee	3x/Tag	ca. 2 1/4 Std.	24 DM

Ausflüge in die Umgebung

Die meisten Ziele in der Umgebung sind per Linienbus zu erreichen. Wer die Trips nicht auf eigene Faust machen möchte, kann sich einer Coach Tour anschließen (Infos beim TI, großes Angebot.).

Bike-Rent: mehrere Vermieter in Limerick City.
- Sports Store, 1o William Street, Tel.: 061/45647
- Michael Mc Carthy, 1 Patrick Street, Tel.: 061/45641

Car-Rent: Eine ganze Reihe von Verleihfirmen am Shannon - Airport und in Limerick.

Zwei Veranstalter bieten Sightseeing-Trips per Bus an: Gray Line und CIE. Zu überlegen für Leute ohne eigenen Wagen, Infos beim TI. CIE ist der billigere der beiden Veranstalter, Preise 15-3o DM.

UNTERKÜNFTE

Wer das Großstadt-Gewühl von Limerick umgehen will, quartiert sich in den Dörfern der Umgebung ein: B&B-Häuser und Hotels in allen Preisklassen. Besonders breites Angebot in der Stadt Adare (siehe unten) und in der Region zwischen Limerick City und dem Shannon - Airport:

Dromoland Castle: Newmarket-on-Fergus, Tel.: 061/71144. DZ ca. 36o DM. Irlands Top-Hotel Nummer Zwei: erhabenes Schloß mit Zinnen und Türmen, prunkvolle Innen-Einrichtung. Liegt in einem größeren Parkgelände.

Clare Inn: Newmarket-on-Fergus, Tel.: 061/71161. DZ ca. 22o DM. Modernes Gebäude im Parkgelände des Dromoland Castle. Es können Gemeinschaftsräume, Bar, Restaurant usw. im Castle mitbenutzt werden.

Shannon International Hotel: Tel.: 061/61122. DZ ca. 16o DM. Moderner Hotel-Kasten direkt gegenüber dem Airport-Terminal. Alle Facilities - evtl. für die Nacht vor dem Heimflug.

Zwei Attraktionen westlich von Limerick, Richtung Airport stündlich Verbindung mit dem Flughafen-Zubringer-Bus. Ca. 1o DM return.

BUNRATTY

13 km ab Limerick. Das prunkvolle Castle, der Folk-Park und ein stilvolles Uralt-Pub sind die rechte Mischung für einen gelungenen Nachmittag. BUNRATTY CASTLE ist das besterhaltene mittelalterliche Schloß in Irland.

1469 erbaut und vollständig restauriert: prächtig verzierte Möbel aus dem Spätmittelalter und der Renaissance, eine Waffensammlung, Wandteppiche, Gebrauchsgegenstände aus dem tgl. Leben der vergangenen Jahrhunderte.

Der Folk-Park hinter dem Castle gibt einen Eindruck vom Leben der "kleineren Leute" um die Jahrhundertwende: eine komplette Dorfstraße wurde aufgebaut, inklusive Bimmel-Laden, Postamt und einer Schmiede. Original bekleidete Menschen leben und arbeiten in den Strohhütten entlang der Staubstraße und verkaufen ihre Produkte.

DURTY NELLY'S PUB am Eingang des Geländes: verwinkelte Bar mit wurmstichigen Holzbalken; jeden Abend Musik. Allerdings zu 8o% amerikanische Pauschal-Touristen.

BALLYCASEY CRAFT CENTRE

Kasernenartiges Gelände, wo in einer Vielzahl von Workshops Kunsthandwerk hergestellt wird. Lederwaren, Goldschmuck, Wollpullis, Töpfersachen, Schnitzsachen, Emaillearbeiten usw. Gelegenheitskäufe. Weitere 7 km ab Bunratty!

Drei Attraktionen, ca. 25 km nördlich von Limerick im Umkreis des Dorfes "Quin".

Anfahrt: Die ersten 1o km Richtung Airport bzw. Ennis, dann rechts weg auf die L 11. Keine Busse, lediglich per Coach Tour.

QUIN ABBEY

Optimal erhaltene Abteiruine aus dem 15.Jh., - die Gebete der Mönche hängen fast noch im schwarzgrauen Gemäuer. Der Kreuzgang und der Mittelturm stehen noch, ebenso der Hochaltar im Chor.
Drumrum ein interessanter Friedhof mit vielen irischen Hochkreuzen. Das Kloster befindet sich mitten im Dorf Quin.

KNAPPOGUE CASTLE

Graues Burgverlies mit engen Stein-Wendeltreppen, aus dem 15.Jh. Wirkt ziemlich düster mit seinen rauh verputzten Wänden und blockigen Möbeln. Bunratty Castle hat mir besser gefallen, da umfangreicher möbliert. Liegt etwa 5 km östlich von Quin.

MITTELALTERLICHE BANKETTE

Tafeln wie zur Zeit der Ritter an langgezogenen Tischen, wobei ein Spielmann zarte Harfentöne erklingen läßt. Eines der bleibenden Irland-Erlebnisse.

Das ganze findet statt in den <u>Empfangshallen historischer Castles</u>, umgeben von Prunkwerk und Antiquitäten. Zur Begrüßung wird zuerst mal ein Kelch Met gereicht, dann ein Kurz-Vortrag über die Geschichte der Burg. Entertainer und Kellner tragen bizarre, farbenfrohe Kostüme im Stil der Zeit. Nachdem ein Schlabberlätzchen umgebunden ist, wird das Menü aufgetragen, das ohne Besteck (nur mit den Fingern) zu bewältigen ist. Zwischen den einzelnen Gängen erklingen <u>mittelalterliche Volksweisen</u> und Gesänge. Das ganze Spektakel dauert gute zwei Stunden.

Die "medieval banquets" kosten ca. 8o DM, was ein 5-Gang-Menü + Met + unbegrenzte Menge Wein + Entertainment beinhaltet. Könnten sich auch Billig-Touristen leisten.

Finden auf folgenden Burgen statt:

<u>BUNRATTY CASTLE</u>: riesige, etwas anonyme Halle und viel Musik-Entertainment. Aber am prunkvollsten möbliert mit Wandteppichen und Antiquitäten. Das ganze Jahr über.

<u>KNAPPOGUE CASTLE</u>: die Umgebung ist etwas schlichter, das Entertainment weniger derb mit vielen Vorträgen. Außerdem nur halb soviele Leute. Von Mai bis Oktober.

<u>DUNGUAIRIE CASTLE</u>: nur eine kleine Gruppe von 6o Leuten, daher etwas intimere Atmosphäre. Die Vorträge beschränken sich mehr auf literarische Stoffe. Das Castle liegt bei <u>Kinvarra</u> 85 km nördlich von Limerick.

<u>**Buchen**</u>: Die Bankette müssen im voraus gebucht werden, - Juli und August mindestens eine Woche, die übrige Zeit reicht's ein, zwei Tage zuvor. Buchungen übernimmt jedes TI-Office.

CRAGGAUNOWEN PROJECT

Liegt nicht weit vom Knappogue Castle. Auf jeden Fall lohnend - Originalnachbildung einer Bronzezeit-Siedlung. Auf dem Gelände kann man sich locker ein, zwei Stunden aufhalten. Außerdem steht auf dem Gelände eine normannische Burg.

Crannogs waren die Behausungsform der frühen Bronzezeit bis rauf ins 17.Jh.: künstliche Insel aus Baumstämmen, auf der zwei reetgedeckte Hütten stehen. Zugang über einen Damm.

Das Ringfort nicht weit davon sieht mit seinem Palisadenzaun aus wie ein Wildwest-Fort (verbreitet von 5oo-1ooo n.Chr). Im Innenhof etliche Hütten, in denen Felle und Getreide-Mahlsteine rumliegen.

Das "Brendan Boat" segelte Tim Severin 1976 von Irland nach Amerika und stützte somit alte Berichte, nach denen im 6.Jh. (also noch vor den Wikingern und Columbus) der Mönch St. Brendan mit einem ähnlichen Boot Amerika entdeckt haben könnte. Es besteht aus einem Holzgerüst, das mit Eichenrinde abgedichtet ist,- keine Verwendung von Metall.

Eine hochkarätige Sehenswürdigkeit 2o km südlich von Limerick, schöner Nachmittags-Ausflug:

LOUGH GUR

Gelände mit historischen Ausgrabungen aus der Steinzeit (ca. 3ooo v.Chr.) In zwei nachgebildeten, strohbedeckten Cottages aus der Zeit wird in einer audio-visuellen Show die Geschichte und Lebensumstände der Menschen dieser Zeit geschildert. Außerdem ist der See ein reiches Vogelschutzgebiet. Leider keine Busse.

Raus aus Limerick und Ruhe forken:

CLARE GLENS

Schöne Waldlandschaft mit sprudelnden Wildbächen - zwischen Eschen, Eichen und Kiefern das eng in den Sandstein eingeschnittene Klamm. Ideal, um bei Spaziergängen vom Großstadt-Lärm zu relaxen.

Liegen südlich des Städtchens Newport. Anfahrt: ab Limerick Richtung Menach, nach 1o km abzweigen auf die R 5o3. Täglich 3 Busse (ca. 1o DM return).

Mehrere Unternehmungen südwestlich von Limerick, an den Straßen zur Country Kerry. Erstes Ziel: ca. 17 km bis Adare, tgl. 3 Busse (1o DM return).

ADARE

Idyllisches Nest (6oo Einw.) mit stroh- und schindelbedeckten Hütten, altbackenen Häuserfronten und viel Wald drumrum. Irische Behäbigkeit liegt über dem Dorf. Hat schon mehrmals Auszeichnungen als schönster Ort Irlands erhalten.

Sehenswert ist das neugotische Zinnen-Schloß ADARE MANOR aus dem letzten Jahrhundert, heute ein Firstclass-Hotel: zu besichtigen der wunderschöne Park, an dessen Rand die Ruinen des Desmond Castle aus dem 13. Jh: düstere Anlage mit wuchtigen Mauern, die von einem Burggraben umgeben sind.

Weitere Sehenswürdigkeiten sind das Franziskaner-Kloster (15.Jh.; Kirche und Chor gut erhalten) und das Augustiner-Kloster (14.Jh.; restauriert).

Dunraven Arms Hotel: Tel.: 061/86209. DZ ca. 210 DM. Stilvoller Altbau und lang etabliert.

Woodlands Guesthouse: Tel.: 061/86118. DZ ca. 95 DM. Pension in der oberen Preisklasse.

Abbey Villa: Kildimo Rd. Tel.: 061/86113. DZ ca. 75 DM. Einziges registriertes B&B-Haus innerhalb des Ortes; die Gäste sind gut versorgt.

GLIN CASTLE

Massives Zinnen-Schloß mit reichverzierten Gipsarbeiten im Innern. Auf Hochglanz polierte Möbel aus der Mitte des 18.Jh. sorgen für eine illustre Atmosphäre. Befindet sich im Ort Glin, 50 km ab Limerick an der N 69. Täglich 2 Busse, ca. 1 Std. 20 Min.; ca. 23 DM return.

CASTLE MATRIX

Märchenschloß in einem verträumten Park, vom 30 m hohen Turm weiter Rundblick auf die umliegenden Grafschaften. Stammt aus dem Jahre 1410. Die sehr wertvolle Kunstsammlung rechtfertigt das stolze Eintrittsgeld.
Liegt 2 km südwestl. von Rathkeale, 30 km ab Limerick an der N 21. Täglich 4 Busse, ca. 30 Minuten, ca. 15 DM return.

DROMCOLLOGHER

Hier befindet sich eine Filialstelle von Dresdner Porzellan ("Irish Dresden"), - wurde vom Originalbesitzer aufgebaut. Ideal für Shopping. Kleines Dorf etwa 60 km ab von Limerick an der R 522; keine Busverbindung.

Abstecher ins Lough-Derg-Revier

Wer blaue See mit locker bewaldetem Weideland dahinter, an den Piers dösen die Kabinenkreuzer vor sich hin, und in den Dörfern überall die Angler Bootstouristen.

1) Von Limerick knapp 25 km bis KILLALOE, am Südende des Lough Derg. Täglich 4 Busse, ca. 40 Minuten, ca. 12 DM return.

   Das Dorf ist Startpunkt für den Lake Drive, der in 60 km den Lough Derg umrundet. Von grünen Hügelketten eingerahmte Wasserfläche,

260 Limerick

Schilfrohr am Ufer und kleine Inselchen. Besonders schön ist das Westufer. Leider gibt's in Killaloe keine Fahrradvermietung.

2) MOUNT SHANNON am Westufer des Sees, zwanzig Kilometer ab Killaloe: Tip ist hier das Watersport Centre, wo sich der Ostdeutsche Joe Böttcher niedergelassen hat und zu sagenhaften Preisen seine Boote vermietet: Ruderboote 15 DM/Tag, Boot mit Außenbord-Motor ca. 3o DM (+1o DM Spritkosten), Anglerzeug für knapp 1o DM pro Tag.

Alles in allem: ein wunderschöner Tag auf dem See, Anfänger werden in dem Umgang mit Outborder-Motor bzw. Anglerzeug kurz eingewiesen.

Unterkunft: Heißt offiziell zwar **Lakeside Watersport Hostel**, Tel.: o619/272255), was Joe Böttcher hier so betreibt bringt aber erheblich mehr als übliches Hostel-Niveau! Keine Unterbringung in einer Herberge, sondern jeweils 2 Leute in Wochenend-Häuschen oder Stellwohnwagen für ganze 1o DM pro Mann.

Das ganze findet statt an einem wunderschönen Seeufer-Abschnitt, dort auch Möglichkeit für Camping.

in eigener Sache:

Es liegt in der Natur der Dinge, daß bei der Fülle an konkreter Information, die dieses Buch enthält, sich im Laufe eines Jahres einiges ändern kann.

Deshalb bitten wir um Mitteilung von Abweichungen. Wer uns ansonsten irgendwelche ausgefallenen Tips wie neue Routen, schöne Hotels mit viel Atmosphäre oder ähnliches schickt, wird bei der Neuausgabe dieses Buches namentlich zitiert.

Bitte schreibt uns, wir freuen uns über jeden brauchbaren Tip, weil wir es wichtig finden, daß man nicht irgend ein blödes Laberbuch, wie leider viele Reiseführer, mit sich schleppt, sondern etwas, was wirklich nützlich und hilfreich ist.

IRLAND-Redaktion

**VERLAG
MARTIN
VELBINGER**

Bahnhofstr. 106 — 8032 Gräfelfing/München

Schnellfinder
Ennis................264
Loophead............267
Kilkee................267
Cliffs of Moher.....268
Liscannor............269
Doolin 270
The Burren..........273
Fanore...............274
Lisdoonvarna.......275
Kinvarra 276

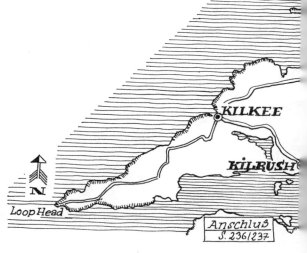

Grafschaft Clare

Irische Lebensfreude bei temperamentvollen Sessions in den Pubs und grandiose Landschafts-Szenerien. Clare ist <u>Zentrum der Folkmusic</u>, - Mekka für Folk ist das ansonsten unbedeutende Nest <u>DOOLIN</u>.

264 Grafschaft Clare

Landschaftliche Höhepunkte sind die 2oo m hohen Steilwände CLIFFS OF MOHER, an denen Tausende von Seevögeln brüten, und die verkarstete Kalksteinwildnis THE BURRENS mit Tropfsteinhöhlen und einsamen Hochplateaus. Zerfetzte Küstenlandschaft mit Felstürmen mitten in der Brandung findet sich an der Halbinsel LOOP HEAD.

Das interessanteste der Grafschaft ist die Küste: von der Shannon-Fähre führt der ATLANTIC DRIVE immer entlang der Küstenlinie bis rauf nach Galway (ca. 2oo km), mit Auto trotzdem mindestens 1- 2 komplette Tage einplanen. Per Rad ein Wochen-Programm, wenn etwas Sightseeing mit eingebaut wird. Ohne eigenen Transport nicht zu empfehlen, da nur schlechte Bus-Anschlüsse.

Öffentlicher Transport: Anreise immer via Limerick oder Galway, beide Städte mit flüssigen Zug- und Busanschlüssen in alle Landesteile.

Weiter dann per **Bus**: entweder via Ennis und von dort rüber zur Küste. Oder immer die Küstenroute lang - ohne Ennis zu tangieren, seit die neue Buslinie eingerichtet wurde: 2-3x/Tag Limerick-Kilrush, dort Anschluß nach Ennistymon und ein dritter Bus für den Abschnitt Ennistymon-Galway. Preis ca. 5o DM. Wer im Doolin Hostel übernachtet, erhält einen Spezialpreis von ca. 42 DM (incl. eine Übernachtung + Bus).

VARIANTE: von Juli-September ein Bus der staatlichen "Bus Eireann" - Company, der täglich einmal die Strecke Cork-Killarney-Tralee und via der Country-Clare-Küste rauf nach Galway. Und die ganze Strecke für sagenhafte 5o DM, wer in einem Budget-Hostel übernachtet (Seite 38).

Eintrittspreise/Sightseeing: die "Guest Privilege Card und das "Heritage-Ticket" sind im Country Clare ebenso gültig wie in Limerick, berechtigt zu Preisnachlässen bis 3o%. Details Seite 249.

Ennis
(6ooo Einw.)

Hauptstadt von Clare und bedeutender Verkehrsknotenpunkt. Durch die enggequetschten Straßen zwängen sich Fußgänger und Autos, - viel Flair mit den dichtgedrängten, verwaschenen Fassaden. Angenehmer Ausgangspunkt für Auto-/Fahrrad-Trips rüber zur Küste.

Old Ground Hotel: O'Connell St. Tel.: 065/28127. DZ 25o DM. Völlig von wildem Wein umrankter Bau, - sehr viel Stil mit Antiquitäten in der Lobby. Zimmer sehr wohnlich: bunte Tapeten, Holzmöbel, Teppichboden. Besser sich im Altbau einquartieren lassen, da dort mehr Atmosphäre.

Queen's Hotel: Abbey St. Tel.: 065/28963. DZ ca. 115 DM. Erst kürzlich renoviert, Zimmer geschmackvoll möbliert (Teppichboden, Wände in dezentem pink oder hellgrün). Die Zimmer an der Frontseite sind etwas laut wegen der vorbeifahrenden Autos.

Derrynane Guesthouse: O'Connell St. Tel.: 065/ 28464. DZ ca. 6o DM. Billigste Unterkunft innerhalb des Zentrums; und für die Preislage gut in Schuß. Nachts vielleicht etwas laut. Zum Haus gehört eine Bar und ein gutes Restaurant.

Mungowyan`s Guesthouse: 78 Parnell Street, Tel.: 065/24608. DZ ca. 9o DM. Neue 12-Zimmer-Pension, alle en suite. Liegt im Zentrum, oberhalb eines Restaurants und hat sich in kürzester Zeit einen sehr guten Namen gemacht.

BED & BREAKFAST: Mit rund 3o B&B-Häusern im Umkreis von Ennis ist praktisch immer ein Zimmer zu bekommen. Der Standard ist recht hoch, viele haben Zimmer mit Dusche/WC. Preise: Doppel ca. 6o DM und 65 DM en suite.

Im Zentrum drei vom TI empfohlene und 4 nichtempfohlene Häuser. Sind nicht unbedingt die ersten, die belegt werden, sind also meist zu bekommen, wer danach fragt. Sonst alle an den Ausfahrtstraßen, bis zu 5 km ab Stadtmitte: per book-a-bed-ahead reservieren, wer nach 17 Uhr ankommt und kein Auto hat. Ansonsten nach Häusern in Seitenstraßen von der Hauptstraße suchen, wegen des Verkehrslärms.

BILLIG-HERBERGEN: **Abbey Tourist Hostel** (Budget): Harmony Row Tel.: 065/2262o Firstclass-Hostel mit sehr guten Facilities und topmodern: massive Holzmöbel, Waschmaschine und Trockenraum. Da auch die Atmosphäre sehr sympathisch ist, hört man eigentlich nie Beschwerden.

Camping: kein offizieller Campingplatz im Umkreis von 3o Kilometern. Tramperzelte werden im Stadtpark "Fair Green" toleriert, allerdings keinerlei Facilities.

OLD GROUND HOTEL (O'Connell St.): Schwere Samtvorhänge, an den Wänden speckige Ölgemälde und Stühle mit hohen Lehnen. Noble Atmosphäre mit den Kellnern, die in schwarz-weiß gekleidet auftischen. A la carte 3o-5o DM; das komplette Menü ca. 55 DM. Nebenan im Grill-Room salopperes Ambiente, à la carte ab 1o DM.

QUEEN`S HOTEL (Abbey St.): Familien-Restaurant mit gutem Ruf: man diniert in Plüschsesseln bei sanfter Klaviermusik, und die Preise stimmen auch (à la carte 15-3o DM).

SHERWOOD INN: Nur tagsüber geöffneter Self-Service im Shopping-Centre: kleine Tische, laute Musik, viele Blumen. Günstige Steaks für 12 DM.

Barmeals: 1 A ist "Brogan´s Bar" in der O'Connell Street, der hektische Betrieb spricht für das Lokal: interessante und abwechslungsreiche Speisekarte. Tagsüber bis 1o DM, abends etwas bessere Sachen zwischen 1o und 15 DM.

Eine ganze Reihe von Kneipen, die gelegentlich Entertainment laufen haben. Infos in der Tageszeitung ("Clare Champion").

Pubs PATRICKS BAR: Gemütliche Bar aus roten Mauersteinen, eine Säule fängt die Größe des Raumes auf. Donnerstag bis Sonntag Balladen und traditionelle Musik.

Gleich daneben THE USUAL PLACE, beliebt und immer voll. Heimelige Kaschemme, überall Schnickschnack an den Wänden und Gäste von 2o-4o beim ruhigen Drink.

Das BRANDON in 7o O'Connell Street hat umgebaut: Jetzt überall Holz und vorne auf der Bühne von Mittwoch bis Sonntag Rock-, Blues- und Countrymusik. Junge Leute.

COIS NA HABHNA: Schule für gälische Musik, 4 x pro Woche Ceilidhs und rein traditionelle Musik. Infos und Programm beim TI.

SHOPPING

Haupt-Geschäftsstraßen sind O'Connell St. und Abbey St. Jeden Samstag auf dem "Market Place" Markttag: Gemüse, Obst, Schweine, Klamotten.

In der Abbey Street eine Reihe von Antiquitätenläden. Im Sweater Shop (41 O'Connell Street) Aran-Pullis zu zivilen Preisen. Verstaubter Ramschladen für Gelegenheitskäufe: Curious, ebenfalls O'Connell Street.

FESTE

Zum Fleadh Nua kommen Ende Mai Musiker aus ganz Irland zusammen und spielen überall in den Pubs und Straßen. Im Stadtpark wird eine Zeltstadt aufgeschlagen, wo die Gitarren die ganze Nacht nicht verklingen. Dauert 4 Tage.

Verbindungen ab Ennis

Züge: Die nächste Bahnstation ist Limerick,- dorthin halbstündlich Busse.
Weiter ab Limerick siehe dort.

Busse: Das Terminal liegt in einer Seitenstraße der O'Connell St.

Limerick	15x/Tag	1 Std.	ca. 13 DM
Shannon Airport	14x/Tag	3o Min.	ca. 9 DM
Galway	6x/Tag	1 1/4 Std.	ca. 18 DM
Cork	3x/Tag	2 1/2 Std.	ca. 3o DM
Kilkee	4x/Tag	1 1/2 Std.	ca. 18 DM
Lahinch	4x/Tag	5o Min.	ca. 12 DM
Ennistymon	4x/Tag	1 Std.	ca. 1o DM
Lisdoonvarna	3x/Tag	1 1/4 Std.	ca. 15 DM
Doolin	2xTag	1 Std.	ca. 15 DM

Neben den CIE-Bussen klappert ein Postbus die kleineren Dörfer in Nordwest-Clare ab. Fährt zweimal pro Tag nach Doolin, Liscannor, Ennistymon usw. Infos zum genauen Fahrplan im Postamt (Adr.: Bank Place).

Bike Rent: jeder Ort im landschaftlich interessanten Teil der Westküste läßt sich in einem Tag locker per Rad erreichen. Zu mieten bei Michael Tierney, 17 Abbey St.; Tel.: o65/29433.

Car Rent: Tom Mannion, O'Connell Street. Wenn sich jemand für Touren im Clare County motorisieren möchte. Die Preise liegen 1o-15 % niedriger als bei den Vermietern am Shannon Airport.

HALBINSEL LOOPHEAD

Südwest-Zipfel mit atemberaubender Küstenformation, zernagte Felsklötze ragen ins Meer und drumrum tost die Brandung. Ständig frischer Wind von der See her. Ausgangspunkte zur Erkundung sind Kilkee und Kilrush.

Busse: 4x/Tag nach Ennis, außerdem tgl. 3 Direkt-Busse ab Dublin (ca. 3o DM one-way). Weiter dann entlang der Küste rauf nach Doolin oder runter nach Killarney und Cork (je 1x/Tag). Beide haben flotte Busverbindung mit Ennis.

★ Kilkee

Gemütlicher Badeort mit 12oo m langem Strand mitten im Dorf, umrahmt von zerklüfteten Klippen und durch die breiten Straßenzüge bläst der Atlantik-Wind. Mehrere Dorfplätze, wo man abends beim Schwatz beisammensteht.

Schöne Küstenformation in der Umgebung: sieht aus wie aufgeschichtete Steinplatten, zernagt von der Brandung. Schon ein paar Minuten abseits verklingt der Trubel der Surfer und Badenden, herrliche Abendspaziergänge. Landschaftlich am meisten bringt der Treck vom Strand Richtung Südwesten (4 km). Tip zum Baden sind die Pollock Holes: natürliche Felspools am Fuß der Klippen, wo sich das Wasser bei Ebbe staut.

Im HERITAGE CENTRE alte Fotografien, verbeultes Geschirr, Handwerkszeug, Angeln etc. Sehenswert!

Thomond Hotel: Strandline ,Tel.: o65/56o25 DZ ca. 14o DM, teuerstes Hotel in Kilkee, direkt gegenüber dem Strand: die neuen Besitzer haben den Laden "durchrenoviert", Empfehlung!

Halpin's Hotel: 2 Erin Street, Tel.: o65/56o32. DZ ca. 9o DM. Liegt nicht gerade optimal mitten im Ort (d.h. ab vom Strand), - sonst aber sauber und ok.

Victoria Hotel: Marine Parade, Tel.: o65/56o1o DZ ca. 95 DM. Neue Besitzer: jetzt alle Zimmer en suite, hat einen sehr guten Namen bekommen.

BED&BREAKFAST: zwei Häuser nebeneinander am Stadtrand, wenn man der Beschilderung "Pollock Holes" folgt. Mit einzigartigem Blick auf die Bucht. Große Zimmer mit Fensterbalkonen, sicherlich die schönsten B&B-Häuser in Kilkee.

Camping: Mehrere Plätze warten auf die Badeurlauber, alle in Strandnähe und guten Standard.

Wer mal wieder groß ausgehen möchte, fährt 2 km Richtung Dunbeg zu MANUEL`S RESTAURANT: Meeresfrüchte, ab 5o DM für Gericht mit Vor- und Nachspeise. Billiger in den Hotels.

Tip im Sektor Snack-Bar ist das Pantry in der Church Street (Seitenstraße der Hauptstraße). Ca. 5-1o DM und alles hausgemacht: etwa Pizzen, Quiche, Sandwiches usw.

Bike Rent: Ideales Transportmittel für die Trips in die Umgebung. Bei "Williams Ltd", einer Drogerie in der Circular Road; Tel.: 065/56o41.

Sehr lohnender Ausflug führt zum LOOP HEAD. Bis zum Leuchtturm 2o km einfach. Wegen der schlechten Straßen auch per Auto 2-3 Stunden für den Trip einplanen. Dabei immer die Küstenstraße benutzen.

Ausgangspunkt ist Kilkee: von der Strandstraße an der linken Seite der Bay bis zum Schild "Coast Road". Weitere Orientierung oft problematisch, da mehrere Weggabelungen, wo Beschilderung reine Glückssache ist. Daher genau mit einer detaillierten Karte arbeiten.

Landschaftlich grandiose, wild zerklüftete Klippen. Von den Wellen abgesägte Insel-Cliffs, an denen sich die Brandung bricht, und wie gestapelte Steinplatten aussehende Felswände. Vorgelagerte Riffs verursachen wilde Strudel, und bei Wind spritzt die Gischt meterhoch.

Unbedingt den Abstecher machen zu den BRIDGES OF ROSS: vom Meer ausgewaschene Pools und ein natürlich entstandenes Felstor, durch das die Brandung donnert. Bei einem Sturm 1988 sind weitere Felsbögen eingestürzt.

CLIFFS OF MOHER

2oo m hohe, halsbrecherische Steilklippen, die senkrecht wie eine Wand aus dem Meer schießen. Unten spritzt die Gischt, und in den Felsnischen tummeln sich Tausende von Möwen, Dohlen, Sturmtauchern, Lummen.

Die Cliffs sind acht Kilometer lang und erstrecken sich in mehreren geschwungenen Bögen zwischen Hag's Head und dem Landvorsprung

Aillenasharragh. Die benachbarten Ortschaften sind Liscannor und Doolin, beide etwa 5 km vom Süd- bzw. Nordende der Klippen entfernt. In beiden B&B-Häuser und Billig-Herbergen.

Bester AUSSICHTSPUNKT ist der "O'Brien's Tower", zu erreichen über eine Abzweigung der L 54 von Lahinch nach Lisdoonvarna (beschildert). Wurde 1835 eigens für diesen Zweck erbaut und steht am höchsten Punkt der Klippen. An schönen Tagen herrlicher Blick bis runter zu den Kerry - Bergen, rauf nach Connemara und raus aufs Meer. Beim Tower ein Besucherzentrum, wo Infos zu den Cliffs gegeben werden.

WANDERN

Oben am Felsabsturz führt ein Wanderweg 8 km entlang des Klippenrandes.Vorsicht bei Wind, und niemals außerhalb des Schutzzaunes laufen. Unbedingt zu empfehlen ist ein warmer Pulli, da es dort oben recht luftig sein kann. Ein schöner Tagestrip wäre die Wanderung von Liscannor nach Doolin via den Cliffs. Als Geräusch-Kulisse das Gemisch aus Meeresbrandung und Seevogelgeschrei.

Beliebtester Startpunkt für Leute, die ihren Pkw dabei haben, ist der O'Brien's Tower: von hier zum Süd-Ende sind's insgesamt 5 km, nach Norden 3 km. Genauere Details gibt die Broschüre "A Walking Guide to the Locality" (im Visitor's Centre am Tower). Von Hags Head führt ein Trail zum Fuß der Klippen entlang eines engen Zick-Zack-Pfades.

Das Gestein der Klippen besteht aus einer Mischung von rauhem Sandstein und von Tonschiefer. Dazwischen horizontale Lagen aus härterem Schiefergestein, die vom Meer freigewaschen sind und zahllose Nischen für Seevögel bilden.

★ Liscannor

Gemütliches Dorf, für Ambiente sorgt der modrige Fischerhafen. Ideal als Ausgangspunkt für die "Cliffs of Moher": von hier im Sommer Boottrips zum Fuß der Klippen.

Weiterer Pluspunkt: 5 km südlich liegt der Strand von Lahinch, um bei schönem Wetter ein bißchen zu relaxen.

Liscannor Golf Hotel: Tel.: o65/81186, DZ ca.13o DM. Einziges Hotel im Ort, mit relaxter Atmosphäre. Zimmer aus rohen Quadersteinen wirken nicht gerade behaglich, aber phantastischer Blick über die Bay.

Mehrere B&B-Häuser.
Zwei Billig-Herbergen:

The Old Hostel: Von einem Briten relaxt geführtes Haus, bei diversen Festen geht's hoch her. Liegt 4 km näher an den Cliffs of Moher als das:

Liscannor Village Hostel: supersauber und professionell geführt, liegt mitten im Ort. Sehr oft Gruppen. Paddy Blake, der Besitzer gibt sich Mühe, die Leute mit Tips und Infos zu versorgen.

Camping: Zwei Zeltplätze mit guten Facilities, beschildert.

Pubs

Sehr originell das <u>JOSEPH MCHUGH</u> - Mischung aus Kneipe und Kramladen. Hinter der Theke stehen die Spirituosen neben Bonbons und Schokolade. Nur ein paar Holzbänke.

Shopping: Unbedingt haltmachen im <u>Shop Antiques</u> schon wegen der Atmosphäre: große Halle zum Platzen vollgestopft mit allem möglichen Krempel. Eine modrige Duftkulisse tut den Rest.

Südlich von Liscannor:

★ <u>**Lahinch**</u>**:** Der Badeort liegt 5 km südlich. Schöner Sandstrand und großes Sportangebot (Golf, Tennis etc.). Im Sommer sehr betriebsam. Hotels, jede Menge B&B-Häuser, Camping-Platz.

★ <u>**Miltown-Malbay**</u>**:** lohnt nur im Juli einen Abstecher, wenn hier Sommerkurse für irische Musik abgehalten werden. Junge Leute campen in den umliegenden Wiesen und machen Musik bis zum frühen Morgen, in den Pubs laufen Gitarren und Zapfhähne heiß. Infos, wann die Sache läuft, haben sämtliche TI-Offices im County Clare.

> Billig-Herberge ist das **People's Hostel**, das knappe 2 km außerhalb liegt am Spanish Point an der Küste. Anne und Davog schmeißen den Laden mit einer gesunden Mischung aus "laissez-faire" und Engagement. Gebäude gut in Form, was für ein weiteres Kritiker-Sternchen sorgt.

★ Doolin

Etwa 5 km nördlich der Moher Cliffs; ist d a s Zentrum für irische Musik.

In den drei Pubs ständig zwanglose Sessions. Straßenmusikanten und Amateur-Musiker, die drei Gitarren-Griffe beherrschen, spielen in den Kneipen auf. Wer Lust hat, schnappt sich eine Blechflöte und stimmt mit ein. Juli und August sind die Pubs gepackt voll, nur noch Stehplätze, und in der Luft hängen schwere Rauchschwaden.

Irgendwer schmettert einen Folksong, Applaus, und schon beginnt in der anderen Ecke eine Flöten-Gruppe. Das ganze vermischt sich mit munterem Stimmengewirr, während das Guinness in Strömen fließt. In den Sommermonaten gleicht Doolin einem internationalen Jugendtreff.

Die älteste und etablierteste Kneipe ist GUS O'CONNORS, Sehr groß mit zwei Räumen. Im MCGANN'S treffen sich mehr jüngere Leute.

Das dritte im Bunde ist das MCDERMOTT'S, wo die meisten Einheimischen hingehen. Möblierung in allen dreien anheimelnd mit viel Holz. Meist wird zwischen ihnen hin und her getingelt.

Balinalacken Castle: Tel.o65/74o25, DZ ca.95 DM, 4 km außerhalb Richtung Lisdoonvarna. Richtige Adresse, wer zu zivilen Preisen gepflegt wohnen möchte: Stilvolles Lustschlößchen neben einer grauen Burgruine, mitten in einer Waldlichtung. Die Gäste residieren in geräumigen Zimmern mit Antik-Möbeln.

Sonst keine Hotels, aber viel B&B-HÄUSER. Rund zehn beim TI registriert, doppelt so viele nicht-registrierte Häuser. Juli/August schon am frühen Nachmittag ankommen oder ein Bett per book-a-bed-ahead reservieren!

Im **Horseshoe House** (Tel.: 065/74oo6; DZ 7o DM). Zimmer mit eigener Toilette und Dusche. Zum Frühstück selbstgebackenes Brot und frische Kuhmilch.

BILLIG-HERBERGEN: Derzeit drei Stück - und immer noch fehlen Kapazitäten. An manchen Tagen werden bis zu 3o Leute wieder weggeschickt. Daher in den Monaten Juli/August die Ankunft unbedingt bereits auf den Vormittag legen oder telefonisch vorbuchen!

Doolin Hostel: Tel.: 065/74oo6 ist sauber, aber professionell als Business betrieben, worunter die Atmosphäre etwas leidet. Pluspunkte neben den Facilities: als Budget-Hostel Spezialangebote zusammen mit der nationalen Omnibus-Company (Seite 249), beim TI registriert und damit Aushändigung der "Guest Privilege Card".

Rainbow Hostel: Tel.: 065/74415, 15o m vom McGann's Pub: heimelig und nur 25 Betten, auf dem Sofa räkelt sich die Hostel-Katze.

Aille River Hostel: Tel.: 065/7426o hat eine ähnliche Atmosphäre wie das Rainbow - liegt zwischen den beiden Ortskernen und damit recht günstig für Kneipenbummel. Über die beiden letzten Hostels haben wir viele positive Leserbrief-Echos erhalten, oft quartieren sich hier Musiker ein, die abends in den Pubs spielen.

Wegen der ständigen Lärmbelästigung und einigen Camping-Wildsäuen (das "große Geschäft" wurde zum Beispiel morgens auf der Wiese vor den Augen der Bäuerin erledigt) wird Wildzelten nicht mehr toleriert.

Unten am Pier ein offizieller Campingplatz mit Shop, Duschen und Toiletten, sowie einer großen Gemeinschaftsküche. Abends oft Musik bis spät in die Nacht.

Hier sollten auch Billig-Touristen mal einen draufmachen: mehrere exzellente Restaurants mit erschwinglichen Preisen. Die meisten Komplimente hab ich bezüglich der ILSAS KITCHEN gehört. Schöne Atmosphäre: runde Tische, niedere Decke und in der Ecke eine Bar für den Aperitif. Von einer Deutschen geführt. A la carte ab 2o DM vielleicht aber auch nur einen Salat oder eine Vorspeise.

LAZY LOBSTER für Meeresfrüchte um 2o-25 DM: einfallsreich kreierte Gerichte, wunderschön garniert. Dennoch lockere Atmosphäre, einfach möbliert.

Das KILLILAGH HOUSE ist das teuerste und vermutlich auch beste Speiselokal in Doolin (ca. 35 DM).

Das war überfällig: seit Eröffnung des DOOLIN CAFE (neben dem Rainbow Hostel) gibt's hier endlich ein Lokal für kleinere Brieftaschen. Bilder an den Wänden, sich ein Brettspiel schnappen oder eines der Bücher in den Wandregalen. Sehr gute Breakfasts, Snacks und für 1o DM ein Tagesgericht.

Barmeals: In McGann's Pub servierte man den besten Irish Stew, der uns in Irland über die Lippen gekommen ist. Die Burger mit Salaten und Gemüsen sollen auch nicht übel sein.

SHOPPING

Einer der etabliertesten Batiker Irlands arbeitet im "Gallery Workshop". Seine Erzeugnisse hängen in irischen Botschaften auf der ganzen Welt, echt schöne Sachen ab 55 DM. Seine Frau fertigt Nachbildungen von Burren-Wildblumen in echtem Sterling-Silber an. Ab 3o DM.

Traditional Irish Music Shop: Schallplatten und Cassetten über irischen Folk, dazu Songbooks und jede Menge Literatur, die irgendwie mit der Grünen Insel zusammenhängt. Riesige Auswahl, Preise durchschnittlich.

Martin Murphy stellt in Handarbeit die irischen Bodhrans (=Ziegenfelltrommeln) her, schon Aufträge von prominenten Musikern erhalten. Kosten um 15o DM, läßt sich bei der Arbeit zusehen. Martin spielt jeden Abend im O'Connors Pub selbst die Bodhran.

Wandern: Tagestrip durch die Burren, siehe unten "The Burren Way".

EIN LOHNENDER TRIP ab Doolin führt auf der N 67 Richtung Lisdoonvarna und rechts weg auf eine Asphaltpiste nach Doonagore: ein Ende letzten Jahrhunderts aufgegebener Steinbruch (hiermit wurden die Straßen Londons gepflastert) und ein verlassenes Dorf. Nur noch ein paar Leute leben in dem Geisterdorf, der Rest der Häuser ist halbverfallen. Ca. 5 km.

Bike Rent: offizielle Fahrrad-Vermietung erfolgt durch Doolin Hostel; Tel.065/74oo6.

Boote zu den Aran Inseln: kürzeste aller Überfahrt-Varianten, alle 1 1/2 Std., ca. 3o DM.
Siehe Anreiseteil im Aran-Kapitel (Seite 28o).

Heißer Routen-Tip: "Von Doolin rauf nach Galway via den Aran Islands": Doolin - Galway/Seeweg. Für Leute ohne Pkw eine ausgefallene Route, um die Counties Clare und Galway zu verbinden! Alternativ zum Landweg quer durch den Burren-Karst auf dem Seeweg. Zunächst der Personenfähre von Doolin rüber nach Inisheer, von dort "Islandhopping" auf die mittlere Insel und weiter nach Inisheer ganz im Westen mit Fähranschlüssen rauf nach Galway. Bringt das gewisse Globetrotter-Feeling, quer durch die Bucht und von Inselchen zu Inselchen schippern, immer nach kurzem Landgang geht's zurück an Bord.

Timing: wäre an einem einzigen Tag zu schaffen, wer in Doolin die Frühfähre nimmt und von Inisheer direkt nach Inishmore fährt, ohne die mittlere Insel zu besuchen. Besser aber 2-3 Tage freihalten. Preis ca. 65 DM (Bus Doolin-Galway/Landweg ca. 25 DM).

THE BURREN

8o qkm große, weißgraue Mondlandschaft mit blankgewetzten Kalksteinfelsen, von Eiszeitgletschern zerschrammt und von unterirdischen Höhlen durchzogen. Bunte Blumen in den Ritzen und Spalten der baumlosen Karstflächen. Herrlich für Radtouren und Wanderungen.

Die typische Burren-Landschaft entstand während der Eiszeit vor 15.ooo Jahren, als die zurückweichenden Gletscher das Kalkplateau mit tiefen Schrammen durchfurchten und eine Wildnis von Findlingsblöcken zurückließen. Die Wassermassen wuschen die Höhlen frei. Das Eis hinterließ Samen von arktischen Blumen, mit dem wärmeren Klima kamen auch südländische Pflanzen hinzu. Daher die bunte Flora in den Burren.

Während der Altsteinzeit siedelten sich Menschen an, die in den Höhlen Unterschlupf fanden (viele prähistorische Grabstätten). Sie rodeten die Wälder und sorgten für die endgültige Verkarstung des Landes.

Das BURREN DISPLAY CENTRE erläutert in einer Multi-Media-Show Geschichte und Aufbau der Burren. Aus Pappmaché wurde hierzu ein Modell aufgebaut. Befindet sich in Kilfenora. Der Untergrund der Burren ist durchlöchert mit verzweigten Höhlensystemen. Die Einheimischen wissen eine ganze Reihe von kaum erforschten Tropfsteinhöhlen, wenn jemand auf eigene Entdeckungen gehen möchte.

Für die Öffentlichkeit zugänglich ist aber nur die AILLWEE CAVE, 3 km südlich von Ballyvaughan: Ein kilometerlanger Felstunnel, der von einem unterirdischen Eiszeit-Fluß freigewaschen wurde. Vom Deckengewölbe hängen Stalaktiten. Was Warmes überziehen, da im Innern konstant 1o°C.

Die Burren sind seit 5ooo Jahren bewohnt. Spektakulärstes Monument der frühen Besiedelungs-Epoche sind die PORTAL DOLMEN bei Poulnabrone. Sie stammen aus der Zeit von 3ooo v. Chr., der Deckstein der prähistorischen Grabsteine mißt 2x3m. Ursprünglich dürften die Dolmen in einem Erdhügel vergraben gewesen sein.

 Busse: Wäre eine tolle Sache, wenn sich der in der Saison 199o versuchsweise eingeführte "Burren Clipper-Service" etablieren sollte. Fährt alle 1 1/2 Stunden die wichtigsten Straßen in den Burrens ab und umrundet das Karstplateau, wobei jederzeit zugestiegen werden kann.

Wandern: Unbedingt erforderlich ist detailliertes Kartenmaterial, da die Region durchzogen ist mit einem Netz von Trampelpfaden und Wanderwegen. Am besten geeignet ist die Karte "The Burren" von Tim Robinson (ca. 1o DM; in jedem TI-Office). Fünf Routen-Empfehlungen enthält das Heft 2 der "Irish Walk Guides"- West.

1) SLIEVE ELVA ist mit 35o m die höchste Erhebung in der Burren-Region. Aufstieg problemlos, oben Panorama-Blick auf die grauweiße Kalkstein-Wildnis. Startpunkt ist die Küstenstraße zum Black Head.

2) BURREN WAY: Beschilderter Wanderpfad mitten durchs Herz der Burren. Ein unvergeßlicher Tag dort draußen im Karst-Ödland, bunte Wildblumen blühen zwischen den Felsritzen. Startpunkt ist Ballinalacken (3 km nördlich von Doolin). Gehzeit bei 3 1/2 bis 4 1/2 Stunden bis zum Endpunkt Ballyvaughan an der Nordküste.

Leute mit Pkw: Rücktransport zum Ausgangspunkt mit dem Burren-Clipper.

✦ Doolin

Großer Pluspunkt ist die Musik-Szene in den Pubs, herrliche Abende nach den ausgiebigen Radtouren. Liegt allerdings etwas außerhalb des Burren-Gebietes. Details siehe Seite 27o.

✦ Fanore

Vermutlich der einsamste und schönste Startpunkt für ausgiebige Burren-Touren: langgezogene Streusiedlung entlang der Atlantik-Küste, herrlicher Kontrast zwischen der blauen See und den grauen Karst-Platten der Burren, die gleich hinter den Häusern beginnen.

 Am besten ins Fisch-Restaurant ADMIRALS REST. Sauber und Bomben-Frühstück, abends dann Meeresfrüchte im Restaurant.

Keine Hotels, nur B&B-Häuser:

Billig-Herberge ist das **Bridge Hostel**: von zwei Engländern locker geführt, das Gästebuch strotzt vor Komplimenten. Herrliche Lage gegenüber dem Beach: der Warden macht gegen Gebühr Trips zu versteckten Höhlen!

 Camping: Phantastisch zwischen den Dünenhügeln eingebettet, Morgenbad am Meer. Toiletten und Shop, die Duschen funktionieren nur ab und zu. Pro Unit ca.1o DM.

✦ Ennistymon

Knallbunte Ladenfront - einige Shops mit Balustraden verziert. Mal die Straßen langbummeln und ein bißchen in die Läden reinschnuppern. Unbedingt lohnend der Antiquitäten-Laden an der Ortsausfahrt Richtung Kilfenora.

Falls Hotel: Tel.: 065/71oo4, DZ ca.115 DM. Einziges Hotel, sieht aus wie ein Herrenhaus, aber leicht heruntergekommen. Zimmer einfach mit Holzmöbeln. Liegt etwas außerhalb in einem Park mit sprudelndem Wildbach.
Eine Reihe von B&B-Häusern: z.B. **Mrs. Cagill** (Ennis Road). DZ ca. 6o DM), alle sechs Zimmer mit Dusche, für ca. 25 DM satte "home cooked dinner".
Billig-Herberge ist das **White House Hostel**, liegt mitten im Dorf: wer höflich bleiben will, schweigt sich über die hygienischen Zustände lieber aus.
Das **Kilshanny Caving Hostel** liegt 5 km außerhalb, etwa auf halbem Weg zwischen Doolin und Ennistymon. Hier steigen ganze Expeditionen von Geologie-Studenten ab, im Sommer täglich Trips zu kaum erschlossenen Burren-Höhlen. Sehr gut.

 Im FALLS HOTEL große Palette von Gerichten zwischen 1o und 4o DM. Kleine Tische, Klappern der Bestecke, passabel dekorierter Raum.

✦ Lisdoonvarna

Mondäner Kurort, wo man sich in den Heilbädern seine Wehwehchen auskuriert. Recht betriebsam, - daher nicht gerade idealer Ort, um die Einsamkeit der Burren-Landschaft zu genießen.

Unterkünfte: Wen's trotzdem hier hält, hat die Wahl zwischen einer Reihe von Hotels und vielen B&B-Unterkünften.

Burren Tourist Hostel (Budget-Hostel Tel.: 065/743oo): ehemaliges Hotel, viel "Auslauf" in der Lobby und den weiten Common-Rooms. Die kleinen Zimmer alle mit flauschigen Teppichböden: Waschmaschinen und Trockner. Evtl. Ausweichquartier, wenn im 6 km entfernten Doolin alles belegt ist.

 Bike-rent für Touren in den Burren bei "Burkes rent-a-bike". Auch gute Mountain-Bikes.

✦ Kilfenora

Kleines Dorf mit ein paar nicht-registrierten B&B-Unterkünften. Hauptattraktion ist das BURREN DISPLAY CENTRE, das ein paar Background-Infos gibt. Deshalb guter Startpunkt für eine Auto-/ Fahrradtour (Bike-Rent bei Lynch & Howard).

Die Kathedrale aus dem 12.Jh. ist z.T. schon ohne Dach: daneben im Friedhof aber zwei interessante, irische Hochkreuze.

Hostel: **Rolfs Cottage** in Lissylisheen, auf halbem Weg zwischen Kilfenora und Ballyvaughan. (7 km ab Kilfenora). Für viele die Lieblings-Bleibe in dieser Ecke Irlands, auf dem Farmhof eines deutschen Auswanderers und Bio-Bauern. Gute Handvoll Zimmer, sonst auf der Wiese hinter dem Hostel zelten.

✦ Ballyvaughan

Kleines Fischerdorf, - unten am Hafen ein paar Kähne und im Hinterland die zerschrammten Hochflächen des Burren-Kalksteins. Viel Entertainment, Hochsee-Angeln, Craft-Shops.

Gregan's Castle Hotel: Tel.: 065/77oo5; DZ ca. 2oo DM. Abseits vom Trubel der Ortschaften gelegenes Landhaus in einem lauschig bewaldeten Tal. Prächtige Antik-Möbel in den Fluren und sympathisch eingerichtete Zimmer. Die nobelste Unterkunft in den Burren.

Hyland's Hotel: Tel.: 065/77o37; DZ ca.125 DM. Alter Bau mitten im Dorf. Gutes Essen.

Kinvarra

Kinvarra gehört bereits zum County Galway, ist wegen seiner geographischen Lage hier aber bei "Clare" aufgeführt. Heißer Tip für Liebhaber der irischen Folkmusik, - in den Pubs oft Sessions bis spät in die Nacht.

Das Dorf entwickelt seit 1982 eine rege Musik-Szene. Es begann, als Jackie Daly hierher zog, einer der großen Plattenstars (Akkordeon). Kevin Burke ist ebenfalls öfter hier anzutreffen (US-Karriere mit seiner Fiddle). Am Wochenende finden sich auch andere Musiker aus der Creme des irischen Folk hier ein und geben spontane Sessions in den Pubs. Wohlgemerkt: die Stars spielen freiwillig aus Spaß an der Freude, ohne Gage. In letzter Zeit auch mehr und mehr Straßen- und Amateurmusiker.

Die zwei besten Adressen sind TULLY'S, und FLATLEY'S. In einem der zwei läuft praktisch immer was; am lohnendsten sind Kneipentouren am Wochenende.

SIGHTSEEING

Trutzige Wehrburg ist das <u>DUNGUAIRE CASTLE</u> aus dem 16.Jh. Innen vor allem nackte Mauern und ein paar klotzige Möbel - nicht besonders pompös eingerichtet.

Gut 1o km entfernt liegt das Turmhaus <u>THOOR BALLYLEE</u>, wo in den zwanziger Jahren unseres Jahrhunderts der irische Dichter W.B. Yeats lebte. Viele seiner persönlichen Gegenstände sind ausgestellt.

<u>Winkle's Hotel</u>: Tel.: o91/37137; DZ ca. 8o DM. Für den Preis optimal in Schuß. Liegt mitten im Ort, sauber.

<u>Windermere House</u>: Tel.: o91/37151; DZ ca. 6o DM. Liegt an der Küste, innerhalb des Ortes.

<u>Johnston's Hostel</u>: Richard, der Besitzer, schmeißt den Laden mit viel Elan. Schöne Bleibe. In der großen Vorhalle laufen gelegentlich Sessions.

<u>AnOige-Hostel</u>: 6 km außerhalb, in der Nähe des Strands. Die ehemals doch recht viktorianisch gesinnten Wardens wurden ausgewechselt, das Gebäude von einem Schwung Handwerker auf Trab gebracht.

Camping: Hinter Johnston's Hostel ein Rasenstück (7 DM/Unit). Facilities im Hostel mitbenutzen.

Kleinere Gerichte zu reellen Preisen im <u>CAFÉ</u> (Ortsende Richtung Galway). Riesensandwiches, sehr gut auch die Fischsuppe ("fish chowder").

Das <u>CAPRICCIO</u> in dem Eckhaus unten am Quay hat seit seiner Eröffnung schnell an Profil gewonnen. Schönes Dinner um 3o DM, kleiner Baum mit beigem Teppich und klobigen Holzmöbeln.

Nach wie vor ein Begriff: <u>MORANS</u>, ca. 1o km Richtung Galway. Ebenfalls um 3o DM, legendär sind die Austern ("oysters") im Morans.

Mittelalterliche Bankette laufen im <u>DUNGUAIRE CASTLE</u>: incl. Entertainment ca. 8o DM. Details auf S. 257.

Schnellfinder	
Inishmore	281
Inishmaan	283
Inisheer	283

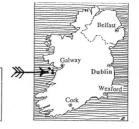

Aran Islands

Drei Inseln in der Galway Bay, wo die Uhren noch etwas langsamer ticken: baumlose Stein- und Felsbrocken-Landschaft, ewiger Atlantik-Wind und in den Pubs heben die sonnengegerbten Fischer ihr Guinness. Aktive Gaeltacht, manche älteren Leute sprechen nur gebrochenes Englisch.
Flotte Verbindung mit Schiffen und kleinen Flugzeugen.

Insgesamt 15oo Einwohner - knapp tausend auf Inishmore und je 3oo auf den beiden kleineren Inseln. Sie leben weitgehend autark: jede Familie hat ein paar Felder, Schafe sorgen für Wolle und Fleisch, außerdem viel Fischerei.

In den Pubs steigen fast jeden Abend Sessions, wo die alten, gälischen Lieder angestimmt werden. Hören sich an wie orientalische Leiergesänge. Die Aran-Bewohner sind berühmt für ihre Gastfreundschaft. Dies gilt besonders für die Inseln Inisheer und Inishman, wo die Besucher auf der Straße durch ein freundliches "Ay" begrüßt werden.

Kaum Autos - auf den kleineren Inseln daher nur holprige Schotterpisten, die für die nostalgischen Eselskarren ausreichen. Andererseits gehören moderne Geräte wie Radio, TV und Waschmaschine auch hier in jeden Haushalt.

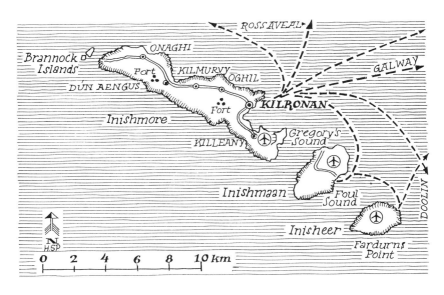

> Früher waren die Inseln bewaldet, - nach dem radikalen Kahlschlag erodierte die Humusschicht völlig, so daß die Felder später präpariert werden mußten: auf einer Unterlage aus Felsplatten und einer Sandschicht wurde ein Gemisch aus Stroh und Seetang ausgebreitet. Nach der Verwesung war eine dünne Humusschicht entstanden, die für Kartoffeln und etwas Getreide ausreichte. Ein Netz von halbmeter hohen Mauern aus aufgeschichteten Felsbrocken dient als Windschutz.

Fischerei: Seit Jahrhunderten schon mit den traditionellen Curraghs, - offene Ruderboote aus einer geteerten Leinwand, die über ein stabiles Holzgerippe gespannt wird. Schwimmen wie Waschschüsseln auf dem Wasser und sind auch bei hohen Wellen noch sicher.

Kleidung: Ältere Leute tragen noch die typische Kleidung der Aran-Bewohner: schwere, unförmige Tweedhosen, die mit einem bunten Wollband (um die Hüften gebunden) festgehalten werden. Dazu Schuhe aus Schaffell und ärmellose Jacken oder die Aran-Pullover.

Verbindungen

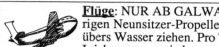

Flüge: NUR AB GALWAY mit klapprigen, zweimotorigen Neunsitzer-Propellermaschinen, die in geringer Höhe übers Wasser ziehen. Pro Tag vier Flüge zur Hauptinsel Inishmore, zwei davon fliegen weiter zu den kleineren Inseln (der Morgen- und der Abendflug evtl. einen Tagestrip machen). Buchen im TI in Galway oder unter Tel.: o91/55437, ein bis drei Tage im voraus sind ratsam.

Kosten: ca. 135 DM return, bei 7-tägiger Vorausbuchung ca. 1oo DM, Studenten ca. 75 DM. Eine B&B-Übernachtung geht jeweils inclusive. Das Kombi Fähre + Flug kostet ca. 9o DM.

Der AIRPORT liegt ca. 5 km außerhalb: jeweils eine Stunde vor Abflug Zubringerbus ab Tourist Office in Galway; ca.12 DM return.

Fähren: Durchweg nur Passagierfähren, die zwar Fahrräder, aber keine Autos transportieren (gratis).

1) Ab DOOLIN - Inisheer

Nicht zur Hauptinsel, sondern rüber nach Inisheer, der kleinsten der Aran-Inseln. Verkehr nur von Juni bis Mitte September mit Fährschiffchen für 4o Leute.

Infos: einfach unten am Pier rumfragen. Preise: ca. 3o DM return, 18 DM one-way. Überfahrt alle 2 Stunden bei einer Dauer von nur 3o Minuten: damit die flotteste und unkomplizierteste Art, rüber auf die Arans zu kommen.

Die kleinen Kutter können aber nur bei ruhiger See auslaufen, so daß oft tagelange Wartezeiten entstehen, bis sich der Wind wieder legt.

2) ab GALWAY - Irishmore
Dreimal pro Tag mit der Company "Aran Ferries" (Office im TI-Gebäude): Abfahrt von den Docks, nur fünf Gehminuten vom Stadtzentrum. Preise: ca. 4o DM return, 2o DM one-way: Studenten 3o und 15 DM. Mit 1 1/2 bis 2 Stunden Fahrtdauer die bei weitem längste Transferzeit, Pluspunkt ist die Abfahrt direkt ab Galway.

3) ab ROSSAVEAL - Irishmore
Die definitiv wichtigste Verbindung, im Sommer bis zu neun Überfahrten pro Tag.

Abfahrt ab Rossaveal, rund 35 km westlich von Galway: die Fähr-Companies unterhalten einen Zubringerbus ab Galway, der einen direkt vom Hotel/B&B-Haus abholt. Hin und zurück ca. 12 DM. Überfahrt dauert nur noch 35-45 Minuten, seit topmoderne Schnellboote im Einsatz sind. Voller Komfort und eine Kapazität von 15o-25o Leute.

Zwei Companies: Island Ferries und Aran Ferries, Offices vor dem bzw. im TI-Gebäude, Tickets auch am Fähranleger in Rossaveal. Haben gleiche Preise: ca. 35 DM return, 2o DM single - für Studenten ca. 3o bzw. 18 DM, hinzu kommt das Geld für den Bus (transportiert Fahrräder umsonst).

Verbindung zwischen den Inseln

Flüge: Recht unregelmäßig, orientiert sich stark am Bedarf, auf jeden Fall besser per Fähre. Flugpreis ca. 3o DM, Infos unter Tel.: o91/55437.

Auf den Inseln geben folgende Adressen Auskunft, wann die nächste Maschine geht: Auf Inishmore Tel.: o99/611o9, auf Inishman Mr. Seosamh O'Conghaile, auf Inisheer Tel.: o91/63226

Fähren: Die Privat-Fähre von Padraig Beatty verbindet je zwei Inseln jeweils zweimal pro Tag, evtl. Tagesausflug von Inishmore für ein paar Stunden rüber zur Nachbarinsel. Tarife: ca. 15 DM single, 3o DM return. Dauert eine gute Viertelstunde. Infos: Anschläge an den Piers.

Inishmore

Die größte der Aran-Inseln, viele Touristen und daher entsprechende Infrastruktur. Hauptattraktion ist das berühmte Steinfort DUN AENGUS, das sich zumindest für einen Tagesabstecher lohnt.

14 km lang und 5 km breit, wegen der flotten Schiffs- und Flugverbindung die am wenigsten abgelegene Insel. Im Sommer sehr viele Tou-

282 Aran Islands

risten. Schöne Strände, - an der Westseite bis zu 11o m hohe Klippen. Der Hauptort ist <u>Kilronan</u>, wo die Fähren anlegen: enge, verwinkelte Straßen und schöne Altbauten wuchern die Bucht rauf, dazwischen verträumte Plätze und ein paar windzerzauste Bäume. Trotz der vielen Touristen sehr romantisch.

Transport: Entweder Fahrrad mieten: bei Mullen Cycles direkt am Pier, für 1o DM/Tag geht eine Landkarte der Insel inclusive. Oder mit dem Minibus nach Dun Aengus fahren (gleicher Preis wie Fahrrad-Miete!). Spezialität sind die Pferdekutschen ("jaunting cars"), die einen für ca. 15 DM zur Steinzeitfestung bringen.

Unterkünfte: Keine größeren Hotels, Insider-Tip sind sechs Zimmer beim Restaurant **Gilbert Cottage**: relaxte Atmosphäre und überall vollgestopft mit Antiquitäten und viel Holz. Des öfteren steigen hier Filmstars und Botschafter ab - etwa der irische Präsident Hillery, Rockefellers Ehefrau, Edward Kennedy usw. Buchen unter Tel. o99/61146) Zimmer mit Dusche ca. 9o DM, ohne ca. 6o DM.

B&B: Trotz großem Andrang im Juli und August eigentlich immer ein Bett frei: sicherheitshalber aber besser reservieren übers TI oder bei der Fähr-Company (am Ticket-Schalter!).

Aran Island Hostel (o99/61255) gehört zur Gruppe der Budget-Hostels: von einem Schwarzen nicht ohne laissez-faire geführt, während der vergangenen Saison hat's öfters Beschwerden über Sauberkeit gegeben. Alles in allem aber brauchbare Atmosphäre: für ca. 8 DM vegetarische Dinner vom Buffet. Ca. 12 DM/Nacht.

Das zweite Hostel liegt paarhundert Meter vom Pier und hat sich in kürzester Zeit ein sehr gutes Renommée aufgebaut. Kostet ca. 18 DM (incl. Breakfast).

Topclass-Speiselokal ist <u>GILBERT'S COTTAGE</u> 2 km ab vom Pier an der Straße Richtung Dun Aengus. Handbemalte Teller, ein alter Kanonen-Ofen bringt das unter die tiefhängende Decke geklemmte Zimmer auf Temperaturen. Alles "home-cooked", um 36 DM.

Camping: Kurz vor Drucklegung war noch kein Camping-Platz in Sichtweite: in Planung jedoch unter Regie der "Arran Ferries"-Company.

Hauptziel auf der Insel ist das prähistorische Steinfort <u>DUN AENGUS</u> - viele kommen nur seinetwegen herüber. Gehört mit zu den besterhaltenen vorgeschichtlichen Monumenten.

Bauplan: drei halbkreisförmige, massive Mauern, die sich wie Hufeisen an die 9o m hohen Steilklippen an der Küste anschließen. Ob früher auf der Seite der Klippen ebenfalls Wälle gestanden haben, die mit der Zeit ins Meer gestürzt sind, ist nicht geklärt. Zwischen dem 2. und 3. Mauergürtel sind Tausende von scharfkantigen Kalksteinblöcken (sog. "Spanische Reiter") aufgestellt, die anstelle eines Wassergrabens Angreifer abwehren sollten.

> Der innere Wall ist von zahllosen Gängen und Kammern durchsetzt. Ungeklärt ist bis heute, von wem und zu welchem Zweck das Fort gebaut wurde. Vermutlich entstand es im 1.Jh. nach Christus, gebaut von Völkern, die vor den Kelten die Insel bewohnt hatten.

Dun Aengus befindet sich 6 km westlich von Kilronan.

Inishmaan

Die abgelegenste der drei Inseln, wo nur wenige Touristen hinkommen. Keltische Sprache und Bräuche haben sich hier am besten erhalten. Die Insel ist 3 km breit und 5 km lang. Die knapp 3oo Bewohner leben über die ganze Insel verstreut in geduckten Bauernkaten, viele noch mit Stroh bedeckt.

Pubs In den Pubs läuft hier in Sachen Musik definitiv am meisten, - oft wird bis zum nächsten Morgen musiziert und getanzt. Sowas wie Sperrstunde ist unbekannt, da es keine Polizeistation gibt.

Leider gibt's keine so schönen Strände wie auf den beiden anderen Inseln.

Transport: Nur Schotterpisten, daher am besten zu Fuß. Ein Tag reicht aus, um die gesamte Insel zu erkunden.

Unterkünfte: Weder Hotel noch Billig-Herberge oder Campingplatz, - Unterkunft nur in etlichen B&B-Häusern. Einige davon bieten abends Dinner.

Inisheer

Die kleinste der Aran-Inseln, knapp 3oo Einwohner. Wegen der Bootsverbindung ab Doolin eine Art Treff der Rucksackler (Kontakte). Wer nicht übernachten will: bei 3 km Durchmesser reicht auch ein Tagesausflug.

Traumhaft schön der Strand, der allein schon den Abstecher wert ist: schneeweißer Sandbogen, wo das Wasser türkis schillert und wo Strandvögel waten. Ganze Batterien umgekehrter Curraghs liegen in der Sonne. Am Pier ein kleiner Weiler mit verstreuten Häusern.

Transport: Enge, holprige Schotterwege,- Fahrrad daher nicht unbedingt brauchbar. Am besten per pedes.

> Ein kleines **Hotel** (Tel. o919/75o2o, DZ ca.75 DM) - basic, aber supersauber und herzliche Atmosphäre.

Außerdem mehrere B&B-Häuser, m Sommer am Tag vorher reservieren.

Thomas Sherry vom Pier-Café hatte eine Billig-Bleibe in Planung. Nachdem, was man so hört, dürfte eine vorsichtige Blanko-Empfehlung angebracht sein.

Camping: Mittelmäßiger Platz am Strand: Dusche, Toiletten und traumhafte Lage!

 Sehr gutes Essen im HOTEL INISHEER: ordentliche Hausmannskost für rund 25 DM. Kleinere Snacks im Café von Thomas Sherry.

Shopping: Im Craftshop superbillige Aran-Pullover. Preise 1oo-12o DM und somit übliches Level. Aran-Pullis kauft "man" aber dennoch bevorzugt auf den Aran-Inseln. Daher Engpässe: falls keine vorrätig sind, schon im voraus bezahlen und sich per Post nachschicken lassen. Die Leute sind sehr ehrlich, so daß kaum Schwierigkeiten entstehen.

285

Schnellfinder	
Galway City	288
Galway - Westport	295
Bergwandern in Connemara	297
Galway - Clifden - Westport	
Hauptroute	299
Küstenroute	301
Carna	302
Clifden	304
Letterfrack	309
Galway -Cong - Westport	
Direktroute	312
Cong	313
Westport	316
Achill Island	324
Dooagh	327
Nord-Mayo	328

Westprovinzen Galway und Mayo

Eine der schönsten Regionen Irlands: urtümliche, rauhe Landschaften aus einsamen Tälern und wuchtigen Bergmassiven. Unvergeßliche Wanderungen, Fahrrad-Touren auf wunderschönen Panoramastraßen, Picknicks an abgelegenen Seen und Küstenstrichen.

Der Westen gehört außerdem zu den aktivsten Gaeltachten, - in den Pubs erklingen oft noch die keltischen Gesänge.

Erster Anlaufpunkt ist meist das gemütliche Studenten-Städtchen Galway Town. Westlich davon die Mond- und Eiszeitlandschaft Connemara, - auf keinen Fall versäumen, ist optimal für Bergtouren und Wanderungen.

Inselübersäte Seen, Bruchwälder und schöne Fahrradtouren in der Umgebung des kleinen Nestes Cong. Westport: Nette Kneipen, behäbige Provinzstadt-Atmosphäre, Folkmusic.

Die Insel Achill Island ist durch einen Damm mit dem Festland verbunden und bringt schöne Strände und Klippenlandschaften.

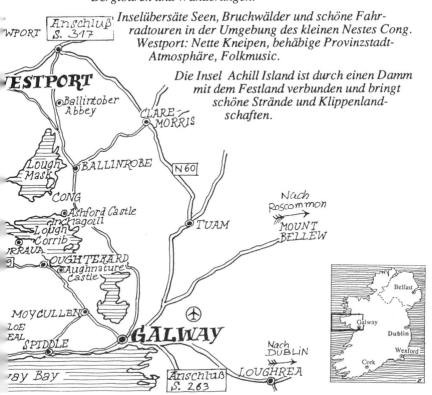

Galway City (37.000 Einw.)

Uni-Städtchen mit viel "Szene". Man trifft sich in schummrigen Kneipen und macht Musik, oder man schlendert entlang den ächzenden Schiffskähnen unten am Hafen. Schön auch, einfach den Flair der engen Straßen und verschlungenen Gäßchen zu genießen. Galway ist das Tor zur urwüchsigen Berglandschaft Connemara.

EYRE SQUARE gilt als Zentrum der Stadt: grüne Rasenfläche, wo die Studenten im Gras liegen und Penner ihre Pulle Whiskey heben. Abfahrt der Stadtbusse. Von hier zieht sich das Zentrumsviertel südwestlich runter bis zu den Quays an der Mündung des River Corrib. In den letzten Jahren große Bemühungen, den geschäftigen Charakter zu erhalten, die alten hölzernen Ladenfronten wurden neu gestrichen. Viel Charme, Hauptstraße ist die Shop Street.

SIGHTSEEING: Nur wenig wirklich sehenswerte Sachen. Prachtvoll eingerichtet die Church of St. Nicholas, 132o n.Chr., University Road. Ein kleines Heimatmuseum (Adr.: Spanish Arch) zeigt die Stadtgeschichte.

SALTHILL ist beliebter Bade-Vorort mit langem Sandstrand. An heißen Tagen viel Betrieb an der Promenade und großes Angebot an Sportarten und Entertainment in den Pubs. Ist aber mehr für Iren gedacht, die mal ein paar Tage ausspannen möchten. Alle 3o Min. Busverbindung mit Galway.

Verbindungen

Bike-Rent: Per Fahrrad unvergeßliche Connemara-Erlebnisse - bis rüber nach Clifden 1-2 Tage. Tip: Für 3o-4o DM Zusatzgebühr (handeln) kann das Rad in Galway gemietet und in Clifden wieder abgegeben werden. Herrliche Tour entlang der Küste. Adr.: Harry's, Bahermore (Verlängerung der vom Eyre Square abzweigenden Straße Prospect Hill).

ZWEI LOHNENDE RUNDTOUREN: Galway -Spiddle -Moycullen - Galway (ca. 5o km) durch einsame Hochmoore mit der tiefblauen Bay als Farbkontrast.
Oder die Route Galway - Spiddle - Inverin -Costelloe - Maam Cross - Oughterard - Moycullen - Galway (ca. 11o km) für Leute, die tiefer ins Connemara-Ambiente reinschnuppern möchten.

Flüge: Mit kleinen Propeller-Maschinen rüber zu den Aran-Inseln; der Airport liegt ein paar Km außerhalb (Zubringerbus ab dem TI-Gebäude). Details auf S. 28o. Neuerdings auch Flüge nach Dublin und Direktflüge nach London (Luton Airport).

Galway City   289

Züge: Der Bahnhof liegt direkt im Zentrum, paar Minuten vom Eyre Square.
- nach Westport (via Athlone)   3x/Tag   ca.35.- DM
- nach Cork (via Portarlington)   4x/Tag   ca.28.- DM
- nach Dublin   4x/Tag   ca.35.- DM

Busse:

Terminal gleich neben dem Zug-Bahnhof.

Achill Island	1x/Tag	ca. 3o.-
(Umsteigen in Westport)		
Clifden	1x/Tag	ca. 24.-
Cork	3x/Tag	ca. 4o.-
Dublin	3x/Tag	ca. 24.-
Donegal	2x/Tag	ca. 39.-
Killarney	2x/Tag	ca. 39.-
Limerick	5x/Tag	ca. 24.-
Rosslare	1x/Tag	(immer via Dublin)
Sligo	3x/Tag	ca. 3o.-
Westport	2x/Tag	ca. 24.-

PRIVATBUSSE nach Dublin: Etwas billiger als die staatlichen: Nestor einmal pro Tag, Abfahrt vor dem Imperial Hotel (Eyre Square): buchen unter Tel. 9717o. Preis ca. 15 DM single und 21 DM return.

Oder mit Burkes Coaches (2o DM single): Office im Kiltartan House (vom Bahnhof aus erste Straße rechts). Einmal pro Tag.

Fähren: Fähr-Verbindung rüber zu den Aran-Inseln. Details siehe Seite 281.

Great Southern Hotel: Eyre Square, Tel. o91/64o41. DZ ca. 3oo DM. Geräumige Lobby und wohnliche Zimmer in dezentem Rot oder Blau. Besonders "aristokratisch" wirken diejenigen Zimmer, die eine Höhe von 2o Fuß haben (danach verlangen). Facilities: Sauna, Swimming-Pool.

Ardilaun House: Taylor's Hill, Tel. o91/21433. DZ ca. 21o DM. Knapp 2 km außerhalb in einem Park gelegenes Landhaus, - für gute Atmosphäre in den Zimmern sorgen bunte Tapeten, Teppichboden und dunkle, massive Holzmöbel. Entertainment. Wirkt etwas familiärer als das zentral liegende Great Southern.

Imperial Hotel: Eyre Square, Tel. o91/63o33. DZ ca.16o DM. Einfach möbliert, aber passabel. Alle Zimmer mit Bad und Teppichboden, - ansonsten recht unterschiedlich möbliert, daher am besten sich vorher mehrere anschauen.

Skeffington Arms Hotel: Eyre Square, Tel.o91/63177. DZ ca. 15o DM. Alle Zimmer sauber, mit eigenem Bad/WC. Ideal, wer sich gerne unter junge Leute mischt: junges Personal, die Bar unten sehr beliebt bei Studenten. Wird recht locker geführt.

Curran's Hotel: 15 Prospect Hill, Tel.o91/62445. DZ ca. 8o DM. Familienhotel - gute Lage, aber leicht angegammelt.

Ardare Guesthouse: Griffin Place, Tel. o91/62638. DZ ca.8o DM. Ca. 1o Gehminuten ab vom Centre Richtung Salthill. Ruhige Lage, sauber und empfehlenswert. Gemütliche Lounge.

Rio Guesthouse: Lower Salthill, Tel.o91/2358o. DZ ca. 75 DM. Nach dem Ardare die zentrumsnächste Pension, die übrigen durch die Bank im Vorort Salthill. Dreißig Betten, sehr guter Ruf. Ca. 25 Gehminuten ins Zentrum (an der Bus-Route).

BED&BREAKFAST. Innerhalb des Stadtbereichs zu wenig Kapazität: Juli und August vielleicht vor 12 Uhr ankommen und sich beim TI ein Zimmer vermitteln lassen. Viele B&B-Häuser haben Zimmer mit Dusche und WC (ca. 65 DM/Doppel, sonst knappe 6o DM/Doppel).

Drei Regionen, alle nur rund 1o Gehminuten vom Centre entfernt: Die College Road liegt an der Ausfahrt Richtung Dublin/Limerick, östlich von der Stadtmitte. Recht betriebsame Hauptstraße. Schöner die beiden Bezirke, die sich vom Zentrum Richtung Salthill ziehen: Father Griffin Road und vor allem die Straße White Strand, letztere ein reines Wohnviertel, die Häuser Ende der 6oer Jahre gebaut.

Oder sich im Vorort Salthill ein Zimmer suchen: Badeort mit Strand und breitem Angebot an Kneipen und Restaurants. Rund 2o Bus-Minuten, Abfahrt halbstündlich vom Eyre Square.

BILLIG-HERBERGEN: Stand der Dinge: trotz fünf Herbergen immer noch Engpässe in den Monaten Juli und August, wer nicht vor 12 Uhr ankommt, bekommt nur im Glücksfall ein Bett.

Corrib Villa Hostel am Wood Quay (Tel. o91/62892): schönes Haus am Kai des River Corrib, verschachtelter Altbau, nur 4o Betten und sehr heimelig. Fünf Minuten vom Bahnhof. Wardens: John und Cathleen, die mit dem Rucksack kreuz und quer über den Globus gereist sind.

Eine Institution in Galway ist **Mary Ryan**, eine herzlich-strenge Lady, die ihr Hostel mit dem gewissen Hauch von Arsen und Spitzenhäubchen führt. Nur 2-Bett-Zimmer, incl. Breakfast, im Sommer tagelang vorausbuchen. Liegt 2 km ab vom Centre in 4 Beechmount Avenue (alle 3o Min. Stadtbus ab dem Skeffington Arms Hotel am Eyre Square bis zum Taylors Hill), Tel. o91/233o3.

Nur 3 Minuten vom Bahnhof: **O'Flaherty's Hotel** (34 Prospekt Hill: Tel. o91/663o2) geführt von Seamus, einen ebenso rundlichen wie gemütlichen Iren, tief verwurzelt in der irischen Kultur, Hostel-Outfit: Stadthaus mit 7o Betten, moderne Küche, rückwärtiger Garten zum Relaxen und Grillen.

Arch View Hostel (Dominick Street: Tel. o91/66661) gehört zu den Budget-Hostels: überwiegend Negativ-Reporte bezüglich mangelnder Hygiene und zuviel Betrieb. Wurde als Hostel zweckgebaut, daher recht funktional und wenig Atmosphäre.

Galway Tourist Hostel (Tel. o91/25176) im Vorort Salthill, (Adr. Knocknacarra). Das ehemalige Top-Hostel ist nach mehrmaligem Besitzerwechsel zu einer Absteige verkommen. Nur im Notfall: (alle 3o Min. Stadtbusse ab Skeffington Arms Hotel am Eyre Square.

Camping: Direkt in der City kein Camping-Platz - alle außerhalb in Salthill.

Am schönsten ist der Barna House Park, 8 km außerhalb (vor der Texaco-Tankstelle links weg). Büsche und Bäume parzellieren den Platz, gute Facilities. Aber keine Busverbindung.

Der beste Platz für Leute, die auf Stadtbusse angewiesen sind, ist der Salthill Camping Place. Hin und wieder aber Beschwerden, daß die Duschen gelegentlich nicht funktionieren.

DRIMCONG, etwa 1o km außerhalb in Moycullen: Spezialist für erlesene Wildgerichte, serviert im Wohnzimmer eines Landhauses, der Kaffee danach in einer separaten Lounge. Ca. 4o-5o DM.

PARK HOUSE in der Foster Street ist das Top-Etablissement in Galway. Für gepflegt-feierliche Atmosphäre sorgen Kombination aus weinrotem Samtbezug auf den Bänken, Dämmerlicht und geschickt arrangierten Raumteilern, wobei ein Piano-Spieler das ganze akustisch unterlegt. A la carte ca. 2o-3o DM, 3-Gang-Menü ca. 5o DM.

CORRIB RESTAURANT (Eglington Street): Ambiente mit Ledercouchen und hektischem Betrieb, der Kellner nicht überragend. Was für's Geld aber auf den Teller kommt, kann sich sehen lassen - à la carte ab 1o-15 DM, Menü ca.3o DM. Familien-Restaurant.

SEASAN UA NEACHTAIN (Cross Street): Vom gleichnamigen Pub die Treppen hoch. Fast wie zu Hause am Familientisch: kleiner Raum gefüllt mit Kerzenlicht und leisem Besteck-Klappern. Menü ca. 46 DM.

GBC (7 Williamsgate Street): das frühere Regel Restaurant hat sich nach Besitzer- und Tapetenwechsel weiter gesteigert, ideal tagsüber für einen Snack oder Kleingerichte bis 1o DM.

NORA CRUBS (Quay Street): nettes Lokal mit durchgetretenem Bretterboden und Holzmöbeln. Nur hausgemachte Sachen, Auswahl von 15 Salaten: tagsüber Selfservice für im Schnitt 1o DM, abends etwa 15-2o DM.

Appetit auf Meeresfrüchte trotz Low Budget:
Ausweg ist das CONLONS in der Eglington Street. Fischgerichte in allen Variationen, vom Hai über Muscheln bis zum Rochen, sehr billig für ca. 3-1o DM, als Entschuldigung für das "Mac Donalds-Ambiente". Oben Take-away, unten Restaurant. Tip ist die Fishermen's Plate für 2o DM, 6 verschiedene Fischsorten plus Salate.

Sehr gut für den Snack zwischendurch:
das QUAY'S PUB (Quay-Street), - etwa Lachssalat oder Garnelen-Cocktail. Exzellent.

Pubs

Für Kneipen-Touren das ideale Pflaster,- in den netten Pubs der Stadt schmeckt das dunkle Guinness doppelt gut. Hier nur eine kleine Auswahl:

QUAY'S PUB (Quay Street): Immer gerammelt voll,- und trotz der Zigarettenkippen am Boden ungeheuer viel Atmosphäre mit zerschundenen Holzmöbeln, Dämmerlicht und Rauchschwaden, die in der Luft hängen. Jeden Abend Spontan-Sessions von jungen Leuten, die für ein paar Bierchen hier singen und spielen.

CELLAR BAR (Eglington Street): jede Nacht Livemusik, - von Folk bis Rock - in den weitläufigen Kellergemächern mit Säulen, offener Feuerstelle und bis 3oo Gästen. Optimal, wer mal "Erholung" vom "Irish Folk sucht.

LAFFEY'S BAR (Mary St.): Abends gestopft voll mit Studenten, die sich hier auf die Füße treten und, nach den trockenen Theorien tagsüber, hier Feuchteres zu sich nehmen.

THE CLOGS (Passage of Dominick St.): Musik vermischt sich mit dem Stimmengewirr der Gäste, die an den runden Bierfaß-Tischen lehnen. Am Boden Sägespäne. Alles in allem sehr urig, auf einer kleinen Bühne ein paar Musiker.

Die Kneipe KINGS'S HEAD (High Street) steht seit 1749 in Galway: nach kurzer Flaute seit dem Besitzerwechsel wieder "on top" für die Folk- und Balladen-Konzerte im Hinterzimmer. Gute Stimmung, wenn die Band loslegt (kein Eintritt).

Zwei Türen vor dem Quay's die TAAFFE'BAR, derzeit die "In-Kneipe" für zwanglose Folksessions, wo garantiert jeden Abend was läuft. Interieur nicht aufregend, Smalltalk auf Polstermöbeln, bis in einer Ecke ein paar Leute die Musikinstrumente "anschmeißen".

Wer's ruhiger haben will, siedelt um in die Cross Street ins SEASAN UA NEACHTAIN: Uralt-Pub mit mehreren Separées zum intimeren Smalltalk. Im Sommer auch hier regelmäßig Musiksessions. Nur ein paar Minuten vom Quays Pub.

Die CRANE BAR (Sea Road) ist nicht mehr das, was sie mal war: ehemals eine Institution in Galway, für Folk-Sessions, seit dem Besitzerwechsel verkommt alles ein bißchen.

PUCAN INN (Foster Street): hieß früher Cullens Inn und ist nach wie vor Treffpunkt für traditionelle Folk-Sessions: alte Männer aus Connemara treffen sich hier und machen Musik. Die Hälfte der Gäste im Pucan spricht Gälisch, ist vor allem bei Leuten von den Aran-Inseln und aus Connemara beliebt.

Musikszene: Wer speziell auf bestimmte Gruppen aus ist, besorgt sich auf jeden Fall den "Entertainment Guide". Gratis in vielen Pubs, z.B. im Seasan ua Neachtain.

Lokal-Matadore in Sachen "traditional Irish music" sind die Waterford Boys, - drei bis fünf Mann in wechselnder Konstellation, gemeinsames Kennzeichen sind der wuschelige Lockenkopf und der grimmige Rauschebart. Allesamt hauptberufliche Musiker mit TV-Erfahrung.

Frankie & The Yorks: Frankie hantiert mit seiner E-Gitarre wie kein zweiter hier in ganz Connemara, ihm wurde Anfang der achtziger Jahre von der Star-Band Thin Lizzy angeboten, sich ihr anzuschließen. Frankie hat sich spezialisiert auf Klassiker im Rockpop-Sektor. Die Gruppe Speakeasy überzeugt durch sanfte, ruhige Melodien und durch die erstklassige Stimme ihrer Leadsängerin. Kopf der Gruppe ist der Keyboarder.

Mojo ist bei Blues-Fans groß im Rennen, leider nur noch als Duo, die Überbleibsel einer sehr beliebten Bluesrock-Band.

Country-Songs: vielleicht überzeugt Peter Hanlon mit seinem virtuosen Gitarrenspiel ein paar Leute von dieser Musiksparte. Die Higglers stehen für erstklassigen Bluegrass, sind während der Recherche gerade von ihrer Deutschland-Tour zurückgekommen.

Hogans Cajun Band machen amerikanische Südstaaten-Musik: Gemisch aus Bluegrass, indianischen und französischen Elementen. Cajun-Musik hat die meisten Liebhaber in Louisiana, dargeboten mit Akkordeon und Fiddle als fetzige Tanzmusik.

Die fünf Leute von Saddle Sore Cowboys: der Baßspieler Olly sitzt uns gegenüber und gibt das denkwürdige Statement ab: "We take a countrysong, soup it up and fuck it out... Übersetzt: Countrysongs durch saftige Rockklänge aufgemotzt und mit viel Improvisation drauflosgespielt. Ihre Schallplatte "We're not going to give in" gibts hier überall in den Läden.

SHOPPING

Das beliebteste Souvenir aus Galway sind die Claddagh-Ringe, die die Fischer hier jahrhundertelang als Schmuck trugen. Bei Verheirateten wies die Krone Richtung Fingerspitzen, Ledige steckten den Ring umgekehrt auf.

Das schönste Sortiment findet sich im Juwelierladen Hartmanns, 29 William Street.

Preise: 35- 5o DM für die Ausführung in Silber und 12o-15o DM für einen Goldring.

Ein im ganzen Land renommiertes Textil-Geschäft ist das Padraic O Maille's in der Domnick St: riesige Auswahl an Donegal-Tweed und Aran-Pullis zu vernünftigen Preisen. Wer Interesse hat, sollte auf jeden Fall mal vorbeischauen.

Antiquitäten von Klimbim bis superexclusiv im "Archway Antique Centre",- außerdem kunsthandwerkliche Sachen.

Galway Crystal, Merlin Park: Heißer Tip für Liebhaber von Kristallglas: Hier in der Fabrik sind die Preise im Vergleich zu den Shops um ein Drittel reduziert. Die Besichtigung der Manufaktur ist gratis.

Markt: Jeden Samstag in der Market Street, um die Kirche rum. Gemüse, Krempel und Second-Hand-Sachen.

WHAT TO DO

* Tip für einen gelungenen Abend: jeden Di und Fr ab 2o.15 Uhr viel Stimmung auf dem Greyhound-Track. Adresse: College Road, Seitenstraße des Eyre Square.

* Jeden Sonntagabend und oft auch wochentags (Ankündigung in der Lokalpresse) finden im Pearse Stadium gälische Spiele statt.

* Auf keinen Fall versäumen: Dampferfahrten durch das Inselgewirr auf dem Lough Corrib, wo der Kahn über die sanfte Wasserfläche streicht. Daten: 3-4x täglich, dauert 1 1/2 Stunden, ca. 12 DM. Abfahrt ab Woodquay. Dort werden auch Ruderboote vermietet.

* Die Uni von Galway am River Corrib ist zweisprachig, - es laufen Vorlesungen in der keltischen Ursprache. Vielleicht ganz interessant, deren fremdartigen Klang ins Ohr zu bekommen.

* An Taibhdhearc, Middle Street: gälisch-sprachiges Theater, in dem Juli und August viermal pro Woche Kabarett-Stücke in einer guten Mischung aus Musik und Folklore laufen. Übrigens das einzige Theater dieser Art in Irland.

* Heißer Tip für Leute mit dem nötigen Kleingeld: von 5o Mark aufwärts Rundflüge ab dem Coranmore Airport (Tel. o91/943oo). Unten die zerzausten Connemara-Berge und die schillernde Wasserfläche der Galway-Bucht mit den Araninseln, während der Motor der Kiste behäbig brummt.

* Daneben wird noch eine große Palette von Coach-Tours angeboten, wenn jemand nicht auf eigene Faust seine Touren machen möchte. Am lohnendsten dürfte der Trip zu den Aran-Inseln sein. Details beim TI, dort auch gleich buchen.

FESTE

Race Week (letzte Juli-Woche): Pferdemarkt, viel Betrieb auf der Rennbahn und feuchtfröhliche Stimmung in den Pubs. Lohnt einen Abstecher.

Das Arts Festival Week (Ende Juli, Anfang August) ist das größte Spektakel: Musiker von überall her kommen hier zusammen, in allen Kneipen, vieles auch open-air.

Oyster Festival (ein Septemberwochenende): großes Gourmet-Fest,- in allen Restaurants stehen Meeresfrüchte auf dem Speiseplan. Dazu viele Veranstaltungen und Musik.

GALWAY ⤞ WESTPORT
(Connemara - Rundfahrt)

Die CONNEMARA-RUNDFAHRT ist sehr beliebt bei Leuten, die nicht weiter rauf in den Norden Irlands fahren. Dabei geht's via Clifden nach Westport,- zurück nach Galway dann via Cong.

Eine schöne Sache vor allem per Fahrrad, da an der Rundstrecke Billig-Herbergen in bequemen Tagesetappen liegen (etwa 4 Tage rechnen). Zur Auswahl stehen zwei Routen, die beide durch einzigartige Naturlandschaften führen:

A: Galway-Clifden-Westport

Hier geht's mitten hinein in die zerzauste Bergwildnis von Connemara, - strohgedeckte Bauernkaten ducken sich in die Talmulden, düstere Hochmoore wechseln mit stahlblauen Bergseen und malerischen Küstenstrichen. Unvergeßliche Eindrücke hier draußen in der einsamen Mondlandschaft. Insgesamt knapp 15o km, mit 5-6 Stunden reiner Fahrtzeit rechnen (schlechte Pistenverhältnisse). Details S. 298.

B: Galway-Westport/Direktroute via Cong

Diese Route läßt die Connemara-Berge links liegen und führt durch flaches, welliges Agrarland. Dafür entschädigt die Landschaftsszenerie zwischen den beiden Seen Lough Mask und Lough Corrib: Hunderte von Inselchen mit subtropischer Vegetation, die bizarr aus der schillernden Wasserfläche schießt (herrliche Bootsfahrten), üppige Wälder und das stolze Ashford Castle mit seinem Parkgelände. Gesamtentfernung rund 11o km, zwei Stunden reine Fahrtzeit. Details S. 312.

WER KEINEN ZWISCHENSTOP macht und in einem Tag bis Westport durchfährt, nimmt auf jeden Fall besser die **Route A** via Clifden. Auch vom Auto aus faszinierende Landschaftseindrücke, während die Direktroute nur dann etwas bringt, wenn man die Gegend um Cong genauer erkundet.

Tip für Leute, die mehrere Tage Zeit haben: Von Galway nach Cong und von hier quer durch Connemara nach Clifden. Bringt alle nennenswerten Höhepunkte der obigen beiden Routen, täglich fährt ein CIE-Bus die Linie ab. Zeitbedarf: Mit mindestens drei bis vier Tagen bis Westport rechnen.

296 Westprovinz Galway

GESCHICHTE

Da das rauhe Felsland sogar den Wikingern und Normannen zu unergiebig erschien, klammerten sie es bei ihrer Besatzung weitgehend aus und überließen die keltische Urbevölkerung sich selbst. Somit hat sich deren Sprache und Kulturgut weitgehend erhalten.

Das ärmliche, ereignislose Leben hier am Rand der Welt änderte sich schlagartig nach dem irisch-englischen Krieg (1648-52): Landsitzer, die ihre Unterstützung für die englische Krone nicht positiv beweisen konnten, wurden enteignet und nach Connacht (bzw. Connemara) verbannt.

"To Hell or to Connacht" hieß das Schlagwort, das die endlosen Wagentrecks der Vertriebenen in dieses unwirtliche Land verwies. Die Folge war eine dichte Besiedelung. Entsprechend hart traf die Hungersnot Mitte vorigen Jahrhunderts Connemara. Tausende wanderten nach Amerika aus. Überall finden sich noch heute die verlassenen Dorfruinen als schweigende Zeugen jenes menschlichen Dramas.

Während der großen Hungerjahre mokierten sich die Pachtbauern über die drückende Last der Großgrundbesitzer (hohe Zinsen, mutwillige Vertreibungen usw.). Sie vereinbarten passiven Widerstand und zwangen als ersten einen gewissen Captain Boycott in die Knie, indem sie Pachtzahlungen verweigerten, die Knechte ihn verließen und die Händler an ihn nichts mehr verkauften.

Captain Boycott wurde in den wirtschaftlichen Ruin getrieben, sein Name entwickelte sich zum Synonym für passiven Widerstand. Bald nach den Vorgängen gab die englische Regierung nach und leitete Landreformen ein.

Uneinigkeit herrscht über die exakte GEOGRAPHISCHE ABGRENZUNG Connemaras: Zum Teil wird die gesamte Halbinsel westlich der Linie Galway-Westport so genannt, oft ist aber nur der Westzipfel der Halbinsel damit gemeint.

Der Süden von Connemara ist die aktivste GAELTACHT Irlands, rund 13.000 Menschen können hier noch keltisch lesen, schreiben und sprechen. Auch sonst ist noch viel vom alten Kulturgut erhalten, wenn in den Kneipen nach ein paar Bieren die fremdartigen Leiergesänge erklingen. Mehrere irische Sprachschulen wurden eingerichtet, die zum Teil internationalen Zulauf haben.

Schöne Mitbringsel aus Connemara sind Sachen aus CONNEMARA-MARMOR, einem grünlichen, polierfähigen Gestein. Wird zu Aschenbechern, Steinfiguren und anderem Schnickschnack verarbeitet und in den Craftshops verkauft.

Die stämmigen, robusten Pferde, die hier am Straßenrand grasen oder halbwild durch die weiten Täler ziehen, gehören zur Rasse der CONNEMARA-PONIES: gutmütige Tiere, die einem bei etwas Geduld Zuckerstücke aus der Hand fressen. Sie sind oft tagelang in den Bergen unterwegs, ehe sie wieder zurück zur Farm kommen.

BERGWANDERN IN CONNEMARA

Schroffe Abgründe und launische Witterungsbedingungen machen Bergtouren in Connemara nicht gerade zu Sonntagnachmittags Spaziergängen. Keine deutlichen Wanderpfade,- und für unerfahrene Leute kann die Sache gefährlich werden. Auf alle Fälle nur mit adäquater Ausrüstung aufbrechen (festes Schuhwerk, Taschenlampe, detaillierte OS-Karte, Kompaß, Regenschutz etc.).

Ein guter Tip ist, die geplante Route vorher mit Einheimischen durchzusprechen, die die Berge kennen. Genaue Routen-Beschreibungen finden sich in den "Irish Walk Guides/2". Die Anschaffung des Heftes lohnt sich auf jeden Fall.

Im Ostteil liegen die Maamturk Mountains, ein klotziger Gebirgszug. Westlich davon, durch ein tiefes Tal getrennt, die Twelve Bens (bzw. Twelve Pins): purpurfarbene Quarzit-Kegel von faszinierender Schönheit, die wie lose hingesetzt aussehen.

MAAMTURK MOUNTAINS: bester Ausgangspunkt ist Leenane. Standard-Route ist der sog. "Maamturk Walk": dabei geht's von Corcogmore an der L 1oo via dem Gipfelkamm nach Leenane. Insgesamt über 25 km, Zeitbedarf bei 12 Stunden. Nur für erfahrene Bergwanderer zu empfehlen, die mit Karte und Kompaß umgehen können.

TWELVE BENS: Traditioneller Startpunkt für Touren ist die Ben-Lettery-Jugendherberge. Der Warden kennt die Bens wie seine Westentasche und ist gerne bei der Routen-Planung behilflich. Das Hostel ist tiptop sauber.

Hier zwei Vorschläge:

1) Verhältnismäßig einfache Kennenlern-Route ist der Derryclare-Bencorr-Horseshoe: Von der JuHe zum Startpunkt knappe 1o km (Fahrrad mieten), - von der Straße Recess-Letterfrack links den Waldweg rein, dort an der Kreuzung wieder links bis zum Parkplatz. Von hier führt eine kleine Schlucht bis rauf zum Gipfel des Derryclare: einfacher Weg, nur ein bißchen Kletterei.

   Dann den rauhen, steinigen Weg entlang des Bergkammes und über einen Sattel bis zum nächsten Gipfel Bencorr. Weiter dann den Berghang runter zum Startpunkt. Ca. 6 km, Zeitbedarf bei 3 Stunden. Unvergeßliche Ausblicke ins Connemara-Ödland und als Kontrast das fruchtbare Inagh-Tal, mit viel Grün und dem tiefblauen See.

2) Die wohl faszinierendste und auch populärste Tour in den Twelve Bens ist zweifellos der Glencoaghan Horseshoe, der über sechs Gipfel rund um einen tiefen Talkessel führt. Insgesamt 16 km; volles Tagesprogramm: Proviant mitnehmen für die Brotzeit draußen in der Berg-Einsamkeit.

Der Trail umfaßt die Gipfel <u>Derryclare-Bencorr-Bencollaghduff-Benbren-Bengower-Benlettery</u>. Zunächst von der JuHe zwei, drei Kilometer auf der Hauptstraße in östlicher Richtung,- von hier über die Südflanke zum Derryclare-Gipfel (am besten via eines der ausgefressenen Flußtäler, die direkt an die Straße münden). Weiter über den Bergsattel zum Bencorr. Von hier über karge Felsflächen auf den Kamm, der rüber zum Bencollaghduff führt.

Weiter zum Benbren wird's schwierig: Zunächst zur Talmulde unterhalb des Gipfels und rauf über den Südkamm, - der Weg führt entlang steiler Klippen. Anstrengende Kletterei, aber klassisch-schöne Ausblicke auf Täler und Bergketten. Kolkraben brüten hier draußen, und bei schönem Wetter ist die zerlappte Küste sichtbar.

Weniger schwierig und ohne Orientierungsprobleme dürfte der Weg zum Bengower, Benlettery und zurück zur Jugendherberge sein.

A) GALWAY ⇸ CLIFDEN ⇸ WESTPORT

Connemara ist eines der <u>touristischen Hauptgebiete</u> Irlands, viele Urlauber beschränken sich ausschließlich auf diesen Landstrich. Wirkt aber dennoch nicht überlaufen, und abseits der Hauptrouten ist man weitgehend mit sich und der urtümlichen Natur allein.

<u>Tip</u>: Proviant aus Galway mitbringen und irgendwo an der zerfressenen Küste oder an einem See im Landesinneren für ein, zwei Tage das Zelt aufschlagen. Herrliche "Marlboro-Romantik" in der rauhen Einsamkeit, wenn sich nachts das Camp-Feuer im Wasser spiegelt.

Die felsige Halbinsel gehört zu den ärmsten Gegenden der Insel, - obwohl die Regierung wegen der Gaeltacht große Geldsummen in die Region pumpt. Ohne Sozialhilfe könnten die meisten der Kleinbauern nicht überleben. Bei Voll- und Neumond wird das durch die Springflut angeschwemmte Seetang an der Küste gesammelt und zu Dünger verbrannt. April bis Juni wird Torf gestochen: Brennmaterial für die eisigen Wintermonate.

Die Schafe leben halbwild in den Bergen und werden nur im Frühsommer zur Schur zusammengetrieben.

 Busse: mehrmals täglich auf der N59 bis Clifden. Knappe drei Stunden Fahrtzeit. Ab Clifden schlecht: nur einmal die Woche ein Bus nach Westport.

Von <u>**Galway**</u> nach <u>**Clifden**</u> stehen zwei Routen zur Auswahl:

1.) <u>Hauptstraße ist die N 59</u> - rund achtzig Kilometer vorbei an Moorflächen, kleinen Seen und den wuchtigen Bergkegeln der Twelve Bens. Reine Fahrtzeit 1 1/2 Std., per Rad ein gemütlicher Tages-Trip.

2.) Landschaftlich reizvoller ist die Küsten-Route: 5o km Umweg über holprige Landstraßen (4 Std. Fahrtzeit; per Fahrrad zwei Tage, für Übernachtung zwei Billig-Herbergen). Blankgeschliffene Felsflächen, Strände und Wirrwarr von Teichen und Seen. Beide Routen sind durch Querverbindungs-Straßen kombinierbar.

Busse: mehrmals täglich auf der N 59 bis Clifden. Knappe drei Stunden Fahrtzeit. Ab Clifden schlecht: nur einmal die Woche ein Bus nach Westport

1.) HAUPTROUTE (N 59)

Erster lohnender Stop nach 12 km in Moycullen wegen zweier Fabriken, die besichtigt werden können: In der "Marble Factory" wird der grünliche Connemara-Marmor geschliffen und poliert. Im Verkaufsraum großes Angebot von Aschenbechern bis zu teuren Wanduhren, - zu kleineren Preisen als in den Souvenir-Läden. "Celtic Crystal" produzieren funkelnde Kristall-Gläser (viele keltische Designs).

Hinter Moycullen führt eine 14 km- Schmalspurpiste runter an die Küste zur Ortschaft Spiddle: quer durch unbewohnbares, düsteres Moorland.

★ Oughterard (KM 26; ca. 6oo Einw.)

Ein behäbiger Ferienort am Ufer des Lough Corrib. Craftshops und Hotels entlang der Hauptstraße, kulissenhaft im Hintergrund die schroffen Abhänge der Maamturk Mountains.

Hauptattraktion ist der See Lough Corrib mit seinem Wirrwarr von Inseln und Inselchen, die von üppiger Vegetation überwuchert sind. Mehrere Bootsvermieter: Lunch-Paket einstecken und raus zum Picknick. Fischen auf dem See ist gratis.

Regelmäßig werden Motorboot-Trips zur Insel INCHAGOILL angeboten (Überreste zweier frühkirchlicher Kapellen).

Herrlicher Ausblick auf den oft von sanftem Nebel verhangenen Inselteppich des Loughs vom "Hill of Doon" aus: Weg beschildert ab Ortsmitte. Unbedingt lohnend.

Eine schmale Piste führt 8 km in nordwestl. Richtung am Seeufer entlang. Wagen/Fahrrad parken und die restlichen 5 km per pedes nach Curraun,- ein zwischen Moor und Bergen eingeklemmter Weiler ohne jeden Straßenanschluß. Die Menschen werden mit Booten von Oughterard aus versorgt.

3 Kilometer südöstlich liegt das AUGHNANURE CASTLE (Abzweigung von der N 59 Richtung Galway), eine vierstöckige Burg in Turmform aus dem 16.Jh.

Zwei gepflegte Landhäuser mit viel Atmosphäre:

Currareveagh House: Tel. o91/82313, DZ ca. 2oo DM. Ca. 6 km außerhalb in einer Waldlichtung direkt am See (Bootsvermietung). Herrlicher Blick von den geräumigen Zimmern aus, Antik-Mobiliar. Insgesamt sehr heimelig mit nur 15 Zimmern.

Oughterard House Hotel: Tel.: o91/822o7, DZ ca. 23o DM. Stattlicher Bau am Ortsrand, vor der Haustür rauscht ein Bach vorbei. Drumrum schöner Park. Wichtig: Unbedingt Zimmer im Altbau nehmen, im Neubau weniger Atmosphäre.

Lakeland Country House: (Tel.: o91/82121), ca. 75 DM. Pension am Lough Corrib. Abendspaziergang am Ufer lang. Liegt 2 km außerhalb in Portacarron, als Abendessen traditioneller High Tea. Zimmer ohne Bad/WC ca. 15 DM billiger.

Camping: Leider kein anständiger Camping-Platz.

Gepflegte irische und französische Küche im respektabel eingerichteten Speiseraum des OUGHTERARD HOUSE HOTEL. Vorausbuchen unter Nr.o91/822o7. A la carte ca. 5o DM.

An der Kreuzung "MAAM CROSS" (KM 42) führt eine Piste durch plattgewalztes Moorland runter zur Küste (2o km).

Hauptroute: Die Landschaft wird immer rauher,- Connemara-Flair mit Teichen, Mooren und den Bergstöcken der Twelve Bens.

★ Das Dorf **RECESS** (KM 55) ist eine von zerzaustem Ödland eingerahmte, grüne Oase. Lauschige Wälder rund um den Glendalough Lake,- phantastische Abendspaziergänge in der friedlichen Atmosphäre.

Hinter dem Dorf führt eine 15 km lange Abkürzung nach Kylemore an der Nordseite der Connemara-Halbinsel. Quer durch das zwischen steilen Gebirgswänden eingequetschte Inagh-Tal: schilfumsäumte Seen links der Straße. Gehört zu den schönsten Pisten Irlands, Wegersparnis beträgt knapp 45 km.

BALLYNAHINCH (km 55) ist optimaler Startpunkt für Touren in den Twelve Bens. Ballynahinch bezeichnet einen Landstrich, keine Siedlung.

Ben Lettery JuHe (Tel.095/34636): AnOige-Hostel in faszinierender Lage, - direkt in den Berghang gebaut und vor der Haustür die blaue Wasserfläche eines Sees. Meilenweit von der nächsten Ortschaft entfernt.

Ballynahinch Castle Hotel: Tel.095/31oo6 DZ ca. 24o DM. Von schöner Parkanlage umgebenes Schloßhotel, 5 km von der Hauptstraße (Richtung "Toombeola"). Feudal eingerichtet. Exzellente Dinner für 6o DM.

Nächste Station ist CLIFDEN: siehe S. 3o4.

2.) KÜSTENROUTE

Das erste Drittel des 13o km langen Küstenstreifens hat landschaftlich nichts zu bieten: stark zersiedelt durch häßliche Neubau-Bungalows, das Hinterland ist weitgehend flach.

★ **SPIDDAL** (KM 18): Im Craft Centre arbeitet eine Gruppe von Kunsthandwerkern, Töpferwaren, Stricksachen, Musikinstrumente, Steinmetzarbeiten, Bric-a-brac usw. Vorbeischauen lohnt sich.

Sehr renommiert für die Standard-Souvenirs (Aran-Pullis, Tweed, Kristallglas, Belleek China) ist "Mairtin Standun"; große Auswahl.

Spiddal Village Hostel (Tel. o91/83555) gehört zu den "Budget-Hostels" und wurde im April 1989 eröffnet. Anfangs sehr gute Reporte, während gegen Ende des Jahres auch weniger euphorische Stimmen zu hören waren. Lage: erstes Haus nach der Ortseinfahrt, rechterhand, 7 km ab Galway.

Pubs: Wir haben lange überlegt, ob sich jene Info über die Musik-Sessions in HUGH'S BAR zur Veröffentlichung eignet. Erst nach dem ausdrücklichen "o.k." des Wirtes haben wir die Tinte fließen lassen: rund um die riesige Feuerstelle in der schummrigen Uralt-Kaschemme scharen sich regelmäßig illustre Musiker zu zwanglosen Sessions und machen erstklassigen Folk, aus reinem Spaß an der Freude und ohne Gagen. Die Namen zergehen dem Kenner auf der Zunge, sehr häufig sind hier etwa Mike Scott und Alec Finn von der Star-Gruppe DeDannan sowie Frankie Goven von den Waterboys anzutreffen. Wohnen alle drei hier in der Nähe.

Ca. 8 km hinter Spiddal das **Connemara Tourist Hostel** im Dorf Inverin, neben der Burmah-Tankstelle: nur wenn man Putzmittel und einen Besen mitbringt, um sich's gemütlich zu machen... Telefonnummer für Wildentschlossene: o91/931o4.

★ Vom Fischerort **ROSSAVEAL** (KM 36) fahren die Fährschiffe rüber zu den Aran-lnseln (Details S. 281).

UNTERKÜNFTE: keine Hotels, nur B&B.

Mrs. M. Hernon: Tel.o91/72158, DZ ca. 65 DM. Neuer Bungalow rund 4oo m von der Fähr-Anlegestelle. Für 25 DM herzhafte Dinner.

Das AnOige-Hostel "**Indreabhán**" liegt 8 km von Rossaveal entfernt, Fahrräder können gemietet werden. Der Warden liebt seine Hosteller ebenso innig wie sein Glas Guinness. Der Bus aus Glasgow hält direkt vor der Haustür, sehr häufig Gruppen!

★ Ab **COSTELLOE** ein Abstecher möglich zu den durch Brücken mit dem Festland verbundenen Inseln LETTERMORE und GORUMNA, beschildert mit "Road to the Isles". Flache Felsbuckel und Heidekraut, allerdings dicht besiedelt. Mehrere B&B-Häuser. Der Schlenker macht hin und zurück gute 35 km; (schöner Tagesausflug per Fahrrad ab der JuHe in Rossaveal).

★ Weiterer Abstecher führt von Gortmore (KM 53) über eine 5 km-Piste nach **ROS MUC**: Heißer Tip ist die Strickwaren-Fabrik,- Sachen sehr solide verarbeitet bei um 3o% niedrigeren Preisen.

Zum MUSEUM ausgebaut ist das Haus von Padraic Pearse, dem Dichter und Revolutionär von 1916. Traumhaft schöne Lage oberhalb eines Sees, drinnen das leicht angestaubte Mobiliar. Ausgeschildert.

Hinter Gortmore wird das Land immer unwirtlicher und einsamer, die Küste ist von tausend Buchten zernagt. Auf den engen Asphaltpisten können entgegenkommende Autos kaum passieren, und ständig der rauhe Wind von der See her.

★Carna (KM 73)

Carna ist das Herz der Connemara-Gaeltacht - interessant, etwa mal im Post Office oder im Shop die Ohren aufzumachen und sich in den Klang dieser fremdartigen Sprache reinzufühlen. Gibt dem Irland-Feeling hier draußen in der urwüchsigen Landschaft erst den richtigen Touch.

In der Umgebung zehn Strände,- weißer Sand zwischen den nackten Felsbuckeln. Selbstversorger sammeln Muscheln; beste Plätze zwischen Felsklötzen, wo das Wasser im Fließen ist. In kochendes Wasser geben, bis sich die Schalen öffnen. Dann rausnehmen und leerschlürfen.

Fischen von der Küste aus: Bester Platz an der Südküste von Mweenish Island. Angelruten gibt's beim Hostel. Bei etwas Geschick exzellente Ausbeute, da sehr sauberes Wasser und wegen des Golfstromes!

FINISH ISLAND ist eine kleine, unbewohnte Insel; noch vor 25 Jahren lebten vierzig Familien hier. Die Ruinen der Häuser stehen wie eine Geistersiedlung. Rüberlaufen nur bei Ebbe.

MWEENISH ISLAND kann per Damm erreicht werden. Stein-Wildnis, bewohnt von ein paar Familien (darunter ein B&B-Haus). Schön vor allem die Rundwanderung entlang der Küste: 2-3 Stunden auf Felsen und Sandstrand, während die Brandung gegen die Küste klatscht.

Ostan Charna Hotel: Tel.95/32255. DZ ca. 1oo DM. Für den Preis gut und empfehlenswert, alle Zimmer mit Bad.

Mehrere B&B-Häuser, durchweg nicht beim TI registriert und daher nicht buchbar.

Carna Hostel (Tel. o95/3224o) "In memoriam" an Seamie, der das Hostel 1985 aufbaute und zu einem der besten Irlands machte. Das tragische Ende kam 1987, als er völlig überraschend an Krebs starb und die Herberge in den Turbulenzen der folgenden Jahre herunterkam. Heute scheint die Witwe, die Seamus zurückließ, das gröbste hinter sich zu haben und die Hostel-Angelegenheiten wieder in den Griff zu kriegen.

Camping: Ein Stück Wiese mit Bäumen drumrum beim Carna Hostel, dort die Facilities mitbenutzen.

Ein gut ausgerüsteter Platz auf Mweenish Island. Schöne Lage auf einem Hügel oberhalb des Strandes.

✱ Cashel (KM 85)

Ziel vieler Jetset-Leute, die in den Top-Hotels zum Jagen und Fischen absteigen. Lauschiges Waldgebiet mit viel Rotwild.

> **Zetland Hotel:** Tel.: o95/31111; DZ ca. 255 DM. Erlesene Herrensitz-Atmosphäre, die großen Zimmer vollgestellt mit Antik-Möbeln. Für Zimmer mit Blick über die Bay 4o DM Zuschlag. Aus dem Gäste-Buch: 1976 wohnte Ex-Bundespräsident Scheel hier, eine Notiz von ihm hebt das exzellente Essen hervor (DM 6o für Dinner).
>
> **Cashel House:** Tel.: o95/31oo1; DZ ca. 265 DM. Ähnliches Level wie das Zetland. Zu den Gästen gehören Charles de Gaulles und der irische Präsident, der hier öfter Urlaub macht. Mit Tennis-Platz.

Ein paar Kilometer entfernt liegt das Ballynahinch Castle Hotel, das auf Seite 3oo beschrieben ist.

Die Küstenstraße schlängelt sich weiter entlang am zerklüfteten Meeresufer bis:

✱ Roundstone (KM 1o6)

Ein heimeliges Fischerdorf mit altbackenen Häuserfronten. Tollpatschige Seevögel und die bunten Kutter vor Anker. Abends schlendert man entlang der Piers und genießt die etwas modrige Hafen-Atmosphäre.

Eine Ansammlung verschiedener Craftshops findet sich im ROUND STONE PARK. Unbedingt mal beim Instrumentenbauer vorbeischauen (zum Beispiel die traditionellen Ziegenfell-Trommeln oder Bodhrams für 15o Mark).

Strand: am schönsten ist "Dog's Bay", 3 km Richtung Clifden. Traumhaft schöner Rundblick vom Errisbeg Hill (3oo m): im Hinterland hunderte von kleinen Seen, der weite Atlantik und das hektische Treiben unten am Hafen. Aufstieg von der Küstenstraße aus, ein Stück westlich vom Dorf. Problemlos mit Turnschuhen, dauert eine gute Stunde.

 Pubs: Schummer-Kaschemme für ein Bierchen zwischendurch ist O'DOWD'S PUB: alte Sherryfässer, wurmstichiges Regal hinter der Theke und alles wirkt ein bißchen selbstgezimmert.

> **Seals Rock Hotel:** Tel.: o95/3586o DZ ca. 75 DM. Ziemlich großes Hotel: gut und empfehlenswert, Zimmer ohne Bad.

Camping: Zwei Kilometer westlich vom Dorf an einem herrlichem Strand. Voll ausgerüstet.

 Nebenan ein RESTAURANT, ca. 1o-2o DM: Fisch frisch vom Hafen, das Gemüse dazu aus dem eigenen Garten. Gaumenkitzler ist die Fischsuppe Seafood Chowder, - bei den Genießern hier in der Region längst eine Legende.

Nach Clifden sind's noch gute zwanzig Kilometer über die sog. "Brandy & Soda Road",- zerschrammte Urlandschaft und prickelnde Atlantikluft. Ballyconneely ist die einzige Siedlung an diesem Abschnitt.

Clifden (14oo Einw.)

Hauptstadt von Connemara und ideales Centre für Ausflüge in die umliegende Berglandschaft. Ist im Sommer voll von Touristen, ohne seinen Charme zu verlieren: ein paar schläfrige Straßenzeilen an den Ausläufern der wuchtigen Berge, nur ein paar Schritte runter zur Küste und alles zusammen wirkt irgendwie herrlich provinziell.

Der Ort wurde 1812 am Reißbrett entworfen, spezielle Sehenswürdigkeiten hat er nicht. Zur Hochsaison können Engpässe entstehen, daher bei Zeiten über's TI buchen.

Rock Glen Hotel: Tel.: o95/21o35; DZ ca. 15o DM. Ca. 1 1/2 km außerhalb im Grünen gelegenes Country-House. Komfortabel möbliert, gute Atmosphäre, Wintergarten. Weniger Facilities als das Abbeyglen, ansonsten schöner.
Clifden Bay Hotel: Tel.: o95/21167; Main St. DZ ca. 12o DM. Nach dem Motto "vorne hui, hinten pfui" ein ansehnlicher Kasten, wo's immer wieder Beschwerden bezüglich Sauberkeit und Führungsstil hagelt.
Ardagh Hotel: Tel.: o95/21384; DZ ca. 12o DM. 3 km außerhalb, von einem Holländer geführt. Hat in den letzten Jahren noch an Renommé hinzugewonnen.
Barrys Hotel, Tel.: o95/21287, DZ ca. 12o DM. Von Kevin Barry, dem Vollblut-Musiker und dem Vorsitzenden des lokalen Kulturvereins, mit viel Engagement geführt - die ganze Familie langt zu und sorgt für persönlichen Touch. Alle Zimmer en suite.
Atlantic Coast Guesthouse: Market St. Tel.: o95/21o5o; DZ ca. 7o DM. Große, hotel-like geführte Pension (Rezeption, TV-Lounge). Gute Zimmer. Unten ein Billard - Raum.
Derryclare Guesthouse: The Square, Tel.: o95/2144o; DZ 7o DM. Nur fünf Zimmer. Das Atlantic Coast hat mir besser gefallen. Vorteil: mit gutem Restaurant.

BED&BREAKFAST: Juli und August ist ohne book-a-bed-ahead im Umkreis von drei km schwer was zu kriegen, in den ersten drei Augustwochen sowieso aussichtslos.

Insgesamt 6o Häuser: "in town", also in Gehweite vom Busterminal, eine Reihe von Privathäusern, sind als erstes vergeben.

An den Ausfahrtsstraßen viele Neubau-Bungalows: Richtung Westport und Galway nahe an der Straße mit viel Verkehrslärm, hohe Bettenkapazität.

Richtung Ballyconneely: ruhiger und ab vom Schuß. Häuser abseits der Straße zwischen Bäumen versteckt.

An der Sky Road faszinierender Panorama-Blick von der Haustür aus runter auf die Bucht. Schön auch die paar Häuser an der Straße runter zum Beach.

Billig-Herbergen: Zwei Hotels, nebeneinander am Ortsrand Richtung Sligo: eines mit weißer, das andere mit knallroter Farbe bepinselt.

Das "Weiße Haus": **Leo's Hostel** (Tel. o95/21429), auf jeden Fall das bessere. Leo ist freiberuflicher Taucher und sorgt für gewissen Sportlergeist.
Das "Rote Haus": **Central Hostel,** nur für den Notfall. Geführt von Tommy Keane, dem sprichwörtlichen Connemara-Al Capone mit recht zwielichtiger Persönlichkeit. Wurde aus dem Privathostel-Verband ausgeschlossen. Juli/August unbedingt vor 12 Uhr ankommen, bevor die Betten im Weißen Haus belegt sind.

Camping: Der schönste Platz liegt ca. 3 km außerhalb Richtung Westport: sehr sauber und wunderbar gelegen mit Kiefernbäumen drumrum.

Nur im Notfall einen der beiden Plätze innerhalb des Ortes, die zu den Hostels gehören: wenn schon, dann hinter dem "Weißen Haus", Facilities in der Herberge mitbenutzen.

ROCK GLEN HOTEL ist eines der Top-Lokale von Clifden. Nobles Ambiente mit Messing-Kandelabern und Samtsesseln, den Aperitif genießt man im Wintergarten an der Front-Bar. Klassische französische Küche mit üppiger Verwendung von Saucen. Menü ca. 5o DM.

DORIS' RESTAURANT von zwei Auswanderer-Deutschen, die ihre ehemalige "Vegetarier- und Pizzen-Pinte" kräftig auffrisiert haben. Die besten Steaks in Clifden, der Lachs soll laut Leserbrief-Echos einsame Spitze sein. Auch das Ambiente mit heimeligen, verwinkelten Räumlichkeiten und einer Harfenspielerin paßt dazu. A la carte 2o-3o DM, reservieren unter Tel. o95/21427.

D'ARCEY'S INN (Main St.): Beliebt bei den Locals, da satte Portionen und lecker zubereitet. Zwei lange Tischreihen, Holzdecke und eine Bruchsteinwand. Fischgerichte und Steaks zwischen 15 und 3o DM.

DEERYCLARE (The Square): Einrichtung für die Preisklasse passabel (Kachelboden, Holztische), à la carte 1o-15 DM. Meeresfrüchte und Grillsachen, mit denen die Gäste regelmäßig zufrieden sind.

Barmeals: An Spailpin Fanac, in der Market Street. Wer sich beim Aussprechen des Namens der Kneipe die Zunge nicht gebrochen hat, wird mit exzellenten Gerichten für 1o-15 DM belohnt.

Eine ordentliche Palette von Kuchen und duftenden Bohnenkaffee wie bei Frau Sommer: Lindas Crafts (Market Street), man sitzt zwischen Regalen mit Pullovern (siehe unten bei Shopping).

SHOPPING

Breites Angebot im <u>Celtic Crafts</u> (Main St.) von Silberschmuck über Kristallglas bis zu Tweed- und Wollsachen.

Gegenüber im <u>Weaver's Workshop</u> kleines, aber geschmackvolles Angebot an Websachen (Pullover, Wandteppich etc.). Viele der Stücke von der Besitzerin selbst hergestellt.

Der Nobelshop für erlesene Sachen (Tweed, Jacken, Pullover) im <u>Millar's</u> (Main St.). Zwar teuer, aber gute Qualität.

Handgestrickte Pullis aus handgesponnener Wolle bei <u>Lindas Crafts</u> (Market Street). Linda ist Exil-Deutsche, die hier am Rand Europas vor sich hin spinnt: vielleicht das Design für einen Pulli durchsprechen und ihn sich zuschicken lassen. Im Shop Kuchen und Kaffee.

<u>Margarete Joyce Shop</u> (Market Street): Modell-Pullover von namhaften irischen Modedesignern wie etwa Lainey Keogh (Sieger der Monte-Carlo-Meisterschaften in der Sparte Leinenverarbeitung). Preise von ca. 15o-45o DM.

Pubs Die Bars vom <u>BARRY'S HOTEL</u> und vom <u>CENTRAL HOTEL</u>, beide nebeneinander in der Main Street, sind Treffpunkt der Liebhaber eines reinrassigen Irish Folk. Der Besitzer Kevin Barry ist eine Institution hier in diesem Landzipfel: Vollblut-Musiker, der sich schon viel Verdienst erworben hat durch diverse kulturelle Tätigkeiten (Vorsitzender des Kultur-Vereins!).

Sauf-Stimmung in <u>MANNION'S BAR</u> (Market Street), wo ein Klavier zum Rumhacken einlädt und Traveller ihre Klampfen mitbringen.

Musik-Szene: Neben Kevin Barry sind die Mullens die Stars hier im Connemara-Westzipfel, eine Familie aus Clifden, wo der Vater mit seinen zwei Söhnen auftritt. Fast schon virtuose Spielleistung und Bomben-Stimmung. Weitere Musik-Prominenz aus der Gemarkung Clifden ist John Gerald Walsh, der sein Akkordeon beherrscht wie ein Magier und auf diesem Instrument in ganz Irland renommiert ist. Rein instrumental.

Die <u>CENTRAL BAR</u> ist die beste Infoquelle, wo die Mullens oder Walsh spielen. Beide haben Fernsehauftritte zu verbuchen; ihre Kassetten gibt's im Elektroladen Jackie Wards (Market Street), wer sich eine Konserve ihrer Musik mit heimnehmen möchte.

FESTE

Jahrmarkt-Stimmung mit Ständen und Buden überall in den Straßen während der "Pony Show" (ein Donnerstag in der zweiten Augusthälfte): Wettbewerbe und Markt für die zottigen Connemara-Ponies.

Festival Week (Anfang August): Verrückte Veranstaltungen von Sackhüpfen bis Seilziehen, - auf einer "open-air"-Bühne am Square läuft jeden Abend Musik.

Blues Festival (erstes September-Wochenende), wurde 1989 ins Leben gerufen und war sofort ein Riesenerfolg. Stelldichein von Irlands Blues-Größen.

Tip für 199o: am letzten Mai-Wochenende treffen sich die besten Folk-Musiker des Country Mayo zum Country Fleadh. Wettbewerbe, volle Kneipen und lange Nächte.

Bike-Rent: Ideales Transportmittel für die wilde Landschaftsszenerie in der Umgebung des Ortes. Adresse: John Mannion, Railway View.

Touren ab Clifden

★ SKY ROAD

Phantastische Rundtour um eine Halbinsel, ca. 15 km. Die Piste ist in den Abhang gekerbt,- von dort Blick runter auf die tiefblaue Bucht mit vorgelagerten Felsschären. Am Ortsende beschildert. Mehrere Leserbriefe favorisieren, die Sache trotz der Steigungen per Rad zu machen.

★ BRANDY & SODA ROAD

Von Clifden nach Ballyconneely, Roundstone und zurück nach Clifden: Knappe vierzig Kilometer durch zerschrammte Mondlandschaft, vor allem per Fahrrad unvergeßlich. Der Name kommt von der würzigen Luft hier draußen (Moorgeruch vermischt mit Atlantik-Brise).

★ TWELVE-BENS-RUNDTOUR (6o km)

Auf der N 59 bis Ballinafad, durch's wildromantische Inagh-Valley und via Letterfrack zurück, - dramatische Fahrt immer am Fuß der mächtigen Bergstöcke lang. Keine starken Steigungen, daher auch mit dem Rad gemütlich zu machen.

★ CLEGGAN

Zum Fischerort und zurück über das Küstensträßchen: Von Torfstechern zerwühlte, düstere Moorlandschaft, an der Küste klatscht die Brandung. Insgesamt 25 km, kaum Steigungen. In Cleggan modrige Hafen-Atmosphäre, wenn die Trawler einlaufen und Hunderte von Möwen auf den Kaimauern sitzen.

✦ OMEY ISLAND

Heißer Tip: winzige Gras-Insel mit wundervollen Sandstränden und nur zwei, drei Familien, die dort wohnen. In der Mitte der Insel ein einsamer See. Bei Ebbe (den Zeitpunkt in Clifden nachfragen) kann man ab Claddaghduff die zwei Kilometer durch's Watt rüberlaufen oder -fahren. Unbedingt was zum Trinken mitnehmen.

✦ INISHBOFIN

Kleine Insel, 1o km draußen im Atlantik, 22o Einwohner. Man fühlt sich sofort fünfzig Jahre zurückversetzt: die Uhr langsamer stellen und über die Kuh steigen, die auf der Straße pennt.

Fähre: Die Zeit der romantischen Fischkutter-Transfers ist vorbei, seit 1989 eine ordentliche Passagierfähre eingerichtet wurde. Täglich einmal ab Cleggan: raus gegen Mittag, abends zurück (ca. 5 Stunden Aufenthalt). Die Überfahrt dauert eine Dreiviertelstunde. Preis etwa 2o DM return.

Steilküsten, Strände am Fuß der Klippen, bunte Wiesenblumen wechseln mit Moorflächen. An der Westseite tummeln sich oft Scharen von Seehunden. Für Transport evtl. Fahrrad mit rübernehmen. Aber nicht unbedingt nötig, da nur 5 km lang und 3 km breit.

Für Unterkünfte zwei Hotels:

Day's Hotel (Tel.: o95/458o3, DZ ca. 9o DM) liegt direkt am Pier: die strategisch günstige Lage dämpft etwas das Engagement der Besitzer.

Viel schöner und sauberer das **Doonmore Hotel** (Tel.: o95/458o4, DZ ca. 8o DM) 1o Gehminuten hinter dem Pier.

Außerdem eine ganze Latte von B&B-Häusern,- jedoch ist keines Mitglied von Bord Failte (daher keine Buchung durch's TI-Office).

Dinner in den Hotels ist recht teuer: vierzig Mark für ein komplettes Menü. Seit Jahren unangefochtener Favorit ist das <u>LOBSTER POT</u>; im Schnitt 5-1o DM für Salate, Quiche usw., alles aus biologischem Anbau. Die selbstgebraute Limonade hat noch niemanden kaltgelassen.

<u>Selbstversorger</u> decken sich im Insel-Shop mit Konserven und Brot ein. Kommunikations-Zentren auf der Insel sind die beiden Hotel-Bars, wo praktisch jeden Abend Musik gemacht wird - im Doonmore Hotel fällt die Sperrstunde zeitlich häufig mit dem Sonnenaufgang zusammen...

✦ INISHTURK

Die abgelegenste der Westküsten-Inseln, wo sich Fuchs und Hase die Hand reichen. Volles "Inselfeeling", kaum Touristen und am Morgen werden die Bürgersteige erst gar nicht runtergeklappt. Ein magazinartiger Bimmel-Laden, die Regale vollgestopft mit Konserven, versorgt die paar Bewohner.

Das Postboot verkehrt nur einmal pro Woche ab Rinvyle, außerdem zweimal pro Woche Versorgungsboot von der Nachbarinsel Inishbofin. Die Fischer von Inishturk bringen jedoch täglich ihren Fang nach Cleggan. Einfach unten am Hafen und in der Pier-Bar rumfragen, - die beste Zeit ist von 18-2o Uhr. Preis je nach Sympathie, im Schnitt mit 2o Mark einfach rechnen.

Abends trifft man sich in der Inselkneipe zum Bier und macht Musik, während draußen der Atlantikwind pfeift. Außerdem ein einfaches Restaurant (gute Meeresfrüchte).

Für Unterkünfte stehen nur ein paar B&B-Häuser zur Verfügung: Unbedingt schon auf dem Kutter, der einen rüberbringt, per Funktelefon buchen. Oder wildcampen.

VON CLIFDEN NACH WESTPORT

sind's je nach Route 65 bzw. 9o km. Schaffen auch Radfahrer bei etwas Anstrengung an einem Tag. Anfangs karge Connemara-Landschaft mit wuchtigen Bergklötzen, später weite Ebene.

Busse: Derzeit nur einmal pro Woche (donnerstags), Fahrpreis ca. 2o DM. Im Fahrplan nachschauen und rechtzeitig disponieren, um lästiges Warten auf den Anschluß zu vermeiden.

✤Letterfrack (KM 18)

Ehemalige Quäker-Siedlung am Fuß des Diamond Hill. Die Häuser verstecken sich in einer Wucherung von Fuchsienhecken.

Die Region südlich des Dorfes gehört zum 2o km^2 großen "Connemara-Nationalpark": gebirgige Urlandschaft mit unberührter Natur. Durch Ausstellungen im Visitor Centre wird das nötige Background-Wissen über den Park vermittelt. Von hier aus starten zwei kurze Wanderwege, die gut beschildert sind. Wer längere Touren plant, setzt sich am besten mit dem Leiter des Besucherzentrums in Verbindung.

Klassischer Panorama-Blick vom Diamond Hill (45o m), einem der Twelve Bens: die zerrissene Küste, die Berg-Wildnis im Hinterland und die Seen von Kylemore mit dem Bilderbuch-Schloß. Aufstieg problemlos, dauert gute zwei Stunden.

Ein paar Kilometer hinter Letterfrack liegt das Märchenschloß <u>KYLEMORE ABBEY</u> mit tausend Türmchen und Zinnen. Verträumt am Ufer eines schilfbewachsenen Sees, dahinter die Berge. 1864-68 erbaut, heute ein Nobel-Internat. Wunderschöner Vogelperspektive-Blick von der <u>Heiligenstatue</u> am Berghang aus (der Trampelpfad dorthin beginnt hinter dem Schloß).

<u>Rosleague Manor House</u>: Tel.: Moyard 7, DZ ca. 185 DM. Georgianischer Prachtbau mit hohen Decken und großen Räumen, - Auszug aus dem Gästebuch: 1987 hat hier kein geringerer als Richard von Weizsäcker seinen Irland-Urlaub verbracht. Malerische Lage an einer Bucht. Dinner ca. 55 DM.

<u>B&B-Häuser</u> vermittelt das TI.

★ Ein Abstecher ab Letterfrack führt zur **<u>RENVYLE-HALBINSEL</u>**, der Schlenker macht zusätzlich rund 15 km. Einspurige Piste, kein öffentlicher Transport. Mit dem <u>Fahrrad</u> hier raus zu fahren ist schweißtreibend, aber grandiose Landschaftseindrücke: verwitterter Stein, an der Küste traumhafte Strände, der tief eingeschnittene Fjord Killary Harbour.

Heißer <u>Tip</u>: Wenig bekannt unter Travellern ist der Berg <u>Benchoona</u>, von dessen Gipfel aus sich das gesamte Landschafts-Panorama von Nord-Connemara ausbreitet, - der Atlantik mit seinem Inselteppich, der Fjord und im Hinterland die verschlungenen Bergketten. Aufstieg in 2 Stunden zu schaffen, Ausgangspunkt ist die Landstraße zwischen Lough Fee und Lough Muck. Orientierung unproblematisch

<u>Renvyle House</u>: Tel.: o95/43511, DZ ca. 2oo DM. An der Küste gelegene Feudal-Herberge, Service 1-A. Gute Sport-Möglichkeiten.

AnOige-Hostel **<u>Killary Harbour</u>**: Eine der schönsten Jugendherbergen des Landes,- acht Kilometer ab von der Hauptstraße am tiefblauen Fjord und mit Schwung geführt. Viele irische Gäste. Neuer Warden ab Saison 199o: kann hier besser werden.

Camping: <u>Lettergesh Park</u>: Toiletten und Duschen, gut geführt, 8 km ab Letterfrack. Einzigartig gelegen an der Spitze der Halbinsel, das Zelt direkt am Traum-Strand aufschlagen.

Die Hauptstraße N 59 zieht sich am Killary-Fjord entlang, - wie verbrannt aussehende Hügelketten rahmen die blaue Wasserfläche ein.

★ Nächste Station ist der Bergwanderer-Treff **LEENANE**, der beste Startpunkt für Touren in die <u>Maamturk Mountains</u>.

Für Leute ohne derartige Ambitionen bringt der Ort wenig.

Tip für eine kürzere Tour ist <u>Devilsmother</u> (660 m),- lohnend vor allem wegen der sagenhaft schönen Aussicht rein in den langgezogenen Killary-Fjord.

Startpunkt: circa 4 km Richtung Westport in Leenane, von hier über den recht steilen Abhang zu einem Vorsprung und weiter über den Kamm zum Gipfel. Hin und zurück etwa drei Stunden.

Die "<u>Aashleagh Falls</u>" liegen 5 km östlich wo die Straße nach Louisburgh von der Hauptstraße Richtung Westport abzweigt. (Von dort 2oo m zu Fuß: zwischen knorrigen Kiefern rauscht der Erriff River in den Fjord.

Im B&B-Haus "**Portfinn Lodge**" (Tel.: o95/42265) haben alle Zimmer eigene Dusche und Toilette. DZ ca. 65 DM.

Leider weder Billig-Hostels noch Campingplatz.

Von Leenane führt eine Piste quer durch die Maamturk Mountains runter nach <u>Cong</u> (S. 313 , Billig-Herberge). Friedliche Landschaft mit Bergtälern und Heidekraut-Steppe, - insgesamt 35 km.

WEITER RICHTUNG WESTPORT:

Die Hauptstraße N 59 zieht sich 3o km durch Wald- und Torfgebiete. Gut ausgebaut und kaum Steigungen, daher Entspannungsübung für Radfahrer. Die Busse nehmen die gleiche Route. Landschaftlich weit mehr bringt die <u>Küstenroute via Louisburgh</u>, - großartige Bergfahrt mit Pässen und über enge Steinbrücken. Knapp 55 km, per Rad recht anstrengend.

★ Das verschlafene Nest **DELPHI** am Fin Lough liegt wie eine grüne Oase im Connemara-Ödland. Schöner Landstrich, um einfach ein bißchen rumzuhängen.

Nördlich das <u>Doolough</u>: von felsigen Hügelketten eingerahmter See, die Silhouetten spiegeln sich auf der schwarz wirkenden Wasserfläche. Am Ufer spazierengehen oder Boot mieten und rumrudern (Bootsverleih beschildert.).

Kontrastprogramm ist das <u>LOUGH TAWNYARD</u>, ein von Kiefern- und Fichtenwäldern umsäumter See. Zu erreichen über eine 7 km lange Bergstrecke.

Wer Einsamkeit sucht, findet sie in der kargen Hügellandschaft östlich von Doolough. Von der höchsten Erhebung <u>Glascame</u> schöner Rundblick auf die umliegenden Berge und die Seen von Delphi.

Hinter der "Delphi-Schlucht" breiten sich Torfebenen aus bis nach ★ **<u>LOUISBURGH</u>**, einem Fischerdorf mit ein paar schönen Sandstränden. Unterkünfte in den B&B-Häusern, Campingplatz neben dem Old Head Hotel.

Pubs: In Folkmusiker-Kreisen bekannt: das OLD HEAD HOTEL, unten in der Kneipe praktisch jeden Tag zwanglose Sessions. Auch Top-Musiker mit international bekannten Namen schmeißen hier ihre Instrumente an. Der Besitzer ist ein enger Freund vom Chieftain-Mitglied Matt Molloy.

Eine 7 km-lange Landstraße führt rüber zum Roonah Quay, wo die Boote nach Clare Island abfahren. Details auf S. 323.

Die Küstenstraße Louisbourgh-Westport ist wieder gut ausgebaut. Markantester Punkt ist der heilige Berg CROAGH PATRICK auf halber Strecke.

B) GALWAY ⟫⟶ WESTPORT
(DIREKTROUTE VIA CONG)

Die Counties Galway und Mayo östlich der Connemara-Berge sind fruchtbares Acker- und Wiesenland ohne besondere Highlights. Die wichtigsten Orte und Sehenswürdigkeiten haben wir am Ende des Kapitels auf S. 315 beschrieben.

Ganz anders die beiden Seen LOUGH CORRIB und LOUGH MASK mit ihrem Insel-Wirrwarr sowie der Landstrich dazwischen: üppige Bruchwälder und romantische Altwasser. Der Hauptort ist das Dorf CONG.

Busse: Mit "Bus Eireann" tgl. zweimal ab Galway, eine Linie davon hat Anschluß rüber nach Clifden. Kein Anschluß Cong-Westport. Stop Press: es ist ein Minibus-Transfer zwischen dem Hostel in Cong und den Städten Galway und Westport geplant. Infos in den Herbergen oder bei Gerry Collins vom Cong Hostel (Tel. o92/46o89). Würde das Reisen in dieser Region sehr erleichtern: wir wünschen dem Projekt viel Erfolg und Fortbestand auch in späteren Jahren.

LOUGH CORRIB hat 365 Inseln mit dichter Baum-Vegetation, die wie subtropisch bewachsen aus dem Wasser schießen. Atemberaubender Farbkontrast der grünen Inseln und dem Blau der Wasserfläche.
Heißer Tip: Überall in den Dörfern an den Ufern gibt's Boote zu mieten, - rausrudern zum Picknick in einer abgelegenen Bucht.

Auf der Insel INCHAGOILL stehen zwei alte Kirchenruinen: Allein rausrudern ist nicht ungefährlich, deshalb besser einen Ghillie mieten (fährt mit Außenborder). Dauert einen halben Tag; ca. 5o DM.

LOUGH MASK kann für Unerfahrene gefährlich werden (schon öfters

Unfälle) wegen der unberechenbaren Strömungs- und Windverhältnisse. 1984 ertrank eine ganze Familie beim Sonntagsausflug.

Fischen ist auf beiden Seen exzellent und gratis. Auch wer davon weniger versteht, kann probehalber die Angelschnur mal auswerfen.

Cong

Wohl eines der schönsten Dörfer Irlands. Verwaschene Häuserfronten auf einer Flußinsel, im Schilfdickicht an den Rändern brüten Schwäne und Bläßhühner. Cong ist optimaler Ausgangspunkt zur Erkundung von Lough Corrib.

Hier wurde der Kino-Klassiker "A Quiet Man" mit John Wayne und Maureen O'Hara gedreht, die meisten Passagen im Park des Ashford Castle. Wer den Film gesehen hat, wird einige Landschaftsszenen wiedererkennen. Interessant auch, die Leute in den Pubs drauf anzusprechen, für die die Dreharbeiten heute noch das große Ereignis darstellen.

Brennpunkt des Dorfes ist das wuchtige ASHFORD CASTLE am Ufer des Corrib-Sees (schönste Ansicht vom Boot aus). Drumrum eine weitläufige Parkanlage, sehenswert auch die Lobby des Castles, mit seinen pompösen Möbeln und speckigen Ölgemälden (siehe unten bei "Hotels").

Der Eintritt kostet 7 DM - kann man sich sparen, wenn man das Gelände durch die Ausfahrtstraße betritt, wo kein Kontrollposten steht. Das Schloß wurde im frühen 18.Jh. erbaut und später von der mächtigen Guinness-Familie angekauft. Mehrere Anbauten folgten, bis es 1939 in ein Hotel umfunktioniert wurde. Heute ist es in der Hand eines amerikanischen Syndikats.

Tip für den Abend: In der Keller-Bar des Castle (DUNGEON BAR) läuft fast täglich Entertainment. Kein Eintrittsgeld; Getränkepreise etwas überhöht, aber nicht unerschwinglich.

Auf keinen Fall versäumen, ein Boot zu mieten und auf dem See rumzurudern. In Cong mehrere Vermieter (z.B. das B&B-Haus "Mrs. Lydon, die Preise liegen im Schnitt bei 3o DM/Tag.

Im Sommer täglich Kreuzfahrten auf dem Lough mit der "Corrib Queen". Sich's an Deck bequem machen, während der Kahn um die Inseln tuckert. Auf Inchagoill wird angelegt. Kostet ca.17 DM (für Leute vom Hostel ca.1o DM). Abfahrt hinter dem Ashford Castle und am Lisloughrey Pier.

Ein schöner Spaziergang führt vom Castle aus 2 km entlang dem Seeufer bis zur Blockhütte CHALET (Kieselweg). Atemberaubend bei Sonnenuntergang, wenn sich die Wasserfläche glutrot einfärbt. Dort ein sicherer Platz zum Schwimmen.

Sehenswert ist außerdem <u>CONG ABBEY</u> am Ortsrand; stammt aus dem 12.Jh. Das Fischerhaus der Mönche ist pittoresk über den Fluß gebaut,- die Angelschnur wurde durch den Spalt am Boden ins Wasser gehängt.

<u>Bike-Rent:</u> beim <u>O'Connor's Supermarkt</u>, an der Ortsausfahrt Richtung Connemara. In der Umgebung Congs von Waldwegen durchzogene Auwälder, stille Flußarme mit Röhricht und das Hügelland im Westen. Ideal für Radwanderungen.

Für den einmaligen Rundblick über die gesamte Region lohnt sich die Besteigung des <u>MOUNT GABEL</u>: in Clonbur an der Tankstelle links vorbei, die ersten zwei Kilometer per Auto möglich. Dann noch eine halbe Stunde zu Fuß. Beide Seen mit den Inseln im Panorama.

Shopping: Im Craftshop <u>Rubha-oilean</u> in Cornamona oft Aran-Pullis im Sonderangebot, dann bis zu 3o % billiger.

Wer sich länger in der Gegend aufhält, sollte sich unbedingt den Führer "<u>The Glory of Cong</u>" in einem der Shops besorgen: enthält eine Unmenge von Tips und Background-Infos.

<u>Ashford Castle</u>: Tel.: 092/46oo3; DZ ca. 5oo DM. In den Zimmern bombastische Antik-Möblierung, - ein Feeling wie der Schloßherr persönlich. Wer (vielleicht als Spleen für eine Nacht) einziehen möchte, sollte bereits in Deutschland über ein Reisebüro vorausbuchen. Für's Dinner weitere 8o DM pro Person einkalkulieren.

Das Castle ist Irlands Top-Hotel. Auszug aus dem Gästebuch: Telly Savalas alias Kojak, John Travolta, Johnny Cash, Fred Astaire, Margaret Thatcher, John Wayne etc.

Im Sommer 1984 war Ronald Reagan zu Gast, der das komplette Hotel übernahm: außer einem kurzen "Hallo" zum Manager hatte er, da abgeschirmt durch die Security-Officers, absolutes Sprechverbot mit dem Personal. Sein Zimmer wurde mit trainierten Wachhunden abgecheckt, ein Trupp Bodyguards hielt die ganze Nacht über Wache. Bis hin zum Wasser wurde alles aus den Staaten mitgebracht, und sein Essen wurde nicht im Hotel, sondern in der eigens eingeflogenen, mobilen Küche zubereitet.

<u>Ryan's Hotel</u>: Tel.: 092/46oo4, DZ ca. 8o DM. Main St. Einfache Zimmer, Teppichboden.

<u>The Gables</u>: Tel.: Cong 1o8, Main St. DZ ca. 6o DM. Mrs. McIntyre empfängt die Gäste mit reinster Quasselstrippe. Wirkliches bombiges Frühstück. Das Haus liegt mitten im Dorf.

<u>Mrs C. Lydon</u>: Tel.: 092/46o53, DZ ca. 6o DM. Nette Atmosphäre im Haus nahe am Lough Corrib. Ein Zimmer mit Dusche 2 DM Zuschlag.

<u>Corrib View Villa</u>: Tel.: 092/46o32, DZ ca. 6o DM. Ca. 2 km außerhalb Richtung Cross: Farmhaus, - Service und Zimmer o.k. Urgemütliche Lounge. Ein Pfad führt in drei Minuten runter zum See.

Ein gutes <u>B&B-HAUS</u> in Clonbur ist das **<u>Farehill Guesthouse</u>**, - mit einer Bar, wo regelmäßig gute Musik läuft. Viele Stammkunden, die wegen des guten Dinners Jahr für Jahr wiederkommen.

BILLIG-HERBERGE ist das private **Cong Hostel**. Gäbe es einen Michelin-Guide für Hostels, wären hier wohl fünf Sterne fällig: supersauber, Top-Facilities und kostenloser Verleih von Ruderbooten und Angeln auf dem Lough Corrib. Bei schönem Wetter wird draußen gegrillt. Jeden Abend läuft im "Hostel-Kino" der John-Wayne-Film "A Quiet Man". Tel. o92/46o89.

Im Nachbarort Cross, 5 km ab Cong: das **Courtyard Hostel**, auf einer stilechten Schaffarm. Zufahrt durchs Hoftor, Hundegebell zur Begrüßung. Hinter der Scheune Weiden, Büsche und Bienenkörbe. Vom baulichen Zustand her durchschnittlich. Außerdem Möglichkeiten zum Campen sowie bike-rent.

Camping: Der Campingplatz beim Cong Hostel hat sich in den letzten Jahren kräftig gemausert: das "Stück Wiese" wird im Sommer zur weiten Zeltstadt, wo die Rucksackler unter sich sind.

Einzigartig gelegen ist der Campingplatz Hydeoute,- dichte Büsche und Hecken drumrum. Gehört zu einer Farm und bei schlechtem Wetter kann in der Scheune geschlafen werden. Aber leider keine Duschen, nur Toiletten und Waschbecken. 1 1/2 km außerhalb von Cong Richtung Clonbur (beschildert).

CORRIB HOUSE: Sehr persönlicher Touch, wenn die Gerichte im freigeräumten Wohnzimmer serviert werden; am besten sind die Lachse und Forellen. Sehr empfehlenswert: Menü ca. 33 DM.

COFFEE SHOP: Nur tagsüber bis 19 Uhr kleinere Snacks und Kaffee bis 4 DM. Gute Atmosphäre, alles selbstgemacht (inklusive Marmelade und Brot). Phantastisch billig der "Salmon Salad": ein Stück Lachs mit Salat und einer Palette von Gemüsen für 12 DM. Oder Irish Stew für 1o DM.

COFFEE POT: Salate, Burger, kleinere Grillsachen. Nur fünf Tische.

Ziemlich enttäuschend. Wer Musik hören möchte, fährt etwa 5 km raus nach Cross: zwei Pubs, wo im Sommer abwechselnd jeden Tag Sessions steigen.

Östlich von Connemara

Hier die wichtigsten Orte/Sehenswürdigkeiten östlich von Connemara. Sind nur vom Sightseeing-Standpunkt aus interessant, oder für einen kurzen Stop, wenn sie sowieso en route liegen.

★LOUGHREA   (3.5oo Einw.)

Schön an einem See gelegenes Dorf, - in den Kneipen viel traditionelle Musik, wo kräftig das Guinness fließt.
In der "Dunkellin Street" ein Museum über die gälischen Sportarten.

✦ MOUNTBELLEW

Hat eine schöne Parkanlage mit einer originalen Schmiede, einer Getreide-mühle und umzäunten Anlagen mit stattlichen Hirschen und Rehen.

✦ TUAM   (4.5oo Einw.)

Bischofs- und Industriestadt, - die Straßen laufen strahlenförmig am acht-eckigen Marktplatz zusammen (dort ein imposantes, 4 1/2 m hohes Markt-kreuz aus dem 12.Jh.). Nicht weit davon in der Shop Street steht das Mill Museum, eine nostalgische Getreidemühle. Die beiden Kathedralen (katho-lisch und protestantisch) stammen aus dem 19.Jh.

Quirliges Treiben bei den Viehmärkten und Wochenmärkten, wo die Farmer der Umgebung herbeiströmen.

✦ BALLINTOBER ABBEY

Nordöstl. von Lough Mask an der N 84: Augustinerkirche aus dem Jahre 1216; 196o komplett restauriert. Grauer Steinbau im Kreuzriß-Format, beachtenswert unter anderem das gotische Eingangsportal. Ist alles in allem einen Stop wert.

✦ KNOCK

Erstrangiger Wallfahrtsort, wo jährlich Hunderttausende hinpilgern. Grund: 1879 ist hier die Jungfrau Maria erschienen und hat sich zwei volle Stunden den Gläubigen präsentiert. Und als angenehmer Nebeneffekt hat sich im Dorf ein schwunghafter Handel mit Holzkreuzchen und Heiligen-bildern aller Art entwickelt.

✦ CASTLEBAR   (6.5oo Einw.)

Hauptstadt der Grafschaft Mayo. Gemütlicher Marktort: querdurch zieht sich die prächtige Lindenallee "The Mall".

Westport   (3.5oo Einw.)

Schöne Trips in die Umgebung. Am achteckigen Marktplatz ("Octagon") laufen strahlenförmig die Straßen zusammen. Parallel dazu der Pracht-Boulevard "The Mall" mit seiner knorrigen Allee und den georgianischen Häuserfassaden. Mittendurch fließt der Carrowbeg River, den behäbige Steinbrücken überziehen.

1-2 km vom Stadtkern entfernt liegt der Hafen ("The Quay"): heute kaum mehr benutzt, - bemooste Kaimauern, leerstehende Lagerhallen. Wegen der guten Pubs und der Restaurants ist hier unten am Abend meist viel Betrieb. Anfahrt über die Küstenstraße nach Louisbourgh. Westport wurde Ende des 18.Jahrhunderts künstlich angelegt.

Westprovinz Mayo 317

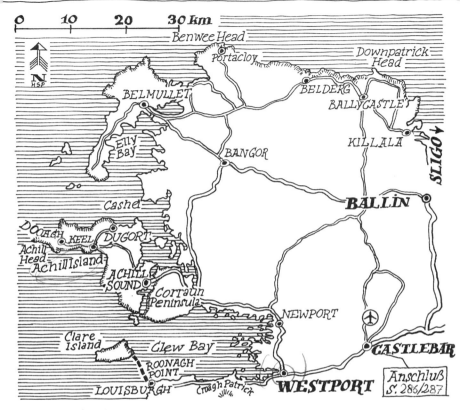

Verbindungen

	Busse: Haltestelle ist der Hauptplatz "Octagon"		
	nach Achill	3x/Tag	ca. 8o Min.	ca. 15 DM
	nach Clifden	1x/Woche	ca. 1 Std. 4o Min.	ca. 2o DM
	nach Ennis	1x/Tag	ca. 4 Std. 1o Min.	ca. 38 DM
	nach Galway	2-3x/Tag	ca. 2 Std.	ca. 25 DM
	nach Limerick	1x/Tag	ca. 4 1/2 Std.	ca. 4o DM
	nach Sligo	1-2x/Tag	ca. 2 1/2 Std.	ca. 32 DM

Fernbusse: nach Dublin	2x/Tag	ca. 5 1/4 Std.	ca. 3o DM
nach Belfast	1x/Tag	ca. 7 Std.	ca. 45 DM
nach Cork	1x/Tag	ca. 6 1/2 Std.	ca. 45 DM

Züge: nach Dublin 7x/ Tag ca. 3 1/2 Std. ca. 4o DM für Fahrtrichtung Westport nach Dublin, ca. 75 DM für umgekehrte Richtung (Dublin nach Westport)

Bike-Rent: J.P. Breheny&Sons, Castlebar Street, Tel.: o98/25o2o.

Erstrangige Sehenswürdigkeit ist das georgianische Schloß WESTPORT HOUSE, 173o erbaut. Italienische Gipsarbeiten, kostbare Möbel, irisches Silber und chinesisches Porzellan geben dem Haus ein illustres Ambiente. Liegt malerisch an der insel-übersäten Clew Bay, drumrum ein schöner Park (mit Privatzoo für Kinder).

Die Clew Bay gehört zu den besten Plätzen für SEA ANGLING in Europa. Bis hin zu Rochen und Haien wird hier so ziemlich alles an Land gezogen. Insgesamt drei Boote, die täglich rausfahren, und zur Juli-August-Wende ein internationales Hochseeangler-Festival. Infos und Buchen beim Tourist Office.

Westport Ryan Hotel: Tel.: 098/25811; DZ ca. 22o DM. Guten Kilometer ab vom Ortskern Richtung Louisburgh bzw. an der Straße runter zum Quay. Moderner Zweckbau mit allen Facilities: jedoch wie sämtliche Hotels der Ryan-Kette individuelle Atmosphäre, kinderfreundlich und keine Reisegruppen!

Castle Court Hotel: Castlebar St. Tel.: 089/254444; DZ ca. 18o DM. Um die Ecke vom TI: supersauber, freundlicher Service, geschmackvoll möblierte Zimmer (mit Bad +TV). Das Hotel wurde von der eingesessenen Corcoran-Familie während der letzten 2o Jahre schrittweise aufgebaut.

Old Railway Hotel: The Mall; Tel.: o98/25166; DZ ca. 125 DM. Seit die neuen Besitzer "die Handwerker kommen" ließen: wieder "on top" als charaktervoller Bau, - Antikmöbel im Lounge, verschacheltes Lay-out der Zimmer (mit Bad + Dusche). Liegt gleich neben dem TI.

Clew Bay Hotel: James St. Tel.:o98/25438; DZ ca. 1oo DM. Zimmer (mit Bad u. Dusche) gleiches Niveau wie beim Railway Hotel, das Gebäude als ganzes hat aber weniger Stil.

Grand Central Hotel: The Octagon; Tel.: o98/25o27; DZ ca. 85 DM. Nicht überaus einladend - lieber die paar Mark drauflegen und ins Clew Bay gehen.

Angler's Rest Guesthouse: Castlebar St. Tel.: 089/25461; DZ ca. 65 DM. Zimmer einfach und klein, unten im Haus eine Bar, wo jede Nacht Musik läuft.

BED&BREAKFAST: Eigentlich nie Engpässe. "In town" überall verstreut, wer gemächlichen Tag in Westport verbummeln möchte. Schön auch die Pensionen unten am Quay (Ausfahrt Richtung Louisburgh): tagsüber der Hund begraben, am Abend aber betriebsam wegen seiner Restaurants und Kneipen.

Weniger Flair haben die Häuser an den Ausfahrtsstraßen, etwa Richtung Castlebar.

Seapoint House: Tel.:o98/41254 , DZ ca. 6o DM: heißer Tip ist der Farmhof ca. 5 km außerhalb in Kilmeena (Richtung Newport), romantisch an der Clew Bay gelegen, satte Dinner und nette Atmosphäre. Abends mit dem Boot in der Bucht rumrudern, für Kinder steht ein Pony zur Verfügung (beides gratis).

BILLIG-HERBERGE: das private **Summerville Hostel**, ca. 3 km außerhalb Richtung Louisburgh (4x/Tag Busverbindung). Einfach, aber viel Atmosphäre, wenn man abends um den knisternden Holzherd sitzt. Heißer Lese-Tip: "Ancient Order of the Owlry", geschrieben vom Besitzer der Herberge. Phantastische Geschichte um einen Geheimbund aus der ägyptischen Pyramiden-Zeit, der seine Fäden bis rauf ins zwanzigste Jahrhundert spinnt (mehr verraten wir nicht). Das Taschenbuch kostet 12 DM, einfaches Englisch. Sehr beliebt: Tel. o98/25948. Juli/August bis gegen Mittag ausgebucht!

Granary Hostel (Tel.: o98/259o3) in einer Mühle von 182o: unten Aufenthaltsraum mit Kanonenofen, Schlafräume im Mühlturm und zu den Toiletten übern Hof. Besitzer stark in der lokalen Öko-Szene engagiert. Lage: am Stadtrand Richtung Louisburgh, 1o Gehminuten.

Club Atlantic Hostel (o98/26644), gehört zur Budget-Gruppe. Positiv: sehr sauber und die Lage gegenüber dem Zugbahnhof, bietet mehr Facilities als die beiden anderen Herbergen. Aber: in dem Fabrikgebäude mit über 1oo Betten fehlt's am "personal touch", geschäftsmäßig mit Angestellten betrieben.

 Sehr gut der Parkland Site: hügeliges Parkgelände mit Waschmaschine, Duschen und Shop. Guten km vom Ortskern: Richtung Hafen, dann rechts zum Westport House.

 Drei sehr gute Lokale unten am Quay an der Küsten-Straße Richtung Louisbourgh. Dort auch nette Kneipen. Zuerst ein genehmes Dinner, um den Abend dann im Pub bei Musik und Guinness ausklingen zu lassen.

Im ASGARD sorgen dezentes Kerzenlicht, weinrote Samtvorhänge und sanfte Musik für ein feierliches Ambiente. A la carte 2o-3o DM, komplettes 4-Gang-Menü ca. 4o DM. Sehr gute Weinkarte!

Die Stufe nach dem Asgard füllt das MOORINGS: etwas intimer, offener Kamin, Dämmerlicht. Alles sehr persönlich von einer Familie geführt. Um 2o DM für ein Hauptgericht.

Shooting-Star ist das QUAY COTTAGE: das Billig-Lokal unserer letzten Auflage hat sich gemausert zum Treffpunkt von Westports Hautevolee. Offenes Giebeldach mit dunklen Holzbalken, eine Wand im Fachwerkstil. Schwerpunktmäßig Muscheln und Seafood, um 3o DM für Hauptgang!

Unser Insider-Tip ist das GLOSH HOUSE, ca 5 km außerhalb Richtung Louisburgh, alleinstehendes Haus auf der rechten Seite. Mrs. Campel ist eine Hausfrau wie im Bilderbuch: neun Kinder großgezogen und begeisterte Köchin. Geht jeden Tag in Gummistiefeln runter zu den Muschelbänken hinterm Haus, serviert später dann im Wohnzimmer: Meeresfrüchte in der Preislage von 15-25 DM. Alles sehr improvisiert, nur die Qualität ist immer gleichbleibend.

CAFOLLA (Bridge St.): Das beste Billig-Restaurant der Stadt; etwa Gammon-Steak für 9 DM. Satte Portionen und schmackhaft.

EAT-INN (Castlebar St.): Windige Einrichtung (Kunstleder-Bänke, festgeschraubte Tische), - aber gut für kleinere Grillsachen und Hamburger. Zwischen drei und zehn DM.

Gegenüber dem Uhrturm in der High Street: THE CONTINENTAL: ein Naturkostladen, und zwischen Körnern und nochmal Körnern werden kleinere Sachen um 3 DM serviert, schön auch für Kaffee und Kuchen. Das ganze unter der Regie von Ulli und Chris, die irgendwann hier in Westport hängengeblieben sind. Nur tagsüber.

CLOCK TAVERN: Kleine Portionen und auch sonst nicht so toll.

THE QUAY (unten am Quay): Sehr gutes Muschelrestaurant, - die volle Mahlzeit samt Beilagen 1o-15 DM. Offenes Giebeldach mit dunklen Holzbalken, eine Wand im Fachwerk-Stil.

Sehr gutes Pflaster für Musik. Innerhalb der Stadt viele Einheimische, gesetztes Publikum, viele Leute über vierzig. Am meisten ist nachmittags los.

Pubs Weit und breit der Glanzpunkt der Kneipenszene ist MATT MOLLOY'S PUB in der Bridge Street: als wir uns durch das Menschenknäuel am Eingang gewühlt hatten, drang Bierdunst in unsere Nase und ins Ohr eine Frauenstimme, die wir doch irgendwoher aus dem Radio kannten ...

Die Kneipe wird geführt von einem Mitglied der Stargruppe Chieftains, und oft kommen berühmte Musiker hierher für Sessions. So bei unserem Besuch etwa Dolores Keane, Leadsängerin bei DeDanann, die mittlerweile eine glänzende Solo-Karriere gestartet hat.

Die Bar besteht aus drei Räumen, überall Holz. Besitzer und Chieftain-Mitglied Matt Molloy ist abwechselnd drei Wochen auf Tournee und dann drei Wochen hier in der Kneipe, außerdem den ganzen August über. Die Chancen stehen also gut, hier einen der besten "flute"-Spieler Irlands live zu erleben. Erstklassiger Folk wird hier auf jeden Fall gemacht, abends ab 21 Uhr, oft auch nachmittags. Rechtzeitig Plätze belegen!

Matt arbeitete ursprünglich als Flugzeugbauer in Dublin, und blies lediglich als Hobby abends in den Kneipen seine Flöte. Zusammen mit dem Fiddler Kevin Burke gründete er 1975 die legendäre Bothy Band. Die Sache war noch halbprofessionell, und nach vier Langspielplatten zerbricht die Gruppe aus Management-Gründen.

Molloy wechselt über zu Planxty: man geht zusammen dreimal auf Tour und produziert das Album "After the Break". Weitere Band-Mitglieder sind Christy Moore, Andy Irvine und Donnal Lunny, alles Namen, die auch heute erste Ränge belegen.

1979 erfolgt die Einladung von den Chieftains, wohl die traditionsreichste irische Folkgruppe (seit 196o).

Hier ein paar Platten-Tips, wer sich eine Musikkonserve von Matt Molloy mit heimnehmen möchte. Gibt's in jedem Plattenladen, auch hier in Westport:

1.) Oben genannte Scheiben mit Bothy Band und Planxty.

2.) Alle Chieftain-Alben seit 1979, vorwiegend instrumental und sehr traditionell. Zwei möchten wir besonders hervorheben: "Irish Heatbeat" (1988), zusammen mit Van Morrison und zu empfehlen, wer mehr auf rockigere Klänge steht. Irish Folk und klassische Musik auf dem Album "The Chieftains und James Galway in Ireland" (1987), James Galway spielte 15 Jahre lang unter Herbert Karajan bei den Berliner Philharmonikern. Einer der weltbesten Flötenspieler, Januar 199o zusammen mit den Chieftains auf Australien-Tournee.

3.) Folgende Solo-LP's: "Matt Molloy", wo Matt von Donal Lunny auf der Gitarre und der Bouzouki begleitet wird. Dann "Heathery Breeze". Die dritte Scheibe "Stoney Steps" wurde zusammen mit Arty McGlynn produziert, der mit Van Morrison arbeitet und wohl der beste Gitarrenspieler Irlands sein dürfte.

Aber auch abgesehen von Matt Molloy's ist in der Kneipenlandschaft von Westport eine Menge geboten. Weitere Pubs in Stichpunkten:

Im M.J.HOBANS (Octagon) täglich traditioneller Folk, der die Gäste zwischen dreißig und fünfzig in Stimmung versetzt. Zwischendurch können Muscheln geschlürft werden (5 DM pro Portion). Schon seit Jahrzehnten etabliert als Musikkneipe, und beliebt bei den Einheimischen, da es hier wesentlich ruhiger zugeht als in Matt Molloy's Bar.

Studenten und junge Leute, die sich an den Zigarettenkippen am Boden nicht stören, zieht's in die Bridge Street: WEST BAR und FORMAN'S BAR. Oft trudeln Leute mit unter dem Arm geklemmter Gitarre ein und klampfen irgendwelche Bob-Dylan-Songs...

Unten am Quay sind die Pubs abends gepackt voll, viele Touristen. Hier verkehren eher die Leute zwischen zwanzig und vierzig.

SHEEBEEN: junges Volk bei Spontan-Sessions, lockeres Boheme. Heißer Tip: abends mit dem Glas in der Hand vor dem Sheebeen sitzen - die Sonnenuntergänge sind einen kompletten Film wert und kitschiger als auf jeder Ansichtskarte.

In der ARDMORE Bar treffen sich die Rucksackler und Hosteller aus allen Nationen.

Besitzerwechsel im STAGS HEAD: auch die neue Wirtin greift zu später Stunde des öfteren zum Mikro, während ihr Mann hinter der Theke mit der Bedienung tanzt.

Adresse für gediegene Atmosphäre, besser gekleidete Gäste, die gerne auf Samtmöbeln sitzen, ist die ARDMORE BAR: Balladen, Country &Western.

Bomben-Stimmung beim Sing-along im STAGS HEAD. Zu späterer Stunde greift die Wirtin zum Mikro, während ihr Mann hinter der Theke mit der Bedienung tanzt.

In der Frontbar des TOWERS tgl. Traditionals: winziger Raum mit drei Tischen, wo die rauchgeschwängerte Luft zum Schneiden dick steht. Draußen ein kleiner Biergarten.

Musikszene: Neben Matt Molloy noch eine Reihe von Provinz-Virtuosen und Talenten, die hier bei Sessions anzutreffen sind: Infos, wer wo spielt, bei Ulli und Chris im Continental Café.

Pat & Olken haben im Herbst 1989 ihre erste Platte in Schweden veröffentlicht, hatten dort auch ihre eigene Radioshow. Pat klampft auf der Gitarre, Olken ist ein Magier auf jeder Art von Flöte und zusammen ergibt sich wunderschöner Irish Folk.

Mick ist der große Regional-Barde mit phantastischer Bariton-Stimme, - gälische a-capella Gesänge (Sean-nois) in Bestform. Mick erkennt man am schütteren Haar und an der Kassengestell-Brille, tagsüber schiebt er sein Fahrrad durch die Gegend.

Johnny Fagin steht für Country & Western-Musik.

Tagsüber Metzgergeselle, abends Blues-Musiker: Luke Davis, ein Schwarzer mit viel Sehnsucht in der Stimme.

Paul Hoban spielt meist in seiner eigenen Kneipe (s. oben); ein Naturtalent auf der Geige. Kaum zu glauben: versucht nach 2o Jahren Musikerdasein gerade, das Notenlesen zu lernen. Ging bisher alles nach Gehör.

Paddy Cool's Jazz Band: Big-Band-Jazz wie etwa Benny Goodman und New-Orleans-Jazz im Louis Armstrong-Stil.

SHOPPING: Western Hand Knits (Shop St.): Wolle und Stricksachen, alles von Leuten aus der Umgebung in Handarbeit hergestellt. Sehr gute Qualität, vorbeischauen lohnt sich bestimmt.

Connemara-Landschaft als Gemälde mit nach Hause nehmen? Wer eine schwer definierbare Gestalt mit Schlapphut und Staffette irgendwo in der Landschaft antrifft: es handelt sich hierbei um Tom Smith, der seine Aquarelle in einer Ecke des "Western Freezer"-Ladens (Bridge St.) ausstellt (um 1oo DM).

Ebenfalls in der Bridge Street die Galerie von Brigitte, einer geschäftstüchtigen Malerin aus Norddeutschland: teure Aquarelle von 1oo DM aufwärts.

FESTE: Eine Reise wert ist das Street Festival (Ende Juli jeden Abend): auf dem Stadtanger 1o-15.ooo Leute und Stargruppen wie die Chieftains, Dubliners oder Stockton-Wings. Ganz Westport ist voll mit Straßenmusikanten, Feuerschlucker und Jongleure an jeder Straßenecke.

Trips ab Westport

✦ CROAGH PATRICK   (76o m)

1o km westlich (direkt an der Straße T 39 Richtung Louisburgh) türmt sich Irlands heiliger Berg. Hier hat im 5.Jh. der Nationalheilige St.Patrick vierzig Tage gefastet und sämtliche Giftschlangen von der Insel verbannt.

Am letzten Juli-Sonntag steigen nachmittags Tausende von Pilgern rauf - bis vor kurzem barfuß und nachts in einem Fackelzug (jetzt wegen Unfallrisiko von der Kirche verboten). Der Aufstieg ist nicht all zu schwer, ab der Ortschaft Murrisk deutlich beschilderter Pfad. Hin und zurück etwa drei Stunden - oben eine kleine Kapelle und schöner Rundblick auf Berge, Meer und Inseln.

★ CLARE ISLAND

Schöne Sache für Leute, die "reif für die Insel" sind: mit leichtem Ruck legt der Fährkahn an, Menschengrüppchen und ein bißchen Lärm am Pier, während sich sofort dieses schwer zu beschreibende "Inselfeeling" einstellt. Auch ideal für einen Tagestrip, da die Boote jeweils am selben Abend wieder zurückfahren.

An der Nord- und Westküste atemberaubende Klippen-Szenerie: schroff abfallende Felswände, unten das Brandungs-Getöse. Für einen Rundblick auf den Knockmore Mountain (465 m) raufsteigen. Außerdem mehrere einsame Strände.

Anlaufstelle für Infos ist das Hotel (Abfahrtszeiten der Fähre, Boottrips usw.). Die Insel mißt 4x8 km: wem's per pedes zuviel wird, sollte für Transport ein Fahrrad mit rübernehmen.

Übernachtung im **Bay View Hotel** (Tel.: o98/263o7, DZ ca. 1oo DM), - großes Angebot an Boottrips. Sonst nur ein Schwung B&B-Häuser, die aber durch die Bank nicht beim TI registriert sind (daher keine Vorausbuchung über's TI).

Boots-Verbindungen ab Roonagh Point und von Achill Island aus, - beides kleine Nußschalen, die in einer knappen Stunde rüberschaukeln. Reine Personenfähren, die nur bei ruhiger See auslaufen.

Ab Roonagh Point täglich zweimal per Postboot, ca.18 DM return: am selben Tag wieder zurück, vielleicht nur einen Kurz-Ausflug machen: Infos bei Bayview Hotel, (Tel. o98/233o7) auf der Insel. Fahrtdauer ca. 2o Minuten.

Anfahrt zum Quay ca. 3o km ab Westport. Ohne eigenes Auto: drei **Busse** pro Tag bis Louisburgh (ca. 7 DM), - die restlichen 8 km trampen.

Ab Achill Island nur von Mitte Mai bis Ende September, - einmal pro Tag gegen 11.oo Uhr in einem umfunktionierten Fischkutter. Kostet etwa 2o DM return (für Studenten ca. 1o DM).

Infos: Anschläge im Achillsound Hotel und unten am Pier.

Anfahrt zum Quay: ab Westport gute 45 km; per **Bus** im Sommer dreimal pro Tag bis Achillsound (ca. 12 DM), dort am nächsten Morgen ein **Fahrrad** mieten für die restlichen acht Kilometer.

Für Übernachtung ein gutes Privat-Hostel in Achillsound. Diese Route ist zwar umständlicher, lohnt sich aber wegen der Kombination mit einem Trip auf die landschaftlich grandiose Achill-Island.

Heißer Routen-Tip: ab Westport via Roonagh Point rübersetzen auf die Insel und weiter nach Achill-Island mit der anderen Fähre. Von dort Bus-Anschluß nach Sligo (mit Relais-Station Ballina; Details im Achill-Kapitel).

✱ NEWPORT (KM 13)
Liegt zwar schön an der Clew Bay, bringt sonst aber wenig.

Zwei BILLIG-HERBERGEN: Das private **Skerdagh Outdoor Centre** (Tel. 098/41500) liegt 5 km ab von Newport an der L 137, ein schmales Landsträßchen, das sich Richtung Nordosten zieht. Sauber und empfehlenswert: eigentlich ein Sportzentrum für Bergsteigen, Kanufahren etc, die Hosteller können am Activity-Programm teilnehmen.

Heißer Tip für Rucksackler ist das AnOige-Hostel **Traenlaur Lodge** (Tel.: 098/413558), 8 km hinter dem Ort: abgelegen an einem stillen Bergsee, zu erreichen über einen schmalen Single-Track. Boote mieten am See. Der Warden: ein amerikanischer Schriftsteller, der für seine Kochkünste bekannt ist (Exzellente Dinner").

✱ CORRAUN PENINSULA
Gebirgiger, kreisrunder Landvorsprung zwischen dem Mainland und Achill Island mit rauher Felsbrocken-Heidekrautwildnis. Außenrum eine 30 km lange Ringstraße (sehr lohnend per Fahrrad), das Innere völlig menschenleer und ideal für Wanderungen.

ACHILL ISLAND

Die per Brücke ans Festland gebundene Insel: Irland von einer seiner wildesten Seiten. Tosende Klippenszenerie (bis 250 m) und traumhaft schöne Honeymoon-Strände, weite Hochmoore und massive Bergstöcke mit kleinen Seen. Fast das ganze Land unfruchtbar, von dunklem Heidekraut-Filz überwuchert.

Die Insel wird vor allem von irischen Touristen aus dem Osten besucht, Leute vom Kontinent kommen nur selten hier raus. Früher wurden auf Achill Island im großen Stil Amethyste abgebaut - wer etwas Glück hat, findet noch kleinere Halbedelsteine (die Locals nach den besten Fundstellen fragen). Heinrich Böll hat mehrere Jahre auf der Insel gelebt und sein "Irisches Tagebuch" verfaßt.

Im TI-Office oder einer Hotelrezeption das Faltblatt "Welcome to Achill" besorgen, enthält eine Karte mit den interessantesten Punkten. Die Insel ist durch eine Brücke mit dem Festland verbunden. Ab Westport ein Abstecher von 45; ab Sligo ca. 150 km. Gut ausgebaute Verbindungs-Straßen.

Per **Bus** flüssig ab Westport zu erreichen: dreimal pro Tag, Fahrtdauer 1 1/2 Std.; kostet ca. 15 DM. Außerdem einmal pro Tag Busverbindung mit Sligo und mit Belfast.

Die Alternativ-Route führt über Clare Island: Mit dem **Postboot** ab Roonagh Quay /Nähe Westport übersetzen auf die Insel und weiter mit der Fähre nach Achill-Island. Details auf S. 324.

Camping: Insgesamt drei offizielle Plätze, - alle an schönen Sandstränden im Westteil der Insel gelegen: Seal Cave in Dugort supersauber und sämtliche Facilities; liegt aber mitten im Dorf, zum Strand über die Straße.

Zwei Kilometer außerhalb des Dorfes duckt sich hinter hohen Dünenwällen der Lavelle Park, viel schönere Lage. Nur Duschen und Toiletten.

Der Keel Strand in Keel: Befindet sich in Besitz der Grafschaft Mayo, durch eine Eine-Million-Spritze aufgepeppt zum Superplatz, wer Facilities sucht. Schöne Lage am Strand, jedoch mehr Betrieb als im Lavelle Park.

Im Outdoor Centre in Cashel werden die Sportarten Windsurfen, Canooing, Segeln und Bergsteigen angeboten. Für 3o DM/Tag können 2 davon ausgeübt werden, der Preis beinhaltet Ausbildung und Ausrüstung. Vollpension: ca. 6o DM (45 für Studenten), incl. Übernachtung und Verpflegung.

Hier noch zwei Tips für herrliche Rundblicke auf die gebirgige Moorlandschaft der Insel:

- Auf einer Anhöhe mitten auf Achill Island steht der TV-Mast, ab Cashel beschildert mit MINAUN HEIGHTS. 5 km steile Asphaltpiste den Berg rauf (problemlos mit dem Auto): unten das gesamte Insel-Panorama.

- SLIEVEMORE (68o m) ist die höchste Erhebung, für Aufstieg zwei Stunden kalkulieren: ab dem Friedhof beim "Deserted Village", Kurs auf den weißen Felsklotz machen, der in Dreiviertel der Höhe am Berghang leuchtet. Von dort nach links schwenken und über den Kamm rauf bis zum Gipfel: Ausblick sowohl auf's Meer als auch über die Insel.

Die STRÄNDE sind eine der Hauptattraktionen auf Achill: am schönsten sind Keem Bay, der Golden Strand bei Dugort und der Tramore Strand bei Keel. Beschreibung bei den jeweiligen Ortschaften.

★ Achill Sound

Einstiegspunkt und ökonomisches Zentrum der Insel - bestehend aus zwei Ortsteilen auf beiden Seiten der Brücke. Zwar gute touristische Infrastruktur (Souvenirläden, Entertainment, Restaurants), sonst aber recht seelenlose Häuseransammlung. Schöner sind die Dörfer im Hinterland.

Achill Sound Hotel: Tel.: 098/45245. DZ ca. 1oo DM. Moderner Bau: Empfang ebenso reinlich wie die Zimmer. Bezüglich Komfort jedoch o.k.

Wild Haven Hostel: (Tel.: 098/45392): Nobel-Herberge mit flauschigen Polstermöbeln, nur 2-4 Bett-Zimmer (Bettwäsche wird gestellt). 16 Leute in einem Privathaus, praktisch Bed and Breakfast ohne Breakfast.

Bike-Rent: Kilbone Stores.

Hinter Achill Sound beginnt der 15 km lange, beschilderte ATLANTIC DRIVE, eine in den Berghang gefräste Panoramastraße: klassischer Blick runter auf die rauhe See, wo sich die Wellen an den schwarzen Riff-Felsen brechen, dazwischen eingelagerte Strände.

Am Fischerhafen Cloughmore liegen bunte Trawler vor Anker - im Sommer Fährverbindung nach Clare Island (siehe S. 323).

✦ Dugort

Weit auseinandergezogener Ort an der Nordküste, - wunderschöner Strand mit sanft geschwungenen Dünenwällen (zwei Camping-Plätze). Heißer Tip sind die Felshöhlen in den angrenzenden Klippen ("Seal Caves"), wo sich die Seehunde tummeln: sich zusammentun und ein Boot chartern, Preis nach Sympathie und Verhandlungsgeschick.

In dem Haus neben der Kirche hat Heinrich Böll jahrelang seinen Sommerurlaub verbracht. Die Bedeutung ihres "Sommerfrischlers" erkannten die Leute damals erst, als der den Nobelpreis bekam. Die Leute in den Pubs wissen noch viel von ihm zu erzählen. Seine Eindrücke hat er festgehalten im "Irischen Tagebuch", erschienen als dtv-Taschenbuch.

Paar Kilometer westlich liegt das Geisterdorf "Deserted Village", das die Leute im Hungerjahr 1847 verlassen haben und an der Küste das Dorf Dooagh aufbauten, um vom Fischfang leben zu können.

Strand Hotel: Tel.: o98/43252. DZ ca. 85 DM, (ohne Bad/WC). Wunderbare Lage gegenüber dem Strand (herrlicher Blick von den Frontzimmern). Der Besitzer sollte sich etwas mehr um seine Gäste kümmern: lebt in England und kommt nur zur Saison rüber.
Slievemore Hotel: Tel.: o98/43224. DZ ca. 75 DM. Hat meine Empfehlung: Zimmer basic, aber für den Preis o.k; warmer Empfang, gutes Essen. Wird von einer netten Familie geführt.
Gray's Guesthouse: Tel.: o98/43244. DZ ca. 75 DM. Hotel-like, super-sauber, freundliche Atmosphäre. Ruhiger als die Hotels, wo jede Nacht Entertainment läuft.
McDowell's Hotel: Tel.: o98/43148. DZ ca. 9o DM. Die Leserbrief-Kritiken an unserer ersten Auflage waren berechtigt; diesmal Lob statt der fälschlich eingeschlichenen, negativen Bewertung, das 1o Zimmer-Hotel wird seit ewiger Zeit von der einheimischen Dowells-Familie engagiert geführt. Sehr sauber, freundlich.
Billig-Unterkunft im Privat-Hostel **Valley House** (Tel.: o98/ 472o7), fünf Kilometer außerhalb im Ortsteil Valley (gut beschildert): ehemaliger Hotelbau mit viel Stil, - drumrum riesige Ländereien, auf einem See darf gefischt werden (Angeln gratis). Im Haus befindet sich eine Bar, wo jede Nacht irische Musik angesagt ist.

Noch ein Tip für Böll-Liebhaber: im Hostel wird auf Anfrage das Video-Tape "Heinrich Bölls Irland" abgespielt, eine deutsche Fernseh-Reportage über den Nobelpreisträger, dauert 1 1/2 Stunden). Mit von der Partie ist Roger Gallagher, der Besitzer des Hostels, dessen Familie mit Böll eng bekannt war.

Beim Hostel ein Primitiv-**Campingplatz** (ca. 7 DM /Zelt).

✦ Dooagh

Behäbiges Nest mit herrlich provinziellem Flair.

Atlantic Hotel: Tel.: o98/43113. DZ ca. 75 DM. 1o Zimmer mit Bad und WC, wird von einer eingesessenen Familie sympathisch geführt. Das exzellente Essen ist in den letzten Jahren zum Begriff geworden.
Wave Crest Hotel: Tel.: o98/43115. DZ ohne Bad ca. 75 DM. Sauber und gut, vergleichbar mit dem Atlantis. Vom Lounge aus schöner Blick raus auf die See.
Clew Bay Guesthouse: Tel.: o98/43119. DZ ca. 55 DM. Kürzlich renoviertes Guesthouse am Ortsende.

Pubs: In der CLEW BAY BAR spielen jede Nacht Tom Barron, ein Zauberer auf seiner Fiddle, und Kieran O'Mailley, der die Blechflöte und den Dudelsack beherrscht wie kein zweiter hier auf der Insel. Pur traditionalistisch, Kieran läßt seine gälischen Leiergesänge ertönen.

Zwei bis drei Wochen im August Kurse für keltische Kultur und Sprache: SCOIL ACLA. Zentrum ist die Dorfschule hier in Dooagh, aber überall auf der Insel Festival-Stimmung, open-air Folkkonzerte und Sessions in den Kneipen. Seite Mitte der achtziger Jahre immer mehr Zulauf.

Eine 5 km lange Stichstraße führt von Dooagh zur KEEM BAY, einem goldgelben Strand, schluchtartig zwischen schwarzbraune Klippen eingezwängt. Die Piste lohnt sich auf jeden Fall: in den schroffen Felshang hoch über dem Meeres-Level eingekerbt. Eine beschilderte Abzweigung führt zum Lough Accorymore, einem einsamen Bergsee (schön für ein Picknick).

Die Bay ist Ausgangspunkt für eine unvergeßliche Klippenwanderung: am Ende des Strandes den Abhang raufklettern und entlang der Küste bis zur Landzunge "Achill Head". Dann Kurs machen auf den Croghaun (68o m) - sieht aus, als wäre der Berg mit einem riesigen Messer in zwei Hälften geschnitten worden und die äußere dabei ins Meer gestürzt.

Dann entlang der Klippen bis zu einem hochliegenden See und querfeldein via dem Lough Acorrymore zurück zur Keem Bay. Festes Schuhwerk anziehen, Zeitbedarf bei 4-5 Stunden.

✦ Keel

Liegt am "Trawmore Strand", der sich in einem 3 km langen Sandstreifen rüber zu den imposanten Minaun-Klippen zieht. Ein Pfad führt hinauf zum Cathedral Rock, um die Strandlandschaft aus der Vogelperspektive zu sehen.

Achill Head Hotel: Tel.: 098/43108, DZ ca. 70 DM. Neueres Gebäude nahe an der Bucht: hat sich sehr verbessert, seit eine einheimische Familie den Laden übernommen hat. Die Heaney's sind im Hotelgewerbe ausgebildet.

Drei Pensionen liegen in einer Reihe unten am Strand: das **Stella Maris**, das **Bervie House** und das **Marian Villa**; - Doppel jeweils ca. 60 DM. Drei sehr gute Häuser, von eingesessenen Familien mit der nötigen Mischung aus Engagement und Herz geführt. Je 10-20 Zimmer.

Wayfarer Hostel (Tel.: 098/43266) für die schlanke Brieftasche: gehört Tim Daly, einem früheren Mathe-Lehrer, der jetzt Sport- und Survival-Kurse gibt. Top-Atmosphäre, sehr sauber und nur 100 m vom Strand gelegen!

Im <u>BOLEY HOUSE</u> dürfte die Insel ihr kulinarisches Toplight finden: Kann bereits eine Rezension in der New York Times verbuchen. Altes Cottage mit Bruchsteinen und angeschlossener Bar für den Kaffee danach. Vier-Gang-Menü für 45 DM.

Das <u>CALVEYS CAFE</u> für Grillsachen von 3-10 DM, gemütlich eingerichtet und auch abends geöffnet.

Pubs: In Sachen Folkmusik ist die <u>ANNEX BAR</u> immer einen Besuch wert: in besonderem Maße aber während des Monats August, wo seit Jahren Dermot, ein Instrumentenbauer aus Dublin, für vier Wochen hierher auf die Insel kommt. Spielt zusammen mit Desy, einem etwa 15-jährigen Jungen hier von Achill, in der Arvive Bar der kürzlich mit seiner Ziegenfelltrommel ("bodhran") Champion für West Irland wurde.

NORD-MAYO

Westport/Achill - Sligo /100-150 km je nach Route)

Der Landstrich nördlich der Achill-Insel ist nicht gerade ein "touristisches Muß", - die überwiegende Anzahl der Touristen fährt non-stop nach Sligo.

Melancholisches Moorland, Kornfelder, in den Viehweiden wuchert das Unkraut. Der Landstrich ist ziemlich dünn besiedelt. Nur der Küstenstreifen mit seinen halsbrecherischen Klippen und zerzausten Felsformationen ist sehenswert.

1) <u>NON-STOP NACH SLIGO</u>: Schnellverbindung ab Westport ist die N 5, knapp 100 km und eine Fahrtzeit von 1 1/2 bis 2 Stunden.

Wer sich diese Ecke etwas genauer ansehen möchte: entlang der

2) <u>KÜSTEN-ROUTE</u>. 150 km reine Fahrtstrecke (ohne Abstecher), ein bis zwei Tage reservieren. Folgende Zwischenstops:

✦ MULLET PENINSULA

Über die flache Halbinsel peitscht ständig ein starker Wind. Nistgebiet unzähliger Seevögel, sonst aber monotone Landschaft. Zum Teil jedoch etliche recht eindrucksvolle Klippenformationen. Außerdem ein Dutzend schöner Sandstrände (an der Westküste starke Brandung, besser in der Elly Bay).

Vor der Atlantikküste liegen einige unbewohnte Inseln, auf denen Ruinen ehemaliger Mönchssiedlungen stehen. Gelegentlich werden Boottrips angeboten (rumfragen).

Hauptort ist Belmullet auf der Landbrücke, die die Halbinsel mit dem Festland verbindet. 1822 künstlich angelegt , kleiner Fischereihafen.

> Unterkunft im **Western Strands Hotel** (Tel.: o97/81o96; DZ ca. 6o DM). Gemütlicher irischer 1o Zimmer-Gasthof.

Eingangstor zur Mullet-Halbinsel ist das Städtchen Bangor, knapp 2o km vor Belmullet: rundrum Moor, Moor, Moor - zum Teil wird der Torf industriell abgebaut.

> Gegenüber der Kirche das **Privathostel** (Owenmore River Lodge (Tel. o97/83497): alles sehr familiär im 2o-Betten-Cottage, Plausch am gußeisernen Ofen im Common-Room, sehr gute Dinner für ein paar Mark (Besitzer ist von Beruf Koch!). Die Moorluft hier draußen scheint gesund zu sein: im Eingang des Hostels hängt ein Bild vom Opa, der 1965 im Alter von 1o5 Jahren gestorben ist...

✦ BENWEE HEAD

Ist wegen der zerrissenen Küstenlandschaft einen Abstecher wert. Ausgangspunkt ist Portacloy, ein romantischer Hafen in einem schluchtähnlichen Fjord. Die Klippen am Head stürzen 25o m tief ins Meer, unten braust die Brandung. 2 km draußen ragen sieben bizarre Felstürme knappe 1oo m hoch aus dem Wasser ("Stags of Broadhaven").

Weiterer Tip ist der Cliff-Treck nach Porturlin (ca. 5 km), ein ergreifendes Gefühl der Einsamkeit hier draußen an der menschenleeren Küste.

> Im Hinterland zwei Billig-Herbergen in Pollatomish, nur paar Meter voneinander entfernt: Das **AnOige-Hostel** steht schon seit eh und je hier, einfach, nie viele Gäste.
>
> Das Privat-Hostel **Kilcommon Lodge** (Tel.: o97/84629) ist allein schon ein Grund, hierher zu kommen. Fritz und Elisabeth Schulz sind etwas origineller als ihre Namen: haben sich vom Streß in Deutschland hierher zurückgezogen, ernähren sich von Bio-Gemüse, selbstgebackenem Brot und betreiben ihr 22-Betten-Hostel. Bisher noch kein Fernseher, der aus dem Kreis der Hostel-Bewohner einen Halbkreis machen würde...

BELDERG

Westlich davon liegt Moista Sound, ein tief eingeschnittener Fjord, dessen Steilwände sich am oberen Rand fast berühren. Wer das nötige Kleingeld hat, kann sich ein Boot chartern und die Sache vom Wasser aus erkunden.

✴ DOWNPATRICK HEAD

Landzunge mit halsbrecherischen Steilklippen, - wenn man oben steht, hat man ständig das Gefühl als würden sie jeden Moment in sich zusammenstürzen. Die Brandung hat Höhlen freigewaschen, aus denen die Gurgelgeräusche nach oben dringen.

Der Head ist nur über eine 8-km-Wanderung zu erreichen: Brotzeit einpacken für's Picknick draußen, wo die Brandung für die nötige Geräuschkulisse sorgt.

Ausgangspunkt ist das Dorf Ballycastle: schöner Sandstrand mit geschwungenen Dünen dahinter.

✴ KILLALA

Liegt an einer Meerlagune, unten am Hafen Lagerhäuser und Fischkutter. Sonst rührt sich wenig in dem Nest. Sehenswert ist der 26 m hohe Rundturm (sehr gut erhalten).

AnOige-Hostel (Tel. o96/32172): Man hört nur begeisterte Kommentare über das alte Herrenhaus nahe am Fjord: sehr sauber und genügend Raum.

✴ BALLINA

Ist mit 7.ooo Einwohnern die größte Stadt der Grafschaft und bietet als Standquartier für Trips zur Küste von Nord-Mayo den meisten Komfort (gute Hotels, Restaurants, Entertainment).

Südwestlich von Ballina das Lough Conn: atemberaubende Seenlandschaft, wo granitene Findlingsblöcke aus dem Wasser ragen und Wälder die umliegenden Hügel überziehen.

Wunderschön der schmale Landsteg zwischen den beiden Seen Lough Conn und Lough Cullin: magisches Farbenspiel der blauen Wasserfläche, der weißen Felsblöcke und der rostbraunen Heidekrautmatten.

Ausgangspunkt zur Erkundung der Region ist das Dörfchen Pontoon, wo viele Angler Ferien machen. Schöne Badebuchten mit Sandstränden.

Privatherberge Cooltra Lodge (Tel.: 094/5664o). Bisher war noch jeder begeistert, den wir bezüglich Atmosphäre, Sauberkeit etc. interviewt haben. Nur ein Dutzend Betten in dem Cottage am See-Ufer, Angel- und Fahrradvermietung. Geöffnet nur Ende Juli bis Ende September, wenn die Besitzerin Mary Foley, eine Lehrerin in Dublin hier die Sommerferien verbringt.

Gannon's Hostel in Foxford an der Hauptroute Westport-Ballina und 7 km östlich von Pontoon: gehört zum Post-Office, Pilzkulturen wachsen aus den Pfannen und die Matratzen im Schlafsaal sind auch nicht mehr in dem Alter, daß man sich auf die gemeinsame Nacht freuen würde... Vor allem irische Angler als Gäste, Tel.: 094/561o1.

WEITER AB BALLINA noch etwa 5o km bis Sligo. Die Landschaft ändert sich schlagartig, Wiesen und Felder, die Häuser ducken sich zur

Westprovinz Mayo   331

Seeseite hin. Und deutlich spürbar die Weite der See, Stichstraßen zur Küste raus.

Auf halbem Weg in Basky ein **AnOige Hostel** (Tel.: o96/49o21): Dorfschule, die Juli und August freigeräumt und als JuHe verwendet wird. Primitiv-Verhältnisse, keine Duschen, als Gäste vor allem Pfadfindergruppen.

Schnellfinder
Sligo 334
Umgebung von Sligo 337

Sligo und Umgebung

<u>SLIGO TOWN</u> *bringt nicht besonders viel, - aber gute Busverbindungen nach Nordirland und rauf in den Donegal.*

<u>Lohnende Trips in der Umgebung</u>: *etwa auf der Uferstraße rund um Lough Gill langgezogene Strände, Autopisten durch einsame Felsentäler und jede Menge archäologischer Monumente. Tip für Wanderer ist der bizarre <u>Mondberg Benbulben</u>.*

In der Grafschaft Sligo finden sich eine Vielzahl von Dolmen und Grabkammern aus der Jungsteinzeit, - leider erst sehr bruchstückhaft ausgegraben und erschlossen. Wer sich näher damit befassen möchte, besorgt sich am besten die Broschüre "<u>Prehistoric Sligo</u>" (beim TI).

Galionsfigur dieses Landstrichs ist der irische Dramatiker <u>William Butler</u>

Yeats, der hier aufgewachsen ist und viele der Landschaftsbilder in seiner Poesie verewigt hat. Lesenswert etwa "The Land of the Heart's Desire". 1923 erhielt Yeats den Nobelpreis für Literatur. Sein Grab steht in Drumcliff.

> Sligo war im 5. Jh. Schauplatz des ersten Copyright-Skandals der Weltgeschichte: Klammheimlich kupferte der Mönch St. Columba eine biblische Handschrift des St. Finnian ab. Als die Sache aufflog und vor den Richter kam, fiel das heute noch juristisch einwandfreie Urteil: "Das Kalb geht mit der Kuh".
>
> Columba weigerte sich, sein Plagiat herauszugeben, in der "Battle of the Books" nördlich von Sligo fielen 3ooo Mann im Kampf um die Abschrift. Columba floh nach Schottland.

Sligo
(18.ooo Einw.)

Sligo ist wichtiges Handelszentrum für den Nordwesten, moderner Stadtbetrieb in den Straßen, unten am Seehafen verschachtelte Lagerhallen. Hat für Touristen wenig zu bieten. Sligo ist lediglich interessant als Ausgangspunkt für Trips in die Umgebung und als "Durchgangsstation", auf dem Weg rauf in den landschaftlich grandiosen Donegal.

Wichtigster Orientierungspunkt ist das Post Office, von dem sich die Hauptgeschäftsstraße O'Conneil St. Richtung Süden zieht.

Sehenswert: die steingraue Klosterruine von SLIGO ABBEY in der Abbey Street. 1252 gegründetes Dominikaner-Kloster, später zerstört und wieder aufgebaut. Gut erhalten sind das Hauptschiff und der Kreuzgang.

Verbindungen

Flüge: vom Airport in Strandhill tgl. 4x mit Air Lingus nach Dublin: ca. 1oo DM return, als Anschlußflug nur paar Mark (siehe Anreise-Kapitel). Flughafen: 12 km westlich, Minibus ab dem Busterminal.

Züge: Der Bahnhof liegt in Zentrumsnähe in der Lord Edward Street. Einzig flüssige Verbindung führt nach Dublin 4x/Tag, ca. 3 1/4 Std. (via Carrick-on-Shannon) Kostenpunkt etwa 35 DM single, ca. 45 DM return.

Busse: Das Terminal liegt vis-a-vis vom Zug-Bahnhof.
nach Ballina   3x/Tag ca. 2 Std.   ca. 2o DM
nach Derry   3x/Tag ca. 3 Std.   ca. 3o DM
nach Donegal   4x/Tag ca. 1 1/2 Std.   ca. 2o DM

nach Enniskillen	1ox/Tag ca. 1 1/2 Std.	ca. 2o DM
nach Galway	3x/Tag ca. 1 1/2 Std.	ca. 3o DM
nach Limerick	3x/Tag ca. 5 Std.	ca. 42 DM
nach Westport	1x/Tag ca. 2 1/2 Std.	ca. 35 DM

(mit Umsteigen in Ballina)
nach Dublin 2x/Tag ca. 4 Std. ca. 15 DM, 25 DM return.

PRIVAT-BUSSE: täglich einmal nach Dublin mit Carews (Tel.: o71/ 68138): ca. 24 DM one-way.

Sligo Park Hotel: Dublin Road, Tel.: o71/6o291, DZ ca. 18o DM. Mehr als zwei Kilometer außerhalb: moderner Flachbau aus Glas und Beton; guter Service, viel Komfort (Sport-Komplex mit Sauna und Swimmingpool).

Hotel Silver Swan: O'Connel St., Tel.: o71/43231, DZ ca. 16o DM. Direkt im Centre neben dem Post-Office. Großer Lounge, Zimmer und Atmosphäre o.k.

Clarence Hotel: Wine St., Tel.: o71/42211, DZ ca. 13o DM. Stilvolle Zimmer mit Stuckwerk an der Decke; alle Facilities (Bad, TV, Telefon); bunte Tapeten. Hat meine wärmste Empfehlung.

Bonne Chere Guesthouse: 44 High St., Tel.: o71/42o14, DZ ca. 95 DM mit Bad/ WC. Zimmer sehr gemütlich mit Teppichboden, bunten Tapeten; unten im Restaurant gute Küche.

B&B-HÄUSER: Praktisch nie Engpässe, immer was frei: direkt in Sligo Town, wer sich nochmal im Stadtgewühl tummeln möchte, bevor's raufgeht in den Donegal. Mehrere Häuser in den Geschäftsstraßen sowie an den Ausfahrtsstraßen, 1o Gehmin. vom Zentrum (am besten: an der Donegal Road, um am nächsten Morgen nicht mehr durch die Stadt zu müssen)

In den Seebädern Strandhill und Rosses Point: ca. 8 km ab Sligo, vier Busse pro Tag. Bei schönem Wetter viel "beachlife". In Carrowmore, ca. 4 km südwestlich: mitten in einem Steinzeitfriedhof mit vielen Monumenten plus ein Reiterhof.

Zwei Häuser direkt am Lough Gill: durch die Hintertür direkt raus ans Seeufer bei Mrs. O'Hara (o71/64116) und bei Mrs. Johnston, beide 5-6 km nördlich von Sligo.

BILLIG-HERBERGEN: über das **White House** in der Markievics Road (Tel. o71/ 4516o) wurden unsere, durch Leserbrief-Lob bereits hochgeschraubten, Erwartungen voll erfüllt: von zwei Neuseeländern engagiert geführt, supersauber und sehr viel Atmosphäre. 3oo Meter von der Stadtmitte, an der Straße nach Donegal.

Zur Budget-Gruppe gehört das **Eden Hill Hostel**: soweit in Ordnung, obwohl man vom White House die enthusiastischeren Comments hört. Gegenüber der Esso-Tankstelle in der Pearse Road, 1o Gehminuten ab Stadtmitte, Tel. o71/432o4.

Camping: Sieht schlecht aus: innerhalb der Ortschaft nichts. Die Campingplätze liegen 8 km außerhalb in den beiden Seebädern (Rosses Point und Strandhill), gute Facilities und viel Holiday-Rummel am Strand.

GLEN LODGE: Ist auch nach dem Besitzerwechsel immer noch erste Adresse für ein kulinarisches Fest. Feudaler Landsitz ca. 8 km außerhalb Richtung Strandhill. Gemüse und Obst kommen frisch aus dem eigenen Garten. Dinner ca. 45 DM, unbedingt vorausbuchen (Tel.: o71/68387).

BONNE CHERE (45 High St.): Familien-Restaurant, das sich ein sehr gutes Renommée aufgebaut hat. Große Auswahl. 5-Gang-Dinner ca. 35 DM, á la carte 17-3o DM.

MANDARIN COURT (Wine St.): Chinese - das gute Essen zu vernünftigen Preisen kompensiert die windigen Stahlrohrmöbel. Die meisten Gerichte um 15 DM; billigst der 3-Gang-Lunch für ca. 1o DM.

GULLIVER`S (Grattan St.): Was die Tiefkühltruhe noch an Geschmack in den Pizzen läßt, macht der Mikrowellenherd endgültig zunichte. Vorteil: geöffnet bis Mitternacht.

KATE`S KITCHEN (Market Street): Sandwiches und Salate bis maximal 1o Mark; nur tagsüber geöffnet. Liegt im hinteren Teil eines Naturkostladens, wo rund 2o Käsesorten angeboten werden (kommen direkt von den Bauern aus der Umgebung).

COTTAGE RESTAURANT, Castle Street, ist etwas schwer zu finden: neben dem Secondhand Buchladen "My fair Lady" die Treppen hoch. Die Suche lohnt sich: verwinkelte Räume und Holzmöbel, kleinere Sachen um 1o DM oder auch nur für Kaffee und Kuchen.

Pubs MC LYNN'S (Old Market St.): von der Holzdecke baumeln Kupferpfannen und Töpfe, eine Wand mit Brettern beschlagen, nostalgische Werbespiegel an den Wänden. Abends greift der Besitzer Arty McLynn zur Gitarre und klampft die alten Folksongs. Arty ist einer der besten Folksänger in Sligo, hat bereits Platten aufgenommen.

HENNIGEN'S BAR (Wine St.): Dunkle Spelunke, gefüllt wie eine Ölsardinen-Dose. Man steht zwischen den Zigarettenkippen, fast jeden Tag Livemusik (Blues, trad. Musik, Jazz, Rock). Im Hinterzimmer: Sligos "Szene-Treff".

STABLES (Wine St.): Gemütliche, alt-viktorianische Plüschmöbel, ovale Eichentische und Pferdegeschirr an den Wänden. Leute zwischen 2o und 3o, zweimal pro Woche Musik.

BEEZIE'S (34 O'Connell St.): Leute in modischen Kleiderhüllen, die mit dem Glas in der Hand beim gemütlichen Smalltalk posieren. Keine Musik, gutes Essen.

FEEHILY'S BAR hat sich für Musiksessions etabliert. Klein und gemütlich mit Frontbar und Hinterraum, praktisch jeden Tag was los. Adresse: Bridge Street/Ecke Stephens Street.

Die <u>DAVY'S BAR</u> in der Grafton Street, gegenüber der Statue, ist bekannt für seine Donnerstag-Sessions, wo sich erstklassige Musiker treffen.

Weiterer Tip ist der <u>TRADE'S CLUB</u>: dienstags treffen sich hier um 21 Uhr die Traditionalisten des Irish Folk und lassen die keltische Musik hochleben. In der Castle Street, neben der Apotheke die braune Tür rein.

Zwei lohnende Uralt-Pubs außerhalb - beides strohgedeckte, leicht windschiefe Hütten mit ländlichem Flair:

1) <u>ELLEN'S PUB</u>: über 3o km entfernt in Maugherow, wo sich die Farmer beim Guinness treffen. Urige Typen, - die Hose mit einem Strick festgehalten, zerknautschte Kappen auf dem Kopf und ausgelatschte Gummistiefel, jede Nacht Musik.

2) Das <u>THATCH</u> liegt 1o km Richtung Dublin in Ballisodare. In dem heimeligen Cottage ziehen die Rauchschwaden, viermal pro Woche Musik.

<u>MUSIKSZENE</u>: Infos im Wochenblatt "Sligo Champian". Hier ein paar Namen: Seamus O'Dowd ist um die zwanzig, vom Talent her in den Startlöchern einer großen Karriere und verliebt in seine Geige. Spielt häufig zusammen mit Gerry Grennan, einem Profi auf der Gitarre. Beide sind strikte Anti-Alkoholiker und oft die einzig nüchternen in der Kneipe... In eine andere musikalische Richtung geht die Punk-Gruppe "The Boy the boy", powervolle Musik mit kräftiger Stimme vorgetragen, im Sommer 1989 erste Single-Veröffentlichung.

UMGEBUNG VON SLIGO

Mit Linienbussen sieht's schlecht aus, abgesehen von zwei Seebädern wird keines der interessanten Ziele direkt angefahren. Auch Coach Tours sind nicht optimal, da sie mehr die weiter entfernten Ziele (Connemara, Donegal) ansteuern.

Bike-Rent: Eigentlich das beste Transportmittel, da das Land hier relativ flach ist und die von uns beschriebenen Ziele alle im Umkreis von maximal 2o km ab Sligo liegen.
- Conway Bros, Newstand, Wine Street, Tel.: o71/6124o
- Double R. Cycle Centre, 3 High Street, Tel.: o71/5198
- F. Woods Ltd, 7 Castle Street; Tel.: o71/2o21

Car-Rent: <u>Tracy Travel</u>, Bridge Street; Tel.: o71/2o91 und 2o92, außerdem am neuen Flughafen.

UNTERKÜNFTE: Zwei gepflegte <u>Landhäuser</u> für Leute mit etwas Kleingeld; beide rund 2o km südöstlich von Sligo Town:

338 Sligo Umgebung

Cooperstill House: Riverstown, Tel.: o71/651o8, DZ ca. 15o DM. Nur fünf Zimmer, heimelige Atmosphäre und bis unters Dach mit Antikmöbeln vollgestellt. In den Himmelbetten schläft sich's doppelt gut. Zusammen mit der großen Parkanlage eine Welt für sich.

Drumlese Glebe House: Dromahair, Tel.: o71/64141, DZ ca. 2oo DM, Swimming-Pool. Dazu gehört ein riesiges Waldgebiet: ideal, um sich für ein paar Tage von der Welt zurückzuziehen, wie z.B. der Sohn des amerikanischen Ex-Präsidenten Ronald Reagan, der 1986 hier Urlaub machte.

① Lough Gill

Spiegelebene Wasserfläche mit an die zwanzig Inselchen, drumrum locker bewaldete "rolling hills". War einer der Lieblingsplätze von <u>W.B. Yeats</u> (vor allem die Insel Inishfree, die er in einem Gedicht verewigt hat).

Beim Pub Blue Lagoon und im White House Hostel **Ruderboote** zu mieten.

Wunderschön auch die Ringstraße rund um den See: der ausgeschilderte: "Lough Gill Loop", insgesamt etwa vierzig Kilometer. Ideal per <u>Fahrrad</u>, da kaum Steigungen. Zunächst auf der Straße <u>Richtung Dublin</u> raus aus Sligo, nach 3 km links weg nach <u>Dromahair</u> und zurück via der <u>Nordküsten-Straße</u>, die direkt am Seeufer entlangführt. Die Route schlängelt sich durch prächtige Alleen und bietet herrliche Ausblicke auf das Lough Gill.

Mehrere beschilderte Abzweigungen zu Sehenswürdigkeiten und schönen Parks. Besonders lohnend der <u>DOONEY ROCK</u> (Panorama-Blick über den See). Am Nordufer das Park's Castle: restaurierte Burg aus dem 16. Jh., im alten Stil und sehr anschaulich aufgebaut (z.B. ohne Verwendung von Nägeln!).

② Benbulben

Bizarrer Tafelberg: 54o m hoch liegendes Plateau. Oben eine Steinfelder- und Heidekraut-Wildnis, bei Regen kriechen dichte Nebelbänke an den Steilhängen rauf. Einmaliges <u>Wanderrevier</u> entlang der zackigen Abbruchkante. Einer der meistbestiegenen Berge Irlands.

Per Auto lohnt sich unbedingt der "Gleniff Horseshoe Loop", eine Rundstrecke durch ein von Eiszeitgletschern ausgefressenes Felsental: 1-2 km vor dem Dorf <u>Grange</u> (ca. 15 km ab Sligo) rechts weg und der Beschilderung "Ballaghnatrillich" folgen.

An der Schotterpiste, die vom Loop zum TV-Masten abzweigt (beschildert), den Wagen parken und ca. 1/2 Stunde rauflaufen für ein atemberaubendes Ansichtskarten-Panorama. (Per Auto ungünstig, da schwer manövrierbare Serpentinen-Piste.)

Standard-Wanderroute
An der Kirche in Rathcormac (6 km nördl. von Sligo an der N15) rechts abzweigen und ca.3 km bis zu einer T-förmigen Einmündung. Hier wieder rechts; dann zwei Kilometer entlang des Fußes des Tafelberges. Den Wagen beim Cottage an der linken Fahrbahnseite abstellen. Hinter dem Cottage führt ein Trampelpfad über eine Brücke zu einem zweiten Bauernhaus: an dessen rechtem Giebel ein Gatter, wo der Aufstieg beginnt. Ab hier immer dem deutlich ausgetretenen Pfad folgen. Zeitbedarf: hin und zurück etwa vier Stunden. Trinkwasser mitnehmen, oben keine Bäche oder Quellen.

3) Lohnend ist auch der Abstecher zum GLENCAR LAKE, einem Bergsee, der sich tief ins Benbulben-Massiv gefressen hat. Schroffe Abhänge kesseln ihn ein. Per Auto problemlos zu erreichen. Ein beschilderter Fußpfad führt vom See aus zu einem Wasserfall, wo der Differeen River sich aus 15 m Höhe herunterstürzt.

STRÄNDE: An der Küste westlich von Sligo mehrere gute Sandstrände, um mal ein, zwei Tage zu relaxen. Ein lohnender Ausflug führt auf die zwei Halbinseln westlich von Sligo. Stündlich Busverbindung zu den beiden Seebädern "Strandhill" und "Rosses Point", beide 8 km von Sligo entfernt sind.

4) STRANDHILL ist Familien-Badeort, ziemlich betriebsam. Gilt als eines der europäischen Surfer-Paradiese: sich hinsetzen und ein bißchen den Wellenreitern zusehen.
Vom Airport aus Rundflüge, für knapp 1oo DM gelegentlich Angebote für Helikopter-Touren (Infos beim TI/Sligo). Bei Ebbe kann man rüberlaufen zur "Coney-Insel": ein kleiner Pub und ein paar Häuser drumrum, mehrere ruhige Strände.

5) ROSSES POINT ist Treffpunkt der Segler und Yacht-Leute. Täglich Kreuzfahrten in der vorgelagerten Bay: Infos in Austie's Bar, einer beliebten Segler-Kneipe.

6) Knocknarea
33o m hoher Kalkstein-Buckel: meiner Meinung nach der schönste Rundblick im Umkreis von Sligo. Zig Buchten und Inselchen, Sligo als Spielzeug-Stadt und der bizarre Felsturm des Benbulben. Im Hintergrund verschwimmen im Blau die Berge von Connemara und Donegal.

Wie eine Mütze ist dem Knocknarea der Steinhügel QUEEN MAEVE'S BED aufgesetzt: megalithische Grabkammer; 12 m hoch, Durchmesser 6o m. Allerdings noch nicht erschlossen, da man bisher noch keinen Eingang gefunden hat.

340   Sligo Umgebung

<u>Anfahrt</u>: Von Strandhill aus dem Schild "<u>Culleenamore</u>" folgen, nach 2 km nach links abzweigen (Schild "Glen Road"). Nach einem weiteren Kilometer zeigt die Beschilderung "<u>Maeve's Grave</u>" den Fußpfad an, der in einer Dreiviertelstunde raufführt. Hier soll die nicht gerade populäre Queen Maeve beerdigt sein: nach einem uralten Brauch nimmt jeder Wanderer in der Hosentasche einen Stein mit und schichtet ihn auf das Grab, um die Queen auch garantiert unter Verschluß zu halten. Sich nicht daran zu halten, soll Unglück bringen!

Der beschilderte "<u>Glen Road</u>" führt zum <u>GLEN</u>, einer nur 1o m breiten, zwischen hohen Kalksteinwänden eingezwängten Schlucht. Subtropische Vegetation überwuchert den 1 1/2 km langen Klamm.

Zwischen dem Knocknarea und Sligo liegt der Steinzeit-Friedhof <u>CARROWMORE</u>. Insgesamt 4o Dolmen, Ganggräber etc., vier davon sind ausgegraben und erschlossen. Beim Parkplatz am <u>Reiterhof in Carrowmore</u> zeigt eine Karte die einzelnen Monumente an, eine eingehende Ausschilderung ist bisher noch nicht erfolgt.

Nord-Irland

Heißer Tip: kurz rüberschauen nach Nordirland zur Provinz Fermanagh: Entfernung nur rund 7o km.

Friedliche Landschaft mit gɪünen Hügeln, Wäldern und kleinen Seen. Keinerlei Probleme an der Grenze, und Unruhen sind hier unten in der Südwest-Ecke weniger präsent.

✦ <u>**ENNISKILLEN**</u>, die Hauptstadt von Fermanagh, hat täglich einmal Busverbindung mit Sligo: Fahrtdauer ca. 1 1/2 Std. hin und zurück etwa 2o DM. Billige JuHe zur Übernachtung.

Wer mit dem Wagen unterwegs ist, kann in **BELLEEK** (Porzellanfabrik) vorbeischauen. Leider keine Busse ab Sligo. (Sollte noch der Donegal auf dem Reiseprogramm stehen, liegt Belleek sowieso en route).

Sligo ⫸⟶ Donegal

Rund 7o km auf der N 15: gut ausgebaut und flotter Verkehr, täglich viermal Busse. Immer parallel zur Küste, lohnende Abstecher.

✦ DRUMCLIFF

Sehenswert ist in dem Nest, acht km nördlich von Sligo, vor allem der <u>Friedhof</u> mit dem <u>Grab von W.B.Yeats</u>. Eine schlichte Anlage ohne Blumenschmuck, Raben sitzen auf der Friedhofsmauer. Mit etwas gemischten Gefühlen lasen wir die Grabinschrift: "Cast a cold eye on life, on death. Horseman pass by". (Wirf einen kalten Blick auf das Leben, auf den Tod. Dann, Reiter, ziehe weiter)

Weiterhin ein Hochkreuz aus dem 1o.Jh. mit Reliefmotiven aus dem Alten Testament und ein Rundturm.

Privat-Herberge **Yeats Tavern** (Tel. o71/63117), nicht weit von der Grabstätte: gehört zu einem Pub und gehört nicht zu den Hostels, wo man unbedingt gewohnt haben müßte. Startpunkt für Touren auf den Benbulben-Tafelberg.

✦ LISSADELL HOUSE

Herrensitz aus der spätgeorgianischen Epoche, erbaut von 183o-36. Besonders sehenswert ist der Speisesaal. Geöffnet nur nachmittags. Drumrum liegt ein üppiger Park: bevölkert von z. T. sehr seltenen Vögeln, die von einem Holzverschlag aus beobachtet werden können (der Warden gibt weitere Auskünfte).

✦ GRANGE

In der Fabrik SLIGO CRISTALL wird das wertvolle Kristallglas hergestellt. Besucher sind herzlich willkommen, um den Leuten bei der Arbeit zuzusehen.

Privat-Hostel: 2 km hinter Grange rechts weg und 1oo m zum ersten Haus linkerhand: eine jener Herbergen, wo man sich sofort heimisch fühlt. Nur 1o Betten, im Garten Bio-Gemüse und alles unter dem "Management" einer netten Familie.

✦ CREEVYKEEL COURT TOMB

Ausgeschildert. Grabstätte aus der Jungsteinzeit, vermutlich zwischen 3ooo und 35oo v.Chr. angelegt. Besterhaltenes Beispiel dieser Art in Irland: von aufrechten Steinplatten umgrenzter Innenhof, wo vermutlich die kultischen Zeremonielle abliefen; gegenüber dem Eingang die beiden (ursprünglich überdachten) Grabkammern.

✦ MULLAGHMORE

Beschaulicher Badeort mit zwei Hotels und einem Campingplatz, - der Strand von Banuff Strand zieht sich in einer 3 km langen Sandsichel nach Süden. Wild zerklüftete Klippenlandschaft am Ende der Landzunge, wo die Gischt um die Felstürme sprüht: kann auf dem "Cliff Drive" (4 km) abgefahren werden. Lohnend.

Ein schöner Trip führt rüber zur Insel Inishmurray: frühchristliche Mönchssiedlung aus dem 6.Jh. mit einer mausgrauen Steinkirche und den typischen Bienenkorb-Häusern. Nur unregelmäßige Bootsverbindung (eventl. einen Kahn chartern).

✦ BUNDORAN

Seebad mit 16oo Einwohnern: Strand, Wassersport und viel Trubel.

Rucksackler machen neuerdings hier gelegentlich Stop, seit 1988 das **Homefield Activity Hostel** (Tel. o72/41288) eröffnet wurde: ehemaliges Hotel, das jetzt zur Budget-Hostel-Kette gehört. Interessant vor allem wegen des Angebotes an sportlichen Aktivitäten, etwa Surfen, Tennis, Reiten usw. Viele Gruppen!

342   Sligo Umgebung

14 km nordöstlich der Strand von <u>Rossnowlagh</u>: eines der attraktivsten Windsurfer-Paradiese Europas!

Ab Bundoran nur noch knapp 3o km bis <u>DONEGAL TOWN</u>, dem Einfallstor zum irischen Alaska.

Schnellfinder	
Donegal Town	346
Südwesthalbinsel	349
Der Nordwesten	356
Nordwestküste	360
Das Hinterland	362
Halbinsel Rosguill	365
Fanad Halbinsel	366
Inishowen Halbinsel	368

Der Donegal

Irlands Alaska: abgelegene Granitlandschaft, baumlose Täler und stille Buchten. Zwischen den Felsbuckeln winden sich einspurige Asphaltpisten, Schafe tummeln sich auf der Fahrbahn.

An der Küste Kontrast von dramatischen Steilklippen und traumhaft schönen Honeymoon-Stränden. Ansprüche an Komfort und touristischer Infrastruktur zurückschrauben (v.a. Mangel an guten Hotels und Restaurants), ein Schwung von Hostels versorgt die Billig-Touristen.

Verbindungen

Flüge: Linienflüge mit kleinen Propellermaschinen nach Glasgow. Details auf S. 357.

Züge: Keine Gleisverbindungen innerhalb des Donegal. Die nächsten Bahnhöfe sind Sligo und Derry - von dort Busanschlüsse.

Busse: Anlaufstellen der Überland-Busse sind Letterkenny (für den Nordosten) und vor allem Donegal Town. Weiter geht's mit Regional-Bussen: Hier ist zu beachten, daß der gesamte Norden und Nordwesten nicht von der staatlichen Gesellschaft "Bus Eireann", sondern von der privaten Lough-Swilly-Company versorgt wird. Deren Busse sind teuer und nervend langsam, für Studenten werden keine Preisnachlässe gegeben.

Zu überlegen ist die Netzkarte, wo für 4o Mark sämtliche Linien acht Tage lang benutzt werden dürfen. Dies entspricht dem Preis, der für die Oneway-Fahrt entlang der gesamten Küstenlinie von Dungloe bis Derry zu zahlen ist.

Die Region ist die entlegenste Provinz Irlands. "It's a long way up to Donegal": die Autofahrt ab Dublin über Holperpisten dauert einen guten halben Tag - länger als der Transatlantik-Flug nach New York. Durch die Abtrennung der nordirischen Counties (1921) wurde der Donegal von wichtigen Wirtschaftsräumen und dem Hafen Derry abgeschnitten. Ein weiterer Schritt in die Isolation.

Klima: vom Golfstrom ist hier oben wenig zu spüren - klirrende Winter und rauhe Sommer, wo Wolkenbänke zwischen den Tälern hängen und Atlantikstürme über das Land peitschen.

Die Landschaft gehört geologisch zu den schottischen Highlands, die früher über eine Landbrücke mit dem Donegal verbunden waren.

Entgegen der Meinung der meisten Touristen ist der Donegal dicht besiedelt: meist Einheitsbungalows aus der Retorte, die die strohgedeckten Bauernkaten so ziemlich verdrängt haben. Geheizt wird in den Dörfern aber noch vorwiegend mit Torf, dessen beißender Räucherkammer-Geruch besonders mittags über den Dörfern hängt.

Der Norden und Westen bilden eine starke GAELTACHT mit 23 Tausend Mitgliedern. Manche ältere Leute sprechen nur gebrochenes Englisch. Auch sonst haben sich in dieser Ecke hier viele alte Traditionen erhalten.

Die Donegal-Bewohner gelten als verschlossener und wortkarger als etwa die Menschen im klimatisch begünstigten Südwesten.

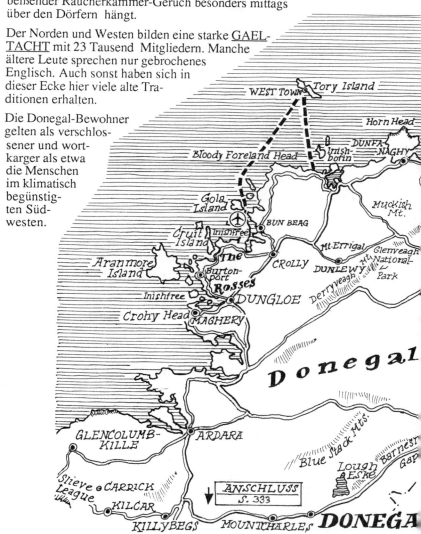

Donegal 345

Tourismus: Nur wenige Urlauber kommen bis hier rauf, am ehesten Rucksackler, die hier in der Abgeschiedenheit das unverfälschte Irland suchen. Bezeichnend ist, daß die meisten Touristen Deutsche sind.

Shopping: Der robuste Donegal-Tweed wird über die ganze Welt exportiert, viele Stücke landen zum doppelten oder dreifachen Preis in exclusiven Läden in Europa und Amerika. Die Stoffe werden noch, wie in Gerhard Hauptmanns Drama "Die Weber", in Heimarbeit am klappernden Webstuhl hergestellt. Viele Arbeiter kommen nur auf einen Verdienst von ein paar Mark die Stunde.

Donegal Town

Der geschäftige Marktflecken ist das Tor zum Nordwest-County; wo sich die Überlandstraßen nach Sligo, Derry und rauf nach Norden schneiden. Mittelpunkt ist der dreieckige Marktplatz THE DIAMOND. Hier Abfahrt der Busse, Geschäfte und zwei Hotels.

Hinter dem Diamond steht das DONEGAL CASTLE, eine trutzige Wehrburg aus dem 15.Jh. Wurde in der Folgezeit mehrmals umgebaut.
Weiterer Tip: am Ufer des River Eske entlangbummeln, 2 km bis zu den Ruinen eines alten Franziskaner-Klosters an seiner Mündung.

Verbindungen

Bike-Rent: Doherty's Fishing Tackle, Main Street; Tel. o73/21119

Züge: Keine direkte Zugverbindung: die nächsten Stationen sind Sligo und Derry (Nordirland), von dort jeweils Busanschluß.

Busse: Abfahrt vom Diamond, Infos und Fahrkarten in dem Süßigkeiten-Laden rechts vom Abbey Hotel.
nach Ballyshannon 6x/Tag ca. 3o Min., 6 DM,
nach Bundoran 7x/Tag ca. 4o Min., 9 DM,
nach Derry 3x/Tag ca. 1 1/4 Std., 2o DM,
nach Dublin 3x/Tag ca. 5 Std., 27 DM,
nach Enniskillen 3x/Tag ca. 1 1/2 Std., 2o DM,
nach Galway 2x/Tag ca. 4 1/2 Std., 45 DM,
nach Sligo 2x/Tag ca. 1 1/4 Std., 2o DM

Zwei HOTELS direkt am Hauptplatz ("The Diamond"):

Abbey Hotel: Tel.: o73/21o14. DZ ca. 15o DM. Professionell geführt, sauber und standardgemäßer Komfort. Alle Zimmer mit Bad/Dusche, TV und Telefon.
Central Hotel: Tel.: o73/21o27. DZ ca. 16o DM. Familienbetrieb mit sehr freundlichem Touch: vom Opa abwärts faßt alles mit an. Die Zimmer groß und standardgemäß möbliert (Bad/Dusche, TV, Telefon).
National Guesthouse: Main St. Tel.: o73/21o35. DZ ca. 7o DM. Hotel-like geführt mit Rezeption und Bar. Völlig neu renoviert und neue Besitzer, die die Pension sehr ordentlich führen.
Atlantic Guesthouse: Main St. Tel.: o73/21187. DZ ca. 65 DM. Zimmer sauber und o.k. (geschmackvoll möbliert, viele mit bunten Tapeten, Farb-TV). In der Lounge stehen gemütliche Polstermöbel. Dinner ca.2o DM.

Donegal 347

Aranmore House: Killybegs Road Tel.: o73/21242. DZ ca. 6o DM. Hat meine Empfehlung. Zwei Zimmer mit Dusche (drei DM Aufschlag).

Drumcliffe House: Coast Road Tel.: o73/212oo. DZ ca. 6o DM. 1oo Jahre alter Bau mit viel Stil; liegt in einem ruhigen Waldstück am Ortsrand. Antik-Möbel.

BED&BREAKFAST: Keine B&B-Häuser in der Ortsmitte - liegen alle an den Ausfahrtstraßen nach Sligo, Letterkenny und Killybegs (Beschilderung folgen).

Die meisten 2-3 km außerhalb; wer in Gehweite von der Stadt wohnen möchte, reserviert Juli/August besser per book-a-bed-ahead.

Drei BILLIG-HERBERGEN, um die Brieftasche etwas zu schonen:

Peter Feely Bridgend Hostel: (Tel.: o73/22o3o): Privat-Hostel, rechterhand an der Straße Richtung Killybegs. Das beste, was hier geboten ist, obwohl das Mini-Haus meist voll ist bis unters Dach (zur Hochsaison rechtzeitig eintreffen). Wenn kein Bett mehr frei ist, bringt Peter Leuter raus ins 5 km entfernte AnOige-Hostel.

AnOige-Hostel direkt gegenüber vom Peter Feely. Nur Juli und August geöffnet und ziemlich "basic" (keine Duschen).

AnOige-Hostel "**Ball Hill**": in sehr gutem Zustand, da es kürzlich mit einer Investition von 2 Mio DM renoviert wurde. Liegt aber völlig ab vom Schuß, 5 km außerhalb Richtung Killybegs.

Camping: Kein Platz in Donegal Town: wildcampen wird auf der Grasfläche unten am Quay toleriert, beim TI-Gebäude links runter zur Bucht. Jedoch keinerlei Facilities. Die nächsten voll ausgerüsteten Campingplätze in den Seebädern südlich an der Küstenstraße Sligo-Donegal.

Im ST. ERNAN'S verleihen kreative Saucen den Meeresfrüchten den letzten Touch: französische "haute cuisine" in klassischer Form. Knappen km außerhalb Richtung Sligo auf einem Inselchen, Zutritt per Steg. Kleines, urgemütlich eingerichtetes Zimmer in dem bollwerkartigen Haus: Menü ca. 45 DM.

Mittelklasse: sehr gut im CENTRAL HOTEL, am Diamond Square, das Restaurant dominiert von sanften, weinroten Farbtönen. A la carte 2o-3o DM.

ATLANTIC CAFÉ (Main St.): Lunch und Dinner um 1o DM. Das windige Ambiente der lieblos aufgestellten Tischreihen wird durch "good value" ausgeglichen. Billig-Tip.

BARMEALS: nur mittags, das Central Hotel wurde 1989 preisgekrönt für den besten Pub-Lunches in ganz Irland. Um 1o DM, zugreifen.

Nicht gerade ein Top-Pflaster für Musik. Fast Jeden Tag Folk und irische Traditionals im SCHOONER am oberen Ende der Main Street: die neuen Besitzer haben sich in kürzester Zeit eine ordentliche Reputation aufgebaut. Außer-

dem im Pub des ABBEY HOTELS: reine Konzert-Atmosphäre, praktisch nur Touristen!
Der ehemalige Rock-Schuppen Shamrock heißt jetzt RIVA'S, am Wochenende Disco. Adr.: Main Street.

SHOPPING

Zahlreiche Shops für den robusten Donegal-Tweed - der renommierteste ist mit Abstand Magee am Diamond. Nur handgewebte Sachen: regelmäßig Führungen durch die Manufaktur (Termine im Verkaufsraum nachfragen).

Spezialist für sportliche Mützen und Hüte aus Tweedstoffen: David Hanna, Tyrconnell Street.

1 km außerhalb Richtung Sligo liegt das Craft Village, eine Kolonie von Kunsthandwerkern. Das übliche Angebot an Töpferwaren, Websachen etc.

Trips in die Umgebung

LOUGH ESKE, ca. 8 km nordöstlich (beschildert): etwa 1o km lange Rundtour um den See, besonders lohnend per Fahrrad. Die Trasse führt leider nicht direkt am Ufer entlang, das Wasser leuchtet durch dichte Baumreihen. Im Hintergrund ziehen sich nackte Hügel hoch.

Vom Nordende des Sees führt ein Fußpfad entlang des Corabber River zum LOUGH BELSHADE: stahlblauer Bergsee, eingekesselt von klippenartigen Felsmassiven. Das Lunchpaket für's Picknick nicht vergessen. Die Wanderung macht hin und zurück rund 12 km; 3-4 Stunden einplanen.

BLUE STACK MOUNTAINS: klotziges Bergmassiv nördlich von Donegal Town, herrlicher Blick auf das weite Niemandsland im Innern des County. Die einfachste Aufstiegsroute dauert etwa 5 Std: von der Westseite des Lough Eske (Ringstraße) führt ein holpriger Waldweg entlang der Nordflanke der Banagher Hill. Dort den Wagen parken.

Zunächst durch eine junge Fichtenschonung, bis rechts ein Drahtzaun erreicht wird. Ein Trampelpfad führt am Zaun lang bis zum Lough Nacollum. Hier links weg und auf die klippenartige Felswand zusteuern. Via der Senke auf der linken Seite der Klippen geht's zum Kamm und dort bis zum Blue Stack, der durch einen Steinhaufen markiert ist.

12 km nordöstlich führt die N 15 (Richtung Derry) durch den 15 km langen BARNESMORE GAP: schroffe Bergwände und neben der Piste die saftig-grünen Auwälder des Lowerymore River. Hier trieben sich in früherer Zeit Räuberbanden und Wegelagerer rum.

Durch schöne Landschaft führen die Waldwege, die nach Norden zu den Blue Stacks abzweigen. Gelbbraune Heidekraut-Matten im **EGLISH GLEN**, ein sprudelnder Wasserfall im **SRUELL GLEN**. Allerdings schwierig, sich im Wirrwarr der unbeschilderten Schotterpisten zu orientieren.

MOUNTCHARLES: Kleine Ortschaft, ein paar Kilometer westlich von Donegal Town. Die Häuser ziehen sich den Berghang rauf. Zwei Giftshops für Souvenirs: Kathleen und Gillespie Bros., beide mit gutem Sortiment und akzeptablen Preisen.

Südlich von Donegal Town: zwischen menschenleeren Hochmooren liegt der berühmt-berüchtigte Wallfahrtsort **STATION ISLAND** mitten auf dem Lough Deig, wo St. Patrick 4o Tage gefastet haben soll. Seit dem Mittelalter gelten dieselben Rituale: drei Tage bei Wasser und Tee, Nachtwachen, Schuhe sind auf der Insel verboten usw.

Jährlich nehmen Tausende von Pilgern die Prozedur auf sich, vom 1.Juni bis 15.August, Zutritt nur mit speziellem Permit für strenggläubige Katholiken. Infos im TI in Ballyshannon.

BALLYSHANNON (ca.2.7oo Einw.) ist eine gute Adresse für Folkmusic, vor allem wegen des bekannten Pub "THATCH" (Details im Kapitel Sligo/Pubs). Im ersten Wochenende im August wirkt das Folk-Festival als Publikumsmagnet: "Wein, Weib und Gesang" in allen Pubs.

Sechs Kilometer östlich, bereits in Nordirland: die berühmte Porzellan-Manufaktur in Belleek, tgl. mehrmals Führungen.

Wer ein bißchen am Strand relaxen möchte, steuert eins der beiden Seebäder an: **BUNDORAN** (15oo Einw.) mit viel Entertainment; von Kalksteinklippen eingerahmter Sandstrand.

Nur ein paar Häuser und ein Hotel stehen hinter der Dünenlandschaft von **ROSSNOWLAGH** (Surferparadies wegen der meterhohen Wellen). Beide Strände mit gut ausstaffiertem Camping-Platz.

SÜDWESTHALBINSEL

Die "wildeste" Landschaft des gesamten Donegal mit zerklüfteten Bergen im Westteil und den atemberaubenden Klippen des SLIEVE LEAGUE. Die Nordküste und die Moor-Einöde im Innern sind menschenleer; die südliche Küstenstraße zwängt sich vorbei an tief eingeschnittenen Meeresfjorden.

Seinen eigenen Charme hat der geschäftige Fischerhafen KILLYBEGS.

Verbindungen

Bus: Mit Bus Eireann tgl. fünfmal von Donegal Town nach Killybegs mit drei Anschlüssen bis zum Endpunkt Killybegs.

Die Privat-Company Mc Geehan fährt dreimal täglich direkt die Strecke Dublin - Donegal Town - Killybegs - Glencolumbkille (ca. 5 DM return, 23 DM one-way ab Dublin).

Für die Rückfahrt entlang der Nord-Route (Glencolumbkille - Ardara - Dungloe - Letterkenny - Dublin) täglich einmal, ebenfalls mit McGeehan.

Per **Auto**: Die Strecke nach Glencolumbkille addiert sich zu rund fünfzig Kilometern. Straßenverhältnisse passabel. Die ersten dreißig Kilometer bis Killybegs haben uns nicht gerade vom Hocker gerissen.

Wer sehr knapp mit Zeit steht, kann auf der N 56 quer durch das Moorland der Halbinsel direkt nach Ardara fahren. Das Schönste wird aber versäumt.

✦ Killybegs (1loo Einw.)

Wichtigster Fischerhafen Irlands mit ungeheuer viel Flair - topmoderne Fangfabriken und Batterien von modrigen Klein-Kuttern an den Kaimauern. Möwen sitzen zu Tausenden überall auf den Segelmasten und Dächern und von den Fischfabriken weht beißender Gestank herüber.

Über sechzig große Trawler laufen Killybegs als Basis an, am meisten ist im Winter während der Makrelensaison los. Ein Teil der Fänge wird in den stinkenden Fischfabriken hinter den Pieranlagen verarbeitet.

Heißer Tip sind die Fischmärkte in der rostbraunen Auktionshalle: Gestank, hektischer Betrieb und das Geschrei der Händler, bevor schwere Trucks mit der Ladung Richtung Süden rollen. Von Mai bis Anfang Oktober, montags bis freitags, die übrige Zeit täglich. Normalerweise sind sowohl morgens um 1o Uhr als auch abends gegen 2o Uhr Auktionen.

Auf keinen Fall versäumen, wenn die Fangflotte einläuft (meistens gegen Abend oder am frühen Morgen). Lauter Sirenenlärm und Schwärme von Möwen. Mit Lastkränen werden tonnenweise die silbrigen Fischleiber abgeladen.

In der verwinkelten Straße oberhalb der Kaimauern Imbißbuden und vergammelte Hafenkneipen, wo man sich bei dem Ausladen der Fänge zu einem Glas Guinness trifft. Ideal für Kontakte zu Fischern: wer den

Leuten freundlich zulächelt und mal eine Runde Bier schmeißt, darf vielleicht auf einen Trip mit raus. Die kleinen Schiffe bleiben ein, zwei Tage auf See, die größeren bis zu einer Woche - geschlafen wird in der Koje. Ein unvergeßliches Erlebnis.

Unterkünfte: Ein Hotel wurde während der Recherche gerade gebaut: Neubau mit allen Facilities.

Lone Star Guesthouse (o73/31518). DZ ca. 9o DM. Elf Zimmer oberhalb einer Kneipe, jeweils mit Dusche/WC und TV. Die Pension hat eine separate Rezeption, Cocktailbar und ein Restaurant. Sehr empfehlenswert, mitten im Dorf.

Hostel (Tel. o73/31118) knappe 2 km vor der Ortseinfahrt rechterhand hinter der Hollybush Bar. Sympathische Leute und gut geführt, allerdings recht einfach und 3-Stock-Betten.

Camping: 3 km hinter dem Dorf am Fintragh Beach, voll ausgerüstet und sauber. Duckt sich zwischen die hohen Dünenberge.

Gute 2o DM für Meeresfrüchte, knackig-frisch vom Kutter in die Pfanne: LONE STAR GUESTHOUSE, serviert in einem freigeräumten Zimmer der Pension. Unbedingt sein Geld wert.

Ein lohnender Trip führt raus auf die Halbinsel ST. JOHNS POINT (am besten per Fahrrad). Ein traumhaft schöner, einsamer Strand, die grünblaue Lagune der Bucht und drüben das Treiben am Hafen von Killybegs.

Boot-Trips: im umfunktionierten Fischkutter durch das Hafengewirr raus auf See und ein bißchen die Küste lang streifen, außerdem Trips zum Hochseeangeln. Infos im Cunningham Shop.

✭Slieve League

Die dramatischste Klippenwildnis von ganz Irland. Von einer natürlichen Plattform aus einzigartiger Blick auf die 6oo m abfallenden, mehrere Kilometer langen Steilwände. Noch eindrucksvoller die Wanderung entlang der Abbruchkante.

Abertausende von Seevögeln, das schillernde Quarzitgestein und unten die tiefblaue Wasserfläche. Sieht aus, als wäre der Berg mit einem Messer in zwei Hälften geschnitten worden, wobei die äußere ins Meer gestürzt ist.

AUSGANGSPUNKTE sind die Orte Kilcar und Carrick an der Küstenstraße R 263. In Kilcar lohnt ein Stop beim Studio Donegal: große Auswahl an Tweedsachen, den Webern kann bei der Arbeit zugesehen werden. Zu beiden Orten täglich fünf Busse ab Killybegs (von dort Anschluß nach Donegal Town).

UNTERKÜNFTE

Keine Hotels. Nur begrenzte Anzahl von B&B-Häusern, daher bereits am frühen Nachmittag reservieren (gilt vor allem für Juli und August). Buchen über's TI ist leider nicht möglich, da die Häuser nicht registriert sind.

Carrick bietet neben dem Cliff-Treck noch eine lebhafte Musikszene abends in den Kneipen (siehe Glencolumbkille/Pubs). Landschaftlich am reizvollsten liegen die B&B-Häuser im Bergnest Teelin.

BILLIG-UNTERKÜNFTE: In Kilcar zwei Privat-Hostels. Eine der beliebtesten Herbergen in ganz Irland ist das **Derrylahan Hostel** (2 km außerhalb an der Coast Road, gegenüber einer Telefonzelle). Patrick Raughter, ein uriger Ire mit schwer schätzbarem Alter, kümmert sich um seine Leute mit väterlicher Wärme, wird oft liebevoll "Uncle Paddy" genannt. Mit voll ausgerüstetem Shop und moderner Küche, sehr sauber.

Das zweite Hostel liegt neben dem Strickwarengeschäft "Anne Marie" gibt immer wieder zu Beschwerden Anlaß. Kleines **Cottage** mit etlichen Betten, liegt paarhundert Meter vor dem Derrylahan Hostel (nicht verwechseln!).

Camping: Ein voll ausgerüsteter Platz fehlt, in Carrick aber immer eine Handvoll Zelte von "Wild-Campern".

Zur AUSSICHTS-PLATTFORM die drei Kilometer lange Schmalspur-Piste runter nach Teelin, einem friedlichen Nest mit einer Handvoll Häuser rund um die Hafenmole. Kurz vor der Ortseinfahrt das Schild "Sliabh League" ignorieren: bringt landschaftlich weit weniger als der von uns beschriebene Weg.

Besser in Teelin der Beschilderung "Bun Glas" folgen. Der Singletrack zieht sich in tausend Windungen den Berghang rauf zu einem Parkplatz (3 km). Zum Klippenrand sind's nur noch ein paar Meter: Blick auf das traumhaft schöne Landschaftspanorama des Slieve.

Weiter geht's per pedes entlang der Abbruchkante zum höchsten Punkt der Klippen, wo sich vor einem die gesamte Küstenlinie von der Nordspitze des Donegal bis runter zum County Mayo ausbreitet. Hin und zurück etwa vier Stunden. Nur mit gutem Schuhwerk und bei schönem Wetter aufbrechen, sonst kann die Sache gefährlich werden. Wetterfeste Kleidung macht die Wanderung um einiges gemütlicher.

Der sog. One Man's Track ist deutlich ausgetrampelt und im großen und ganzen problemlos, nur ein kurzer Abschnitt führt über einen engen Grat (kann aber ein Stück landeinwärts umgangen werden).

Routen-Tip: vom Slieve aus weiter entlang der Klippen bis zur Malinbeg Bay und auf der Asphalt-Piste nach Glencolumbkille. Dort im Hostel sich wieder sammeln und mit einem feudalen Abendessen den Tag abrunden. Zeitbedarf für die Strecke Carrick-Glencolumbkille per pedes etwa 8-1o Stunden.

Noch ein Tip: in Carrick von einem Fischer ein Boot chartern und am Fuß der Klippenwände rumgondeln. Von hier aus wirkt der Slieve mit seinen überhängenden Felsmassen noch eindrucksvoller.

Der Preis ist Verhandlungssache, wenn sich mehrere Leute zusammentun, dürfte es durchaus erschwinglich sein (Kontakte im B&B-Haus oder, noch besser, in einem der Hostels).

✱ Glencolumbkille

Zwischen abgeschrammten Felsbuckeln geklebte Siedlung in einem Glen am Westzipfel der Halbinsel. Eine Art "Doolin des Donegal", wo überall der Irish Folk in der Luft hängt. Endlos-Sessions in den Pubs und nach Sperrstunde weiter auf der Dorfstraße. Außerdem: einsame Sandstrände, im Hinterland schönes Wanderrevier.

Unbedingt sehenswert: das FOLK MUSEUM, bestehend aus drei strohbedeckten Bauernkaten. Sie sind im Stil unterschiedlicher Epochen von 1750 (nur ein kahler, verrauchter Raum) bis zum Beginn unseres Jahrhunderts (drei Zimmer, Spiegelschrank, Geschirr etc.) möbliert. Dazu ein nostalgisches Schulhaus und ein uriger Pub aus vergangenen Zeiten.
Alle zwei Stunden finden Führungen statt.

Im Schulgebäude trifft sich ein bunt-gemischtes Publikum aus der ganzen Welt zu den Summer-Colleges, um irische Sprache, Musik und Tänze zu lernen. Besucher sind herzlich willkommen: zuschauen bei zwanglosen Sessions und Folk-Konzerten, selbst Leuten mit Elefantenbeinen bringt man ein paar Schritte der Folk Dances bei. Auch bei den Locals sehr beliebt.

Glencolumbkille Hotel: Tel.: 073/30003 /3. DZ ca. 95 DM. Das einzige Hotel hier draußen; 5 km außerhalb vom Dorf an der Küste. Sauber und empfehlenswert, alle Zimmer mit Bad/WC.

Eine Reihe von guten B&B-Häusern, als einziges registriert ist das **Corner House** (Tel.: 073/30021, DZ ca. 60 DM). Zwei Zimmer mit Dusche (4 DM Aufschlag).

Billig-Herberge ist das private **Dooey Hostel** (Tel.: 073/30130) sehr empfehlenswert und top sauber: auf einem hohen Hügel mit phantastischem Blick auf die Bay. Unterbringung erfolgt im Hostel oder in 4-8-Mann-Appartements mit hochklappbaren Betten und eigener Küche. Das Dooey Hostel gehört Paddy O'Donnell, der die gesamte Bewegung der "Independent Hostels" 1983 ins Leben gerufen hat und bis heute organisiert.

Camping: Nur auf dem Grundstück des Hostels, Facilities im Haus mitbenutzen, ca. 8 DM/Person.

Im HOTEL sehr gemütlich, draußen an der Küste gelegen, Cocktail-Bar. Ca. 25-30 DM. Neu ist das LACE HOUSE (rechts vom TI die Treppen rauf), das der Dorf-Kooperative gehört. Qualität und Portionen stimmen, so daß sich die

Kunstmöbel und der Filzboden entschuldigen lassen. Kleinere Sachen von 5-1o DM, aber auch Steaks und Meeresfrüchte!

Pubs: Viel geboten in Sachen Folk, seit das Summer College musikbegeisterte Leute ins Dorf bringt. Irgendwo laufen jeden Tag Spontan-Sessions.

Musiker-Tip: Teufels-Geiger des Donegal ist James Byrne, der sich autodidaktisch das Fiddle-Spiel beigebracht hat und sich zusammen mit anderen Musikern in den Pubs von Glencolumbkille und Nachbardorf Carrick die Ehre gibt. Infos im Wochenblatt "The Democrat".

James Byrne hat 1988 die Cassette "Tin Fiddle" aufgenommen: ein paar Stücke davon auf jener legendären Blech-Geige, die vor rund 1oo Jahren von den Einheimischen gebaut wurde und durch ihren schrillen Ton das Knochenmark kräftig zum Vibrieren bringt. Gibt's beim TI.

Bike-Rent: Mrs. Byrae vermietet zwar keine Fahrräder mehr, es dürfte sich aber bald ein neuer Vermieter etabliert haben.

Drei Kurz-Trips:

Die Piste zur MALINBEG BAY zwängt sich vorbei an wilden Riffs und schäumender Gischt. Schafe liegen quer auf der Fahrbahn. Am Endpunkt nach 8 km die reinste Naturbühne mit einem von schwarzen Cliffs eingerahmten, goldgelben Strand. Einer der schönsten Strände Irlands.
Von der Bay kann man per pedes weiter entlang der Küste bis zum Slieve League laufen.

Wanderung zum STURRALL, zwei Felstürmen, die bizarr aus der Brandung schießen. Hin und zurück etwa drei Stunden. Der Pfad beginnt an der Kirche, dann über die Brücke bis zum Fuß eines Hügels. Dort nach links schwenken und immer der Küste lang. Unbeschreiblich schön hier draußen, allein mit den Klippen und dem Meer.

Eine seltsame Stimmung befällt einen im Ruinendorf PORT: zwischen Bergklötzen eingeklemmter Hafen, dahinter die verlassenen, halbverfallenen Häuser der früheren Bewohner. Ganz heißer Tip für ein Picknick.

Von Port führt ein Trampelpfad entlang der Klippen zum SLIEVETOOEY, dem nördlichen Pendant zum Slieve League. Zerrissene Felsvorsprünge, Geschrei von Möwen und kaum Wanderer, die hier raus kommen. Einen kompletten Tag einplanen.

★ Ardara   (7oo Einw.)

Nettes Dorf mit bunten Häuserfassaden in einer Talsenke. Gutes Pflaster für Musik (siehe unten bei "Pubs"). Von Glencolumbkille aus über eine

Donegal 355

einsame Bergstrecke quer durch das unbewohnte Innere der Halbinsel; führt über den Glengesh-Paß und zig Haarnadelkurven. Rostbraune Grasflächen, in geschützten Mulden ein paar Büsche.

Das Dorf ist eines der Zentren für Stricksachen und Donegal-Tweed. In den Straßen reiht sich Shop an Shop, sehr gute Qualität. In den Verkaufsräumen der Fabriken dieselben Preise, aber zusätzlich verbilligte Ausschußware mit für Laien kaum erkennbaren Fehlern. Dort kann man den Leuten auch bei der Arbeit zusehen, wenn das Schiffchen über den Webstuhl flitzt.

Nesbitt Arms Hotel: Tel.: o75/411o33, DZ ca. 95 DM (8o DM ohne Bad). Das einzige Hotel: geführt von einer Familie aus Ardara, die seit 25 Jahren hier selbst Hand anlegt. Gutes Essen, freundlicher Empfang.

BED&BREAKFAST: Letzte zwei Juli- und erste Augustwoche wird's knapp mit Zimmern. Mehrere Häuser im Dorf (meist nicht beim TI registriert), sonst viele Neubau-Bungalows an der Straße Richtung Portnoo, im Schnitt 1-2 km außerhalb.

Mitten im Dorf liegt am Hauptplatz "Diamond" das "Laburnum House" (Tel.: o75/41146; DZ ca. 55 DM). Nur vier Zimmer.

 Steht seit einem Vierteljahrhundert für Qualität: das NESBITT ARMS HOTEL, Menü in drei Gängen für 2o DM.

Die ehemalige Marktlücke auf dem Billig-Sektor wurde geschlossen, seit Einheimische den LOBSTER POT eröffnet haben. Kahler Raum, Filzboden, Tischreihen. Von morgens bis abends offen: 5-1o DM. Meeresfrüchte aller Schattierungen für im Schnitt 15 DM.

Barmeals: im Nesbitt Arms Hotel, Angebotspalette ist Standard, Qualität liegt darüber. Nur für Lunch.

 Bezüglich Musik eines der Zentren im Donegal, viele Hobbymusiker kommen jedes Jahr regelmäßig hierher, bringen ihre Fiddles und Klampfen mit für die Sessions in den beiden **Pubs** Kneipen:

In der CENTRAL BAR sorgen der Besitzer Oliver McNeils mit Akkordeon und Mandoline plus ein paar Fiddler aus der Nachbarschaft für Stimmung. Wird ebenso feucht wie fröhlich; viele Einheimische.

NANCY'S BAR: Klitzekleiner dunkler Raum mit uriger Möblierung, fast tgl. Folk (am Wochenende engagierte Band, die übrige Zeit Spontansessions). Vor etlichen Jahren haben sich die Musiker von Ardara hier getroffen und eine Cassette eingespielt; wird vom Wirt verkauft.

Musiker-Tip für Ardara ist John Gallagher, der schon mehrmals Fiddler-Champion von ganz Irland wurde. Undefinierbares Alter, Eingeweihte schätzen ihn um die siebzig. Spielt je dreimal pro Woche in der Central und in Nancys Bar.

Umgebung von Ardara

 Am schönsten mit dem "Peking-Straßenkreuzer": **Bike-Rent** bei D.Byrne, Westend. Tel.: o75/41156.

MAGHERA CAVES, bei Ebbe zugängliche Höhlen in den Cliffs. Anfahrt beschildert, ca. 8 km: parallel zu einem tief eingeschnittenen Fjord mit kleinen Inselchen und locker bewaldeten Abhängen. Beeindruckende Landschaft.

Ein einsamer Platz für ein Picknick ist LOUGHROS POINT: Endpunkt der flachen, langgestreckten Halbinsel; das letzte Stück zu Fuß.

DAWROS HEAD, um die 15 km: Mit unzähligen Weihern übersäte Moorlandschaft. Portnoo und Rossbeg sind zwei Seebäder,- Hotels, B&B und gut ausstaffierte Campingplätze, Wassersport. Schön vielleicht, nach anstrengenden Trekking-Touren hier mal einen Tag am Strand zu relaxen.

DER NORDWESTEN

Die Küstenlinie ist etwas enttäuschend: über weite Strecken stark zersiedelt mit modernen Einheits-Bungalows. Längere Aufenthalte lohnen sich nur vor allem Abstecher auf die vorgelagerten Inseln.

Heißer Tip für Bergsteiger und Wanderer ist aber das Landesinnere, - insbesondere der oft bestiegene "Mode-Berg" Errigal und das Gelände des Glenveagh-Nationalparks.

Verbindungen

 Keine "Bus Eireann"-**Busse**: die private Lough-Swilly-Company fährt mehrmals pro Tag die Küstenlinie ab. Durchs Landesinnere führen keine Buslinien.

 Per **Auto**: die Küstenstraße von Ardara via Dungloe bis Carrickart (Ausgangspunkt für die Rosguill-Halbinsel) beträgt rund 125 km. Mindestens drei Stunden reine Fahrtzeit einplanen.

★ Dungloe (9oo Einw.)

Provinznest mit farbigen Ladenfronten und Häuserfassaden entlang der Hauptstraße, gemütlicher Stop auf dem Weg nach Norden.

Zwei Wochen Ende Juli/Anfang August steht das Dorf beim Volksfest

"Mary from Dungloe" Kopf: feuchtfröhliche Angelegenheit mit verkürzter Pub-Sperrstunde; überall Musik in den Straßen und Kneipen. Zum Abschluß Wahl der "Miss Dungloe".

Verbindungen

Busse: Keine "Bus-Eireann"-Verbindungen, die Busse rauf nach Norden werden von der Lough-Swilly-Company betrieben. Dreimal pro Tag wird die gesamte West- und Nordküste abgefahren.

Preisbeispiel: bis zur Mount-Errigal-JuHe ca. 2o DM, bis zur Fanad-Halbinsel (dort ebenfalls ein AnOige-Hostel.) ca. 4o DM. Leider gibt's keine Buslinie Ardara-Dungloe, so daß die Westküste nicht durchgehend per Bus abgefahren werden kann. Am besten die 3o km trampen.

Flug: Einziger Airport im Donegal bei Carrickfinn, 1o km nördlich von Dungloe. Die Company Loganair fliegt täglich mit klapprigen Zwanzigsitzern rüber nach Glasgow (ca. 2oo DM one-way, 33o DM return) mit Anschlüssen nach London/Luton Airport. Buchen/Infos über Tel.: o75/48232 (in Glasgow: Tel.: o34/8871151).

Sweeney's Hotel: Tel.: o75/21o33, DZ 1oo DM. Altbau-Hotel: kleine Zimmer, verwinkelte Korridore. Wird seit 2oo Jahren (!) von einer der ältesten Familien der Region geführt. "Old-established", viel Atmosphäre, persönlicher Touch. Zimmer mit Bad/WC.

Midway Guesthouse: Tel.: o75/21251 DZ ca. 7o DM. Liegt mitten im Ort, oberhalb eines Pubs: alle 15 Zimmer supersauber, von jungem Paar sympathisch geführt.

BED&BREAKFAST: außer während des Festivals immer was frei. Häuser im Dorf nicht beim TI registriert, jedoch guter Standard. Sonst an den Ausfahrtstraßen in 2 km Radius. Tip ist der Farmhof "**Lake and Seaview House**", ca. 2 km außerhalb in Tubberkeen. Tel.: o75/21142; DZ ca. 6o DM. Spezieller Service: ein See mit Ruderboot, ebenso Ponies und Kutschen (beides gratis). Sechs Zimmer.

BILLIG-HERBERGE: das **AnOige-Hostel** ist gut in Schuß, sauber und gemütlich. Liegt leider irgendwo in der Pampa, 8 km ab vom Dorf. Ab vom Dorf an der "Scenic Road" zur Maghery Bay (beschildert). Siehe auch Umgebungs-Kapitel! Privat-Hostel war während der Recherche geplant vom Besitzer des Whistle-Stop-Imbißladens am Südende des Dorfes (dort nachfragen!).

Camping: Der Green Site, ein Wiesenstück mit Häusern drumrum, Duschen und Toiletten hinter der Tankstelle, paarhundert Meter vom Dorf Richtung Glenties.

Das Ambiente im SWEENEY'S HOTEL ist nicht gerade umwerfend (ein umfunktionierter Tanzsaal mit Parkett-Boden). Aber exzellent und mit viel Liebe zubereitete Fisch-Geflügel- und Grillgerichte. A la carte 2o-35 DM.

Für <u>Barmeals</u> geht man in die Midway Bar, sehr viele Einheimische als Kundschaft. Von Mittags durchgehend bis spät abends, ca. 7-1o DM.

Pubs: Nichts Besonderes, Stahl und Plastik bestimmen die Möblierung, spontane Sessions nur selten.

Pubs Das meiste läuft rund um die Brücke, am unteren Ende der Hauptstraße. In der <u>ATLANTIC-BAR</u>, knallvoll mit jungen Leuten und in der Ecke hämmert eine Live-Band Rock- und Folk-Rhythmen. Nach Sperrstunde: wer das Bett noch nicht findet, geht rüber in die Bridgend Tavern für die Disco bis 2 Uhr morgens!

Liebhaber von Irish Folk: ein absolutes "muß" ist <u>LEO'S TAVERN</u>, 15 km nördlich in Crolly. Details 2 Seiten weiter!

Umgebung von Dungloe

Der Landstrich nördlich von Dungloe heißt "<u>The Rosses</u>": tonnenschwere Findlingsblöcke und unzählige kleine Seen, das ganze dicht besiedelt mit Einheitsbungalows vom Fließband.

Bike-Rent: Im <u>Rosses Depot</u> innerhalb der Shopping-Arkade/Dungloe.

Die gegenüber dem Shopping-Centre beschilderte "<u>Scenic Route</u>" führt zum <u>CROHY HEAD</u> und über eine Rundtour wieder zurück. Enge Pisten entlang der Küste, vorbei am AnOige-Hostel. Ca. 2o km.

Zwei schöne <u>STRÄNDE</u> zum Relaxen: <u>Maghery Bay</u> liegt südlich nahe beim AnOige-Hostel. Etwa 7 Kilometer. Tip ist <u>Cruit Island</u> mit sanft geschwungenem Sandbogen. Die Insel ist über eine Brücke mit dem Festland verbunden. Etwa 12 km.

✦ Aranmore Island

Die Insel ist mit ihren 1ooo Einwohnern recht dicht besiedelt, an der Südost-Küste wuchern die Häuserwürfel die Abhänge rauf. Abends ist in den sieben Inselkneipen viel geboten. Die beste Adresse für guten Folk ist <u>COXES' PUB</u>.

Der gesamte Norden und Westen ist aber unbewohnt, einsame Hochfläche mit kleinen Seen und dramatische Klippenszenerie zum Atlantik hin. Bester Blickpunkt ist der <u>Leuchtturm</u>: die Stufen rauflaufen zur Aussichtsplattform. Eine <u>7-Stunden-Wanderung</u> entlang der verlassenen Nordküste ist unter Nr. 2o in den "Irish Walk Guides" beschrieben.

Bei 1o km^2 Fläche sind die Schuhsohlen das beste Transportmittel. Den Wagen mit rüberzunehmen lohnt sich kaum (45 DM return, incl. Fahrer).

Glen Hotel: Tel.: 075/21505 DZ ca. 75 DM. Klein und einfach, für den Preis aber tadellos. Es ist das einzige Hotel auf der Insel, nur ein kurzes Stück vom Pier.

Die B&B-Häuser sind nicht registriert, daher keine Vorausbuchung möglich. Guter Standard, nur selten Engpässe.

Billig-Herberge ist das **AnOige-Hostel**, nur zwanzig Meter vom Strand entfernt. Ziemlich primitiv, keine Duschen, jedoch immer viel Betrieb.

Camping: Kein offizieller Platz; meist steht ein Schwung Zelte am Strand neben dem Hafen.

Verbindung: 7 mal/Tag ab **Burtonport**, ca. 12 DM return. Etwa zwanzig Minuten Überfahrt, wo der Kahn durch das Insel-Gewirr pflügt. Evtl. auch schön für einen Tagestrip.

✶ Burtonport

liegt 8 km nördlich von Dungloe: herrlich verrotteter Fischerhafen, eingerahmt von Hügelketten und Inselchen. In der Pier-Kneipe ein kühles Guinness ziehen oder zwischen den Stapeln von Hummerkörben auf den Kaimauern rumschlendern.

✶ Crolly

Einer der "Top Acts" in Sachen Irish Folk wegen der Kneipe LEO'S TAVERN, paar km westlich Richtung Anagary: wird geführt von Leo Brennan, dem Vater von drei Mitgliedern der Stargruppe Clannad, Weltstar vor allem in den Staaten, England und Neuseeland. Das "Familienunternehmen" Clannad besteht aus zwei Söhnen, einer Tochter und zwei Schwiegersöhnen von Leo Brennan. Gehören zu den internationalen Superstars, die Folk-Elemente mit schwelenden Pop- und Rockklängen unterlegen.

Ende 1988 erstrahlte ein neuer Stern aus dem Brennan-Clan: Tochter Enya, die mit ihrem Song "Orinoco Flows" überall (auch in Deutschland) die Hitparaden stürmte und in vielen Ländern auf Platz eins gelangte. Von ihrer Langspielplatte "Watermarks" setzte sie zwei Millionen ab. Ihre Musik: frischer Folk getragen auf einer Basis klassischer Klänge und vorgetragen von einer kristallklaren Stimme.

Die Kneipe ist tapeziert mit goldenen und silbernen Schallplatten, vorne auf der Bühne wird erstklassiger Folk gemacht (meist spielt Leo!). Mit von der Partie ist Olive, weiterer Sproß des Brennan-Clan und ebenso sympathisch wie attraktiv ("I've always been a country-girl...). Gute Barmeals!

Feste: knappe Woche lang Mitte Juli der Jacks Fair, Hochbetrieb in Leo's Tavern und Festzelt, meist kommen auch Clannad für ein paar Tage aus Dublin rüber.

NORDWESTKÜSTE

Die felsige Küste ist leider etwas zersiedelt mit phantasielosen Neubau-Bungalows, die entlang der Straße hingewürfelt sind. Große Pluspunkte sind aber die vorgelagerten Inseln und die Klippenküste des Horn Head. Die Küstenstraße von Dungloe nach Carrickart, wo's mit der landschaftlich grandiosen Rosguill Halbinsel wieder richtig spannend wird, macht rund 9o km aus. Bei gemütlicher Fahrt 2-3 Stunden. Mit den Lough-Swilly-Bussen ca. 3 Std. Verkehren im Schnitt dreimal pro Tag.

Die Nordwest-Ecke BLOODY FORELAND bringt wenig für längere Aufenthalte. Der Name kommt daher, daß das Gestein hier bei Sonnenuntergang rot schimmern soll. Vom "Magheraroarty Pier" fahren Boote ab zu den vorgelagerten Inseln Inishbofin und Tory Island.

Hotels in Bunbeg (Abfahrt des Postbootes zur Tory Island, Details S. 361), Derrybeg und Gortnahork. Gortnahork liegt am nächsten beim Pier (ca. 5 km): Einziges Hotel ist das **Mc Faddan's** (Tel.: 074/35267; DZ ca.12o DM).

In der Pension **An Shorlan** (Tel.: 074/35259; DZ ca. 65 DM) sind alle Zimmer mit Bad und WC ausgerüstet.

B&B-HÄUSER überall entlang der Küstenstraße. Billig-Hostels und Camping-Plätze gibt's in dieser Ecke nicht.

✦ Horn Head

Ab Dunfanaghy eine 6 km lange, ausgeschilderte Piste raus zu einem öffentlichen Picknickplatz. Durch wüste, schwarz-braune Moorlandschaft, am Head eindrucksvolle Klippen (2oo m hoch).

Lohnend ist auch der Ausflug zur ARDS-HALBINSEL, fünf km südlich: ein zu einem Kapuzinerkloster gehörendes Parkgelände; dicht bewaldet und ein Gewirr von Buchten und Landzungen.

✦ Dunfanaghy

Eine behäbige Donegal-Siedlung. Auf dem quadratischen Dorfplatz alte Männer, geschäftiges Treiben am Pier. Ein schöner Strand zum Wandern.

Am besten ins "**Carrig Rua Hotel**", einem stilvollen Altbau mit unverfälschter Atmosphäre (Tel.: 07436133; DZ ca. 1o5 DM) oder in eines der B&B-Häuser.

Für **Camper** bietet sich der voll ausgerüstete Platz mit allen Schikanen, direkt am Strand.

✦ Insel Inishbofin

Die Insel ist nur während der Fischersaison von Anfang Mai bis Ende September bewohnt, danach siedeln die rund fünfzig Leute zu ihrem

"Hauptwohnsitz" auf dem gegenüberliegenden Mainland über. Grund für das Inselleben: bei rauherem Seegang können die Trawler von den Piers auf dem Festland nicht auslaufen.

Auf Inishbofin gibt's weder Unterkünfte noch einen Shop - daher nur mit Tramperzelt und genügend Proviant übersetzen. Auch sonst ist natürlich hier "der Hund begraben": am Hafen ein paar Männer beim Reinigen der Netze, Möwen auf den Kaimauern und abends verkriecht sich alles in die Häuser.

Verbindungen

Boot: kein offizieller Transfer. Die Fischer pendeln aber permanent zwischen dem Magheraroarty Pier und ihrer Insel hin und her, um die Fänge zu landen. Im Schnitt etwa stündlich Bootsverkehr. Einfach am Pier rumfragen, bei nur zehnminütiger Überfahrt meist gratis (vielleicht 2 Pfund Trinkgeld) Verhandlungssache (mit 1o bis 2o Mark kalkulieren). Vielleicht lassen sich auch gleich Kontakte knüpfen, um am nächsten Morgen mit rauszufahren auf See.

✦ Tory Island

Liegt mit seinen 25o Einwohnern etwa 15 km vor der Küste, besonders im Winter besteht bei stürmischem Seegang manchmal für Wochen nur Helicopter-Verbindung mit dem Festland.

Der Hauptort ist **WEST TOWN**, ein schläfriges Insel-Dorf mit viel Atmosphäre,- etwa beim Frühschoppen in der Kneipe oder beim Tratsch im Krämerladen, wenn der Wind den dumpfen Lärm vom Hafen heraufträgt. Abends wird im Insel Pub "The Club" durchgemacht bis zum Morgengrauen, fast jede Nacht irgendwo Tänze oder Ceilidhs. Touristen kommen selten hier rüber nach Tory Island.

Ende August rauschendes Folk- und Musik-Festival, wo das Inselchen aus seinem Dornröschenschlaf aufwacht!

Unterkünfte in einer Reihe von B&B-Häusern (jedoch keines beim TI registriert),- einige bieten bieten opulente Dinner an (fast durchweg Fisch und Meeresfrüchte). Kleinere Sachen gibt's in der Imbißbude im Dorf, excellente Barmeals im Club (unbedingt die Fischpasteten probieren!)

Verbindungen: die Überfahrt ist ein Erlebnis für sich. Der klapprige Kahn schwankt und schaukelt, während er sich voranpflügt. Das Postboot fährt zweimal pro Woche (dienstags/freitags). Dauert zwei Stunden, ca. 1o DM ab Bunbeg (Infos dort auf dem Postamt). Besteht, ähnlich wie bei Inishbofin, mit

> Fischern, die ihre Ladung am Magheraroarty Pier an Land bringen. Pro Tag verkehren von dort etwa fünf bis zehn Boote, die Überfahrt dauert eine knappe Stunde. Preis je nach Verhandlungsgeschick, das Maximum dürfte bei zwanzig Mark liegen.

DAS HINTERLAND

Eindrucksvolle Felskulisse, einsame Täler, Heidekraut-Steppe. Highlights sind der Mount Errigal, Pflichtprogramm jedes Bergwanderers (an seinem Fuß eine gemütliche Herberge), sowie ein Nationalpark mit markierten Wanderpfaden. Beide werden erschlossen durch die R 251, die ab Gweedore landeinwärts führt.

Busse: Mit der Lough-Swilly-Company ab Dungloe täglich zweimal bis zur Abzweigung der R 251, die restlichen 3 km bis zur Jugendherberge zu Fuß.

MOUNT ERRIGAL (75o m): mit Geröllfeldern übersäter Quarzkegel, der sich steil und klotzig in der flachen Umgebung hochtürmt. Vermutlich der eindrucksvollste und meistbestiegene Berg Irlands. Für den Auf- und Abstieg etwa 3-4 Stunden einplanen, - macht keine besonderen Schwierigkeiten und dürfte auch von Turnschuh-Alpinisten zu schaffen sein. Oben grandioser Rundblick bei schönem Wetter bis rüber nach Schottland.

Startpunkt: ca.3 km östlich von Dunlewy, der erste Abschnitt des Pfades ist durch Zaunpfosten markiert.

Am Fuß des Errigal duckt sich das Bergnest **DUNLEWY,** - die Häuser liegen in einem abgeschiedenen Tal neben einem See. Idealer Wanderer-Treff, drumherum eine zerschrammte Felsbuckelwildnis.

Unterkünfte: etwa fünf B&B-Häuser. Optimal für Kontakte und Infos bezügl. Routen ist das AnOige-Hostel: ungefähr dreiviertel der Gäste sind Deutsche, die Herbergsleiterin schmeißt den Laden mit augenzwinkernder Strenge. Haus gut in Schuß, Tel. o75/3118o.

Kahle Mondlandschaft formt das POISONED GLEN, eingerahmt von felsigen Steilwänden. Der Talboden ist sumpfig und mit schwarz-braunen Sauergräsern bewachsen. Angeblich sollen sich nicht einmal Vögel in dieser lebensfeindlichen Landschaft aufhalten. Die Wanderung führt an den Abhängen oberhalb des sumpfigen Talgrundes entlang, Zeitbedarf bei vier Stunden. Ausgangspunkt ist Dunlewy.

GLENVEAGH NATIONAL-PARK: Erstreckt sich über 1oo km^2 in einem ausladenden Tal mit Gebirgsketten und schillernden Seen. Moor- und Felslandschaft. In den Bergen dichte Fichtenwälder.

Das Besuchszentrum steht am Eingang des Parks am Nordende von Lough Beagh: Infos zu Flora und Fauna, Startpunkt mehrerer Wanderpfade.
Auf einer Felsnase am Seeufer thront das Glenveagh Castle, ein verträumtes Märchenschloß mit subtropischen, wuchernden Gärten drumrum (herrlicher Kontrast zur kargen Öde der Umgebung).

Weiterer Tip: Glebe Gallery in Church Hill mit Meisterwerken von George Braque, Picasso, Renoir usw.

HALBINSELN IM NORD-DONEGAL

Drei Halbinseln im Nordosten des Donegal: einsame Sandstrände wie aus dem Neckermann-Prospekt wechseln mit rauher Küste und tief eingeschnittenen Fjorden. Panorama-Straßen führen um die einzelnen Landzungen herum. Zwei gute Hostels machen den Trip auch für Rucksackler erschwinglich. Ausgangspunkt für Touren ist das Dorf LETTERKENNY.

Verbindungen

Bus: Nach Letterkenny mehrmals pro Tag ab Dublin mit Bus Eireann und Privatbus. Rüber nach Londonderry Pendelverkehr mit Lough-Swilly-Bussen, - dort flüssige Anschlüsse nach Belfast und Dublin.

Zwischen Donegal Town und Letterkenny tgl. 2 Busse von "Bus Eireann": Von Letterkenny fahren Lough-Swilly-Busse Richtung Norden (zu den Jugendherbergen).

✱ Letterkenny (5.000 Einw.)

Eingangstor zu den nördlichen Halbinseln, gute Busverbindungen. Ansonsten ziemlich langweiliges Städtchen, das im wesentlichen aus der langgestreckten Hauptstraße besteht. Tip ist das Folk-Festival, wo sich Folklore-Gruppen aus der ganzen Welt ein Stelldichein geben: an einem verlängerten Wochenende Mitte August.

Verbindungen

Car-rent in der "Hagerty Garage", Main St., Tel.: o74/21o95.

Bike-rent zwölf Kilometer nördlich in Rathmelton (siehe "Fanad-Peninsula"). Nach Rathmelton mit Lough-Swilly-Bussen.

Busse: Abfahrt sowohl der Bus Eireann als auch der Lough-Swilly-Busse vom Terminal am oberen Ende der Upper Main Street, gegenüber dem Kreisverkehr. Dort genaue Infos (Fahrpläne, Preis usw.).

1.) mit Bus Eireann: nach Dublin 3x/Tag ca.4 Std., ca. 27 DM one-way; nach Galway und Sligo tgl. 2x, 6 Std. ab Galway (ca. 39 DM single) und 3 Std. ab Sligo (ca. 24 DM single)

2.) Lough-Swilly-Busse: Sämtliche Linien rauf in den Norden.

3.) Ein Privatbus fährt tgl. einmal die Strecke Dublin-Letterkenny, Abfahrt vor dem O'Boyce Café, Upper Main St. Kostet ca. 2o DM einfach; return ca. 25 DM. Abfahrt in Dublin vom Parnell Square. Company: Mc Geehans

<u>Gallagher's Hotel</u>: Upper Main Street; Tel.: o74/22o66, DZ ca. 1oo DM. Recht billig, verglichen mit dem, was geboten wird. Seit Ende der 7oer Jahre sorgt die Collins-Familie für das Wohlergehen ihrer Gäste: freundlich möblierte Zimmer, alle en suite.

<u>BED&BREAKFAST</u>: viele Kneipen in der Main Street vermieten Zimmer, leider oft ein bißchen unpersönlich Atmosphäre. Besser die Häuser an den Ausfahrtsstraßen, 1o-15 Gehminuten zur Ortsmitte.

Zwei <u>BILLIG-HERBERGEN</u> werden auch zur Hauptsaison nie richtig voll:

<u>Rosemount Hostel</u>" (Rosemount Terrace, Tel.: o74/21181) in einer Seitengasse off Upper Main Street. Heimelig mit nur 15 Betten und das richtige, wer Kontakte sucht. Im Common Room Offener Kamin und einladende Sofas. Außerdem Einzelzimmer für 15 DM/Nacht.

<u>The Mance House</u> (Main Street) wurde während des Update gerade renoviert und dürfte bis zum Frühjahr 199o fertig sein. Größer als das Rosemount (um 5o Betten). Geführt von Benny und Diane, zwei altgediente Hostel-Wardens, die aus Dublin hierher in die Provinz geflüchtet sind. Wir wünschen ihnen viel Erfolg!

Camping: Kein Campingplatz im Umkreis von 3o km.

Adresse für den besseren Geschmack ist <u>MEWE`S</u>, Lower Main Street. Das Dinner-Menü für 4o DM ist sehr gut, "ehrliche" Gerichte ohne viel Schnörkel. Dort in der Nähe ein <u>CHINESE</u>: etwas hallenartiger Raum mit Kunstleder-Stahlrohr-Möblierung. 15-2o DM.

Heißer Tip für kleinere Snacks: im <u>PAT`S</u> am Marktplatz Pizzen und türkische Kebabs um die sechs Mark; alles ofenfrisch und appetitlich serviert.

<u>DOLPHIN,</u> Upper Main Street: optimal für Fish & Chips und kleinere Grillsachen, alles frisch und knackig zubereitet.

Im <u>MOUNT ERRIGAL HOTEL</u> (an der Ausfahrtstraße Richtung Derry) jede Nacht Entertainment und Konzerte von zum Teil sehr etablierten Künstlern, (z.B. Christy Moore oder Leo Sawyer). Zwei bis dreimal pro Woche spielt das Jazz-Duo Brian & Davy: perfekt arrangierter Soft-Jazz mit Keyboard, Orgel und unvergeßlichem Trompetenspiel!

MC GINLEY'S (Lower Main St.): gemäßigt dezent mit einer Bruchstein-Wand und Polstermöblierung; - Gäste vor allem "Mittelalter" (25-4o). Beliebtestes Musik-Pub in Letterkenny, wo an fünf Abenden pro Woche Bands spielen.

Neuer Treff der Leute vom College ist die PORT BAR in der Port Road (bei der Weggabelung am oberen Ende der Main Street rechts runter). Immer rappelvoll, um 22 Uhr macht dann die Neros-Disco gleich nebenan auf. Für 12 DM Eintritt geht ein Abendessen inclusive, geöffnet bis 2 Uhr. Ergibt einen schönen Abend.

Eines der urigsten Pubs in ganz Donegal liegt rund zwölf Kilometer nördlich in Ramelton: Das CONWAYS, eine strohbedeckte Kate am River, dicke Rauchschwaden ziehen durch den klitzekleinen Raum.

Musik-Szene: In der Zeitung "Derry People" nachschauen, wer wo spielt. Den fünf Jungs von den Gooseberries werden seit ihren zwei TV-Auftritten im Herbst 1989 glänzende Prognosen gestellt. Bluegrass mit geschickter Instrumentierung durch Fiddle, Saxophon und "steel pedal guitar". Reine Traditionalisten hingegen die drei Männer von Poor Scholar, exzellentes Spiel der "concert flute" und das beste, was an "traditional irish music" hier in der Region zu hören ist.

Jim & Patricia werben mit dem "gig in the corner": Aufforderung zum mitmachen. Bis zum Ende des Abends haben sich oft bis zu 1o Musiker samt Instrumente angesammelt. Patricia ist schon kreuz und quer durch Deutschland getingelt, kräftige Altstimme.

In New Mills, 5 km Richtung Glentis, spielt regelmäßig das Fiddler-Duo Gooch Brothers: zwei Jungs von 15 Jahren, die schon in vielen TV-Shows ihren Mann gestanden haben.

Star Hugh Mc Lean gibt sich des öfteren in seiner Heimatstadt Letterkenny die Ehre: Balladen und Gesang, unterlegt von einem virtuosen Gitarrenspiel. Hatte seine größten Plattenerfolge 1975-85.

✦ Halbinsel Rosguill

Traumhaft schöne Naturlandschaft: weite Sandbuchten, tiefblauer Ozean und vorgelagerte Schären-Riffs. Für Rucksackler ein gutes Privat-Hostel.

CARRIGART ist das Einfallstor zur Halbinsel, ein relaxtes Dorf mit etlichen Shops und Restaurants entlang der Häuserzeile. Ab Letterkenny rund 35 km, täglich einmal mit Privat-Bus "Gallagher", Abfahrt gegen abend vor Boyces Café.

Neben B&B das Ostan Hotel (Tel.: 074/55114; DZ ca. 17o DM): viel Atmosphäre in dem schindelgedeckten, weißgekalkten Bau. Seit 7o Jahren in den Händen derselben Familie!

Der <u>ATLANTIC DRIVE</u> führt in einer 12 km langen Rundstrecke um die Halbinsel rum, am schönsten sind die Nord- und Ostseite. Wer Zeit und Kondition hat wunderschöne Fahrrad-Tour !

<u>Bike-Rent</u> im Shop"Andrew Speer" am oberen Ende der Dorfstraße!

Lohnend in **CLONNTALLAGH** ist das <u>SINGING PUB</u>: schilfgedeckter Cottage, wo fast täglich Musik-Sessions steigen. Innenausstattung leider modernisiert.

An der Westküste liegt das Seebad **DOWNINGS** - langer Strand mit entsprechender Infrastruktur (Sportmöglichkeiten, Unterkünfte, Camping). Ist die soziale Schaltzelle der Halbinsel.

Die <u>McNutts-Fabrik</u> in Downings stellt erstklassige Tweedstoffe her , das Label ist weit über Irland hinaus bekannt. Im Verkaufsraum oft Sonderangebote. Eine Verkaufsfiliale befindet sich in Carrigart.

<u>Musikszene</u>: Stars dieser Ecke sind die Mollone Family, die hier in Downings leben und in den Kneipen Musik machen (Infos: Wochenblatt "Derry People"). Vater und Mutter plus Söhne und Töchter vorne auf der Bühne, beachtliche Bandbreite der Instrumente, viele gälischsprachige Lieder.

Ein ABSTECHER vom Atlantic Drive führt ein Stück Richtung Norden zu einer herrlichen Strandlandschaft mit geschwungenen Dünen und grünlich schillerndem Wasser.

⌐ Einzigartig liegt das **<u>AnOige-Hostel</u>** auf einem grasigen Hügel. Nette Atmosphäre, ⌐
⌐ ums Haus gackern die Hühner des Wardens. Warme Duschen. ⌐

 Am Ende der Piste ein simpler **Camping**-Platz zwischen den Dünen: viel romantischer als die betriebsamen Zeltplätze in den beiden Seebädern an der Westküste.

✦ Fanad Halbinsel

Klippen und Meer, jenseits der fjordartigen Buchten wölben sich die benachbarten Halbinseln aus dem Wasser. Im Innern Wälder und grüne Inseln.

Die ausgeschilderte <u>FANAD DRIVE</u> führt in einer 72 km Rundstrecke an der Küste lang. Am schönsten auf dem Drahtesel in einer gemütlichen Zweitages-Tour: **<u>Bike-rent</u>** in Rathmelton bei P.Whoriskey.(Tel.: o74/51o22).

Nach Rathmelton von Letterkenny aus zweimal pro Tag mit dem Lough-Swilly-**Bus**.

Donegal 367

Hotels: nur in Rathmullan (dort beschrieben). Für Leute mit etwas Kleingeld sind die beiden Herrenhäuser zu empfehlen.

B&B gibt's praktisch überall entlang der Küste.

Billig-Unterkunft ist die private Herberge **Bunnaton Hostel** (Tel.: o74/5o122), geführt von zwei Engländern, nur 4-Bett-Zimmer, sehr sauber. Liegt an der Ostküstenstraße: 1o km hinter Rathmullan und 3 km vom Dorf Glenvar (dort der nächste Shop: Proviant mitbringen).

Camping: Zwei gut ausgerüstete Plätze in Carrowkeel und Ballyheerin an der Westküste. Am schönsten (auch wegen der Lage) ist der Camping-Platz in Portsalon: alle Schikanen wie Shop, Restaurant oder TV-Raum.

WESTKÜSTE: Pistenführung entlang der Mulroy Bay, eine romantische Meerlagune mit unzähligen Felsbuckel-Inselchen. Der Küstenstreifen ist ziemlich verbaut, viele Farmhöfe. Durch welliges Grasland geht's zum FANAD HEAD, ein blendend weißer Leuchtturm auf dem Felsvorsprung.

CARROWKEEL, an der Westküste, bringt's vor allem abends wegen seiner vier Kneipen, wo in drei allabendlich Musik gemacht wird. Das Nightlife-Zentrum auf der Halbinsel Fanad!

Hier lebt John Kerr, einer der großen irischen Fernseh- und Plattenstars: trägt mit sanfter Bing-Crosby-Stimme rhythmische Balladen vor, seine Tochter begleitet ihn am Keyboard. Im Wochenblatt "Derry People" nachschauen, in welchem der Pubs John seinen Auftritt hat.

Am besten hat's uns auf der Halbinsel in **PORTSALON** gefallen: ein schöner Strand und lockere Baumgruppen mit dazwischengestreuten Häusern. Einfach ein bißchen rumhängen und Ruhe tanken.

Heißer Tip sind die SEVEN ARCHES, eine Formation aus Klippenhöhlen und Felstunneln: davor ein abgelegener Strand. Nur durch eine Querfeldeinwanderung zugänglich (etwa eine Stunde, Einheimische nach der genauen Wegbeschreibung fragen).

Oder mit dem Boot, das jeden Nachmittag zum Sea-Angling rausfährt: Für rund zehn Mark (Verhandlungssache) ein Lift zu den Arches, auf dem Rückweg holt einen das Boot wieder ab.

Fünf Kilometer nördlich liegt der GREAT ARCH OF DOAGHBEG, - ein gewaltiger Felsbogen, der sich gegen die Brandung stemmt. Von den Hügeln hinter dem Dorf grandioser Ausblick auf die Meeresbucht und die Inishowen-Halbinsel.

RATHMULLAN ist der Hauptort der Halbinsel, behäbiges Layout der breiten Straßen und quadratischen Häuserblocks.

368   Donegal

Rathmullan House Hotel: Tel.: o74/58188, DZ ca.23o DM. Würdiges Herrenhaus in einer idyllischen Parkanlage entlang der Bucht. In den Gemeinschaftsräumen museumsreife Antik-Möblierung. Swimming-Pool.

Fort Royal Hotel: Tel.: o74/581oo, DZ ca.17o DM. Ähnliche Atmosphäre wie im Rathmullan House, - jedoch um einiges größer und daher weniger intim. Mit Tennisplatz.

Pier Hotel: Tel.: o74/58115, DZ ca. 75 DM. Die Alternative für die schmale Brieftasche: für die Preislage sehr zu empfehlen, alle Zimmer mit Bad.

Ein empfehlenswertes B&B-Haus: "**Old Rectory**" (Tel.: o74/58226; DZ ca. 65 DM), ein georgianischer Stilbau. Sauber.

✦ Inishowen Halbinsel

Weit weniger spektakulär als erwartet: fruchtbares Ackerland mit Wiesen und Weiden, Fabriken, dichte Besiedelung.

Andererseits aber gut für "traditional music" vor allem im Hauptort Buncrana. Der Grund dafür: wegen der Nähe zur 9o.ooo-Einwohner-Stadt Derry hat immer schon ein Markt bestanden, der die Gründung von Gruppen begünstigt hat.

Verbindung: keine Direktverbindung, geht immer mit Bussen via Derry (flotte Anschlüsse!).

Hauptattraktion ist <u>GRIANAN OF AILEACH</u>, ein Steinfort mit 23 m Durchmesser. Die Ringmauer ist 4 m breit und 5 m hoch: besteht aus ohne Mörtel aufgeschichteten Platten; zur Galerie an der Innenseite führen Treppen hinauf.

Das Fort geht zurück auf eine Tempelanlage zu Ehren des Sonnengottes Rab 17oo v. Chr.). Ab dem 5.Jh. n.Chr. benutzten es die Könige der Provinz Ulster als Residenz, bevor es Anfang des 12.Jh. von deren Gegnern geschleift wurde. Um 187o wurde es vollkommen restauriert.

<u>Anfahrt</u>: Knappe 3o km nördl. von Letterkenny an der N 13, letztes Stück über Feldwege (beschildert).

Die Panorama-Straße "<u>Inis Eoghain 1oo</u>" führt in 16o km (bzw. 1oo Meilen) rund um die Halbinsel. Immer die Küste lang: unterwegs Strände, historische Bauwerke, Picknick-Parkplätze. Die Route ist gut beschildert, reine Fahrtzeit 3-4 Stunden.

Hauptort auf Inishowen ist **BUNCRANA** - wenig reizvolle Kleinstadt mit zwei Hotels, Pensionen und Restaurants. Mehrere Häuser in Backstein-Architektur. Badeort für Derry, abends Musik in allen Kneipen!

Pubs: O'FLAHERTY BAR in der Main Street: fast jede Nacht greifen die drei O'Flaherty-Brüder zu den Instrumenten. (Exzellentes Banjo-Spiel, und bei den Sessions geht kräftig die Post ab.

Außerdem: im Wochenanzeiger "Derry People" nachlesen, in welcher Dinny Kneipe McLaughlin auftritt. War Mitglied der Star-Gruppe "Aileach", die in den späten 6oer und frühen 7oer Jahren die irischen Hitparaden stürmte. Dinny: Ende fünfzig, sehr groß und Platten nicht nur im Schrank, sondern auch eine auf dem Kopf.

Beim Paß GAP OF MAMORE windet sich die Piste über einen Bergrücken. Geröll und Schotter. Der schönste Abschnitt ist der MALIN HEAD: Felsküste, vorgelagerte Riffs und die Silhouette einer Insel draußen im Atlantik. Am Streckenabschnitt von Malin Head nach Culdorf liegen drei Traumstrände. Herrliches Farbenspiel des gelb-rötlichen Sandes mit der rauhen Landschaftskulisse dahinter.

Schnellfinder
County Monaghan................373
County Roscommon.............374
County Offaly 375
County Laois 376
County North Tipperary 376
River Shannon siehe Seite 42

Lakeland

Welliges Weideland im Herzen Irlands, überzogen mit einem Netz von Seen, Flüssen und Bächen. Größter Wasserlauf ist der verästelte

SHANNON RIVER. Es ist das Land der Angler und Bootstouristen, die auf Kabinenkreuzern rumtuckern und Ruhe tanken.

Für "normale Touristen" sind die Lakelands lediglich Durchgangsstation auf dem Weg zur unberührten Wildnis an der Westküste. Landschaftlich ist das recht fruchtbare Agrargebiet nicht überragend, - meist wird nur ein kurzer Stop eingelegt, um die eine oder andere Sehenswürdigkeit "mitzunehmen" (erstrangig ist die Klosterstadt <u>CLONMACNOISE</u> südlich von Athlone).

ANGELN

Überall in den unzähligen Tümpeln und Flüssen, - oder noch besser auf dem Shannon vom Kabinenboot aus. Die Permits für Forellen kosten ca. 7 DM/Tag bzw. 35 DM für die komplette Saison, Lachse gibt's im Lakeland kaum.

Das Angeln nach allen übrigen Fischen ("coarse fishing") ist gratis. Optimal für Hechte sind die vielen Seen in den nordwestlichen Countys: die größten Brocken schwimmen in den Grafschaften Cavan, Sligo, Leitrim und Monaghan rum.
Außerdem unten im Südosten (Waterford/Wexford/Kilkenny): dort aber nicht in den Seen, sondern in den Flüssen. Ausrüstung wird in praktisch jedem Dorf vermietet. Details im Einleitungskapitel auf S. 88.

Der <u>SHANNON</u> gilt mit seinen Kabinen-Kreuzern als der Wassertummelplatz Europas. Er zerschneidet die Republik praktisch in zwei Teile.

<u>Daten</u>: Ungefähr 35o km lang, kaum Gefälle, mit seinen Seen bedeckt er eine Gesamtfläche von 1o.ooo Quadratkilometern. Details zu Kabinenkreuzern im Einleitungsteil auf S. 42.

UNTERKÜNFTE

Für Billig-Touristen sieht's schlecht aus: nur wenig Hostels und nur ein paar Camping-Plätze. Dafür aber jede Menge <u>B&B</u>, - viele Farmhöfe, wo zum Frühstück Milch, frisch von der Kuh, aufgetischt wird. <u>Hotels</u> in den größeren Ortschaften. Feudale Landhäuser und Herrensitze für gefülltere Brieftaschen fehlen im Lakeland völlig. Auch das Angebot an Top-Restaurants ist etwas dürftiger als an der Westküste.

SELFCATERING

Die Midlands sind ein idealer Standpunkt, um sich eine Hütte zu mieten, da wegen der zentralen Lage alle interessanten Orte Irlands in bequemen Tagesausflügen erreicht werden können.

INFORMATIONEN: Anlaufstelle für umfassende Infos über das gesamte Lakeland ist das **TI in Mullingar**, County Westmeath. <u>Adresse</u>: in einer Seitenstraße off Dublin Road.

Unten haben wir die wichtigsten Orte und Sehenswürdigkeiten aufgeführt; gegliedert nach den einzelnen Grafschaften von Nord nach Süd.

✦ County Monaghan

Hauptstadt ist **MONAGHAN TOWN** (ca. 6ooo Einw.). Die meisten Bauwerke stammen aus dem 18. und 19.Jh. - interessant ist vor allem die St. Macartan's Cathedral im neugotischen Stil.

Zwei Kilometer südlich ein schöner Waldpark zum Relaxen mit kleinen Weihern, Wanderwegen und Picknickplätzen.

CASTLE LESLIE, 1o km nordöstlich von Glaslough: Schloß aus dem Jahre 187o in etwas italienisch angehauchtem Stil. Geöffnet nur nachmittags von Mitte Juni bis Mitte August.

In **CARRICKMACROSS** werden im Kloster nach alter Tradition feinste Spitzen hergestellt: Die Designs, deren Ursprünge aus Florenz stammen, werden von den Nonnen entworfen und dann von alten Frauen in Heimarbeit aus hauchdünnem Batist (Zwischending zwischen Satin und Seide) ausgearbeitet. Eine Kunst, die leider am Aussterben ist. Sie wird von immer weniger jungen Leuten erlernt. Der Preis für einen Satz Spitzen (für Kragen und Manschetten) liegt bei rund hundert Mark.

✦ County Cavan

Verwaltungszentrum **CAVAN TOWN** hat wenig zu bieten. Abgesehen von der Kristallglas-Fabrik zwei Kilometer außerhalb Richtung Dublin, wo sich die Glasbläser bei der Arbeit über die Schulter schauen lassen.

Knapp 15 km westlich liegt der **KILLYREEN FORST PARK** mit dem wirr zerlappten Lough Ougher und schattigen Wäldern. Eine anheimelnde Sonntagnachmittags-Idylle, vor Ort können Ruderboote gemietet werden.

Einfache Billig-Bleibe in Ballyconnell, auf halbem Weg zwischen Enniskillen und Cavan Town: **Sandville House Hostel** (Tel.: o49/26297), - einfach, dreißig Betten, von einer Französin geführt.

✦ County Longford

Verwaltungssitz ist **LONGFORD TOWN** an der Hauptroute Dublin-Sligo. Ca. 43oo Einwohner. Die protzige ST. MEL'S CATHEDRAL wurde voriges Jahrhundert im Renaissance-Stil erbaut.

Eine Art Geheimtip ist die Werkstatt von Michael Casey in **BARLEY HARBOUR** (etwas außerhalb Richtung Newtoncashel): er sammelt skurrile Wuchsformen von Baumwurzeln und knorrigen Ästen, poliert sie auf Hochglanz und schraubt sie auf ein Postament fest. Gelegenheitskäufe - es sind Stücke dabei bis zu einer halben Mannshöhe.

Gute 5o km hinter Longford Town (Fahrtrichtung Sligo) zur Hausboot-Metropole Carrick-On-Shannon: Billig Herberge **Town Clock Hostel** (Adr.: Main Street, Tel.: o78/2oo68). Gut in Schuß und mitten im Städtchen. Sehr sympathische Leute, die oberhalb des Hostels wohnen.

✦ County Roscommon

Hauptstadt: **ROSCOMMON TOWN**, ca.17oo Einwohner. Hat außer ein paar historischen Ruinen nichts Spektakuläres zu bieten.

CASTLEREA: CLONALIS HOUSE - ein feudaler Herrensitz aus dem vorigen Jahrhundert: nostalgische Möblierung, Kleider aus verflossenen Mode-Epochen, altes Glas und Porzellan, Bibliothek mit speckigen Uraltschwarten.

In **BOYLE** stehen die optimal erhaltenen Ruinen eines Zisterzienserklosters. Stilmischung aus Romanik und Gotik, da in der Übergangszeit im 12.Jh. erbaut (etwa parallele Verwendung von Rund- und Spitzbögen).

Drei Kilometer östlich liegt das Freizeitgelände LOUGH KEY PARK an einem romantischen See mit wild wucherndem Insel-Teppich. Boottrips, Wanderungen, sehr schön ein spezieller Garten mit verschiedensten Sumpfpflanzen.

✦ County Westmeath

Mittelpunkt der topfebenen Lakelands ist **ATHLONE** (1o.ooo Einw.), am Wochenende strömt das gesamte Umland zum Shopping hierher.
In Athlone zwängt sich der gesamte Verkehr von Dublin nach Connemara über die Brücke über den Shannon (oft Staus). Neben der Brücke steht eine alte Burg (kleines Museum, lohnender Stadtrundblick).

Sehr zu empfehlen ist der Trip nach CLONMACNOISE, der bedeutendsten Klosterruine Irlands. Ca. 15 km: gut beschildert, keine Busse. Details im Abschnitt "County Offaly".

MULLINGAR (75oo Einw.): Verwaltungssitz. Wahrzeichen ist die RENAISSANCE-KATHEDRALE (aus dem Jahr 1636). Im Handcraft Centre/Dominick Street werden u. a. schöne Zinnsachen hergestellt.

Weitere Tips sind FORE (relativ gut erhaltene Klostersiedlung) und LOUGH REE mit romantisch bewaldeten Buchten und vielen Inseln (überall Bootsverleih).

Lakeland 375

✱ County Offaly

Die interessanteste Sache im gesamten Lakeland ist die Klosterstadt **CLONMACNOISE**, plaziert in einer Schlaufe des River Shannon. Ummauertes Areal mit Hochkreuzen, Gräbern und Kirchenruinen, - hier legte Papst Johannes Paul II. bei seinem Irland-Besuch ein Stop-over ein.

> Nach der Gründung 525 durch den Hl. Ciaran avancierte das Kloster in kurzer Zeit zum geistigen Zentrum Irlands. In mühsamer Kleinarbeit produzierten die Mönche kostbare Manuskripte und Kunstschätze. Der Ruf von Clonmacnoise schlug hohe Wellen: Studierende aus ganz Europa pilgerten hierher; aber auch weniger ehrenwerte Gestalten wurden in seinen Bann gezogen. Die Geschichte des Klosters ist auch die Geschichte seiner Plünderungen und Brandschatzungen, - etwa durch die Wikinger oder Normannen. Der Überfall der englischen Truppen im Jahre 1552 versetzte dem Kloster endgültig den Todesstoß.

Am Eingang steht ein Besucherzentrum, das einen mit den nötigen Infos versorgt. In der Hochsaison finden Führungen statt. 2oo Grabplatten sind links hinter dem Zugang in die Mauer eingelassen: stammen vom 8.-12.Jh, die chronologische Anordnung verdeutlicht die Entwicklung.

Das sehenswerteste unter den drei Hochkreuzen ist das "Cross of the Scriptures": übersät von Reliefs mit biblischen Motiven, Jagdszenen und keltischen Bandornamenten.

Weiterhin neun Kirchen-Ruinen, darunter die "Cathedral" in einer bunten Baustil-Mischung. Die beiden Rundtürme dienten als Zufluchtsort bei Plünderungen.

Verbindungen

Anfahrt: Die Anlage steht 15 km südlich von Athlone (ausgeschildert); leider keine Busverbindung.

Während der Saison tuckert ein **Dampfer** auf dem Shannon von Athlone runter zum Kloster. Eine schöne Sache.

BIRR (4ooo Einw.): Provinznest mit verwaschenen Fassaden aus dem 18. und 19.Jh. Sämtliche Straßen laufen am Hauptplatz Emmet Square zusammen.

Top-Sehenswürdigkeit sind die Gärten des BIRR CASTLE: angelegt um einen pittoresken See herum mit plätschernden Bächen, terrassierten Hängen, Alleen. Insgesamt über tausend Baum- und Buscharten. Der Park ist 4o ha groß, das Castle kann nicht besichtigt werden.

Bike-Rent: bei P.L.Dolan in der Main Street.
Tel.: o5o9/2ooo6.

★ County Laois

Die Hauptstadt **PORTLAOISE** (ca. 4ooo Einw.) liegt am Scheidepunkt der Straßen Dublin-Cork und Dublin-Limerick. Wenig Sehenswertes.

12 km östlich von Portlaoise: ein gut erhaltener RUNDTURM (ca.3o m hoch) in Timahoe.

Ein schöner Trip führt die 12 km südlich nach **ABBEYLEIX**, ein gemächliches Dorf mit Alleen und verträumten Fassaden. Sehenswert ist der Park: Magnolienbäume, exotische Pflanzen, Büsche.

Ein schönes Wander- und Picknickrevier liegt am Westrand der Grafschaft, - die **SLIEVE BLOOM MOUNTAINS**. Wanderpfade durch einsame Glens und plätschernde Bäche. Ideal für einen gemütlichen Nachmittag.

★ County North Tipperary

Der Nordteil der Grafschaft Tipperary wird allgemein zum Lakeland gerechnet. Hat kaum was zu bieten, - die paar Sehenswürdigkeiten (vor allem das erstklassig erhaltene Kloster "Holy Cross Abbey") haben wir im Kapitel "DER SÜDOSTEN" unter dem Abschnitt Cashel/Umgebung aufgeführt.

377

378

Schnellfinder

Ankunft in Rosslare..............381
Cashel....................................383
Umgebung von Cashel..........384
Kilkenny 386
Waterford..............................391
Umgebung von Waterford 394
Wexford................................396

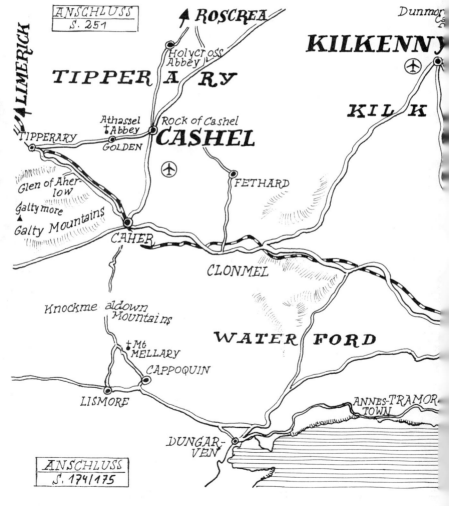

Der Südosten

Einfall-Tor nach Irland (Fähre nach England und Frankreich ab Rosslare). Landschaftlich nicht überragend, daher am besten gleich am ersten Tag durchdüsen bis zur Westküste oder bis Dublin (siehe nächste Seite: "Ankunft in Rosselare").

Schön aber für die letzten paar Tage, bevor´s zurück geht: bei einem opulenten Dinner den Rest der Reisekasse verpulvern, ein bißchen an den Seebädern relaxen, oder sich noch ein paar Sachen anschauen, um den Irland-Trip langsam ausklingen zu lassen.

<u>Prima Klima</u>: "The Sunny South East" - der Südosten bekommt von ganz Irland die meisten Sonnentage ab, gleichzeitig die statistisch geringste Niederschlagsmenge.

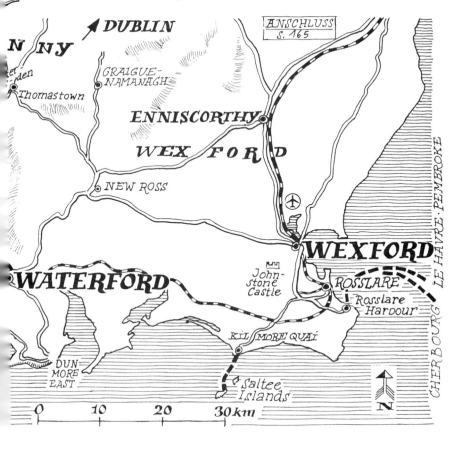

Für den **TOURISMUS** wichtiges Durchgangsgebiet wegen der Fährverbindungen nach England und Frankreich. Längere Zeit halten sich eigentlich nur irische und englische Urlauber hier auf, um an den Seebädern an der Küste zu relaxen. Außerdem auffallend viele Amerikaner, die sich die Sehenswürdigkeiten im Landesinneren anschauen.

Leute vom Kontinent finden die **STRÄNDE** meist nicht so toll: zuviel Rummel für den typischen Irland-Touristen, der Ruhe und Einsamkeit sucht. Die leeren Robinson-Strände mit geschwungener Dünenlandschaft dahinter finden sich an der Westküste. Aber vielleicht ganz schön, wer für die letzten ein, zwei Tage vor der Rückreise noch ein bißchen "Action" sucht. Zwar kein Costa-Brava-Niveau, aber doch relativ gute Sportmöglichkeiten und nette Discos.

LANDSCHAFT: Bei der Ankunft waren wir schwer enttäuscht von den Viehweiden und den fruchtbaren Feldern. Buschreihen ziehen sich entlang der Landstraßen. Neunzig Prozent der Urlauber vom Kontinent fahren noch am ersten Tag durch bis zur Westküste (meistens bis Cork) oder rauf nach Dublin. Erst auf dem Rückweg schauen sie sich ein paar Sachen in den Südost-Counties an oder gehen zum Abschluß nochmal groß aus, um die Wartezeit auf die Fähre zu überbrücken.

Während ich meine Notizen zum Südosten durchsehe und diese Zeilen schreibe, sitze ich in irgendeinem der namenlosen Cafes an der Straße Dublin-Wexford.

Es ist Mitte November, die Landschaft da draußen vor dem Fenster voll auf Herbst getrimmt. Außer ein paar Nachzüglern sind die Touristen schon längst weg.

BBC läßt über einen Lautsprecher Country-Lieder trudeln, die sich ebenso schal anhören, wie mein Bier schmeckt. Am Tisch neben mir ein Ehepaar mit zwei Kindern. Morgen geht meine Fähre. In ein paar Tagen bin ich wieder in meiner Bude in Augsburg.

Mehrere Monate Irland passieren Revue: viele neue Freunde, die ich gefunden habe und endlose Regenperioden, die mir den letzten Nerv gekostet haben, durchzechte Nächte in den Pubs und miese Hotelzimmer, Guinness und Folkmusic.

Freude auf daheim mischt sich mit Sehnsucht nach diesem Land, das ich während meiner Arbeit sehr lieb gewonnen habe. Vorläufiger Trost: in zwei Jahren werde ich für die Überarbeitung des Buches wieder hier sein. Vielleicht werde ich, wenn mein Wagen von der Fähre gerollt ist, in diesem Cafe kurz einkehren.

Ankunft in Rosslare

Gute Zug-, Bus- und Straßenverbindungen in alle Landesteile, so daß nicht die nächste größere Stadt (Wexford) als Ausgangspunkt angepeilt werden muß. Die Fahrpläne der Züge und Busse sind größtenteils mit den Fähren koordiniert.

UNTERKÜNFTE

Wer in der Hauptsaison (Juli, August) etwas später mit der Fähre ankommt und noch am selben Tag weiterfährt nach Dublin, Cork etc., bucht am besten schon im Tourist Office in Rosslare die Unterkunft.

Billig-Touristen: nahe beim Pier eine sehr gute Jugendherberge. Für Studenten ist es ratsam, möglichst rasch Kurs auf eine derjenigen Städte zu machen, wo's die Travelsave-Stamp gibt, mit dem CIE-Züge/Busse zum halben Fahrpreis benützt werden dürfen. Dublin, Waterford, Limerick, Cork, Galway - genaue Adressen im Einleitungsteil dieses Buches.

Verbindungen

Per **Auto**: nach CORK als Ausgangspunkt für den gesamten Südwesten rund 19o km , - mit 3-4 Stunden reiner Fahrzeit rechnen. Von dort sind sämtliche interessanten Punkte an der Westküste, etwa die Touristen-Hochburg Killarney, die Panoramastraße Ring of Kerry oder die "Individualisten-Halbinsel" Dingle, in einem Radius von 1oo-15o km entfernt und in 2-3 Stunden Fahrtzeit zu erreichen.

Nach DUBLIN etwa 16o km, ist in guten zwei Stunden zu schaffen. Wird eigentlich relativ selten als erstes angepeilt. Von Dublin aus quer rüber zur Westküste ca. 2oo km (nach GALWAY als Tor zur Berglandschaft Connemara), rauf in den abgelegenen DONEGAL knappe 3oo km (einen kompletten Tag einplanen, wenn's ohne Streß abgehen soll).

LIMERICK CITY ist erstes Etappenziel auf dem Weg zum mittleren und nördlichen Westen. Entfernung: ca. 2oo km, Fahrzeit bei drei Stunden. Den Großstadtverhau mit Verkehrslärm und Betonarchitektur würde ich mir nicht antun, sondern gleich am Stück durchfahren bis zur Küste: nach Ennis 35 km, rauf nach Galway noch 1oo km.

ÖFFENTLICHE VERKEHRSMITTEL

Mit **Bussen**: Fast alle Fähren haben Direktanschluß mit Expreß-Bussen rauf nach Dublin: Fahrtdauer etwa 3 3/4 Stunden, one-way ca. 15 DM. Juli/August dort v.a. auf dem Hostel-Sektor kaum Betten frei: anhand unseres Dublin-Kapitels vorher reservieren (am Besten schon von Deutschland aus).

Nach Galway immer via Dublin: zusammengenommen etwa 7 1/2 Stunden Fahrtzeit (plus Umsteigen in Dublin). Galway:

Unistädtchen mit viel Flair und Musikszene; nach ein paar Tagen Entspannen geht's dann ab in die Connemara-Berge oder rauf in den Donegal. Kostet ca. 4o DM.

Auch für Galway gilt, daß Juli/August sämtliche Hostels bis spätestens Mittag belegt sind. Schon in Rosslare durch kurzen Anruf reservieren.

Nach <u>CORK</u> keine Direktverbindung per Bus (weder ab Wexford noch ab Rosslare): dreimal täglich von Rosslare nach Waterford, dort beim USIT-Office die Travelsave-Stamp abholen und mit regelmäßig verkehrenden Bussen weiter bis Cork. Reine Fahrtzeit ca. 5 Std., Preis rund 2o DM (bei verbilligtem zweiten Teilstück).

 <u>Züge</u>: pro Tag dreimal Direktverbindung Rosslare-Dublin. Fahrtdauer: rund 3 Stunden. <u>Preislage</u>: Das Busticket kostet ca.15 DM, der Zug etwa 5o DM.

Für Rucksackler: Juli/August ist in Dublin ohne Reservierung in den Hostels kein Bett zu bekommen. Vielleicht schon von Deutschland aus.

Nach <u>LIMERICK</u> am besten per <u>Eisenbahn</u>: zweimal täglich vier Stunden, ca. 65 DM. In Limerick ein gutes AnOige-Hostel in der Nähe vom Bahnhof.

Limerick ist optimaler Ausgangspunkt zur <u>GRAFSCHAFT CLARE</u> (S. 263), - etwa zur Kalklandschaft der Burren oder zum Folk-Mekka Doolin, wo man bis spät in die Nacht bei lockeren Sessions vor sich hinklampft. Aber auch gute Verbindungen in den <u>Südwesten</u>: zur Dingle-Halbinsel und zum legendären "Ring of Kerry".

Nach <u>CORK</u> mit dem Zug: ziemlicher Umweg - zweimal pro Tag bis zur Relaisstation Limerick Junction, von dort ohne viel Warterei Anschluß bis Cork. Dauert insgesamt rund 6 Std., Preis um 6o DM einfach. Großer <u>Nachteil für Studenten,</u> daß sie erst in Cork den Travelsave Stamp besorgen können und daher für die gesamte Strecke den vollen Fahrpreis bezahlen müssen.

Cork ist d e r Ausgangspunkt für die <u>Südwest-Provinzen</u> mit grandioser Landschaft und mildem Golfstromklima (Palmengruppen am Fuß rauh zerklüfteter Bergketten).

Wer Cork ausklammern und direkt nach <u>KILLARNEY</u> oder zur <u>DINGLE-HALBINSEL</u> fahren möchte: täglich einmal <u>Zugverbindung</u> mit Umsteigen in Limerick Junction; mit Bussen recht kompliziert. Für Studenten aber nicht ratsam, da es außer in Cork im gesamten Südwesten kein USIT-Office für die Travelsave-Stamp gibt.

✦ Cashel

(25oo Einw.)

Häuserwürfel und Straßen am Fuß des kolossalen Burgberges. Schön für einen kurzen Zwischenstop.

Der ROCK OF CASHEL dürfte eine der meistgestürmten Sehenswürdigkeiten Irlands sein: ein über 6o m hoher, steiler Kalksteinfels mit monumentalen Gebäuderuinen auf seiner Spitze. Seit dem 4.Jh.Sitz vieler irischer Hochkönige, bis die Anlage um 11oo der Kirche vermacht wurde und zahlreiche religiöse Bauten entstanden.

Im Sommer finden ständig Führungen statt. Zutritt erfolgt durch ein kleines Museum (von Werkzeugen aus der Bronzezeit bis zu sakralen Gegenständen), daneben reich ornamentierte Hochkreuze. Innerhalb der halbverfallenen Cathedral (gotischer Bau in kreuzförmigem Grundriß) unbedingt die Cormac's Chapel beachten: romanischer Stil in einer Mischung irischer und kontinentaler Einflüsse. Der Rundturm diente als Zufluchtsort bei feindlicher Belagerung.

St.Patrick taufte in Cashel im 5.Jh. König Aenghus: während der Feierlichkeiten krachte ihm versehentlich der schwere Bischofsstab auf den königlichen Fuß, was seine Majestät in dem Glauben, dies sei Teil des heiligen Zeremoniells, in stoischer Haltung ertrug.

Am schönsten ist die Ansicht des Rock von der Nordseite aus, wo er sich monumental in der Ebene hochtürmt.

Lohnend ist außerdem das FOLK VILLAGE, ein Freilichtmuseum mit ein paar strohbedeckten Cottages. Ausstellungsstücke der alten IRA (Waffen, Uniformen etc.), eine Metzgerei aus dem vorigen Jahrhundert, eine Arbeiterwohnung aus der industriellen Revolution. Nur zwei Gehminuten vom Rock of Cashel.

Seit Saison 199o: das Zentrum BORU BRU' am Parkplatz beim Cashel-Rock, vom irischen Kulturverein "Comhaltas Ceoltoiri Eireann" geführt, der sich den Erhalt des gälischen Liedgutes und Kulturerbes zum Ziel gesetzt hat. Entsprechende Qualitäts-Garantie; kein Touristen-Ramsch: den ganzen Tag über wird in dem Centre musiziert und getanzt, dazu ein Café und ein Restaurant.

Verbindungen

Züge: Keine Zugverbindung, der nächste Bahnhof ist in Tipperary Town.

Busse:				
-nach Dublin	2x/Tag	ca. 4 Std.	ca. 27 DM
-nach Cork	1x/Tag	ca. 2 Std.	ca. 21 DM

Cashel Palace Hotel: Main Street. Tel.: 062/61411. DZ ca. 5oo DM. Trotz Kronleuchter und bombastischer Möblierung recht persönlicher Touch. Die Zimmer sehr unterschiedlich, am schönsten die rückwärtigen mit Blick zum Garten. Firstclass!

> **Grants Castle Hotel:** Main St. Tel.: o62/61o44. DZ ca. 1oo DM. Altes Castle-
> Gemäuer mit neuerem Anbau. Seit den Renovierarbeiten sind die Zimmer alle neu und
> geschmackvoll möbliert sowie mit Bad/WC.
> **Maryville Guesthouse**: Bank Place. Tel.: o62/61o98. DZ ca. 75 DM mit Bad.
> Saubere Pension in der Ortsmitte; guter Service.
> **Ros-Guill House:** Kilkenny Rd. Tel.: o62/615o7. DZ 75 DM mit Bad/WC. Knappe
> 2 km außerhalb: großer Pluspunkt ist der Tennisplatz im Garten.
> Eine originelle Sache ist das **Dundrum House** (Tel.: o62/71116; DZ ca.2oo DM):
> ein umgebautes Kloster mit spitzbogigen Fenstern und Glasmalereien; ca. 12 km außer-
> halb in Dundrum.
> BILLIG-HERBERGEN: Das Independent Hostel soll nicht gerade ein Vorzeigestück
> sein, wir haben mehrere Negativ-Reporte gehört. Wer es einrichten kann, quartiert sich
> besser im 18 km entfernten Cahir ein (Details im Umgebungs-Kapitel).

Camping: kein offizieller Platz; meist sind rund um den "Rock of Cashel"
ein paar Zelte aufgeschlagen.

CHEZ HANS: Etabliertes Top-Restaurant unterhalb des
Rock of Cashel, von einem Deutschen geführt. In einer um-
funktionierten Kirche mit offener Holzgiebel-Decke und
Spitzbogenfenstern wird Essen zelebriert; Menü ca. 35 DM.

In der Main Street in der Ortsmitte die DAVERN'S BAR: den ganzen Tag
über bis gegen 17 Uhr Lunches zwischen 1o und 15 DM, - abgesehen von
Hamburgern das billigste Essen in Cashel.

★ Umgebung von Cashel

Außer den Bergzügen im Süden rundrum topfebenes Weideland und weite
Getreidefelder. Die Grafschaft Tipperary gilt als der "Brotkorb Irlands".

HOLYCROSS ABBEY

Das Zisterzienserkloster liegt etwa 15 km nördlich: wuchtiger spätgotischer
Bau aus schweren Steinblöcken. Stammt aus dem 15.Jh., - allerdings
restauriert und daher recht anschaulich. Tip: sich mal hinsetzen und sich
vorstellen, wie damals die beleibten Mönche in langen Kutten durch die
Gänge wandelten, während draußen die Bauern in harter Knochenarbeit
ihre Felder bestellten. Besonders sehenswert sind die Wandmalereien im
nördlichen Querschiff (eine Jagdszene).

ATHASSEL ABBEY

Romantische Ruinen eines Augustinerklosters aus der Zeit vom 13.-15.Jh.
Nur noch Überreste der Kirche und der Seitenkapellen erhalten und weit
weniger spektakulär als Holycross, dafür aber idyllisch zwischen lau-
schigen Bäumen gelegen und abseits vom Touristenstrom. Ca.1o km
westlich nahe beim Dorf Golden.

FETHARD
Heißer Tip ist das Museum <u>FOLK FARM AND TRANSPORT MUSEUM</u>. Viel Nostalgisches von einer rußigen Schmiede über Werkzeugen der Bauern in den vergangenen Jahrhunderten bis hin zu einem pferdegezogenen Leichenwagen. Ca.1o km östlich von Cashel.

ROSCREA
Ganz im Norden des County Tipperary lohnt die 4ooo-Einwohner-Stadt einen Abstecher: im Innenhof des Castle steht das georgianische <u>DAMER HOUSE</u> mit einer Kollektion irischer Bauernmöbel aus dem vorigen Jahrhundert.

Zum Teil sehr einfallsreiche Konstruktionen, um in den kleinen Katen Platz zu sparen - etwa ein zum Stuhl hochklappbarer Tisch oder eine Truhe, die nachts zum Bett umfunktioniert wurde. Die wurmstichigen Möbel sind knallbunt und mit viel Schnitzarbeiten verschnörkelt.

Weniger spektakulär, da nur noch mäßig erhalten, sind die beiden Klosterruinen <u>ST. CRONAN'S ABBEY</u> und <u>FRANCISCAN FRIARY</u>.

Cahir
Liegt etwa 18 km südlich, Richtung Cork: idyllisches Städtchen rund um die Burg, Ausgangspunkt für die unten beschriebenen Galtes Mountains. Cahir liegt an der Zugstrecke Rosslare - Limerick/Cork: viele machen hier ihren ersten Zwischenstop auf dem Trip rüber zur Westküste.

Das <u>CAHIR CASTLE</u>: eine Burg wie im Klischee, mit Festungsmauern und Graben. Der Wohntrakt wurde mit authentischen Stilmöbeln eingerichtet, Führungen.

Seit Herbst 1989: <u>SWISS COTTAGE</u>, ein altes Jagdhaus aus der Jahrhundertwende, jetzt geöffnet für Besucher.

<u>**Lisakyle Hostel**</u> (Tel.: o52/41963), der gut 6o jährige Maurice Cordon hat auf seiner Farm gegenüber den Viehställen ein paar Zimmer freigeräumt. Erstklassig! Knapp 2 km südlich: bei Anruf erfolgt Abholung vom Bahnhof, oder sich an den Tante Emma-Laden neben dem Castle Court Hotel wenden.

GALTEE MOUNTAINS
Von Kieferwäldern überwucherte Bergzüge südlich von Cashel, die Gipfel sind mit schwarzbraunen Heidekraut-Matten überzogen. Nur wenige Touristen kommen in dieses Bergwanderer-Revier.

<u>GLEN OF AHERLOW</u>: idyllisches Tal mit Baumgruppen und saftigen Viehweiden zwischen den dicht bewaldeten Berghängen. Mittendurch die beschilderte Panorama-Straße The Vee: geht ab Clogheen, 13 km westlich von Cahir. <u>Heißer Tip</u>: der Besitzer des Camping-Platzes (siehe unten)

vermietet Pferde, um sich die Landschaft vom Sattel aus anzuschauen. Kostet etwa 25 DM/Stunde.

Mit rund tausend Metern ist der GALTYMORE die höchste Erhebung. Oben herrlicher Ausblick, Wildziegen grasen neben einem in der Berg-Einsamkeit.

Der Aufstieg ist unproblematisch, hin und zurück etwa 4-5 Stunden: zur Auswahl stehen zwei Routen, - die eine über die Südflanke, die andere über den Nordhang (in der Nähe der Startpunkte jeweils eine Jugendherberge). Zur genauen Planung der Tour sich die betreffende OS-Karte besorgen und mit einem Einheimischen (etwa Warden der JuHe) die Sache kurz durchsprechen.

Firstclass Hotel ist **Aherlow House** mitten im Grünen im gleichnamigen Tal: optimal, wer bei ein bißchen Wandern und gutem Essen Entspannung sucht. Tel.: 062/ 56153; DZ ca.140 DM.

B&B-HÄUSER gibt's praktisch überall hier in der Umgebung: am besten sich ein Zimmer über das TI in Cahir vermitteln lassen.

Zwei AnOige-Hostel für Rucksackler, - vor allem interessant, wenn jemand Wandertouren plant (Kontakte, Hilfe bei Vorbereitung der Routen): **Ballydavid Wood** an der Nordseite der Galtee Mountains: malerische Lage zwischen Bergen und Wäldern, bester Startpunkt für Wanderungen im Glen of Aherlow.
Verbindungen: Mit Bus/Zug bis Cahir, von dort mit dem Tipperary-Bus bis Bansha. Die restlichen 5 Kilometer zu Fuß.

An der Südflanke der Galtee Mountains liegt mitten in einem Waldstück "**Mountain Lodge**": vom Warden relaxed und mit lockerer Hand geführt, - am Wochenende viele Iren, die zum Wandern hier raus kommen (Kontakte). Keine Duschen.
Verbindungen: Der Dublin-Cork-Bus fährt praktisch an der Haustür vorbei.
Beide Herbergen sind meilenweit vom nächsten Shop entfernt, daher genügend Proviant einpacken.

Camping: sehr zu empfehlen ist der Ballinacourty Park, - mitten im Aherlow Glen (an der Nordseite der Berge). Facilities reichen bis zu einem Restaurant, Tennisplatz und einer Minigolf-Anlage.

★ Kilkenny (10.000 Einw.)

Mittelalterliche Stadt mit viel Herz: enge Gäßchen, schläfrige Häuserviertel und in der Hauptstraße die knallig-bunten Ladenfronten. Außerdem gute Restaurants und unzählige Kneipen mit pompösem Uralt-Interieur. Alles in allem wohl der schönste Zwischenstop, bevor's zurück nach Hause geht.

Von der High Street führen durch enggequetschte Torbögen Seitengäßchen runter zu den Parallelstraßen, vor allem zur Kieran Street: dienten früher zum schnellen Antransport der Waren, die mit Booten unten am Fluß gelandet wurden. Tip für einen schönen Spaziergang: unterhalb der Burg entlang des River Nore aus der Stadt raus.

Verbindungen

Bike-Rent:J.J. Wall, 88 Maudlin St.; Tel.: o56/21236

Züge: nach DUBLIN 4x/Tag 1 3/4 Std. ca.4o DM, nach WATERFORD 4x/Tag 5o Min. ca.2o DM.

Busse: nach DUBLIN 7x/Tag 3 Std. ca.2o DM, nach GALWAY 1x/Tag 4 1/2 Std. ca.29 DM, nach LIMERICK 2x/Tag ca. 3 Std. ca.22 DM, nach WATERFORD 2x/Woche ca. 8o Min. ca. 8 DM, nach WEXFORD/ROSSLARE 1x/Tag ca. 2 Std. ca.15 DM.

Privat-Busse: Do bis Mo täglich einmal mit Princess Coaches rauf nach Dublin (ca. 18 DM single, 25 DM return). Abfahrt vor dem Avonmore House in der Patrick Street.

KILKENNY CASTLE: graue Trutzburg in pittoresker Lage neben dem River Iore, drumrum ein Park mit bunten Blumen. Erbaut gegen Ende des 13.Jh. und bis 1935 bewohnt; vollständig restauriert. Interieur: Antikmöbel und Galerien von speckigen Gemäldeschinken. Sehenswert.

In den ehemaligen Stallungen der Burg ist heute das DESIGN CENTRE untergebracht. Hier werden neueste Trends für irisches Kunsthandwerk und Design erarbeitet, - die Palette reicht von Textilien über Schmuck zu Glas- und Keramiksachen. Gute Gelegenheit, um sich nochmal mit Mitbringseln einzudecken.

ST. CANICE'S CATHEDRAL, Vicar Street: 8oo Jahre alter, gotischer Kirchen-Koloß, - im Innern zahlreiche Grabmäler aus den verschiedensten Stilepochen und Reliefs aus dem Schwarzen Kilkenny-Marmor. Neben der Kathedrale ein 3o m hoher Rundturm: der schweißtreibende Aufstieg wird mit einem herrlichen Rundblick über das Gassengewirr der Stadt belohnt.

Sehenswert ist außerdem das ROTHE HOUSE (Parliament St.), ein 1594 erbauter Wohnsitz einer reichen Kaufmannsfamilie mit zwei hintereinandergeschalteten Innenhöfen. Innen ein kleines Museum zur Stadtgeschichte. Die 7oo Jahre alte Dominikaner-Kirche BLACK ABBEY hat schöne Buntglasfenster.

Ein Tip für Bier-Liebhaber: Jeden Nachmittag gegen 15 Uhr findet eine Führung durch die SMITHWICK-BRAUEREI in der Parliament Street statt. Der malzige Sud in den Kupferkesseln, überall der anheimelnde Bierdunst und hinterher gibt's ein Gratis - Gläschen zum Probieren.

Die <u>ARTS WEEK</u> in der letzten August-Woche mit Konzerten und Dichterlesungen ist mehr was für den "besseren Geschmack".

<u>Kilkenny Hotel</u>: Callan Rd. Tel.: o56/62ooo. DZ ca. 22o DM. Verwinkelter Bau mit Schindeldach und hübschem Wintergarten in Centrumsnähe. Die Zimmer im Neubau-Annex: sehr groß und gut möbliert, - Top Facilities (Tennis, Swimmingpool, Fitneßcentre, Sauna, Solarium, im Preis eingeschlossen.

<u>Springhill Hotel</u>: Waterford Street. Tel.: o56/21122. DZ ca.12o DM. Moderner Bau zwei km außerhalb: aber lieb gemacht mit warmen Korktapeten und wohnlichen Samtmöbeln. Sauna, Swimming-Pool, Fitneß-Raum, Billard.

<u>Club House Hotel</u>: Patrick Street. Tel.: o56/21994. DZ 165 DM. Zentrale Lage. Stilbau mit Stuckdecken, die Zimmer modern. Seit den Renovierungsarbeiten im Herbst 1989 bezüglich Facilities ebenfalls "on top".

<u>Flanery's Hotel</u>: John St. Tel.: o56/22235. DZ ca. 1oo DM. Bunkerartige Zimmer und zerschundene Möbel, - sich mal kurz umzudrehen wird zum reinsten Wendemanöver.

<u>Lacken House</u>: Carlow Road, Tel.: o56/61o85. DZ ca. 1oo DM. Genehme Landhaus-Atmosphäre, große Zimmer. Lohnt auch wegen des sagenhaft guten Essens (siehe "Restaurants").

<u>Central House</u>: John St. Tel.: o56/21926. DZ ca.65 DM.Empfehlenswert, brauchbar und o.k.

<u>BED&BREAKFAST</u>: Großes Angebot, nie Engpässe, im Schnitt 6o DM fürs Doppel. Liegen alle in einem Radius von 1o-15 Gehminuten vom Stadtkern. Direkt im Zentrum zwei Häuser: sind meist so bis zum frühen Nachmittag belegt.

Sonst an den Ausfahrtsstraßen, z.B. Richtung Waterford.

<u>BILLIG-HERBERGEN</u>: Wurde höchste Zeit: endlich ein Hostel in Kilkenny Town - das private Tourist Hostel Tel.: o56/63541), in der William Street, off High Street (gleich neben der Methodistenkirche). Recht persönlicher Touch in der 2o-Betten-Bleibe, war früher ein Heim für geistig Behinderte.

Außerdem zwei <u>AnOige-Hostel</u> in der Umgebung, wer einen Ausflug in die umliegende Countryside machen möchte: Ca.12 km außerhalb das "<u>**Folkrath Castle**</u>", eine turmförmige Burg mit engen Schießscharten-Fenstern, wo der Duft nach Moder und Mittelalter in den Mauern hängt. Zweimal täglich Privatbus ab The Parade, vor der Bank of Ireland (Infos beim TI).

Das "<u>**Graignamanagh**</u>"(Tel.: o5o3/24177) ist nur Juli und August geöffnet. Kuschelige Atmosphäre mit seinen dreißig Betten und romantische Lage am Barrow River mit seinen Wanderpfaden am Ufer lang. Liegt 3o km ab von Kilkenny in Graignamanagh: täglich zweimal Busverbindung.

Camping: kein offizieller Platz. Beliebt bei Wildcampern: eine Handvoll Zelte stehen oft rund um das Castle am Ende des Parks (dazu dem River Nore folgen). Große Wiese!

LACKEN HOUSE (Carlow Road): Hier schwingt ein Magier den Kochlöffel: Küchenchef Eugene Sweeney hat schon bei vielen internationalen Wettbewerben Preise heimgeholt. 6-Gang-Menü ca. 55 DM, serviert bei Kerzenlicht.

Speisen in illustrer Buckingham-Atmosphäre: CLUBHOUSE HOTEL (Patrick Street), - rotlackierte Decke mit weißen Stuckarbeiten, die Stühle und der Teppich addieren zarte Weinrot-Töne. A la carte um die 3o DM.

Mit Abstand das billigste Essen wird im CENTRAL HOUSE (John St.) serviert: 3-Gang-Lunch für ca. 12 DM, als Hauptgang Kotelett oder Steak. Leider keine Dinner. Das Pflasterboden-Ambiente läßt sich entschuldigen.

Sehr guten Ruf hat KULLEN`S KITCHEN in 39 High Street: relativ gemütlich mit Teppichboden, große Auswahl an Gerichten. Abendessen zwischen 1o und 2o DM.

Eine originelle Sache für Dinner ist das KYTLER`S INN, High Street: aus nackten Felsklötzen gemauertes Verlies mit einzelnen Steinnischen, erhellt durch flackerndes Kerzenlicht. À la carte 2o - 35 DM; Tourist-Menü ca. 25 DM.

Barmeals im Lautrecs, einer Weinbar in der Parliament Street. Viele junge Leute, öfters Jazz-Sessions, Holzhocker und Bruchstein. Gerichte ca. 1o-12 DM. Sachen wie indische Curries, Lasagne etc.

Kilkenny ist mit seinen achtzig Kneipen die "Oase des Südostens", - zum Teil museumsreife Einrichtung mit Balustraden, Buntglasfenstern und schweren Samtvorhängen.

Pubs In der John Street und Rosinn Street treiben sich vor allem die jüngeren Leute rum: viel Musik, Disco im KILFORD ARMS. Die Kneipen in der High Street und Parliament Street sind mehr was für den ruhigen Drink: ältere Leute.

COMWAYS (25 Parliament St.): Die Tische stehen im Hinterteil eines Krämerladens, abgetrennt durch ein wackliges Holzgestell. Nicht gerade ein Nobelschuppen, in der Toilettenschüssel schwimmt die braune Soße.

JIM HOLLAND in der High Street, gegenüber dem KYTELER'S INN: zwei saloppe Bars in einem Gebäude, wo sich Leute bis dreißig treffen.

COURT ARM'S (9 Parliament St.): Farbkombination der weißen Decke mit eingemauerten schwarzen Fachwerk-Balken und leuchtend roten Samtvorhängen. Ruhige, gesetzte Atmosphäre.

Das Bier genießen wie zu Queen Victorias Zeiten in der TYNAN'S BRIDGE BAR (Rose Inn Street, unten am River): das Guinness-Glas steht auf marmorner Theke, Fensterglasmalereien.

EDWARD LONGTON'S (John St.): Stimmung wie in einem Tropenschuppen: der Ventilator quält sich durch die Rauchschwaden, stickige Luft und lautes Stimmengewirr. Gepackt voll mit jüngerem Publikum, das allein schon wegen der Enge auf Tuchfühlung geht.
Die Kneipe gewann dreimal hintereinander von 1986-88 den Preis für das irische "Pub of the Year".

Am oberen Ende der High Street das CAISLEAN UI GUAIN: füllt seit 1989 unangefochten die Marktlücke in Sachen Spontan-Sessions. Jeden abend knallvoll mit Leuten zwischen 25 und 4o Jahren. An den Wänden Fotos und Werbetafeln aus Großvaters Zeiten und mit Musikklängen geschwängerte Luft...

Noch ein Tip: die LAUTRECS WINE BAR (Parliament Street) hat jeden Abend bis 1 Uhr geöffnet, die Alternative zur Disco, wer nach der Pub-Sperrstunde das Bett noch nicht findet. Dann gesteckt voll, und die Lautsprecher dröhnen lauthals Popmusik.

SHOPPING

Kilkenny ist berühmt für sein "Black Marble": polierter Kalkstein, der aussieht wie Marmor. Kleine Souvenirs wie Aschenbecher oder Briefbeschwerer in den Shops der High Street.

Duiske Glass: handgravierte Gläser, etwa ein Set Weingläser für ca. 5o DM. Wesentlich erschwinglicher als das teure Crystal - gibt's in den verschiedenen Shops in Kilkenny.

Umgebung von Kilkenny

Für gewisses Flair sorgen die paar Kunsthandwerker im Dorf Bennetsbridge, ca. 7 km südöstlich Richtung Thomastown. Rumbummeln durch die Straßen: Töpfereien, ein Leder-Workshop, ein Glasbläser. Täglich fünf Züge.

Von Bennetsbridge weitere 13 km nach Thomastown (Zugverbindung!), - dort etwas außerhalb die:

JERPOINT ABBEY: eine der besterhaltenen Klosteranlagen in Irland, gegründet Ende des 12.Jh. von den Zisterziensern. Quadratisch angelegt: im Norden des restaurierten Kreuzganges die Kirche, an den übrigen Seiten die Schlafsäle und Arbeitsräume der Mönche. Vom Turm aus lohnender Rundblick (enge Stein-Wendeltreppe). Wer ein bißchen kulturhistorisch versiert ist, sollte sich die eindrucksvolle Ruine anschauen.

In Thomastown ein schöner WATER GARDEN mit Teichen voller Seerosen und subtropischem Buschwerk.

DUNMORE CAVE - Tropfsteinhöhle mit drei Kammern, über dem Eingang ein Besucherzentrum. Um 93o wurden bei einem Wikinger-Überfall hier 1ooo Menschen abgeschlachtet, die sich in der Höhle versteckt hatten.

Anfahrt: ca. 1o km nördlich an der N 78: täglich drei Busse mit Buggy's Coaches (Abfahrt vor der Bank of Ireland/The Parade).

Südosten 391

✦ Waterford (4o.ooo Einw.)

Nettes Hafenstädtchen, wo sich alte Häuserfassaden entlang der Uferpromenade ziehen und ein paar Schiffe vor Anker liegen. Ganz nett zum "rumhängen", sonst ist (außer der Kristallfabrik) nicht viel los.
Obwohl Waterford die fünftgrößte Stadt auf der Insel ist, hat es den Flair eines Provinznestes. Schlagader ist der QUAY entlang des River Suir, - von hier führen enge Gäßchen und Straßen nach hinten weg zum Stadtkern mit den meisten Restaurants, Pubs und Läden.

Verbindungen

Bahnhof/Busterminal direkt bei der Brücke, auf der gegenüberliegenden Seite des River Suir.

Züge: nach Dublin 4x/Tag 2 1/4 Std. ca.55 DM
nach Limerick 2x/Tag ca. 2 1/2 Std. ca.45 DM
nach Rosslare (Fährhafen) 2x/Tag 45 Min. ca.22 DM
nach Tralee, Killarney und Cork via Limerick Junction (tgl. 2x; 3 1/2 Std.) - dort Anschlüsse.

Busse:
1.) mit Bus Eireann
   nach Cork   tgl. 6x 2 1/4 Std. ca. 21 DM
   nach Dublin tgl. 4x 3 1/2 Std. ca. 2o DM
nach Kilkenny   2x/Woche   8o Min.   ca. 1o DM
nach Limerick   6x/Tag   3 Std.   ca. 2o DM
nach Rosslare   2x/Tag   1 1/2 Std. ca. 2o DM
nach Wexford   1x/Woche   2 1/2 Std. ca. 2o DM
(sonst via Rosslare, tgl. Verbindung).

2.) Privat-Companies:
täglich je zwei Busse der Companies "Rapid Express" und "Waterford Travel Club" rauf nach Dublin, Tarif etwa 15 DM, one-way.
- Suire Way Busses übernimmt den Nahverkehr in die nähere Umgebung. Abfahrt nicht vom Busterminal, sondern vor dem TI.

Am Quay/Ecke Mall steht der ST. REGINALD`S TOWER, ein massiver Wehrturm aus dem Jahre 1oo3 (4 m dicke Mauern). Beherbergt heute ein kleines Museum zur Stadtgeschichte.

Tip für Kunstliebhaber: im ART`S CENTRE (O'Connell St.) permanent Ausstellungen über moderne Gemälde, Fotos und Craftsachen. Am schwarzen Brett jede Menge Infos, was in der Umgebung an Kulturellem läuft.
Dort auch ein gutes Restaurant, ca. 5-1o DM.

392   Südosten

FRENCH CHURCH (The Quay): Ruinen eines Franziskaner-Klosters, wo früher aus Frankreich geflohene Hugenotten ihre Messen gelesen haben.

Paar Schritte von der Church das Heritage Centre, wo archäologische Grabungsfunde ausgestellt sind. Die Sammlung befindet sich noch im Aufbau.

Ein "Muß" ist die KRISTALLGLAS-MANUFAKTUR, wo mit rund 25oo Arbeitern das elitäre "WATERFORD CRYSTAL" produziert wird. Pro Tag 5 Führungen mit je 1o-15 Leuten: im Sommer sich für eine Tour über das TI anmelden, um Wartezeiten zu vermeiden. Liegt rund 3 km außerhalb Richtung Cork.

Wohl eines der wertvollsten Kristallgläser der Welt, - nach alter Tradition unverändert mundgeblasen und per Hand geschnitten und graviert. Einfallendes Licht wird zerstreut in tausend funkelnde Reflexe, der Bleigehalt von einem Drittel sorgt für den silbrig-weißen Schimmer.

Die Brüder Penrose begannen 1783 die Produktion, die Gläser wurden zu den Fürstenhöfen ganz Europas exportiert. Doch 1851 brachte die englische Steuerpolitik die Sache zum erliegen (horrende Aufschläge auf die Rohstoffe). Der Wiederaufbau erfolgte ab 1947: aus allen möglichen Ländern wurden Experten eingeladen, um irische Kunsthandwerker auszubilden.

Heute verlassen täglich rund 1oo.000 Stücke die Manufaktur, wovon die Mehrzahl rüber in die Staaten exportiert werden. Die Preise liegen zwischen 7o Mark für einen Aschenbecher und 15.000 Mark für einen Kronleuchter. In der Fabrik ein Showroom mit umfangreichen Ausstellungen der verschiedensten Motive, verkauft wird hier aber nichts. Da die Preise den Geschäften vorgegeben werden, sind sie überall gleich hoch; in Deutschland sind die Sachen allerdings bis zu 5o% teurer. Die größte Auswahl in Waterford: bei Joseph Knox Ltd. in der Barronstrand Street.

Weiterer Tip: das LIGHT OPERA FESTIVAL, drei Wochen, von Ende September bis Anfang Oktober, mit Amateur-Ensembles aus Irland und Wales, die sich hier auf die Bühne schwingen. Sehr gute Stücke, für leichtere Kost sorgen die Folkbands in den Kneipen. Das Programm steht ab Juli (anfordern bei "Theatre Royal, Waterford").

Waterford Castle: Tel.: o51/782o3 DZ ca. 47o DM. Residieren wie ein Schloßherr: von wildem Wein umranktes Gemäuer mit Zinnen und Türmen auf einem kleinen Inselchen vor der Küste, die hoteleigene Fähre bringt einen mitsamt der hoffentlich prall gefüllten Brieftasche rüber. Musemsreifes Interieur, Himmelbetten, Kronleuchter, Lage: 3 km außerhalb Richtung Dunmore East.

Unten an der Uferpromenade mehrere Hotels: Zimmer mit herrlichem Blick auf den River, allerdings etwas laut. Bei den rückwärtigen, ruhigeren Zimmern leuchten Hinterhöfe zum Fenster rein.

Granville Hotel: Tel.: o51/55111. DZ ca.17o DM. 2oo Jahre alter Kasten mit Mahagoni-Vertäfelung und viel Stuckwerk; - große Zimmer mit bunten Tapeten und auf alt getrimmten Möbeln. Familiäre Atmosphäre.

Dooley's Hotel: Tel.: o51/73531. DZ ca. 145 DM. Verwinkeltes Layout der Zimmer und Flure; gutes Essen. Seit Generationen von einer Familie geführt, die sich um ihre Gäste kümmert. Sehr zu empfehlen.

Bridge Hotel: Tel.: o51/77222. DZ ca.14o DM. Gute Adresse, wer Action sucht: riesige Bar und am Wochenende hektischer Disco-Betrieb. Die Leute sollten sich vielleicht ein bißchen mehr um ihr Hotel-Business kümmern.

Unterkünfte innerhalb der Stadt:

Portree Guesthouse: Mary Street. Tel.: o51/74574. DZ ca. 6o DM. Modern möblierte, saubere Zimmer; gemütliche Lounge mit Polstermöbeln. Montag bis Donnerstag High Tea für ca. 12 DM. Hotel-like geführt.

Derrynane House: The Mall. Tel.: o51/75179. DZ ca. 56 DM Dreistöckiges, georgianisches Herrenhaus mit viel Stil. Supersauber, große Zimmer, TV-Lounge.

BED&BREAKFAST: Waterford scheint immer beliebter zu werden, - Juli und August waren in den vergangenen Jahren kaum Betten zu bekommen: vorausbuchen per book-a-bed-ahead!

An der Promenade nicht gerade das Gelbe vom Ei, die Häuser leben mehr von der guten Lage als vom guten Service.

Nur wenige gute, beim TI registrierte Häuser innerhalb der Stadt, also in Geh-Entfernung vom Bahnhof. Wer hier wohnen möchte, hat also doppelten Grund zum Vorausbuchen.

Außerhalb: die meisten an der Straße Richtung Cork in der Nähe der Kristallglas-Manufaktur (ca. 3 km ab Zentrum), wo an jedem zweiten Haus das B&B-Schild hängt.

Weiterer Tip: sich vielleicht in einem der Seebäder 15-2o km an der Küste einquartieren, um Faulenzen am Strand mit Sightseeing zu kombinieren. Kapazität in Dunmore East und in Tramore (stündlich Busverbindung).

Hostels: Einzige BILLIG-UNTERKUNFT ist das Bolton House (Bolton Street, Tel.: o51/7978o) für knapp 12 DM pro Nacht. Geführt von einem evangelischen Pastor, der seine Gäste ein bißchen wie der gute Hirte seine Schäfchen um sich schart. Alles in allem o.k., in den Schlafsälen etwas eng, aber gemütliches Wohnzimmer. Zehn Minuten vom Bahnhof.

Camping: die beiden nächsten Campingplätze liegen rund 15 km außerhalb in den Seebädern Tramore (stdl. Busse) und Dunmore East (tgl. 3 Busse). Siehe auch Umgebungs-Kapitel.

Ziemlich teures Pflaster: abgesehen von Burger-Buden und Fish&Chips-Shops ist unter 15 DM kaum was für Dinner aufzutreiben. Schöne Sache, um den Irland-Trip ausklingen zu lassen: die Feudal-Dinner im GALLEY CRUISING-RESTAURANT: serviert wird in einem Flußdampfer, der durch die abendliche Landschaft gleitet, während sanfte Folkmusic aus dem Lautsprecher plätschert.

Abfahrt von New Ross (ca. 23 km ab Waterford), - Lunch ca. 1o DM, Dinner ca.45-6o DM. Abfahrt ab Waterford nur zum Nachmittags-Tee (ca. 12 DM).

Kronleuchter und Kerzenlicht sorgen für nobles Ambiente im GRAN-VILLE HOTEL: 4-Gang-Dinner ca.4o DM, drei Gänge (und kleinere Auswahl) ca. 3o DM. Der Raum ist etwas zu groß geraten.

THE OAK ROOM (The Mall): man speist unter Kronleuchtern aus Waterford-Kristall (Wert zwischen 5 und 1o.ooo Mark); der ganze Raum mit verschnörkeltem Eichenholz ausgetäfelt. À la carte um 25 DM. War zur Zeit der Recherche geschlossen, dürfte aber bis zum Herbst 199o neu eröffnen.

Im Restaurant oberhalb der REGINALDS BAR: von 17.3o bis 19.3o Uhr die superbilligen Early-Bird-Dinner, ca. 2o DM für 4 Gänge. Sehr gemütlich.

Auch schon eingefleischte Konservative sollen sich bereits heimlich in neueröffnete HARICOTS RESTAURANT geschlichen haben: Naturkost-Sachen, Suppen, deftige Eintöpfe, - oder auch nur zum Tee oder Kaffee. Volles Gericht ca. 1o DM. Liegt in der Connell Street, Nähe TI, geöffnet nur bis 2o Uhr. Ambiente: überall altes, abgebeiztes Holz und Batiken an den Wänden, wird von ein paar jungen Leuten mit viel Engagement geführt.

Barmeals: abends wird nirgendwo in Waterford Barfood serviert. Zum Lunch gehen die Kenner ins Granville Hotel, um 1o DM und exzellente Qualität.

Pubs REGINALD BAR: Eine uralte Bruchstein-Wand, neben der Theke eine verstaubte Ritterrüstung. Auf dezenten Samtmöbeln sitzen Leute zwischen zwanzig und dreißig.

MUNSTER BAR: Kronleuchter aus Waterford-Kristall, Holzvertäfelung, Leute bis dreißig. Kapazität bis zu 3oo Gästen.

Fast täglich Folk-Sessions im DOOLINS (George's Street); montags und mittwochs trifft sich hier der Folk-Club von Waterford zum Musizieren, ansonsten werden Bands engagiert. Urgemütlich mit Bruchstein-Wänden, Eichenbalken und Maßwerkfenstern. Gäste bunt gemischt.

Montags trifft sich ab 21 Uhr der CCE-Club in der METROPOLE BAR zum Musizieren und für Folklore-Tänze. Gälische Kultur in Reinform!

Umgebung von Waterford

An der SÜDKÜSTE schöne Strände - allerdings für irische Verhältnisse viel Rummel (vor allem britische Urlauber). Eine nette Auto-Tour ist die Küstenroute von Waterford via Dunmore East vorbei an Stränden und Klippen bis Dungarvan und zurück auf der gut ausgebauten N 25. Unterwegs gute Restaurants und Pubs für Zwischenstops. Insgesamt rund 115 km.

Südosten 395

✷ TRAMORE ist der betriebsamste Badeort mit viel Halligalli an der Strandpromenade (inclusive Karussells, Discos, jede Menge Imbißbuden). Besonders am Wochenende ist der 5 km lange Sandbogen gerappelt voll mit Leuten. Ca.15 km südl. von Waterford; stündlich Busverbindung mit Bus Eireann.

✷ DUNMORE EAST: behäbiger Badeort aus strohbedeckten Häusern und verwinkelten Straßen, - mehrere einzelne Strände in kleineren Buchten und weit ruhiger. Großes Angebot an Boottrips, exzellente Meeresfrüchte-Restaurants und bunte Segeljachten vor Anker. Ca. 2o km südlich täglich dreimal Verbindung mit Suire Way Busses.

✷ Wer Ruhe sucht, geht am besten nach **ANNESTOWN:** Kiesstrand zwischen schwarzen Felsen und Schäreninselchen eingepfercht, - paar hundert Meter davon das Dorf aus einem Dutzend Häusern. Sonst absolut nichts los hier draußen, nicht einmal eine Kneipe, die einen vom Pfad der Tugend runterlocken könnte...
Liegt ca. 2o km südwestlich, kein öffentlicher Transport. Nach Passage East täglich dreimal mit Suir Way Busses, raus zum AnOige-Hostel (siehe unten!)

Im LANDESINNEREN fruchtbares Farmland und die kahlen Comeragh Hügel.

✷ Heißer Tip ist das Zisterzienser-Kloster **MOUNT MELLARY,** rund fünf Kilometer östlich des Dorfes Cappoquin: ist noch von Mönchen bewohnt, die gemäß ihren strikten Ordensregeln leben.

Weckruf erfolgt zwei Stunden nach Mitternacht, dann geht's im Rhythmus Beten/ Arbeiten weiter bis zum Zapfenstreich um 2o Uhr. Bis vor kurzem wurde das Gelübde des Sprechverbotes während des gesamten Tages eingehalten. Das Kloster ist in einen Berghang gebaut, das umliegende Land wurde unter mühevollen Anstrengungen fruchtbar gemacht. Besucher sind herzlich willkommen, um die Anlage zu besichtigen oder um in der Kirche zu beten.

Noch eine Bitte: Die frommen Männer sind keine Ausstellungsstücke, daher nicht aus Schaulust oder zum bloßen Foto-Knipsen hierherkommen.

✷ LISMORE: Sehenswert ist vor allem das neugotische CASTLE mit dem prachtvollen Parkgelände drumrum. Vier Kilometer nördlich ein AnOige-Hostel (lockere Atmosphäre und sauber).

WATERFORD ⧽⟶ WEXFORD

Es gibt zwei Alternativen, landschaftlich beide nicht überaus reizvoll.

Die Hauptroute führt via New Ross auf der Landstraße N 25. Insgesamt etwa 6o Kilometer. Die schnellere Variante.

Landschaftlich mehr bringt die andere Möglichkeit via Passage East/ Arthurstown: mit der Pendelfähre über den Mündungstrichter des Barrow River. Kostet pro Auto ca. 1o DM einfach bzw. 15 DM return; Fahrräder ca. 3 DM. Keine langen Wartezeiten, Dauer der Überfahrt ca. 1o Minuten.

Eventuell zu überlegen für Radfahrer wegen dem AnOige-Hostel in Arthurstown: allerdings die reinste Bruchbude, wo Regen durch's Dach sickert und der Wind im Gebälk singt. Duschen gelten hier sowieso als entbehrlicher Luxus.

★ Wexford (12.ooo Einw.)

Letzte Stadt vor dem Fährhafen Rosslare (2o km entfernt) und als Durchreise-Station voll mit Touristen. Aber trotzdem viel Flair in den engen Gäßchen und vor den Ladenfronten. Unten am Hafen liegen meist nur ein paar rostige Kähne vor Anker.

Ankunft mit der Fähre aus Südengland oder Frankreich erfolgt wegen der zunehmenden Versandung nicht im Wexford-Hafen, sondern südlich davon in Rosslare: von dort aus gute Zug- und Busverbindungen in die verschiedensten Landesteile, so daß Wexford jederzeit umgangen werden kann.

Verbindungen

Züge: nach Dublin tgl. 3x, ca.2 1/2 Std. ca. 45 DM. Zugverbindung nach Westen nur vom Fährhafen Rosslare aus.

nach Cork	tgl. 1x	3 3/4 Std.	ca. 6o DM
nach Galway	tgl. 3x	5 1/2 Std.	ca. 85 DM
nach Kilkenny	tgl. 1x	1 3/4 Std.	ca. 35 DM
nach Limerick	tgl. 2x	3 3/4 Std.	ca. 55 DM
nach Waterford	tgl. 2x	2 1/2 Std.	ca. 7 DM

Busse: täglich mehrmals Durchgangs-Verbindung nach Dublin, Waterford und Rosslare, Preise erheblich niedriger als Züge!

Bike-Rent: Hayes, 1o8 South Main Street; Tel.: o53/22462.

In der Abbey Street stehen die Ruinen der SELSKAR ABBEY, erhalten sind noch ein Vierecks-Turm und eine Kirche aus dem 14.Jh.

Nicht weit davon das Tor WESTGATE TOWER als letzter Überrest der ehemaligen Stadtmauer.

Im ARTS CENTRE am Cornmarket Ausstellungen, Dichterlesungen und kleine Aufführungen von Laienspielgruppen. Am Schwarzen Brett Infos, was in Sachen Kultur läuft. Im Juni besonders viel los, wenn Begegnungen von Künstlern von den gesamten britischen Inseln arrangiert werden.

OPERA FESTIVAL: in den letzten beiden Oktober- und der ersten Novemberwoche große Opern-Aufführungen mit international renommierten Ensembles. Spezialisierung auf seltener gespielte oder frisch ausgegrabene Stücke (rechtzeitig die Unterkunft buchen, da viel Andrang).

Talbot Hotel: Trinity Street. Tel.: o53/22566. DZ ca. 18o DM. Von professionellen Managern geführter, moderner Hotelkasten mit loo Zimmern, viele Reisegruppen. Facilities: Swimming-Pool, Billard, Squash, Schönheitssalon, Sauna, täglich Entertainment usw. Für Blick über den Quay ca.17 DM Zuschlag.

White's Hotel: George St. Tel.: o53/22311. DZ ca. 17o DM. Kantiger Bau im Zentrum mit geschäftsmäßiger, aber freundlicher Atmosphäre. Von privater Hand und engagiert geführt.

Ferrycarrig Hotel: Ferrycarrig Bridge. Tel.: o53/22999. DZ ca. 16o DM. 4 km außerhalb Richtung Dublin: Betonklotz im Baustil eines Klinikums, aber wunderschön gelegen ab der Hauptstraße am Ufer des River Slaney. Die neuen Besitzer haben den Kasten kräftig aufgemöbelt, hat guten Ruf!

Westford Lodge Hotel: The Bridge. Tel.: o53/23611. DZ ca. 125 DM. Der rostbraune Kasten mit seinen nur 18 Zimmern, der Veranda und den weißen Balkonen hat uns schon immer verzaubert - seit dem Besitzerwechsel noch schöner geworden (möbliert mit Holz und flauschigen Teppichböden). Das Essen ist exzellent.

County Hotel: Anne St. Tel.: o53/24377. DZ ca. 85 DM. Billigstes Hotel in Wexford - kaum teurer als B&B. Zimmer einfach, insgesamt aber zu empfehlen.

Whitford Guesthouse: New Line Rd. Tel.: o53/24673. DZ ca. 115 DM. Drei Kilometer außerhalb, anheimelnde Atmosphäre. Top Zimmer mit Bad, TV und Telefon, heiße Sache ist der Swimming Pool. Gutes Essen für ca. 35 DM/Menü bzw. um 2o DM a la carte.

Wichtig: Wer am nächsten Morgen für die Frühfähre ab Rosslare gebucht hat, sollte vorher aushandeln, ob das Frühstück rechtzeitig serviert wird.

Sehr empfehlenswert der Ferrybank Park mit allem Komfort (incl. Tennisplätzen). Liegt am Stadtrand auf der anderen Seite der Brücke, supersauber und gepflegt.

Motorisierte Leute: vielleicht die 2o km rausfahren zu einem der Küstenorte (siehe Umgebungskapitel!), - fast in jedem ein Campingplatz direkt am Strand, fürs Morgenbad rein in die Wellen.

OLD GRANARY (Westgate): wohl die beste Adresse, um den Rest der Reisekasse loszuwerden. Mit Vorspeise, Dessert und Wein ungefähr 5o Mark einplanen. Bei Kerzenlicht und leisem Stimmengewirr schmecken die sowieso exzellenten Sachen noch besser. Unbedingt vorausbuchen (Tel.: o53/ 23935).

BOHEMIAN GRILL (2 North Main St.): oben im Restaurant teure Dinner-Menüs für rund 45 DM - einfacher Raum mit ein paar Tischen und eine Bar für den Aperitif. Unten in der Bar kleinere Snacks.

MICHAEL`S (North Main St.): Gute Reputation für die untere Preisklasse (1o-25 DM), - Fischgerichte, Steaks und Currygerichte. Trotz der festgeschraubten Tische sehr gemütlich. Geöffnet bis Mitternacht.

Barmeals: die meisten unter den Einheimischen schwören auf Tim's Tavern (52 South Main Street) wegen seiner deftigen Hausmannskost wie Hammelbraten, Irish Stew usw. Nett eingerichtet mit rotem Plüsch, ruhig!

WAVECREST (Commercial Quay): sichere Adresse für irische Folkmusic, - an sieben Tagen die Woche steigen Sessions in der ansonsten lieblos möblierten "Plastik-Bar".

Pubs ENTERTAINER (Monk St.): Mischung aus Disco und Pub mit Kunstleder-Bänken und Lichtorgel. Abends gerammelt voll, wenn Pop-Gruppen heiße Rhythmen aus den Charts erklingen lassen.

Speakers Bar: in der Geore's Street, - sauber und adrett eingerichtet. Gäste zwischen 2o und 4o, eher modisch gekleidet. Zur Berieselung laute Musik.

CROWN BAR (Monk St.): Wexfords schönster Pub, wo man sich unter der niedergedrückten Holzdecke gemütlich unterhält: alte, rostige Säbel und Flinten an der Wand, oft klimpert jemand auf dem Piano in der Ecke rum. Super-Atmosphäre.

Umgebung von Wexford

Wer die letzten Tage noch am Strand relaxen möchte, hat an den zahlreichen SANDSTRÄNDEN an der Küste die Möglichkeit dazu. An der gesamten Westküste zieht sich ein Sand- und Dünensaum herunter: Folgende Anlaufpunkte: Curracloe mit jungen Leuten, Spielhallen, Discos und Kneipen. Ideal, wer Rummel liebt. Das Dorf Blackwater sehr idyllisch mit seinen altbackenen Häuserfronten. Rosslare Strand hat den Vorteil, daß es als einziges der Küstenorte gute Verbindung per Zug/Bus hat. Gute Infrastruktur mit Kneipen, Restaurants, Hotels etc.

Lohnende Trips sind auch die beiden Vogelparadiese:
Seltene Wildgänse kommen im WILDFOWL RESERVE vor; Richtung Dublin über die Brücke, der Rest ist beschildert. 3 km nördlich, ein kleines Info-Häuschen empfiehlt Wanderrouten.

7o.ooo Brutvögel, Möwen, Papageitaucher, Eissturmvögel, Kormorane usw. bevölkern SALTEE ISLAND, - die Felsen sehen schneeweiß aus, wenn in den Vorsprüngen und Nischen die Seevögel brüten. Irlands größtes Vogelschutzgebiet.

Boote fahren ab Kilmore Quay, 25 km südlich von Wexford (schlechte Busverbindung). Das Boot kostet etwa 15 DM. Den genauen Fahrplan am besten vorher im TI/Wexford nachfragen. In Kilmore Quay kann außerdem ein ausrangiertes Leuchtschiff besichtigt werden.

JOHNSTOWN CASTLE: beherbergt ein Agrarinstitut und daher nicht zu besichtigen, - aber schöner Park drumrum mit kleinen Seen und Wanderwegen. Auf dem Castlegelände steht das "Agricultural Museum": mehrere Bauernkaten aus dem vorigen Jahrhundert, eine alte Molkerei, eine verrußte Küche etc. Das Castle liegt ca. 6 km südwestlich an der Straße Richtung Murrintown.

1968 wurde 1o km südlich von New Ross anläßlich des Besuches des amerikanischen Präsidenten der JOHN F. KENNEDY PARK eingerichtet: riesiges Gelände mit über 4ooo verschiedenen Arten von Büschen und Bäumen aus fünf Erdteilen (alle beschildert). Schöne Wanderwege und Picknickplätze. Infos am Besucherzentrum am Eingang zum Park.

Neueröffnung 1989: der NATIONAL HERITAGE PARK, wo's intensiv nach irischer Geschichte riecht. Alles hautnah und zum Anfassen, - etwa ein Wikinger-Drachenschiff, eine Pfahlbau-Festung aus der Bronzezeit, ein altes Klostergebäude, Hünengräber usw. originalgetreu rekonstruiert.

Von WEXFORD nach ROSSLARE HARBOUR sind es rund zwanzig Kilometer gut ausgebaute Straße.

Züge: dreimal pro Tag, 25 Minuten, ca. 7 DM.
Busse: viermal pro Tag, ca. 6 DM.

✦ Rosslare

Im Ort jede Menge Hotels, B&B-Häuser und Campingplätze. Das AnOige-Hostel liegt ganz nah beim Fähranleger,- gut in Schuß, ordentlich geführt und sauber. Sonst hat der Ort praktisch nichts zu bieten, die meisten Traveller hängen gelangweilt rum und warten auf ihr Schiff. Daher besser sich in Wexford einquartieren und kurz vor dem "check-in" für die Fähre runterfahren.

Wichtig: wer für die Frühfähre um sechs Uhr gebucht hat, sollte sich vergewissern, daß das Frühstück im Hotel/B&B-Haus rechtzeitig serviert wird.

INDEX

A

Abbeyleix 376
Achill Island 324
Achill Sound 325
Adare 258
Adare Manor 259
Adrigole 207
Ailwee Cave 273
Allihies 209
Annestown 395
ARAN ISLANDS 279
Aranmore Island 358
Ardara 354
Ashford 171
Ashford Castle 312
Athassel Abbey 384
Athlone 44, 374
Aughnanure Castle 299

B

Ballina 330
Ballinskelligs 231
Ballintober Abbey 316
Ballycasey Craft Centre 256
Ballydehob 200
Ballynahinch 300
Ballyshannon 349
Ballyvaughan 276
Baltimore 195
Banager 44
Bantry 200, 201
Barley Harbour 373
Barnesmore Gap 348
Belderg 329
Belleek 340
Benbulben 338
Benwee Head 329
Bere Island 209
Blackrock Castle 186
Blarney 185
Blasket Island 245
Blennerville Windmill 240
Blessington Seen 171
Bloody Foreland 360

Blue Stack Mountains 348
Boyle 374
Boyne Valley 163
Brandy & Soda Road 307
Bremen 16
Bretagne 18
Bundoran 341, 349
Bunratty 256
Bunratty Castle 257
BURREN 273
Burtonport 359

C

Cahersiveen 228
Cahirdaniel 232
Cahir 385
Cairnyarn 20
Calais 20
Cape Clear Island 197
Caragh Lake 226
Carlingford 166
Carna 302
Carrauntoohil 221
Carrick-on-Shannon 44
Carrickmacross 373
Carrig Rour 206
Carrowkeel 367
Cashel 303, 383
Castlebar 316
Castlegregory 247
Castlerea 374
Castletownbere 208
Castletownshend 195
Castle Leslie 373
Castle Matrix 259
Cavan (County) 373
Cavan Town 373
Cherbourg 17
CLARE (County) 263
Clare Glens 258
Clare Island 323
Cleggan 307
Clifden 304
Cliffs of Moher 268
Clogher 166

Clonmacnoise 375
Clonntallagh 366
Cobh 185
Cong 313
Cong Abbey 314
Connemara Rundfahrt 295
Cooley Peninsula 166
CORK CITY 176
Corraun Peninsula 324
Costelloe 301
Crag Cave 240
Craggaunoween Proj. 258
Creagh Gardens 191
Creevykeel Court Tomb 341
Croagh Patrick 322
Crolly 359
Crookhaven 201
Croomloughra Lough 223

D

Dawros Head 356
Delphi 311
Devil's Punchbowl 220
DINGLE HALBINSEL 237
Dingle Town 241
DONEGAL 343
Donegal Town 346
Dooagh 327
Doolin 105, 270, 274
Dover 20
Downings 366
Downpatrick Head 330
Dowth 164
Drogheda 163
Dromcollogher 259
Drumcliff 340
DUBLIN 137
Dugort 326
Dundalk 166
Dunfanaghy 360
Dungloe 356
Dunguaire Castle 257, 277
Dunlewy 362

Dunmore Cave 390
Dunmore East 395

E

Eglish Glen 349
Enniskerry 168
ENNIS 264
Enniskillen 340
Ennistymon 275
Erne River 43

F

Fanad Halbinsel 366
Fanore 274
Felixstowe 24
Fethard 385
Finish Island 302
Fishguard 19
Folkestone 20
Forest Park 206
Fort Dunbeg 244
Fota Island 185

G

Gaddach River 222
Gallarus Oratory 245
Galtee Mountains 385
Galtymore Mountain 386
GALWAY (County) 287
GALWAY CITY 288
Gap of Dunloe 216
Garnish Island 205
Glanmore 210
Glascame 311
Glenbeigh 228
Glencar Lake 339
Glencollumbkille 353
Glendalough 168
Glengarriff 203
Glenmalure Valley 170
Glenveagh National-Park
362
Glen of Aherlow 385

Glin Castle 259
Grand Canal 46
Grange 341

H

Hamburg 16
Hare Island 199
Harwich 24
Heights of Aghadoe 220
Hoek van Holland
17, 20, 22
Holycross Abbey 384
Holyhead 19
Horn Head 360
Hull 23

I

Inchagoill Island 299, 312
Inishbofin Island 308, 360
Inisheer 283
Inishmaan 283
Inishmore 281
Inishowen Halbinsel 368
Inishturk Island 308

J

Japanese Gardens 173
Jerpoint Abbey 390

K

Keel 327
Kenmare 233
Kiel 16
Kildare County 172
Kildare Town 173
Kilfenora 276
Kilkee 267
KILKENNY 386
Kilkenny Castle 387
Killala 330
Killaloe 44

Killaloe 259
KILLARNEY 211, 224
Killorglin 225
Killybegs 350
Killyreen Forst Park 373
Kinsale 186
Kinvarra 276
Knappogue Castle 256
Knappogue Castle 257
Knightstown 229
Knock 316
Knocknarea 339
Knowth 164
Kylemore Abbey 310

L

Ladie's View 219
Lady Bantry's Look-Out
205
Lahinch 270
LAKELAND 371
Lake Barley 205
Laois (County) 376
Leenane 310
Leixlip 172
Letterfrack 309
Letterkenny 363
Le Havre 17
LIMERICK 249
Limerick Town 250
Liscannor 269
Lisdoonvarna 275
Lismore 395
Lissadell House 341
Loch Ine 194
London 28, 29
Longford (County) 373
Long Island 201
Longford Town 373
Loophead Halbinsel 267
Loughrea 315
Lough Belshade 348
Lough Corrib 312
Lough Erne 45
Lough Eske 348
Lough Gill 338
Lough Guitane 220
Lough Gur 258

Lough Key Park 374
Lough Mask 312
Loughros Point 356
Lough Tawnyard 311
Louisburgh 311

M

Maamturk Mountains 297
Maghera Caves 356
Malinbeg Bay 354
Malin Head 369
MAYO (County) 287
Mellary 395
Mellifont Abbey 164
Miltown-Malbay 270
Minaun Heights 325
Mizen Halbinsel 200
Mizen Head 201
Monaghan (County) 373
Monaghan Town 373
Monasterboice 164
Mountbellew 316
Mountcharles 349
Mount Brandon 246
Mount Mellary 395
Mount Shannon 260
Muckross Abbey 218
Muckross House 219
Mullaghmore 341
Mullet Peninsula 329
Mullingar 374
Mweenish Island 302

N

National Stud 173
Newgrange 164
Newport 324
North Tipperary (Co.) 376

O

Offaly (County) 375

Omeath 166
Omey Island 308
Oughterard 299

P

Paris 18
Pembroke 20
Poisoned Glen 362
Port 354
Portal Dolmen 274
Portlaoise 376
Portmagee 228
Portsalon 367
Potumna 44
Powerscourt Gardens 168

Q

Quin Abbey 256

R

Rathmullan 367
Recess 300
RING OF BEARA 206
RING OF KERRY 224
River Barrow 46
Robertstown 172
Roscoff 17
Roscommon (County) 374
Roscommon Town 374
Roscrea 385
Rosguill Halbinsel 365
Rossaveal 301
Rosslare 381, 399
Rossnowlagh 349
Ross Castle 218
Ros Muc 302
Rosses Point 339
Rotterdam 23
Roundstone 302
Ruhrgebiet 17

S

SHANNON 42
Shannon Airport 249
Shannon Car Ferry 247
Sheepshead Halbinsel 202
Sherkin Island 196
Skellig Rocks 229
Skibbereen 191
Skull 200
Sky Road 307
Slievemore 325
Slievetooey 354
Slieve Bloom Mountains 376
Slieve League 351
SLIGO 333
Sligo Town 334
Sneem 224, 233
Spiddal 301
Sruell Glen 349
Staigue Fort 233
Station Island 349
Strandhill 339
Sturrall 354
SÜDOSTEN, DER 379
SÜDWESTEN, DER 175
Summer Cove 186

T

Thoor Ballylee 277
Three Castle Head 201
Timolin 173
Torc Waterfalls 219
Tory Island 361
Tralee 52, 238
Tramore 395
Tuam 316
Twelf-Cows-Lake 205
Twelve Bens 297
Twelve Bens Tour 307

V

Valencia Island 228
Ventry Harbour 244

W

Walkers Triangle 170
WATERFORD 391
Waterville 230
Westmeath (County) 374
Westport 316
West Town 361
WEXFORD 396
WICKLOW 52
Wicklow Mountains 167

Z

Zeebrügge 23

NOTIZEN

VERLAGS PROGRAMM

Reihe unkonventioneller Reiseführer im Verlag Martin Velbinger, München. Mit vielen Tips vollgepackt, – alles, was man zur Planung und für unterwegs braucht. Die Fülle hilfreicher Details und Infos zu – Hotels – Restaurants – Verbindungen – Sport – Stränden etc. besticht, der locker- lebendige Stil macht Freude zum Lesen und motiviert zum Selbst- entdecken und Ausprobieren. – "Eine Reihe von ungemein hohem Gebrauchswert" –

"ein oder zwei Tips können schon den Kaufpreis des Buches wieder einsparen!"

VERLAG MARTIN VELBINGER

Bahnhofstr. 1o6 – 8o32 Gräfelfing/München
TEL (o89) – 85 1o 19   TELEX 52 14 86o

COUPON

Ich bestelle hiermit folgende VELBINGER REISEFÜHRER:

Anzahl Titel   Preis DM

....
....
....
....
....

(Porto innerhalb BRD/Schweiz/Österreich inkl.)   Summe ....

☐ Summe liegt per Verrechnungsscheck bei
☐ Summe wurde auf Psch. Kto. München 2o 65 6o - 8o8 überwiesen
☐ Bitte per Nachnahme schicken (zuzügl. 5,5o DM Spesen/Versand)

MEINE ADRESSE:
....
....
....
....

(Datum, Unterschrift)

Coupon ausfüllen und Verrechnungsscheck beilegen, bzw. Überweisung auf Postscheckkonto.

VERLAG MARTIN VELBINGER

Bahnhofstr. 1o6 8o32 Gräfelfing Tel: o89-85 1o 19 Fax: o89-85 43 253 Telex: 52 14 86o

TITELÜBERSICHT

SÜDOST - EUROPA

Bd. o4	Griechenland/ Gesamt	36,- DM
Bd. 3o	Griechenland/ Kykladen	32,- DM
Bd. 32	Griechenland/ Dodekanes	32,- DM
Bd. 21	Kreta	32,- DM
Bd. 35	Ungarn	32,- DM
Bd. 41	Österreich/Ost	32,- DM
Bd. 42	Österreich/West	32,- DM
Bd. 16	Jugoslawien/ Gesamt	36,- DM
Bd. 34	Jugoslawien/ Inseln-Küste	32,- DM

SÜD - EUROPA

Bd. 11	Toscana/Elba	29,8o DM
Bd. 15	Golf vonNeapel/ Cilento	26,8o DM
Bd. 12	Süditalien	36,- DM
Bd. 14	Sardinien	32,- DM
Bd. 23	Sizilien/ Eolische Inseln	36,- DM
Bd. o6	Südfrankreich	32,- DM
Bd. 46	Côte d'Azur/ Provence	32,- DM
Bd. 13	Korsika	36,- DM

SÜDWEST - EUROPA

Bd. o5	Portugal/Azoren/ Madeira	32,- DM

WEST - EUROPA

Bd. 25	Bretagne/ Normandie/ Kanalinseln	32,- DM

Bd. 26	Französische Atlantik- küste/Loire	26,8o DM
Bd. 24	Irland	32,- DM
Bd. 17	Schottland	32,- DM
Bd. 27	Südengland/ Wales	32,- DM

NORD - EUROPA

Bd. 18	Schweden	36,- DM
Bd. 19	Norwegen/ Süd-Mitte	36,- DM
Bd. 28	Skandinavien/ Nord	36,- DM

STÄDTEFÜHRER

Bd. o7	Paris	29,8o DM
Bd. 1o	Wien	29,8o DM

AMERIKA

Bd. o8	Bahamas/ Florida	26,8o DM
Bd. o2	Südl. Karibik	39,8o DM
Bd. o3	Mexico	39,8o DM
Bd. 36	Chile/Argentinien/ Uruguay	39,8o DM
Bd. 37	Venezuela/ Guyanas	39,8o DM
Bd. 38	Kolumbien/ Ecuador	39,8o DM
Bd. 39	Brasilien/ Paraguay	39,8o DM
Bd. 40	Peru/Bolivien	39,8o DM

NAHER OSTEN/AFRIKA

Bd. 45	Israel	32,- DM
Bd. 44	Togo	32,- DM
Bd. 43	Kenya	36,- DM

AMERIKA

Band 3: Mexico

Der unentbehrliche Begleiter für den Individualreisenden. Tips zur günstigsten Anreise und Verbindungen vor Ort. Unzählige Detail-Infos zu Unterkunft, Verpflegung, Essen etc.

Rund 4oo Seiten   39,8o DM

VELBINGER-VERLAG

Band 8: Bahamas/Florida

Umfangreiche Tips zu Florida/USA sowie der Inselgruppe der Bahamas, deren Gewässer zu den klarsten und besten Tauch- und Badegebieten der Welt zählen! Alles über Sport, Unterkunft, Essen, Verbindungen.

288 Seiten   26,8o DM

VELBINGER VERLAG

Band 2: Südliche Karibik

Detaillierte Konkretinfos zu den schönsten Inseln der Karibik: Guadeloupe, Les Saintes, Marie Galante, Desirade, Dominica, Martinique, Barbados, St. Lucia, St. Vincent, Grenadinen, Grenada, Trinidad, Tobago

512 Seiten   39,8o DM

VELBINGER-VERLAG

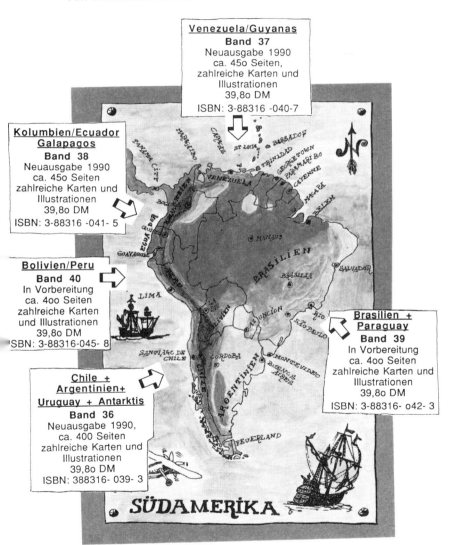

NORD-EUROPA

Band 19: Norwegen/Süd-Mitte

Detailliert recherchierte Tips zu Anreise, Wintersport, Wandern, Unterkunft, den schönsten Fjorden...

Unser Handbuch für eine der faszinierendsten Landschaften Europas.

672 Seiten   36,-- DM

VELBINGER-VERLAG

Band 18: Schweden

Im bewährten Velbinger-Stil: Alles zu Kanuabenteuer, Wandern und Unterkunfts- und Essensmöglichkeiten.

Jede Menge "Natur-pur": Elche, Bären, Rentiere, Lachse... Unentbehrlich für jeden Individual-Reisenden.

Ca. 53o Seiten   36,-- DM

VELBINGER-VERLAG

Band 28: Skandinavien-Nord

Detaillierte Konkretinfos zu Nord-Norwegen, Nordschweden und Nordfinnland.

Mit ausführlichem Anreisekapitel und jeder Menge Tips zu den schönsten Routen durch die Wildnis Lapplands.

Ca. 45o Seiten   36,-- DM

VELBINGER-VERLAG

WEST-EUROPA

Band 17: Schottland

Handfeste Tips: von Anreise bis Verbindung (Bus, Schiff, Zug, Flug), Wandern, Bootsmieten, Pubs, Sightseeing, Shopping etc.

Inkl. Orkneys, Shetland Islands und Hebriden.

Ca. 45o Seiten   32,-- DM

VELBINGER-VERLAG

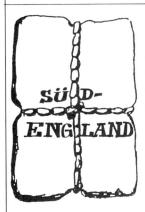

Band 27: Süd-England/Wales

Jede Menge Infos zu Fähren, preiswerter Unterkunft, Seebäder, Wandern, Castles. Der umfangreichste Führer zu diesem Gebiet. Detailtips zu Cornwall, Stonehenge, Canterbury, London....

Ca. 45o Seiten   32,-- DM

VELBINGER-VERLAG

Band 24: Irland

Viele konkrete Tips zu Unterkünften, Restaurants, Pubs und lokalen Festivals. Infos zu Folk-Musik, Sport, Hausboottouren und Ferien im Zigeunerwagen. Alle Infos zu Flug-, Bus- Schiffsverbindungen.

4oo Seiten   32,-- DM

VELBINGER-VERLAG

SÜD/WEST-EUROPA

Band 7: Paris

Das Leben genießen.

Für Leute, die mal ein Wochenende ausspannen wollen, oder länger. Viele Tips zu Hotels, Restaurants. Sight-Seeing in den einzelnen Arrondissements.

Ca. 38o Seiten 29,8o DM

VELBINGER-VERLAG

Band 6: Südfrankreich

Der unentbehrliche Begleiter für jede Südfrankreich-Reise: Provence, Camargue, Languedoc, Roussillion, Tarn, Ardèche.

Alles über Kanuabenteuer, Unterkunft, Wanderungen.

3o4 Seiten 32,-- DM

VELBINGER-VERLAG

Band 13: Korsika

Kreativ-Ferien auf einer der schönsten Inseln des Mittelmeers.

Wandern, Baden, Segeln, Tauchen, Hotels, Camping, Verbindungen, Essenstips. Ausführliches Anreisekapitel mit umfangreichen Fähr-Infos.

Ca. 48o Seiten 36,-- DM

VELBINGER-VERLAG

SÜD/WEST-EUROPA

Band 5: Portugal

Nützliche Reise-Infos zu Nordportugal, Algarve, Lissabon, Landesinnerem, den Azoren und Madeira. Viele Ausgehinfos: echte Fado-Kneipen, Restaurants, Strände, Sport etc.

Ca. 4oo Seiten 32,-- DM

VELBINGER-VERLAG

Band 25: Bretagne/Normandie

Alle nützlichen Infos zu Camping, Unterkunft, Ausgehen. Viele hilfreiche Details zu Sport (Surfen, Reiten, Baden, Tennis). Routen zu Hinkelsteinen und Kalvarienbergen, selbstverständlich alles direkt vor Ort recherchiert.

48o Seiten 32,-- DM

VELBINGER-VERLAG

Band 26: Fr. Atlantikküste/Loire

Alles über Baden, Surfen, Segeln, Wetter, Camping, Hotels. Nützliche Tips für Essen, Einkaufen und Savoir-Vivre. Ausführliche Infos über die Loireschlösser, Anreise, Kanu- und Ausflugsfahrten auf eigene Faust.

272 Seiten 26,8o DM

VELBINGER-VERLAG

SÜD-EUROPA

Band 11: Toscana/Elba

Die Toscana in ihren 9 Provinzen, sowie die Insel Elba. Nützliches Anreisekapitel, Verbindungen in der Toscana, Sight-Seeing und Kunsttips, sowie eine Fülle nützlicher Tips zu Restaurants und Unterkunft.

288 Seiten   29,8o DM

VELBINGER-VERLAG

Band 12: Süditalien

Umfasst die Provinzen Campanien, Gargano, Apulien, Lucanien, Calabrien. Unzählige Tips zu Hotels, Restaurants, Stränden, Verbindungen.

Ausführliches Anreise-Know-how, das sich bezahlt macht..

576 Seiten   36,-- DM

VELBINGER-VERLAG

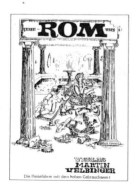

Band 2o: Rom

Insider-Tips zu Shopping, Sight-Seeing, Kunst und Kultur. Aber auch zu den besten Restaurants, Unterkunft, Szene und Umgebung, die einem viel Geld einsparen können.

Ca. 35o Seiten   in Vorb.

VELBINGER-VERLAG

SÜD-EUROPA

Band 15: Golf von Neapel/Cilento

Einer der detailliertesten, konkreten Führer zur Region Neapel, Capri, Ischia, Amalfi und Cilento.

Infos zu Transport in der Region, Vesuv-Besteigungen, Pompei-Ausgrabungen.

384 Seiten   26,8o DM

VELBINGER-VERLAG

Band 14: Sardinien

Vollgepackt mit Ferieninformationen zu Stränden, Camping, Wanderrouten, Agritourismus, Verbindungen und jede Menge-Sport.

Viele Geheimtips zu preisgünstigem und original italienischem Essen.

512 Seiten   32,-- DM

VELBINGER-VERLAG

Band 23: Sizilien&Eolische Inseln

Vollgepackt mit nützlichen Tips und Infos zu Sizilien, Eolische Inseln, Egadische Inseln und Pantelleria.

Günstigste Anreise, Verbindungen, Strände, Restaurants, Unterkunft.

Ca. 5oo Seiten   36,-- DM

VELBINGER-VERLAG

SÜDOST-EUROPA

Band 1o: Wien

Wiener Szene, Beisln, Unterkunft, Shopping, Musik-Szene, Kunst. Viele Tips zu Hotels, Restaurants, Heurigen. Geschrieben von einem Redakteur des ORF, der Wien wirklich kennt.

48o Seiten 29,8o DM

VELBINGER-VERLAG

Band 16: Jugoslawien/Gesamt

Kompakt in einem Band: Alles für den Jugoslawien-Trip: Küste, Inseln, und Inland. Viele Tips zu Sport, Stränden, Hotels, Camping, Wildwasser, Kanutrips, Höhlen. Eine Fülle nützlicher Tips, die vor Ort viel Geld sparen.

Ca. 6oo Seiten 36,-- DM

VELBINGER-VERLAG

Band 34: Jugoslawien/Inseln-Küste

Der detailreichste Führer zur Küste Jugoslawiens und den vorgelagerten Inseln. Ideal für Bade-, Erlebnis-, Sporturlaub. Viele unentbehrliche Tips für den Aktiv-Reisenden.

Alles Wissenswerte über Anreise, Fähr-Know-how, Camping und Essen.

592 Seiten 32,-- DM

VELBINGER-VERLAG